KB038361

청년의 죽음, 시대의 고발

청년의 죽음, 시대의 고발

1판 1쇄 발행일 2021년 6월 4일

글 | 안치용 · 노수빈 · 신다임 외
그림 | 김휘승
펴낸이 | 김완중
펴낸곳 | 내일을여는책
편집총괄 | 김세라
디자인 | 한향희
관리 | 장수댁
인쇄 | 아주프린텍
제책 | 바다제책

출판등록 | 1993년 1월 6일(등록번호 제475-9301)
주소 | 전라북도 장수군 장수읍 송학로 93-9(19호)
전화 | 063) 353-2289
팩스 | 063) 353-2290
전자우편 | wan-doll@hanmail.net
블로그 | blog.naver.com/dddoll

ISBN | 978-89-7746-957-0 (03910)
정가   22,000원

청년의 죽음, 시대의 고발

글 안치용·노수빈·신다임 외
그림 김휘승

젊은 영혼들에 빚진 한국 현대사

내일을여는책

청년의 죽음을 응시하며

그날 나는 그의 뒤로 10m 남짓 떨어진 지점에서 학교 정문 쪽을 주시하고 있었다. 예상한 시각에 페퍼포그에서 일제히 지랄탄이 발사되었고 정문에서 대학생들과 대치 중이던 전투경찰이 SY-44를 쏘며 시위진압을 위해 학내로 진입하기 시작했다. 1987년 6월 9일, 그날에 대학생 이한열이 쓰러졌다. 나는 그곳에 있었다.

꾕음과 함께 지랄탄·최루탄이 사방으로 터지고 백골단으로 불리던 날렵한 경찰 체포조가 시위 학생들에게 뛰어들면 우리는 육식동물의 습격을 받은 초식동물 무리의 행태와 흡사하게 사방으로 흩어졌다.

그때 저 앞쪽에서 누군가 쓰러지는 걸 보았다. 정확하진 않다. 경찰이 덤벼들어 대열이 막 붕괴할 즈음엔 전방을 주시하며 서서히 뒷걸음치기에, 뒤돌아서 전력으로 도망치기 전에 아마 보았을 것이다. 나중에 새로 구성된 기억일 수도 있다. 하지만 그와 함께 그 대열에 서서 같은 구호를 외치며 같은 최루탄 냄새를 맡은 건 분명하다. 그게 지금 무슨 의미인지 말하기 힘들지만 그날 그는 저쪽 앞에, 나는 조금 떨어진 뒤에 있었다. 그때 쓰러져 한국 민주주의의 꺼지지 않는 횃불이 된 이한열은 영원한 청년으로 남았고 그가 쓰러질 때 뒷걸음질 친 나는 중년의 남자로 가끔 그날을 떠올리며 늙어간다.

이한열과 친분은 없었다. 물리적 인연을 찾자면 그의 동아리와 나의 동아리가 학생회관의 같은 층에 있었다는 정도. 학생회관이나 집회 현장에서 수없이 옷깃을 스치지 않았을까. 이한열은 그해 7월 5일 숨졌다. 경찰의 병원 진입에 대비해 학생들이 돌아가며 이한열이 있는 병동을 지켰는데, 나도 어쭙잖은 각목 하나 들고 또래 학생들과 병원 진입로 부근을 지킨 기억이 난다. 그 장례식도. 저 멀리 연단에서 누군가가 민주주의를 위해 희생한 열사의 이름을 하나하나 불렀고, 그때마다 통곡이 터졌다. 마지막에 부른 열사 이름이 이한열이었을까.

이한열이 죽고 얼마 뒤 같은 동아리의 한 친구가 이한열처럼 SY-44 직격탄에 얼굴을 맞았다. 다행히 불발탄이 되어 목숨을 구한 그는 지금 세 딸의 아버지로 열심히 살고 있다. 당시 병문안 간 우리는 "너, 열사 될 뻔했다"라고 청년다운 호기를 부렸으나 병실을 돌아 나오는 발걸음이 무거웠다.

대학을 졸업하고 20년 넘게 한 직장을 다녔다. 1994년 10월 21일 오전 7시 서울 성동구 성수동과 강남구 압구정동을 연결하는 성수대교의 상부 트러스 48m가 붕괴했을 때 나는 그곳에 있었다. 성수대교 북단으로 이어지는 도로 위에서 옴짝달싹 못 하고 있을 때 라디오 방송에서 다급한 목소리로 믿기 힘든 소식을 전했고 삐삐가 연이어 울렸다.

1995년 6월 29일 오후에 서울 서초동 삼풍백화점이 무너졌다. 그날 붕괴 두어 시간 전에 업무차 그곳을 방문한 나는 뉴스를 듣고 놀라며 동시에 가슴을 쓸어내렸다.

『청년의 죽음, 시대의 고발』은 청년의 죽음을 통해서 대한민국 현대사를 통찰한 기록물이다. 14명의 청년과 유일한 기성세대인 나까지 15명이 윤동주부터 변희수까지 국가나 자본의 횡포 아래 희생된 청년의 죽음과 그 의미를 조명했다. 2020년 11월부터 2021년 5월까지 〈오마이뉴스〉와 〈르몽드 디플로마티크〉 한국판에 매주 동시 연재한 기획시리즈를 손봐서 묶어낸 책이다.

준비기간까지 합하면 1년 반이 걸린 기획물을 진행하며 우리는 많이 울었다. 정상적인 상황이었다면 절대로 일어나지 않았을 죽음들. 청년의 죽음을 응시한 같은 청년이 그 죽음을 더 예민하게 받아들였겠지만 7개월간 매주 죽음 이야기를 정리한 나의 고충이 내가 청년이 아니라고 하여서 적은 것은 아니었다. 더러 죽음의 현장은 내 삶의 장이었다.

그 눈물과 발화의 의미는 무엇이었을까. 폭력과 체계에 희생된 부당한 죽음에 대한 애도이자 더 나은 세상을 향한 실천이라고 믿는다. 그새 _그곳_에서 그들은 그렇게 죽어갔고, 지금 우리는 이곳에서 그들의 삶이 잊히지 않기를 바라며 그 죽음을 기억했다. 그렇다. 이것은 삶의 기록이고, 기록이어야 한다. 죽음의 비망록을 통한 삶의 기억의 여정에 독자 여러분을 정중히 초대한다.

끝으로 14명 청년과 나는, 2007년 설립돼 현재까지 이어지고 있는 '지속가능청년협동조합 바람'의 울타리 안에서 만나서 함께 이 작업을 수행했음을 밝힌다.

2021년 6월
필진을 대표하여 안치용 적음

강우정   고려대학교 철학과 4학년 재학. 농구하며 땀 흘리는 것을 좋아한다. 법과 철학의 관점에서 지속가능한 공동체에 대해 많은 학문적 관심을 갖고 있다.

김민주   경희대학교 외식경영학과 3학년 재학. 지나치기 쉬운 작은 것들에 관심을 가지며 그저 하루하루를 소중히 살아가는 중이다.

김유라   가톨릭대학교 국제학부 졸업. 침대에 누워있기를 즐기지만, 열심히 살고도 싶다.

노수빈   고려대학교 국어국문학과 4학년 재학. 영화와 소설을 좋아하며 무엇이든 읽고 보고 쓰는 것에 열심이다.

박서윤   이화여자대학교 커뮤니케이션·미디어학부 3학년 재학. 지나치게 감성적인 탓에 이성적인 사람을 동경하지만, 정작 팍팍한 사람은 되고 싶지 않아 이도 저도 못 하는 중이다.

박수빈   서강대학교 경제학과 3학년 재학. 상처를 묻어두지 않고 자꾸 꺼내어 이야기하는 일에 관심이 많다. 괴로운 세상살이 속에서도 사랑의 힘을 믿으며, 용기 있는 삶을 꿈꾼다.

박수연　이화여자대학교 컴퓨터공학과 3학년 재학. 호기심과 열정으로 삶을 꾸려나간다. 뜨거운 가슴과 차가운 머리가 균형을 이루는 사람이 되기 위해 노력하고 있다.

송하은　이화여자대학교 철학과 4학년 재학. 넘치는 열정을 따라가 주지 못하는 체력 탓에 고생이지만 이마저도 즐기면서 살고 있다.

송휘수　서강대학교 커뮤니케이션학과 3학년 재학. 어렵고 머리 아프지만, 글을 쓰고 생각하는 일을 멈추지 않기 위해 노력하고 있다.

신다임　숙명여자대학교 미디어학부 졸업. 살아있는 모든 것에 애정이 있지만, 요즘은 특히 식물에 빠져 몬스테라 키우기에 열심이다. 글로써 공정한 사회를 만들고 싶은 기자 지망생.

이혜원　숙명여자대학교 미디어학부 4학년 재학. 아픈 과거를 돌아보는 일은 두렵고 서글픈 일이지만, 나의 미래를 위해 항상 진실과 정의를 먼저 생각하고 싶다.

최예지　고려대학교 철학과 3학년 재학. 본인이 즐기면서 잘할 수 있는 것을 찾고 있다. 글과 말로써 보다 나은 세상에 기여하고자 한다.

한지수　경희대학교 철학과 4학년 재학. 매체 미학에 관심이 많으며 미와 지속가능성이 양립하는 문화를 지향한다.

황경서　고려대학교 철학과 4학년 재학. 사랑하는 사람들의 행복을 먹고 살며 눈물과 정이 많다. 괜찮은 사람이 되기 위해 부단히 노력 중이다.

차례

01
윤동주

간도에서 태어나 민족의 별이 된 시인

윤동주
간도에서 태어나 민족의 별이 된 시인

1945년 2월 16일. 청년이 죽었다. 일본 후쿠오카 형무소. 외마디 소리가 독방에 가득 울려 퍼졌다. 부산에서 200km 떨어진 이곳은 조선에서 가장 가까운 일본 형무소였다. 그 소리는 조선에 닿지 않았다. 그 소리에는 한 청년의 인생이 들어있었다. 별 헤는 밤 불러보았던 이름들. 기쁨, 슬픔, 그리움, 그리고 부끄러움까지 섞였다. 별이 보이지 않는 형무소 바닥에 누워 청년은 그이름들을 하나씩 불러보았다.

죽는 날까지 하늘을 우르러
한 점 부끄럼이 없기를

국가 밖 국가, 북간도

죽음의 순간 청년의 눈앞에는 북간도가 주마등처럼 스쳤다. 태어나고, 성장한 곳. 삶의 소중한 추억을 쌓았을 뿐 아니라 세상을 보는 관점을 그곳에서 형성했다. 청년 윤동주의 일생을 돌아보기에 앞서, '간도'가 우리 역사에서 어떤 위치였는지, 특히 윤동주가 속한 공동체는 어떤 특성을 가졌었는지 알아보는 것은 꽤 중요하다.

조선 사람이 간도에 집단으로 이주하기 시작한 시점은 1869년 함경도 지방의 대흉년 때다. 이들은 간도에서 큰 집단을 이루어서 곳곳에 공동체를 구성해나갔다. 1910년 3월 통감부에 보고된 국경 지역 한인 동향을 다룬 문서는, 일제에 의해 조선이 패망할 것을 예상하거나 흉년을 피해 간도로 이주한 조선인이 이미 많았던 것으로 추정했다. 한일병합조약이 체결된 뒤로는 간도 인구가 폭발적으로 증가했다. 조선총독부 통계에 따르면 1911년 한 해에만 조선인 17,753명이 간도로 이주했다.[1]

캐나다 토론토대의 한국학자 앙드레 슈미드는 북간도를 '국가 밖에 존재하는 국가'라고 지칭했다. 일본의 직접적인 통치에서 벗어났기에, 특히 식민지 지식인들에게 이곳은 새로운 '국가'로 인식되었다.[2] 그러나 '국가 밖'이라는 수식어가 붙은 '국가'였다. 돌아가야 할 국가가 있는 디아스포라 집단의 거주지, 이것이 간도를 부르는 정확한 말일 것이다. 일본의 직접 통치에서 벗어났다지만, 간도 한인들은 그곳에서 영향력을 행사하려는 중국과 일본 사이의 정치 역학의 자장에 속했다. 그렇기에 그들은 간도 참변과 같은 수난과 고통을 피할 수 없었다.

명동촌 : 진보적 민족주의 기독교의 공간

윤동주가 태어난 명동촌은 1899년 항일운동가 심약연을 비롯한 여섯 가족 141명이 새로운 공동체를 이루기 위해 북간도에 형성한 마을이다. 명동촌(明東村). '동방을 밝히는 마을'이라는 뜻으로 김약연이 붙인 이름이다. 동방은 한반도다. 이름에서부터 이 마을이 독립운동을 천명하고 있다는 사실을 알 수 있다. 원래 마을은 자연스럽게 만들어지는 법인데, 이렇게 인위적으로 한번에 공동체가 생겨났다는 것은 그 '집단의식'이 남다르고 상황에 따른 결속력이 강하다는 뜻으로 이해할 수 있다.[3]

북간도 정착에 성공한 이들은 명동촌 구성원의 지속성을 희망했다.[4] 마을 지도자들은 교육에 큰 관심을 두었고 집단으로 토지를 사들여 제일 좋은 곳에 서당을 세웠다. 김약연을 비롯한 윤재옥(윤동주의 증조부), 문병규 등이 모두 훈장이었다.

김약연은 이 서당이 민족 인재 양성의 요람으로 거듭나기를 바랐다. 그는 외부에서 인재를 영입하는 데 심혈을 기울였는데, 그 인재 중 한 인물이 바로 정재면이다. 신실한 기독교인이었던 정재면은, 학교에 성경 과목을 개설하고 매일 예배를 보아야 한다는 조건을 제시했다.[5] 숙고 끝에 명동촌은 신문화를 받아들이고 좋은 선생을 모시기 위해 유교를 버리고 기독교로 개종하기로 결정했다.

집단적인 개종 이후 김약연은 목사가 된다. 당시 김약연은 기독교를 민족구원의 종교로 인식하고 있었기에, 촌락민 모두에게 개종할 것을 권했다. 이처럼 마을 전체가 큰 반발 없이 기독교로 전향한 것은 매우 놀라운 일이었다. 기독교를 서양 종교라고 배척하지 않고, 항일정신에 기반한 민족의식과 연결했기에 가능했을 것이다.[6] 간도라는 디아스포라 공간에서, 이들은 민족의식을 지켜내고 고취하는 방향을 스스로 고민할 수밖에 없는 환경에 던져졌기 때문에 이러한 진취적인 선회가 가능했을 것으로 분석된다.

이처럼 민족주의적 기독교 정서가 팽배한 명동촌에서 윤동주가 태어났고, 성장했고, 묻혔다. 그의 시에 나타난 향수와 기독교 정서는 북간도와 밀접하게 연관된다.

인간 윤동주, 소년 윤동주

윤동주의 삶에는 상당히 인간적인 사건이 많다. 특히 열등감이라는 키워드를 통해 그의 인생을 바라보면 몇 가지 재미있는 사건이 눈에 들어온다. 하긴 송몽규라는 보기 드문 천재를 옆에 두었으니 누군들 그러지 않았을까.

윤동주는 꽤 공부를 잘했다. 그러나 평생 공부로는 송몽규를 이기지 못했다. 교토제국대학(지금의 교토대학) 입학시험에 윤동주와 송몽규가 나란히 지원했지만, 송몽규만 붙고 윤동주는 떨어졌다는 일화는 유명하다. 교토제국대학에 들어가기 위해 8년에 걸친 재수를 불사한 사람이 있을 정도로 교토제국대학의 문은 좁았다. 특히 전문학교 출신은 따로 선발했고 그 인원이 상당히 적었다. 당시 교토제국대학에 들어가기 위해 동아시아 전역의 수재가 교토로 모여들었고, 그 엄청난 경쟁을 뚫고 시험에 합격한 인물이 바로 송몽규였다.

문제는 공부뿐 아니라, 윤동주가 자신하는 분야인 문학에서도 송몽규가 먼저 자리를 잡았다는 사실이다. 송몽규는 18세인 1935년에 〈동아일보〉 신춘문예 콩트 부문에 당선되었다. 당시는 신문사 수가 적었고 신춘문예의 권위가 대단했던 때라 당선은 매우 큰 명예였다. 물론 시를 쓰는 윤동주와 영역이 겹치지는 않았다. 일반적으로는 속으로 질투가 나더라도 겉으로는 축하한다고 말할 수 있었을 텐데, 윤동주는 의외의 모습을 보여준다. 송몽규의 당선 소식을 들은 윤동주는 송몽규에게 "대기는 만성이다"라고 말했다. 마음속 말이 자기도 모르게 튀어나왔던 것일까.

1935년은 윤동주에게 참 안 풀리는 해였다. 송몽규가 신춘문예에 당선된 그해에, 북간도에서 나고 자란 윤동주가 처음 한반도 땅을 밟았다. 윤동주는 평양의 숭실중학교에 들어가기 위해 편입 시험을 보았는데, 낙제점을 받아 4학년이 아니라 3학년으로 들어가게 되었다. 가세가 기울고 있어 비싼 학비를 내고 평양의 학교에 다닌다는 것에 부담을 느끼던 차에 한 학년을 낮춰서 편입하게 되어 부담감이 더 커졌다. 자신과 달리 4학년으로 편입한 친구 문익환을 보며 윤동주는 자기비하에 빠지기도 했다.

평양은 윤동주에게 좋지 못한 기억을 남겼다. 편입 시험의 저조한 성적도 충격이라면 충격이었지만 식민지배의 실상을 처음으로 목격한 충격은 더 컸다. 북간도 사람들과 한반도 내의 한민족은 전혀 달랐다. 윤동주가 한반도 내에서 자기 민족이 얼마나 무력하고 연약한 존재인지를 제대로 실감한 곳이 평양이었다.

이 시기는 일제 통치가 말기 징후를 보일 때였다. 통치 말기로 가면서, 일제는 미국과 사이가 나빠졌고, 그래서인지 기독교를 심하게 탄압했다. 한반도 내에서 활동하는 기독교 선교사 대부분이 미국인이었고 이들은 선교 방편의 하나로 학교를 세워 운영했다. 미국과 사이가 틀어지면서 일제는 기독교 학교에 신사참배를 강요하거나, 일부 선교사를 강제로 귀국시켰다. 탄압을 받은 대표적 학교가 윤동주가 다닌 숭실중학교였다. 신사참배에 저항한 숭실학교 교장은 파면당했다. 민족 자존감과 기독교 신앙이 한꺼번에 짓밟히는 사태에서 조선인 학생들은 동맹퇴학을 감행했다. 윤동주와 문익환 역시 동맹퇴학에 동조하여 자퇴하였다. 처음 경험한 민족의 땅은 생각보다 더 처참했다. 그곳은 윤동주가 생각한 '고향'이 아니었다. 식민지 조선의 현실, 일본 제국주의의 실체와 대면한 이 사건은 윤동주에게 선명하게 각인되었다.

한반도에 전쟁의 기운이 가득했다. 1931년 일제는 만주에 괴뢰국을 세웠다. 1936년에 미나미 지로(南次郎)가 7대 조선 총독으로 부임했다. 일제는 1937년 중국과 전쟁을 선포했고 다음 해 2월에는 조선육군특별지원병령을 공포했다. 일제는 '내선일체(內鮮一體)'를 앞세우며 조선을 전시체제로 재편했다. 열등한 조선인을 1등 신민인 일본인으로 만들어주는 영광이란 식으로 내선일체를 홍보했지만, 권리의 평등이 아닌 의무의 평등으로, 사실상 조선을 전쟁에 참여시키기 위한 하나의 선전에 불과했다.[7]

일제의 폭정이 심해지던 1938년, 윤동주는 연희전문학교(지금의 연세대) 문과에 친구 송몽규와 함께 합격하여 경성에 도착했다. 기독교계 학교인 연전은 자유로운 분위기와 학풍을 가졌다. 캠퍼스에는 무궁화와 태극기가 널려 있었고, 한국어 사용이 자유로운, 윤동주가 처음으로 마주한 약속의 땅이었다.[8] 윤동주가 가장 행복했던 시기가 아마 이때가 아니었을까. 한반도 내의 무릉도원 같은 공간에서 윤동주는 동시를 5편이나 쓸 정도로 순수한 아이로 돌아갔다.

행복은 얼마 가지 않았다. 2학년이 되던 해에 2차 세계대전이 발발했다. 일제 역시 본격적으로 전체주의의 광기를 보이기 시작했다. 일제의 황국신민화 정책에 따라 80%에 가까운 조선인이 창씨개명을 했다. 창씨개명을 하지 않으면 직장에서 해고당하거나 월급을 받지 못했다. 학생은 학교에 갈 수 없었고, 만약 학교가 그런 학생을 정학시키지 않으면 폐교를 당했다. 이러한 상황에서 연희전문이라고 예전처럼 자유로울 수는 없었다.

윤동주는 거대한 역사의 물결 앞에 선 작은 청년에 불과했다. 기독교와 민족, 자기 정체성이 모두 핍박받았다. 그가 할 수 있는 것이 없었다. 이 청년은 언어까지 빼앗겼다. 문학과 민족을 사랑한 청년 윤동주에게 자기 민족의 언어로 시를 쓰지 못하는 상황은 고통이었다. 윤동주는 1년을 절필함으로써 당시 받은 충격을 간접적으로 표현했다. 그는 〈팔복〉이라는 시에서 처음으로 불신앙을 드러냈다. 성서에서 약속한 8가지 복이 이 땅에서 배제된 절망을 절규했다. 윤동주가 '하나님'이라는 울타리 안에서 태어나고 자랐음을 떠올려보면 그가 얼마나 절망했는지를 능히 짐작할 수 있다.

일본 유학을 결심하다

이후 그는 다시 시를 쓰기 시작했다. 많은 변화가 생겼다. 특히 윤동주의 시에서 분열이 목격됐다. 윤동주 문학을 분석하며 흔히 '분열된 자아'를 거론하는데, 주로 이 시기 이후의 시가 그러한 경향을 드러낸다.

문학에서 표현된 자아의 분열이 윤동주의 인생사에도 출현했다. 일본 유학을 결심한 것이 대표적이다. 더는 이 땅에서 시를 쓸 수 없게 된 시점에 내린 결정이었다. 윤동주가 문학을 사랑한 청년이었으며 이 시기 그의 문학이 자아의 분열을 나타내었다는 점을 고려한다면 타협점으로 일본 유학을 결행하였다고 생각해 볼 수 있다.

동시에 문학 너머 역사에 대한 책임감 또한 강하게 느꼈다.

무엇을 해도 세상이 바뀌지 않을 것이라는 무력감과 패배감 속에서도 역사 앞에서 아무것도 하지 않을 수는 없다는 지식인으로서의 양심. 절대 절망 속에서 양심의 안간힘을 다하면서 윤동주는 송몽규와 뜻을 같이하기로 한다. 나중에 일경에 체포되어 작성한 윤동주의 일본 유학 동기는 송몽규의 그것과 같았다. 조선 독립을 위해서 민족 문화를 연구하기로 하였고 그러려면 전문학교 정도의 문학 연구로는 부족하다고 보았기 때문에 유학을 결행했다고 윤동주는 답했다.[9]

물론 윤동주의 일본 유학 동기가 전적으로 조선의 독립을 위한 문화 연구 때문이라고 하기는 어렵다. 왜냐하면, 윤동주는 원래 문학 자체를 사랑한 문학인이었기 때문이다. 윤동주는 문학을 사랑하는 청년으로서 자신이 동경한 시인 정지용의 학교(교토제국대학)에서 공부하고 싶다는 욕망 또한 품었을 것이다. 동시에 문학이 민족해방운동에 (현 단계에서 무장투쟁보다) 더 도움이 된다는 송몽규의 주장에 분명 동의하여 유학을 결심한 측면 또한 있었을 것이다.

윤동주는 일본 유학을 위해, 창씨개명을 했다. 당시 유학을 하려면 창씨개명이 필수였기 때문에, 원서 제출 하루 전까지 창씨개명을 미루다 결국 '히라누마 도오쥬(平沼東柱)'로 이름을 바꾼다. 이후 쓴 시가 〈참회록〉이다. 윤동주는 〈참회록〉에서 거울을 보기 위해, 손뿐만 아니라 발까지 써가며 거울을 닦는다. 이렇게 부끄러워하면서까지, 그는 일본으로 떠났다. 그러곤 돌아오지 못했다.

타향에서의 죽음, 그리고 다시 고향으로

1942년 윤동주는 도쿄에 소재한 릿쿄대학에 진학했다. 다시 1학기 만에 교토에 있는 기독교 대학인 도시샤대학 문학부로 전학을 갔다. 송몽규가 있는 교토로 향한 것이다. 이 결정은 매우 위험한 것으로 윤동주 스스로 잘 알고 있었다. 송몽규는 독립운동 혐의로 이미 감옥에 다녀와 '요시찰인' 명부에 오른 상태였다. 요시찰인은 악명 높은 고등계 형사의 밀착 감시 대상이었다. 윤동주는 송몽규와 함께하기로 함으로써 일제의 감시 속으로 스스로 걸어 들어간 셈이다.

1943년 3월 일제는 조선인 징병제를 8월부터 시행한다고 공표했다. 당시 많은 조선인은 일본이 자신들을 총알받이로 이용하려 한다는 사실에 분노했다. 식민지 출신의 군사를 뽑는 것은 일제에 매우 꺼림칙한 일이기도 했다. 징병하여 군대에 편입하기 위해서는 하는 수 없이 군사교육을 해야 했다. 독립운동으로 이어질 수 있는 군사교육을 일본 정부가 해주는 꼴이 되어버릴 수 있었기에, 일제는 1943년까지도 조선인 징병을 꺼렸다.[10]

일제가 조선인 징병을 시행한 것은 물불 가리지 않아야 할 정도로 다급해졌다는 의미였다. 이면의 흐름을 인지한 송몽규는 징병에 적극 찬성했다. 그는 "조선인은 종래 무기를 알지 못했지만, 징병제도 실시로 새롭게 군사지식을 체득하게 될 것"이라고 믿었다. 일본의 전세가 기울 시점에 조선 독립에 힘이 될 수 있다는 판단이었다.

이러한 상황에서 요시찰인 송몽규의 '불온한' 사상을 일제는 용인할 수 없었고, 1943년 7월에 송몽규가 체포되었다. 윤동주도 곧이어 체포되었다. 윤동주는 독립운동을 금지하는 '치안유지법' 제5조 위반으로 교토에서 징역 2년형을 선고받았다.

흔히 윤동주를 시로 투쟁한 인물이라고 알고 있지만, 2010년 세상에 공개된 재판 문서를 살펴보면 놀라운 점이 많다. 윤동주는 당시 악명 높았던 특고(특별고등경찰) 앞에서도, 일제 재판관 앞에서도 당당했다. 부끄러워하던 소극적인 시인의 이미지는 사라지고, 형사 앞에서도 조선 독립의 열망과 대책을 열정적으로 토로하기를 마다하지 않은 저항의 독립투사 이미지가 선명히 다가온다.

윤동주의 판결문에는 민족의식을 고취할 구체적인 운동방침을 논의했다는 사실이 적시돼 있다. 판결문에 따르면 윤동주는 송몽규의 노선이었던 '문화운동'에 동의하였다. 그는 과거 독립 운동의 실패를 반성하면서 민족의식 유발에 힘써야 한다고 주장 했다. 또한, 일본의 패망을 확신하고 있으며, 조선 독립의 꿈을 실현할 수 있다고 믿는다고 말했다. 조선인 징병제 실시에 관해 서 송몽규와 같은 입장을 견지하면서, 우수한 민족 지도자가 나 타나 무력 봉기를 결행할 수 있다면 조선 독립에 더 긍정적인 영 향을 끼칠 것이라고 말했다.[11]

이 모든 주장과 발언은 고문을 일삼던 특고 앞에서 이루어졌 다. 사상범은 증거가 없어서 풀려나기 쉬웠다. '잘못했다' 혹은 '그런 적 없다'라고 말하면 얼마든지 풀려날 수 있었다.[12] 특고 앞 에서, 판사 앞에서 당당히 조선 독립을 주창한 데서 시인 윤동주 의 지사적 기개를 확인하게 된다. 스스로 교토에 걸어들어올 때 이미 예견한 일인 듯 재판장에 앉아있는 그에게서 두려움은 찾 아볼 수 없었다.

1944년 4월 17일 윤동주의 혐의가 인정되었고 형이 확정되어 후쿠오카 형무소에 수감되었다. 송몽규도 이곳에 수감되었다. 청년은 세상에 시를 남기고는 시신으로 북간도로 돌아가 고향에 묻혔다.

청년에서 항일 민족시인으로

짧았던 윤동주의 인생은 북간도에서 시작해 평양, 경성, 일본, 그리고 다시 북간도에 돌아가는 여정으로 구성된다. 가장 특이한 점은 한반도 밖에서 태어나 한반도 밖에 묻힌 그가 한반도 내에서 가장 강한 영향력을 행사한 인물의 하나라는 사실이다. 28년이라는 짧은 인생에서 한반도에 거주한 기간은 오직 4년이다. 어째서 윤동주라는 청년이 일제강점기의 대표 인물로 우리에게 기억되는 것일까.

비록 송몽규처럼 진취적이지 않았지만 문학을 좋아했던 윤동주는 암담한 시대에 고통받고 사악한 역사에 저항하며 시를 썼다. 그의 삶에 대해, 시인이기 때문에 시를 썼다기보다는 시를 쓰지 않을 수 없어서 시를 썼다고 말해야 하지 않을까. 그에게 시를 쓰게 한 동인은 북간도 한인들의 한과 염원이었고, 조선을 침탈하여 조선인을 착취하는 일제에 대한 저항이었다.

북간도라는 지역과 민족주의 기독교 공동체로 결속된 명동촌은 윤동주에게 태생적으로 항일의 특질을 지니게 했다. 윤동주는 그곳에서 자라고 그곳에서 묻혔다. 그의 인생을 보면, 조선과 간도가 보인다. 윤동주가 인생에서 겪은 좌절은 결코 시대와 무관하지 않기에, 그가 속한 간도와 간도의 조선인 전체가 역사의 흐름 속에서 겪은 불행과 전혀 무관하지 않고, 그것이 확대되어 그 당시 한반도가 겪은 고통과 무관하지 않다.

그의 인생, 그의 고민을 통해 우리는 윤동주 개인뿐 아니라 그가 속한 공동체를 목격하게 되고, 순진했던 청년의 삶은 그렇게 우리 민족의 수난과 희망을 은유하는 한 편의 시가 되었다.

참고
자료

1. 강유인화, 「식민지 조선과 병역 의무의 정치학」, 『사회와 역사』 109, 한국사회사학회, 2016.

2. 김신재, 「일제강점기 조선총독부의 지배정책과 동화정책」, 『동국 사학』 60, 동국사학회, 2016.

3. 김응교, 「만주, 디아스포라 윤동주의 고향」, 『한민족문화연구』 39, 한민족문화학회, 2012.

4. 김치성, 「윤동주 시의 발생론적 시원 연구」, 『우리말글』 69, 우리말 글학회, 2016.

5. 송우혜, 『윤동주 평전』, 푸른역사, 2004.

6. 송우혜, 「윤동주 시인이 꿈꾼 세상」, 『계간 서정시학』 25, 2015.

7. 유성호, 「윤동주의 시의 근원적 표상으로서 북간도」, 『서정시학』 제28권 제2호, 2018.

8. 윤병석, 「한인(조선인)의 간도 이주 개척과 『간도개척사』」, 『백산학 보』 79, 백산학회, 2008.

9. 이수경, 「윤동주와 송몽규의 재판 판결문과 『문우』(1941.03.)지

고찰」, 『한국문학논총』 61, 한국문학회, 2012.

10. 홍용희 · 유재원, 「분열의식과 탈식민성」, 『한국시학연구』 39, 한국
시학회, 2014.

02
허두용·김용철·고원룡·강조순…
4·3에서 진 젊은 꽃들

제주도의 상흔이 현대사의 비극으로 남다

02

허두용 · 김용철 · 고원룡 · 강조순…
4 · 3에서 진 젊은 꽃들
제주도의 상흔이 현대사의 비극으로 남다

제28주년 3 · 1절을 기념하는 제주도대회가 열린 날이었다. 대회장인 제주북초등학교에 제주읍뿐 아니라 애월면 · 조천면 등 주변 지역주민이 모여들었으며, 학생들도 대거 참여했다.[13]

허두용(15세)은 이 학교 5학년에 재학 중이었다. 행사에서는 3 · 1정신을 계승하여 자주독립을 전취(戰取)하자는 식의 연설이 이어졌다.

오후 2시, 기념행사를 마친 군중이 군정 당국의 반대에도 불구하고 가두시위에 나섰다. 45분 뒤 시위행렬이 관덕정 광장을 벗어날 즈음 기마 경찰의 말발굽에 어린아이가 치이는 사고가

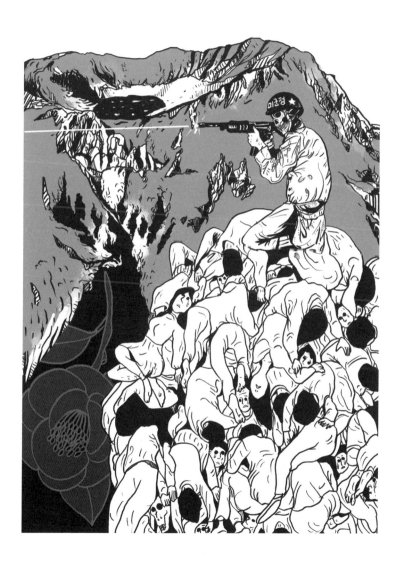

일어났다. 기마 경찰이 응급조치를 취하지 않고 다친 아이를 그대로 둔 채 가버리자 시위대는 분노한다.

1947년 3월 1일 허두용이 죽었다

"저놈 잡아라!"

사람들이 돌멩이를 던지며 기마 경찰을 쫓아갔다. 쫓아오는 군중의 기세에 당황한 기마 경찰은 경찰서 쪽으로 말을 몰아 달아났고, 분노한 시위대는 계속해서 그를 쫓았다. 무장한 채 경찰서를 경비 중이던 경찰은 이들이 경찰서를 습격하러 몰려오는 것으로 오인하고 군중을 향해 총을 쏘았다.

허두용이 경찰이 쏜 총탄에 맞아 쓰러졌다. 허두용은 광장 언저리에서 시위를 구경하다가 분위기가 험악해지자 현장에서 몸을 피하려고 했다. 경찰이 발포하자 몸을 돌려 위험지역에서 벗어나려고 했지만, 총탄이 그의 몸을 꿰뚫었다. 이날 허두용을 포함한 6명이 목숨을 잃었다. 6명 중 허두용을 포함한 5명이 등 뒤에 총알을 맞았다. 경찰의 발포가 도주하는 군중을 향한 것이었다는 방증이다. 한 마디로 경찰의 과잉대응이었다.

제주 경찰은 사건이 일어난 3월 1일 초저녁에 통행금지령을 내렸다. 2일에는 3·1절 행사위원회 간부와 중등학생들을 검속했다. 2일 하루 동안 학생 25명이 경찰에 연행되었다. 경찰은 발포가 불가피한 상황이었다며 정당방위를 주장했다. 제주 4·3의 도화선이라 불리는 '3·1사건'은 이렇게 시작됐다.[14] '제주 4·3'은 1947년 3월 1일 '3·1사건'을 기점으로 하여 1948년 4월 3일 발생한 소요사태 및 1954년 9월 21일까지 제주도에서 발생한 무력충돌과 진압과정에서 주민들이 희생당한 사건을 말한다.

1947년 3월 10일 민·관 총파업

3월 10일 민·관 총파업이 시작되었다. 관공서뿐 아니라 통신기관, 운송업체, 공장, 심지어 미군정청 통역단까지 공무원과 회사원, 노동자, 교사, 학생 등을 망라한 대규모 파업이었다. 이들은 발포 책임자 처벌, 경찰의 무장 해제 및 고문 폐지, 희생자에 대한 보상 등을 요구했다.

제주도민의 총파업에 미군정청은 제주도를 '붉은 섬'으로 지목하며 강경 대응으로 맞섰다. 본토의 '육지' 경찰이 대거 제주도로 파견되었고 극우 청년단체인 서북청년회 단원들이 제주에 들어와 경찰, 행정기관, 교육기관 등을 장악했다.[15] 그들은 '빨갱이 사냥'이란 표현을 썼다.

미군정은 제주도의 고위 관리를 극우 성향의 인물로 교체하였고 제주 출신은 완전히 배제하였다. 제주경찰감찰청장이 직위해제 되었고 그 자리를 서울 출신 김영배가 채웠다. 제주도지사에는 전북 출신 유해진이 왔다. 제주와 연고가 없는 인물들이다.[16] 군 수뇌부도 전면 교체됐다. 관공서와 교육계에 대한 숙청 작업을 벌여 총파업에 가담한 사람들을 파직 처분하였다.

당시 한반도는 1945년 미국, 소련 두 강대국에 의한 분할 점령 이후 양국의 대립이 날로 격화하고 있었다. 여기에 민족 내부의 분열이 겹치면서 통일된 민족국가 수립이란 한민족의 염원은 요원해지고 남북분단이 고착화할 가능성이 커졌다.

두 차례에 걸친 미소공동위원회가 결렬된 후 한국 문제는 미국의 제안으로 국제연합(UN)에 상정됐다. UN 총회는 UN 감시 하에 한국에서 총선거를 실시할 것을 결의하고 'UN 한국임시위원단'을 발족했다. 위원단은 1948년 초 서울에서 활동을 시작했으나, 소련의 입국 거부로 북한에서 활동을 펼치지 못했다. UN 소총회는 '가능한 지역에서의 총선거'를 결정했다. 이는 남한 단독선거를 의미했다. 남한 내의 많은 정당과 단체는 잇따라 반대 성명을 발표하였고 격렬하게 단정 수립을 반대했다.

남조선노동당(남로당)은 단독선거를 저지하기 위해 1948년 2월 7일을 기해 전국에서 총파업을 단행했다. '2·7사건'으로 불리는 총파업에 철도·전신·전화·체신·공장·광산 등 전 산업이 참여했다. 이 무렵 제주도에서도 섬 전역에 걸쳐 검거 바람이 불었다.

1948년 3월 김용철이 죽었다

조천중학원 2학년 학생이었던 김용철(21세)은 3·1사건 피의자로 수배 중이었다. 경찰의 눈을 피해 1년가량 피신 중이던 그는 3월 4일에 발각되어 조천지서에 연행됐다. 그리고 유치 이틀만인 3월 6일에 급사했다. 조천 주민들은 김용철의 죽음을 고문에 의한 사망으로 여기고 분노했다. 경찰에서는 지병에 의한 사망으로 둘러댔으나 시신 전체에 시커멓게 멍이 들어있었다.

김용철의 사인은 외부 충격에 의한 뇌출혈로 밝혀졌다. 1차 부검이 경찰의 방해로 건성으로 진행됐고 논란이 지속되자 미군 고문관이 재부검을 지시했다. 2차 부검 후 의사 장시영은 경찰의 계속되는 회유를 뿌리치고 "타박으로 인한 뇌출혈이 치명적인 사인으로 인정된다"라는 감정서를 제출했다.[17]

1948년 4월 3일 무장봉기의 시작

3·1사건 발생 13개월 뒤이자 5·10단독선거를 한 달가량 앞둔 1948년 4월 3일, 남로당 제주도당 주도하에 무장대는 '경찰과 서북청년회의 탄압 분쇄 및 단선·단정 반대'를 외치며 무장봉기를 일으켰다. 무장봉기는 이후 6년 6개월이나 이어지며 제주도민에게 씻지 못할 상흔을 남겼다.

이날 새벽 2시 한라산 기슭 오름마다 붉은 봉화가 타올랐다. 무장대의 선전포고였다. 350명의 무장대는 경찰과 우익청년단의 탄압에 대한 저항, 단선·단정 반대와 조국의 통일독립, 반미구국 투쟁을 봉기의 기치로 내세웠다.[18] 그들은 도내 24개 경찰지서 가운데 12개 지서와 대동청년단 등 우익단체 단원들의 집을 습격했다. 무장대는 다음과 같은 호소문을 뿌렸다.

> "친애하는 경찰관들이여! 탄압이면 항쟁이다. 제주도 유격대는 인민들을 수호하며 동시에 인민과 같이 서고 있다. …
> (중략)… 양심적인 경찰원, 대청원들이여! 당신들은 누구를 위하여 싸우는가? 조선 사람이라면 우리 강토를 짓밟는 외적을 물리쳐야 한다."[19]

"시민 동포들이여! 경애하는 부모 형제들이여! '4·3' 오늘은 당신님의 아들 딸 동생이 무기를 들고 일어섰습니다. 매국 단선·단정을 결사적으로 반대하고 조국의 통일독립과 완전한 민족해방을 위하여! …(중략)… 당신님들은 종국의 승리를 위하여 싸우는 우리들을 보위하고 우리와 함께 조국과 인민의 부르는 길에 궐기하여야 하겠습니다."[20]

4월 28일에 잠시 평화협상이 추진됐지만, 협상 사흘만인 5월 1일 우익청년단이 제주읍 오라리 마을을 방화하는 '오라리 사건'이 벌어졌다. 우익청년단원들이 마을에서 좌익으로 지목된 사람의 집을 찾아다니며 5세대 12채의 민가를 불태웠는데[21] 미군정과 경찰은 이를 무장대의 행위로 조작해 오히려 강경 진압의 명분으로 삼았다. 5월 3일에는 미군이 경비대에게 무장대에 대한 총공격을 명령함에 따라 협상이 결렬됐다.

5·10선거 거부

평화협정이 깨진 뒤 선거일이 다가오자 무장대는 5·10선거를 무산시키는 데 투쟁 역량을 집중했다. 선거관리사무소를 습격하거나 선관위원을 공격하는 한편, 선거인명부를 탈취했다. 선거 업무 종사자 습격이 그치지 않자 선관위원이 대거 사퇴하는 사태가 빚어졌다. 5월 3일에는 조천면 조천리의 모든 선거관리위원이 사퇴했다.[22]

다수의 주민이 무장대에 동조하여 산으로 올라가 선거를 거부했다.[23] 주민들의 산행은 5월 5일 시작됐다. 그들은 마을 인근의 오름이나 숲으로 가서 머물다 선거가 끝난 후에 마을로 돌아왔다.[24]

그 결과 전국 200개 선거구에서 유일하게 제주도 2개 선거구만이 투표수 과반수 미달로 무효 처리됐다. 미군정은 6월 23일 재선거를 추진했지만, 선거위원들이 살해당했거나 후환이 두려워 피신했고, 선거인명부가 탈취 혹은 방화로 사라져 재선거도 무산됐다.[25] 미군정은 이를 남한만의 단독정부 수립을 저해하는 불순세력의 음모로 판단했으며, 국회의원 재선거는 꼭 1년 후인 1949년 5월 10일에 실시됐다.

해안선으로부터 5km

본격적인 토벌 작전이 시작됐다. 1948년 8월 15일 대한민국이 수립된 뒤 정부는 '제주도 사태'를 종식하기 위해 대대적인 토벌 작전을 벌였다. 친일 극우 세력으로 구성된 이승만 정권에게 제주는 남한에서 유일하게 단독선거를 저지해 가뜩이나 취약한 정권의 정통성에 결정적 일격을 가한 입안의 가시 같은 존재였다.[26]

이승만 정부는 10월 11일 제주도에 경비사령부를 설치하고 군 병력을 제주에 추가 배치했다. 제주도경비사령부를 창설한 지 6일 만인 10월 17일엔 해안선으로부터 5㎞ 밖 모든 사람을 폭도로 간주하여 총살하겠다는 포고문을 발표했다. 중산간 마을 거주민에게 거주 자체를 금지하는 명령이나 다름없었다.

– 1948년 10월 17일 제9연대장 송요찬 소령의 포고문 –

본도의 치안을 파괴하고 양민의 안주를 위협하여 국권 침범을 기도하는 일부 불순분자에 대하여 군은 정부의 최고 지령을 봉지(奉持)하여 차등(此等) 매국적 행동에 단호 철추를 가하여 본도의 평화를 유지하며 민족의 영화와 안전의 대업을 수행할 임무를 가지고 군은 극렬자를 철저 숙청코자 하니 도민의 적극적이며 희생적인 협조를 요망하는 바이다.

군은 한라산 일대에 잠복하여 천인공노할 만행을 감행하는 매국 극렬분자를 소탕하기 위하여 10월 20일 이후 군 행동 종료 기간 중 전도 해안선부터 5㎞ 이외의 지점 및 산악지대의 무허가 통행금지를 포고함.

만일 차(此) 포고에 위반하는 자에 대하여서는 그 이유 여하를 불구하고 폭도배로 인정하여 총살에 처할 것임. 단 특수한 용무로 산악지대 통행을 필요로 하는 자는 그 청원에 의하여 군 발행 특별통행증을 교부하여 그 안전을 보증함.[27]

포고문은 본격적으로 강경 진압 작전을 벌인다는 신호탄이었다. 11월 17일 이승만 대통령은 제주도에 계엄령을 선포했다. 1948년 11월 중순부터 1949년 3월까지 약 4개월간 진압군은 중산간 마을에 불을 지르고 주민을 집단으로 살상했다. 이 기간에 가장 많은 제주도민이 희생됐고 대부분의 중산간 마을이 초토화하였다.[28] 진압군은 산을 근거지로 삼은 무장대와 주민의 연계를 막기 위해 중산간 마을 주민을 해안마을로 강제 소개하고 100여 곳의 중산간 마을을 불태웠다.

일부 마을에는 소개령이 전달되지 않았다. 토벌대가 이장에게 소개령 통보(문)를 전해주어야 했는데, 무장대 활동지역이어서 제대로 통보가 전달되지 않기도 했지만, 한편으로는 무장대 근거지와 가까운 중산간 주민 대부분을 무장대 동조자로 인식했기 때문이었다.[29] 혹은 통보가 채 전달되기 전에 토벌대가 들이닥치는 바람에 주민들이 남녀노소를 막론하고 집단희생을 당했다.

이 기간에는 중산간 마을뿐 아니라 일부 해변 마을에서도 서북청년회에 의한 집단 살상이 벌어졌다.[30] 그 결과 목숨을 부지하기 위해 입산하는 피난민이 늘었고, 이들은 추운 겨울을 한라산 속에서 숨어다녔다. 그러다가 잡히면 사살되거나 형무소로 보내졌다.

1948년 11월 13일 고원룡이 죽었다

고원룡(29세)이 살던 애월면 하가리는 160호가량이 사는 작고 평범한 마을이었다. 해변 마을은 아니지만 해변을 따라 조성된 일주도로에서 그리 멀리 떨어지지 않은 곳이어서 중산간 마을이라고 하기에도 모호하다. 이 때문에 하가리에는 소개령이 내려지지 않았다. 4월 3일 무장봉기가 발발한 후에도 별다른 사건이 일어나지 않았기에 주민들은 평소처럼 지냈다.

1948년 11월 13일 새벽 1시 제주읍에 주둔 중이던 9연대가 마을에 들이닥쳤다. 그 시각 어떤 집에서는 제사를 끝낸 후 음식을 나눠 먹고 있었고, 또 다른 집에서는 사람들이 모여 돼지고기를 안주로 술잔치를 벌이고 있었다. 진압군은 주민들을 닥치는 대로 끌어내고는 14채의 가옥에 불을 지르고 사람들을 인근 밭에 모았다.

고원룡은 잠을 자다 끌려나갔다. 두려움에 떨던 고원룡과 마을 사람들은 곧이어 영문도 모른 채 총살당했다. 총성과 비명이 뒤섞이는 아비규환의 장이었다. 고원룡의 몸에도 총탄이 박혔다. 군인들이 떠나자 살아남은 마을 사람들이 울부짖으며 시신을 수습했다. 고원룡은 고통 속에서도 목숨이 희미하게 남아 있어 인근 병원으로 옮겨졌으나 이틀 후 숨졌다.[31]

'도피자 가족' 강조순이 죽었다

소개령에 따라 중산간 마을에서 해변 마을로 내려온 사람이어도 가족 중 청년이 한 명이라도 사라지면 '도피자 가족'이라 하여 총살했다. 일부 지역에서는 주민을 모은 가운데 호적과 대조하며 '도피자 가족'을 찾아냈다. 주민들은 이를 '대살(代殺)'이라고 불렀다. '살인한 자를 사형에 처함'이 대살의 사전적 의미이지

만, 주민들은 '가족 대신 죽는다'는 뜻으로 사용했다.[32]

강조순(18세)은 하귀리 개수동에서 예쁘다고 소문난 아이였다. 그러나 오라버니가 사라진 이후 경찰에 붙잡혀 그의 소재를 대라며 매일 전기고문을 받았다. 강조순은 감시가 허술한 틈을 타서 도망쳐 바닷가에 숨었지만, 며칠 후 다시 경찰에 붙잡혔다.

경찰은 우익청년단체인 대한청년단을 모두 집합시킨 후 그리로 강조순을 끌고 갔다. 강조순은 이미 초주검 상태였다. 경찰은 그를 알몸으로 만든 뒤 '여자니까' 대한청년단 여자 대원들이 나서서 철창으로 찌르라고 명령했다. 여자 대원들이 기겁하며 망설이자 "찌르지 않으면 너희들이 대신 죽을 것"이라고 협박했다. 몇 차례의 자상을 입고 강조순은 숨을 거두었다.[33]

보복 살상, 북촌마을 집단학살

진압군은 주둔지가 습격당하거나 혹은 이동 시에 기습을 받아 사상자가 발생하면 즉시 보복에 나섰다. 보복 대상은 주로 '도피자 가족'이었지만 조천면 북촌리의 사례처럼 대상을 특정하지 않고 기습받은 지역의 주민 전체를 보복의 대상으로 삼기도 했다.[34] 북촌리는 당시 학살로 인해 가장 큰 인명 피해를 본 마

을이다.[35]

1949년 1월 17일 제주 세화리에 주둔한 제2연대 3대대 소속 병사 2명이 북촌리 어귀 고갯길에서 무장대의 기습을 받아 숨졌다. 당황한 마을 원로들은 숙의 끝에 군인 시신을 들것에 담아 대대 본부로 찾아갔다. 흥분한 군인들은 본부에 찾아간 10명의 연로자 가운데 경찰 가족 한 명을 제외하고는 모두 사살했다. 그리고 장교의 인솔 아래 2개 소대쯤 되는 병력이 북촌리를 덮쳤다.[36]

오전 11시 무장 군인들이 북촌리를 포위했다. 집마다 들이닥쳐 총부리를 겨누며 남녀노소, 병약자 할 것 없이 전부 북촌초등학교 운동장으로 내몰고는 온 마을을 불태웠다. 400여 채의 가옥이 하루아침에 잿더미로 변했다.

운동장에 모인 1,000명가량의 마을 사람 중에서 '빨갱이 가족'을 찾아내려던 군인들은 이 일이 여의치 않자 주민을 몇십 명씩 끌고 나가 학교 인근 밭에서 사살했다. 이 주민 학살극은 오후 5시 대대장의 중지 명령이 있을 때까지 계속되었다. 마을주민들은 이날 희생된 주민이 대략 300명에 이른다고 증언한다.[37]

멈춘 총성과 행방불명된 사람들

1949년 3월 2일 제주도지구전투사령부가 창설됐다. 5월 10일에 열릴 재선거를 무사히 치르기 위해서였다. 사령관으로 임명된 유재홍 대령은 강경 작전과 함께 선무공작을 펼쳤다. 그는 "하산하면 과거의 죄를 묻지 않고 생명을 보장해 주겠다"라는 말로 한라산에 피신해 있던 주민을 해안가로 끌어냈다. 백기를 들고 하산한 주민들은 임시수용소에 가두어졌고, 일부는 석방되었지만 상당수는 군법회의에 회부됐다.

'1949년 군법회의'는 한라산에 피신해 있다가 하산해 제주도 내 각지 수용소에 감금된 민간인을 대상으로 열렸다. 군법회의는 민간인 1,659명에 대해 한 사람도 어김없이 '국방경비법' 제32 · 33조 위반 '적에 대한 구원통신연락 및 간첩죄'를 이유로 유죄 판결을 선고했다. 이들 중 사형으로 기록된 345명 가운데 249명이 총살됐다. 총살된 249명을 제외한 군법회의 회부자는 마포 · 대구 · 대전 · 목포 · 인천 · 전주 형무소에 분산 수감됐다.[38]

군경토벌대의 강경 진압 작전과 선무공작의 결과 무장대는 거의 궤멸 상태에 이르게 됐다.[39] 무장대 핵심 간부 다수도 귀순 행렬을 따라 하산하거나 강경 진압 작전 도중 사살 혹은 생포됐

다. 6월 7일에는 무장대 총책 이덕구가 사살됐다. 그의 죽음은
무장대의 실질적인 몰락을 의미했다.

1954년 9월 21일 한라산 전면 개방

1954년 8월 28일 제주도경찰국장에 취임한 신상묵은 잔존 무
장대 5명의 행적이 상당 기간 포착되지 않자 9월 21일을 기하여
한라산을 전면 개방했다.[40] 개방에 따라 원주지 마을 복구 허용
및 정부의 지원과 마을주민의 자체적인 노력으로 중산간 마을
재건사업은 점진적으로 실현됐다.

1957년 4월 2일 최후의 무장대원 오원권이 구좌면 송당지역
에서 생포되면서 한라산에 총성이 멈췄다. 무장대와 토벌대 간
의 무력충돌과 토벌대의 진압과정에서 발생한 2만 5,000~3만
명의 희생자를 뒤로 한 채 사건은 7년 7개월 만에 막을 내린 것
처럼 보였다.

4·3의 여파는 컸다. 수많은 인명과 재산 피해는 고사하고 살
아남은 제주도민 또한 공고화하는 반공체제 속에서 다시 고통을
겪어야 했다. 4·3봉기 과정에서 군경토벌대에 의해 죽임을 당
하거나 사법 처리된 희생자의 가족들은 연좌제에 의해 감시당하

고 사회 활동에 심한 불이익을 겪었다.[41] 공무원 임용이나 사관학교 입학 등 각종 시험에서 제약을 받은 것은 물론이고 공개적인 희생자 추모가 불가능했다.

붉은색 공포증과 '잃어버린 마을'

제주4·3사건진상규명및희생자명예회복위원회가 공식적으로 집계한 희생자 수는 2020년 현재 14,532명이다.[42] 희생자의 대부분은 청년이거나 20대가 되지 않은 소년이었다. 운 좋게 살아남은 이들 또한 오랫동안 트라우마에 시달렸다. '빨갱이'로 지목될까 봐 '그날'에 대해 침묵하며 참상의 현장에서 생존을 위해 노력해야 했다.

한국전쟁을 겪으며 더욱 굳어진 반공이데올로기는 오랜 시간 한국 사회를 옥죄었다. 특히 4·3봉기로 만신창이가 된 제주도는 '붉은색 공포증'을 겪었다. 한국전쟁에서 인천상륙작전을 성공시킨 해병대 3~4기 대부분은 제주도민으로 구성됐다. 4·3봉기 때 군경에게 가족을 잃은 사람들은 '붉은색 공포증'을 극복하기 위해 혈서까지 쓰며 입대했다. 그들은 조국을 지키려 참전한 사람이 어떻게 빨갱이일 수가 있느냐고 말했다.[43]

1954년 9월 한라산이 개방된 후 중산간 마을 사람들 상당수는 원래 주거지를 찾아 올라갔다. 하지만 폐허가 된 마을의 농토를 개간하고 새로 집을 지어 산다는 것은 쉬운 일이 아니었다. 게다가 주민들이 집단으로 희생된 흔적이 남아 있는 곳이어서 복귀를 원하지 않는 주민도 많았다.

4·3봉기 이후 난민 정착 복구사업이 실시되었음에도 불구하고 원주민이 복귀하지 않아 폐허가 된 마을이 제주도 내 각지에 생겨났다. 이른바 '잃어버린 마을'은 4·3봉기로 집중적인 피해를 본 마을 가운데 주민들이 돌아오지 않아 버려지거나 단순 농경지로 바뀌면서 더는 마을로 존재하지 않고 사라진 경우를 말한다.[44]

4·3사건 진상 규명은 사건 공식 마무리 후 반세기 동안 이뤄지지 않았다. 1960년 4·19혁명으로 이승만 정권이 몰락하면서 논의가 시작되는 듯했으나 이듬해 5·16군사쿠데타가 발생하면서 중단됐다. 20년 동안 이어진 군사정권 치하에서는 4·3사건을 입 밖으로 꺼내는 것조차 금기였다.

오랜 세월 제주 바다의 깊은 수면 아래 가라앉아 있던 사건은 1980년대 후반 들어서 진상 규명 작업이 진행되며 수면 위로 올라왔다. 특히 1980년대 민주화운동은 지난 40여 년간 침묵한 유족들에게 영향을 끼쳐 그들이 목소리를 내게 했다. 그동안 만연한 반공이데올로기 속에서 유족들은 두려움에 떨며 입을 다물고 살았다. 유족들에 의한 4·3에 대한 공식적인 증언과 진정서 작성은 1987년 이후에야 이루어졌다.[45]

정부 차원의 조사와 보상은 2000년대가 되어서야 가능했다. 이마저도 개별 소송으로 일부 배상을 받거나 정부의 의료지원금과 생활지원금을 받는 수준에 머물고 있을 뿐이다. 배상과 보상 문제를 포함해 4·3의 완전한 진실규명과 명예회복의 기반이 되는 '제주 4·3사건 진상 규명 및 희생자 명예회복에 관한 특별법(제주4·3특별법)' 개정안은 20대 국회의 임기종료와 동시에 자동 폐기됐다.

참고
자료

1. 양정심, 「제주4·3항쟁 연구(濟州4·3抗爭 研究)」, 성균관대학교 박사학위 논문, 2006.

2. 장준갑, 「미군정의 제주4·3사건에 대한 대응—폭력과 학살의 전주곡—」『전북사학』31, 전북사학회, 2007.

3. 강영훈, "나의 할망은 4·3의 생존자였다", 〈오마이뉴스〉, 2020.04.03.

4. 정신영, "제주의 비극 앞에서 난민을 생각하다", 〈오마이뉴스〉, 2018.11.27.

5. 곽희양, "[정리뉴스] 아이도, 여성도 예외 없이 '초토화'···70년 전 제주 땅에선 무슨 일이", 〈경향신문〉, 2018.04.02.

6. 이정현, "[제주4·3사건] 자슥헌테도 말 못했제··· '빨갱이'라 잡아 감서", 〈이데일리〉, 2018.04.03.

7. 제주4·3평화재단 웹사이트

8. 제주4·3사건진상규명및희생자명예회복위원회, 『제주4·3사건 진상조사보고서』, 2003.

9. 제주4·3범국민위원회 공식 블로그, "4370신문 1월호-조천읍 북촌리 '아이고' 사건", 2018.01.29.

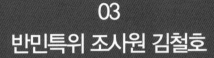

03

반민특위 조사원 김철호

친일파는 반민특위를 어떻게 무력화하고
어떻게 그들의 세상을 이어갔는가

반민특위 조사원 김철호
친일파는 반민특위를 어떻게 무력화하고
어떻게 그들의 세상을 이어갔는가

'반민특위'는 일제강점기 34년 11개월 동안 반민족 행위를 일삼은 친일파를 처단하기 위해 1948년에 만들어진 반민족행위특별조사위원회의 약칭이다.[46] 1948년 제헌 국회는 친일파 처벌법 제정을 서둘렀고 '반민족행위처벌법 기초특별위원회'를 구성해 법안 초안을 만들었다. 김웅진, 김상돈, 노일환, 김명동 등 소장파 의원들이 적극적이었다.[47] 반면 김준연 등 한민당 계열 의원들은 "거리에서 우는 사람은 배고프고 옷이 없어 우는 것이지 친일파들 때문에 우는 것이 아니다"라며 친일 청산에 미적거리는 태도를 보였다.[48] 정부도 한민당 계열 의원들과 비슷한 입장이

었으나, 국회가 이미 '반민족행위처벌법(반민법)'을 103 대 6으로 통과시킨 뒤라 어쩔 수 없이 9월 22일 대한민국 법령 제3호로 공포했다.[49]

1950년 8월 김철호가 죽었다

중앙위원회 외에 전국 9개 도에서 지역조사부 구성에 들어간 반민특위는 전국에 걸쳐 독립운동가 출신 위주로 특위에서 활동하기에 적합한 인물을 찾았다. 통영 출신의 김철호는 경남조사부 조사원으로 발탁됐다.

1901년 통영에서 태어난 김철호는 1925년 서울 협성학교 고등부를 졸업하고 그해 중국으로 가서 광둥 중산대학에서 공부했다. 대학 재학 중 항일 무력독립운동 단체인 의열단에 가입하여 선전출판부 책임자로 일하던 그는 1927년 10월, 의열단의 밀명을 받고 극비리에 귀국했다. 김철호는 고향인 통영에서 비밀결사를 위해 신간회 통영지회에 가입해 지하활동을 벌이다가 1929년 11월 '의열단 사건'의 주역으로 역사의 전면에 부상한다. 조선박람회 개최에 맞춰 동료들과 일제 주요 인물 암살과 주요 기관 파괴 공작을 준비하다 발각되어 서응호, 윤충식 등과 함께

'치안유지법' 위반으로 체포된 것이다. 김철호는 12월 7일, 징역 1년에 집행유예 3년을 선고받았다.[50]

해방 이후 김철호는 고향인 통영에서 충신과 열사를 기념하는 사업을 진행했다.[51][52] 일제강점기 독립운동 이력으로 보나 해방 후의 행보로 보나, 그는 반민특위 위원으로 흠이 없는 인물이었다. 조국을 위해 일하며 '나라의 땀방울'이 되겠다는 김철호의 의지는 국한(國汗)이라는 그의 호에서부터 드러났다.[53] 친일파 청산의 정국이 시작되고 나서, 그는 바로 반민특위 경남조사부 조사원 겸 부위원장에 임명되었다.

1949년 1월 경남조사부의 조직 구성이 끝나자 김철호를 비롯한 조사원들은 부산 경남도청 내에 사무실을 두고 본격적인 수사를 위한 예비 조사에 들어갔다. 조사는 조선총독부 관보와 신문 등 일제강점기의 각종 출판물과 제보를 기반으로 이루어졌다.[54] 김철호는 이러한 자료들을 가지고 친일파 일람표를 작성하였고 그 가운데 일제 헌병과 친일 경찰을 집중적으로 수사했다.[55] 예비 조사 기간을 거친 뒤 경남조사부가 본격적인 체포 단계에 들어서면서 경남 일대에서 친일파 처단을 바라는 시민들의 열기가 고양되었다.[56] 이러한 반민특위의 움직임이나 민중의 열기와는 상반되게 이승만 정부는 친일 청산이란 민족적 과업에 탐탁지 않다는 입장을 일관되게 표명했다.

"지금 국회에서 이 문제(친일 청산)로 많은 사람이 선동

되고 있으니 지금은 이런 문제로 민심을 이산시킬 때가

아니오."[57]

'반민법' 공포에 앞서 1948년 9월 3일 이승만이 한 말이다. 친

일파와 미군정을 등에 업은 그는 친일파 처벌 논의를 '선동' 혹은

대한민국의 분란과 분열로 이해했다.[58] 당시 대통령과 제헌 국

회는 서로 대척점에 서 있었다. '반민법' 제정 시기와 방식, 판결

기관 등 무엇에 관해서든 양자의 견해차는 매우 컸다. 그 격차를

끝까지 줄일 수 없었지만, '반민법' 공포 이전에는 어떤 법도 통

과시키지 않을 듯한 국회의 강경한 기세에 밀려 정부는 최종 서

명을 했고 1948년 9월 22일 '반민법'을 법령 제3호로 공포했다.[59]

그렇다고 이승만이 승복한 것은 아니었다. '반민법' 공포 이후

에도 대통령의 '담화 정치'는 그치지 않고 계속되었다. 그는 이틀

후에 "반민자 처단은 민의, 법 운영은 보복보다 개과천선토록 하

라"라는 담화문을 냈다.[60] 정부는 여론을 고려하여 마지 못해 '반

민법'을 수용하였지만, 해석에서 정부의 기존 입장을 반영하고

자 했다.[61] 대통령의 담화 정치는 갈수록 더욱 노골화되었다. 이

승만은 특경대를 없애고 조사위원들이 체포 및 구금하는 것을

막아 혼란 상태를 정돈시키라는 대통령령을 내린 뒤 1949년 2

월 15일 대통령령과 관련한 담화에서 "반민특위의 행동이 지나쳐 국가치안에 방해된다"라는 입장을 밝혔다.[62] 심지어 21일에는 '친일 경찰 기술자들의 반공기술'을 이용해야 하는데 (친일 경찰을 처단하려고만 드는) 조사위원들에게는 국가를 위한 생각이 꿈에도 없다며 반민특위 활동을 비판하기에 이르렀다.[63]

친일파 반격의 징조… '빨갱이'로 몰리는 반민특위

대통령의 연이은 강도 높은 발언과 함께 반민특위에 대한 친일 세력의 공세 또한 점차 거세졌다. 조사와 수사를 본격화해야 할 1949년 2월 김철호는 이승만의 담화를 필두로 반민특위의 활동을 방해하려는 책동을 체감하게 된다.[64] 친일파를 옹호하거나 관대한 처벌을 요구하는 연판장들이 나돌았고 데모가 벌어지기도 했다. 친일파들은 '반공 국민대회'를 열어 "반민법은 일제강점기 반장이나 동장까지 잡아넣을 수 있게 되어있어 온 국민을 친일의 그물로 옭아매는 망민법(網民法)"이라며, "이런 민족분열의 법을 만든 소장파 국회의원들은 공산당 프락치"라고 악을 썼다.[65] 친일파에게 반공은 생존의 유일한 무기였다. '빨갱이' 프레임을 이용하는 것은 자신을 보호하는 데 매우 효과적이었을뿐더러 반민특위를 무력화하는 데도 더없이 유용했다.

연판장을 돌리고 난동을 부리는 이들을 '반민법' 위반으로 체포하고 적극적으로 반동 움직임에 대처했지만, 친일파도 조사관에게 살해 위협을 담은 협박장을 보내는 등 물러서지 않았다. 전국에서 크고 작은 소란들이 끊이지 않은 데다, 서울에서는 암살 모의 사실이 드러나 큰 충격을 주었다. 친일 경찰로 악명을 떨친 최난수, 홍택희, 노덕술 등이 모의하여 테러리스트 백민태를 시켜 반민특위 위원들을 암살하게 한 후 이들을 공산당의 프락치로 조작해서 북한으로 넘어가려다 사살당한 것처럼 꾸미려 하였다. 암살 실행 전에 노덕술이 반민특위에 체포되자 불안해진 백민태가 검찰에 자수하면서 사건의 전말이 드러났다. 사건의 전모를 전해 들은 김철호는 암살이 미수에 그친 것에 안도하면서도 친일파의 반동 강도에 놀랐다. 하지만 설마 그들의 공세에 반민특위가 무너지게 되리라고는 상상조차 하지 못했다.

5월이 되고 경남조사부는 부와 군까지 조사인력을 파견하는 등 그 어느 때보다 활발히 활동하는 중이었다. 철저한 조사가 우선인 것은 여전했고 조사 외에도 할 일은 넘쳐났다. 김철호는 조사업무를 수행하면서 피의자를 체포하고 영장 청구를 위해 반민특위 중앙위원회를 오가는 등 정신없이 바쁜 날들을 보냈다. 체포 직후 모든 조사를 마치고 20일 안에 송치 여부를 정해야 하는 급박한 상황에서 동료 조사원은 딸의 장례식에도 참석하지 못하였다. 슬픔을 삭힐 시간조차 허락지 않을 만큼 모두가 오직 조사와 검거에만 몰두했고, 그 결과 5월 중순 이후 피의자 30여 명에 대한 파면 신청을 제출하고 중앙위원회에 15명의 영장을 청구하는 성과를 냈다.[66]

그러나 6월은 달랐다. 수십 명을 잡아내던 전달에 비해 이달의 성과는 체포 인원이 단 4명에 불과할 정도로 초라했다. 김철호도 동료들도 도저히 일이 손에 잡히질 않았다. 서울에서 벌어지는 일들의 모양새가 심상치 않았고, 불미스러운 사건들이 이상하리만큼 연달아 발생했다. 이른바 '6월 공세'였다.

반민특위에 가해진 치명타… 본부 습격, 국회 프락치 사건, 김구 암살

'6월 공세'의 주요 사건은 반민특위 본부 습격, 국회 프락치 사건, 김구 암살 등이다. 반민특위 본부 습격의 발단은 서울시경 사찰과장 최운하와 종로서 사찰주임 조응선이 반민특위 위협 목적의 대중시위를 조직하던 것이 드러나 반민특위가 이들을 체포하면서였다.[67] 얼마 뒤 6월 6일 한밤중에 내무차관 장경근의 지시와 대통령의 묵인하에 중부경찰서장 윤기병이 지휘하는 40명의 무장경찰이 반민특위 본부에 들이닥쳤는데, 이것이 반민특위 본부 습격 사건이다. 습격 당시 무장경찰들은 특위 위원과 특경 대원들을 무장 해제하고 구금하고 고문했다. 이승만은 "반민특위의 (친일 경찰에 대한) 체포 위협은 국립경찰에 중대한 영향을 미치고 있어 내가 직접 특경대 해산을 명령한 것"이라며 습격자들을 옹호했다.[68]

또한, 소장파 국회의원들까지 '국가보안법' 위반으로 구속되었다. 이른바 '국회 프락치 사건'이라 불리는, 1949년 5월부터 이듬해 8월까지 세 차례에 걸쳐 반민특위에 열성적이던 소장파 의원들 포함 국회의원 15명이 구속된 사건이다.[69] 친일 청산에 앞장선 의원들을 '빨갱이'로 몰아 반민특위에 실질적인 타격을 가했다. 이 사건을 계기로 대통령과 날카롭게 각을 세우던 의회와 특위는 점점 힘을 잃게 되었다.

반민특위 활동에 사실상 종지부를 찍는 사건은 백범 김구의 암살이었다. 본부 습격 20일 만인 6월 26일 친일 청산의 버팀목이던 김구가 배후에 친일파를 둔 현역 육군 소위 안두희에 의해 살해되었다. 특위를 비롯하여 그와 뜻을 함께한 이들에게 그날은 분단과 친일을 극복한, 하나의 독립된 자주 국가 건설의 희망과 의지가 좌절되고 만 순간이었다.[70] '6월 공세' 끝에 반민특위 활동은 급격히 위축되었고, 결국 1949년 7월 1일 국회의원 곽상 훈 등 친이승만 의원 21명이 반민특위 활동 기간을 그해 8월까지 로 제한하는 개정안을 제출했다.[71] 개정안은 7월 6일 통과되었고, 다음날인 7월 7일 반민특위 조사위원은 전원 사표를 제출했다.[72]

일련의 파동이 몰아친 후 김철호를 비롯한 경남조사부의 사기는 크게 떨어졌다. 친일파를 발본색원(拔本塞源)하려던 그들의 의지와 투지는 꺾일 수밖에 없었다. 반민특위를 향한 위협은 조직의 해체만으로 끝나지 않았다. 위협은 예고장에 그치지 않고 실제로 일어나기 시작했고, 어처구니없게도 조사원의 집에 친일파가 침입하여 살해 위협을 가한 사태까지 빚어졌다.

분노했지만 두려움이 없었다고 할 수는 없었다. 김철호는 마지막이란 생각으로 마음을 다잡았다. 가만히 잦아드는 것은 친일파가 반길 일이었다. 눈앞의 일을 끝까지 잘 마무리하자는 각오로 김철호와 동료들은 시한이 만료되기 직전까지 수사와 체포를 이어갔고, 그 결과 전국 9개 도 중에서 경남조사부가 가장 뛰어난 성과를 냈다.[73] 그러나 사건을 정리해 중앙위원회로 전달하던 중 반민특위 활동 기간이 아슬아슬하게 다 되어 막판의 노력이 무위로 돌아갔다. 김철호는 일을 마무리 짓지 못한 채 통영으로 돌아갔다. 아무것도 이루지 못하고 통영으로 돌아간 김철호의 마음이 어땠을지는 짐작이 가고도 남는다.

전쟁 발발, 반민특위 조사원의 말로

반민특위 해체 이후 한반도에서는 좌익과 우익의 충돌이 더 격화하였다. 매국과 애국을 가르는 기준이 '친일파냐 아니냐'에서 '좌익이냐 아니냐'로 바뀌었다.[74] 정부의 비호 아래 가해진 친일파의 연이은 반격에 반민특위에 몸담은 김철호는 이념상 오히려 우익에 가까웠음에도 한순간에 좌익분자로 찍히고 말았다. 그리고 1950년 6월 25일, 그렇게 '빨갱이'가 된 상태에서 전쟁이 일어났다. 반민특위가 흐지부지되고 친일파가 더욱 득세한 시기, 그들은 전쟁을 이용해 자신들을 정죄한 사람들에게 '빨갱이'의 탈을 씌워 전쟁통에 싹쓸이하고자 하였다. 반민특위 활동자를 포함하여 좌익활동 경력이 있는 전향자를 교화한다는 명목의 국민보도연맹은 대표적인 싹쓸이 수단의 하나였다. 7월 8일 마산·고성·창원·통영에 보도연맹원 구금 목적의 계엄령이 선포되면서 통영에 불길한 기운이 퍼졌다.

반민특위 출신이란 낙인이 찍힌 김철호는 목숨을 부지할 수 있을지 장담하기 힘든 불안 속에서 하루하루를 지냈다. 8월의 어느 밤 잠결에 인기척을 느껴 눈을 뜨자 7명가량 거구의 서슬 퍼런 눈빛이 보였다. 정신을 차릴 새가 없었다. 방 밖으로, 집 밖으로 끌려 나오는 모든 것이 한순간의 일이었다. 김철호의 아들이 기억하는 아버지의 마지막 모습이었다.

　김철호가 사라지고 진상 또한 사라졌다. 부위원장이 끌려간 뒤 바다에 수장되었다, 어떤 조사원은 납북되어 숙청당했다는 등의 확인되지 않은 말이 나돌았다.[75][76] 진실은 알 수 없었으나 소문마다 '빨갱이'라는 단어만큼은 분명한 사실이라도 되는 양 끈질기게 따라붙었다.

　김철호의 실종과 죽음, 그 배후가 좀 더 선명해진 것은 〈한국일보〉 전 논설위원 이승호가 통영 읍장에게서 들은 이야기가 전해지면서부터다. 이승호의 회고록 '대지에 비가 내린다'에는 경남 반민특위 부위원장 K와 친일파 S의 이야기가 등장한다. K의 초등학교 동창인 S는 언젠가 자신을 체포하러 온 K의 앞에 무릎을 꿇고 "차마 왜놈들을 거역하지 못했"다며 선처를 호소했다. K는 처자식을 봐서 살려 달라 애원하는 S를 외면하지 못했다. 그러나 선의는 선의로 되돌아오지 않았다.

　한국전쟁이 일어나고 상황이 역전되자 S를 비롯한 그 지역 친일파들은 K를 '빨갱이'로 몰아갔다. 경남근현대사연구회는 이를 사실로 판단했고 여기서 K는 김철호, S는 서 아무개라고 설명했다. 당시 통영 헌병대 문관이던 이 아무개가 서 아무개와 합세하여 지역의 대표 친일파들과 함께 김철호를 모함하여 죽게 했다는 주장이다.[77] 실패한 반민특위와 살아남은 친일파, 반공이데올로기와 낙인, 그리고 갑작스러운 조사원의 죽음까지, 1950년 한국 사회에서 이 기이한 현상은 못내 자명했다.

친일파 청산의 실패가 의미하는 것

대한민국의 건국 세력은 한마디로 '고여 있는 정치 집단'이었다. 일제 치하에서 공직을 가졌던 이들이 국정 운영의 기술자로 불리며 이미 대한민국 사회 곳곳에 뿌리내리고 있었다. 반민특위가 본격적으로 활동하던 1949년 경찰 주요 부서에는 경무에서부터 사찰과장까지 친일 전력자가 두루 포진해 있었다.

아직 군대가 제 기능을 하지 못한 해방 직후의 남한에서 경찰을 지배하는 것은 곧 정치적 우위를 점하는 것이었다.[78] 정통성 측면에서 반대파에 대항할 기반과 여건이 불안정한 우파는 생존을 위해서라도 경찰 조직의 선점을 절실하게 필요로 했다.[79] 남한에 주둔한 미군은 해방을 맞은 민족 정서는 아랑곳하지 않은 채 당장 치안 유지에 골몰했다. 맥아더는 제1호 포고령에서 "정부, 공공단체와 모든 공공사업기관에 종사하는 직원들에게 그대로 업무를 수행"하도록 했다.[80] 여기에는 일제에 적극 협력한 이들이라면 미군정에도 충실할 것이라는 기대가 반영되었다.[81] 미군정과 이해가 맞은 한민당은 미군정기에 경찰력의 상당 부분을 장악했고, 나아가 남한 내의 권력 수단을 실질적으로 독점했다.[82] 여기에 오랜 해외 생활로 인지도가 높았지만 국내 정치 기반이 약했던 이승만이 합류하면서 이 세력의 꼭대기에 섰다. 이승만은 "친일파 문제를 먼저 제기하는 것은 민심만 혼란하게 하는 것이고 정부를 수립한 후 조치하는 것이 순서"라며 일단 독립 정부 수립을 위해 무조건 뭉쳐야 한다고 했다.[83] 그렇게 친일파는 기사회생하여 신생국가 대한민국의 주류가 된다.

1949년 5월 말 이승만이 반민특위 위원장 김상덕의 집으로 찾아갔다. 보통 불러내는 쪽인 이승만이 몸소 은밀하게 찾아가 건넨 카드는 감투를 이용한 홍정과 협상이었다. 친일 피의자들을 대충 조사해서 내보내 주면 나중에 장관을 시켜주겠다는 내용이었다.[84] 김상덕은 분노하며 거절했고, 이승만의 반민특위 위원장 회유가 실패하자 '6월 공세'가 시작되었다.[85]

1949년 8월 31일 공식 해체의 순간까지 채 1년이 되지 않은 활동 기간에 반민특위가 다룬 사건은 682건이었다. 전체 7,000여 건의 조사대상 중에서 10%가 되지 않는 수준이었다.[86] 408건의 영장이 발부되었으나 221건만 기소되었고 체포된 인원은 총 305명이었다. 재판까지 간 사건은 불과 38건이었는데 그마저도 무기징역과 사형은 한 건씩밖에 없었고 무죄 6건, 형 면제 2건

이 포함되었다.[87]

　친일파 처단의 실패는 친일파 자체의 문제로 끝나지 않았다. 한국전쟁 발발 후 국가에 위협이 되는 불순분자를 처리한다는 명목하에 민간인이 대거 학살되었고 김철호 같은 반민특위 조사원 또한 희생되었다. 그렇게 누군가는 친일파의 모함으로 '빨갱이'가 되었고 일제의 개를 잡으려다 그 이빨에 물려 죽었다. 민족을 팔아넘긴 친일파가 유일하게 영웅이 될 수 있는 순간이었다.[88] 반민특위가 체포한 305인의 친일 혐의자는 1950년 봄까지 모두 자유의 몸이 되었다.[89]

1. 김지형, 「나의 아버지 반민특위 조사관 김철호」 친일파 잡던 아버지,
  친일파의 역공에 당하신 게 사실이라면」, 『민족21』, 제28호, 민족
  21, 2003.07.

2. 김지형, 「못다 한 이야기 나의 아버지 김상덕 반민특위 위원장]
  김상덕 반민특위 위원장 아들 김정욱 선생: 이승만, 한밤중에 아
  버지 찾아와 담판 깨진 후 반민특위 습격사건 터져」, 『민족21』, 제
  22호, 민족21, 2003.01.

3. 허종, 「반민특위 경상남도 조사부의 조직과 활동」, 『한국근현대사
  연구』, 한국근현대사학회, 2003.

4. 서희경, 「이승만의 정치 리더십 연구—반민법 제정과 반민특위
  활동을 중심으로」, 『한국정치학회보』, 제45집, 한국정치학회보,
  2011.

5. "반민족행위특별조사위원회", 한민족문화대백과, 2020.10.26. 조회.

6. 민주화운동기념사업회, "사료로 배우는 민주화운동—사료로 보는
  반민특위", 2020.04.25. 조회.

7. 이주영, "기록 위해 30년 뛰었지만… 끝내지 못한 '반민특위'",
   〈오마이뉴스〉, 2017.09.07.
8. 장슬기, "'살살 하자' 말 안 들으니 총 들고 찾아와 감투 제안",
   〈미디어오늘〉, 2016.08.15.

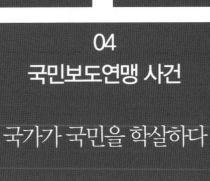

04
국민보도연맹 사건

국가가 국민을 학살하다

국민보도연맹 사건
국가가 국민을 학살하다

그들이 죽었다. 한국전쟁이 발발하고 몇 달이 지나기 전에 대한민국 국민 수십만 명이 영문도 모른 채 학살당했다. 대한민국 국민을 학살한 주체는 대한민국 정부였다.

단죄되지 않은 전쟁범죄

경상북도 성주군 초전면에서 류종철이 죽었다. 그는 20대 중반이었다. 좌익 사람들의 심부름을 해주고 친하게 지냈다는 이

유로 보도연맹원이 되었다. 학교를 나오지 않고 농사를 짓던 평범한 청년은 보도연맹원이라는 이유로 어느 날 저녁 끌려가 죽었다. "빨갱이와 관련이 있"다며 잡혀간 그는 영영 돌아오지 못했다.[90]

경상북도 청도군 각북면 남산리에서 김재현과 이일용이 죽었다. 죄를 면하게 해준다고 가입하라고 해서 무엇인지 모르고 보도연맹원이 된 당시 31세의 고종술은 각북지서에 연행되어 다른 보도연맹원들과 함께 농업창고에 구금되었다. 밤이 되자 경찰이 차례로 이름을 불렀고 불려 나간 이들은 하나같이 심하게 구타를 당했다. 고종술은 다음 날 아침 풀려나 집으로 돌아가는 길에 덮개를 씌운 트럭이 산동 방향으로 이동하는 것을 보았다. 그 트럭에는 자신과 함께 창고에 잡혀있던 같은 마을의 김재현과 이일용이 타고 있었다. 트럭은 산동 가는 길목에 있는 곰티재 고개에서 멈췄고 트럭에 실린 이들은 모두 그곳에서 죽었다. 살아남은 고종술은 곰티재 고개에 시신이 가득했으며 부패상태가 심해 옷을 보고 신원을 확인할 수밖에 없었다는 이야기를 나중에 들었다.[91]

이천재의 부친은 경기도 이천에서 죽었다. 아들은 아버지를 단번에 찾을 수 없었다. 그가 목격한 학살 현장엔 시체가 층층이 쌓여 있었다. 검붉은 피가 흥건하여 발목이 빠질 정도였다. 송판

때기에 쓰인 이름을 보고 겨우 아버지를 찾을 수 있었다.[92] 그의 아버지를 포함하여 경찰은 마을 사람들을 유치장 세 곳에 꽉 채웠다. 근처 농협 창고에서는 70여 명이 총에 맞아 죽었다. 이천과 안성 등지에서 150여 명이 무더기로 죽었다.

송철순의 부친은 경상남도 부산시 구평동에서 죽었다. 그들은 아버지를 포함하여 끌려온 이들을 4명씩 세웠다. 그렇게 줄세운 이들 뒤에서 일제히 총을 쐈다. 산발적인 총성 끝에 살아남은 이는 아무도 없었다. 그들은 자리를 제대로 정리하지도 않고 떠났다. 총을 든 자가 죽음을 앞둔 한 청년에게 마지막으로 하고 싶은 말을 물었다. 청년이 답했다.

> "내 손가락이 원수다. 도장 하나 잘못 찍어서 이런 변을 당하고…."[93]

노치수의 부친 노상도는 경상남도 창원에서 죽었다. 아버지는 당시 39세였다. 아버지는 독립운동을 했다. 일본에서 대학을 다니면서도 독립을 위한 학생운동에 가담했다. 해방되어 한국에 돌아온 뒤에는 이승만 단독정부 반대 운동에 참여했다. 미군정 포고령 위반으로 구속되었다가 1년을 복역하고 출소했을 때 강제로 보도연맹원이 되었다. 전쟁이 났고 보도연맹원은 부역하러 오라는 명령이 떨어졌다. 아버지는 쌀 소쿠리와 삽을 들고 나간 후 영원히 아들 곁으로 돌아오지 못했다.[94]

충청북도 청주시 청원군 북이면에서 청년들이 죽었다. 해방 후 좌익 활동가들이 "비료를 준다. 이걸 하지 않으면 친일파로 몰린다"라며 뭔가에 가입하라고 강권할 때 북이면에 살던 모영전은 도장을 찍었다. 이후 북이지서에 불려간 그는 왜 좌익 단체에 가입했냐는 질문에 "비료 준다고 해 도장을 찍었다"라고 답했다. 그는 그곳에서 두들겨 맞고 자기도 모르게 보도연맹원이 되었다. 전쟁 직후 지서에선 보도연맹원 간부를 통해 예비검속을 했다. 지서에 모인 보도연맹원들은 북이초등학교로 이송·구금되었다. 학교는 사람들로 가득했다. 저녁이 되자 경찰들이 밥 먹고 내일 아침에 다시 오라며 일부를 내보냈다. 내보낸 일부에 속한 모영전은 학교로 되돌아가지 않았다. 그리고 자신과 달리 되돌아간 청년들이 모두 죽었다는 소식을 들었다.[95]

전라남도 보성 참새미 고개에서 청년들이 죽었다. 보도연맹원 박태수는 스물두 살이었다. 그는 전쟁 발발 후 율어지서 창고에 3일 동안 구금되었다. 창고엔 그를 포함하여 39명의 청년이 있었다. 1950년 7월 21일 오전 10시경 총을 멘 경찰 15명과 트럭이 왔다. 경찰은 명단을 가지고 사람을 불러내 전화선으로 한 명씩 묶고 다시 3명씩 같이 묶어서 트럭에 태웠다. 경찰은 트럭 위에 눌러앉아서 고개를 들면 개머리판으로 때렸다. 트럭에서 내리게 하자 사람들이 울기 시작했다. 내려보니 참새미 고개였다. 무궁화를 단 사람이 사격 개시를 외치자 경찰관들이 총을 쏘고 수류탄을 던졌다. 사람들이 힘없이 쓰러졌다. 박태수는 그들의 죽음을 보았다.[96]

경상남도 울산에서 청년들이 죽었다. 보도연맹원 박재갑은 스물두 살이었다. 1950년 7월 15일 아침 그는 소집 통보를 받고 농소초등학교 교정으로 갔다. 그곳에 모인 보도연맹원들과 함께 다른 데 일하러 가야 한다는 지시를 받고 트럭 2대에 나눠 타고 울산경찰서 운동장에 내려 상무관 강당으로 들어갔다. 그들은 그곳에 구금되었다. 때는 장마철이었고 박재갑은 너무 배가 고파 뛰어들어오는 개구리를 손으로 잡아서 씹지도 않고 넘겼다. 구금 기간에 그는 울산경찰서 1층에 있는 수사과 취조실에서 과거에 '빨갱이' 활동으로 무엇을 했는지 한차례 조사를 받았다. 그 과정에서 구타가 있었다. 구금 상태로 그렇게 한 달여가 지나자 경찰은 밤에 20~30명을 호명했다. 이름이 불린 이들은 트럭에 실려 나갔고 다시는 돌아오지 않았다. 이유는 모르지만 하여간 살아남은 박재갑은 트럭에 실려 나간 사람들이 자신과 달리 살아남지 못했음을 알고 있다.[97]

이렇게 국가의 폭력에 의해 허망하게 죽어간 이들은 보도연맹원이었다. 한국전쟁 직후인 1950년 6월 25일부터 9월 중순까지 육군본부 정보국 산하 특무대(CIC), 경찰, 헌병, 해군정보참모실, 공군정보처와 우익청년단은 과거 공산주의 활동과 연계된 것으로 간주된 국민보도연맹원 등 요시찰인을 소집 · 연행 · 구금 후 집단학살하였다.[98] 피해자의 수는 적게는 10만 명, 많게는 30만 명에 달하는 것으로 추정된다. '빨갱이'를 소탕한다는 명목으로 이루어진 공권력에 의한 학살에는 (물론 희생자가 실제 빨갱이라 하여도 학살이 정당화될 수 없지만) 어처구니없게도 공산주의 활동과 무관한 많은 국민이 무차별적으로 포함되어 희생되었다.[99] '국민보도연맹 사건'으로 불리는 이 사건은 한국전쟁 직후 국가 공권력에 의해 자행된 민간인 학살이었다.

'빨갱이'와 국민보도연맹

1949년 4월 20일 서울시 경찰국 회의실에서 국민보도연맹(國民保導聯盟) 창립식이 조촐하게 열렸다. 한 달 보름이 지난 6월 5일 서울시 공관에서 개최된 '국민보도연맹 중앙본부 선포대회'는 국민보도연맹 출범을 대외적으로 공식화했다.[100] 명칭에 들어간 '보도(保導)'는 '보호하여 지도함'을 의미한다.

정부 수립 직후 발생한 군인 반란사건(여순사건)을 계기로 대한민국 정부는 남한 내부에 존재하는 좌익세력을 대대적으로 색출하고자 했다. '공산주의자 없는 나라'가 대한민국의 핵심 기조가 되었다. 정부는 좌익 관련자를 반국가세력으로 규정하고 '국가보안법'을 제정해 그들을 통제·처벌하였다. 이러한 배경에서 창설된 것이 국민보도연맹이었다. 정부는 국민보도연맹을 통해 좌익 관련자를 적극적으로 전향시킬 것을 모색하는 한편, 전향자를 관리·통제하고자 했다.[101] 국민보도연맹은 전향자를 계몽·지도하여 명실상부한 대한민국 국민으로 만들고 멸사봉공(滅私奉公)의 길을 열어줄 포섭기관을 표방하였다.[102]

국민보도연맹에 대한 '저작권'은 좌익세력을 절멸하려는 남한 정부의 강력한 열망과 관련되지만, 꼭 그것에서만 유래한 것 같지는 않다. 남한 정부 수립 이후에 창설된 국민보도연맹은 조직의 성격과 명칭, 운영방침 등을 일제강점기에 존재한 사상보국연맹, 대화숙, 교외교호보도연맹 등을 따랐기 때문이다. 모두 일제가 조선 통치를 위해 운영·관리한 조직이다. 사상전향자 단체인 보도연맹 창설을 주도한 검찰과 경찰 간부들이 일제의 조직을 모방하여 창설한 것으로 추정된다.[103] 친일 경력자가 많은 신생 대한민국 정부의 공권력이 일제의 방식을 원용하여 자국민을 학살한 장면은 우리 역사의 비극이자 해결되지 않은 숙제이다.

전향자를 교육하여 갱생할 기회를 준다는 명분으로 만들어진 국민보도연맹이 집단학살의 표적이 된 것은 애초부터 '갱생'을 목적으로 한 단체가 아니었기에 예정돼 있었다고 봐야 한다. 국민보도연맹은 전향자단체를 표방했으나 조직의 핵심 간부는 모두 정부 관리였고 실제 관리와 운영을 전담한 이들은 사상검찰과 경찰 등 수사기관 소속이었다. 조직의 구조 자체가 검찰과 경찰이 끊임없이 연맹원들을 감시하는 통제적 형태였다.[104] 즉 국민보도연맹은 '위험한' 공산주의자를 찾아내어 감시하고 통제하기 위해 만든 관변단체였다.

정부는 보도연맹을 조직하여 전향자를 확보하고 그들의 사상을 심사하여 그중 '진정한' 전향자를 포섭하고자 하였다. 포섭된 전향자에게 사상전향 교육을 실시하고 '탈맹' 대상자를 뽑아내어 최종적으로 탈맹시킨다는 계획이었다. 1950년 6월 5일 서울특별시연맹 탈맹식이 열린 자리에서 6,000여 명이 탈맹했다. 그러나 20일 후 한국전쟁이 발발하면서 탈맹은 중단된다. 정부는 보도연맹원을 일단 최대한 많이 가입시켜 놓고 사상전향 교육을 거쳐 심사를 통해 탈맹시켜 점차 보도연맹의 규모를 축소해나가겠다고 선언했지만, 실제 탈맹은 서울특별시연맹 탈맹식이 처음이자 마지막이었다. 한국전쟁이 발발할 즈음까지도 보도연맹 지방조직은 시·군 지부 결성에 이어 시·군마다 읍·면 지부를 계속해서 결성하던 중이었다. 한국전쟁이 터질 때까지 1년여에 걸쳐 보도연맹 조직은 확대일로를 걸었다.[105]

국민보도연맹은 연맹원을 지속적으로 감시하고 통제했다. 연맹원은 가입 이후에도 여전히 확실한 전향 여부가 의심되는 '좌익혐의자' 또는 '요시찰인'으로 취급되었다. '요시찰 대상자'는 경찰이 정기적으로 동태를 감시했다.[106] 연맹원에겐 '보도연맹원증'이 발급되었다. 1949년 10월부터 '도민증'과 '국민증'이라는 이름의 일종의 신분증을 발급한 가운데 보도연맹원에게는 일반 주민과 구분하기 위해 '보도연맹원증'을 따로 발급하였다.[107] 이러한 조치는 공산주의자와 비공산주의자를 구분하기 위한 것이었을 뿐 아니라[108] 사실상 공산주의자를 국민의 지위에서 법적으로 제외한 것이었다. 보도연맹원은 거주지를 옮기거나 거주지를 떠날 때 반드시 관할 경찰서의 허가를 받아야 했다.[109]

사상의 자유, 거주·이전의 자유를 침해하고 폭력을 행사한 국가의 조치는 그 자체로 심각한 문제였지만, 더 큰 문제는 국민보도연맹에서 감시·통제한 '빨갱이'가 정부의 주장처럼 색출된 사람이라기보다는 만들어진 이들이 다수였다는 사실이다. 창립 초기 가입대상은 '좌익전향자'였고 따라서 일차적 대상자는 남로당원이었다. 그러나 지방지부가 결성되고 지방의 가입자 수가 많이 늘어나면서 가입자의 성분이 변하게 된다.[110] 경찰은 가입 인원이 할당됨에 따라 좌익과 관련 없는 사람을 무리하게 가입시켰으며, 개인의 좌익활동 여부와 상관없이 특정 단체의 구성원 전원을 자동으로 가입시키기도 했다. 또한, 실제 좌익활동 여부와 상관없이 경찰 등 공권력에 종사하는 이들의 사적 감정에 의해 강제로 가입시킨 사례가 부지기수였고 그 과정에서 구타·협박·고문 등 가혹 행위가 다반사로 행사되었다.[111]

따지고 들면 보도연맹에 가입한 남로당원조차 완전한 좌익분자라고 말하기 어렵다. 당세 확장을 위해 남로당은 1947년에 당원 배가운동 차원에서 당원에게 당원획득 책임제를 실시했다. 당원획득 책임제는 사실상 할당제로, 후보당원 과정이나 심사절차 없이 가입원서에 도장을 찍는 방식으로 진행되었다. 당원 배가운동 당시 남로당에 가입한 사람 중에는 남로당이 무엇인지 모르는 상태에서 주변의 선동과 권유 그리고 분위기에 이끌려 가입원서에 도장을 찍은 이가 많았다.[112]

해방 국면의 경북 경산군을 예로 들면, 실제로 좌익사상을 가지고 남로당에 가입한 사람보다 마을 내 남로당 지방세포들이 조직 확대를 위해 주민들에게 남로당 가입서에 도장을 찍게 하여 남로당원이 된 사람이 많았다. 많은 이들이 농민들에게 논을 무상으로 나눠 준다는 좌익 인사들의 연설만을 듣고 남로당이 무엇인지 모른 채 남로당 가입원서에 도장을 찍었다. 이들은 각 지역에서 보도연맹이 창설되자 일괄적으로 보도연맹원이 되었다.[113] 앞서 살펴본 부산시 구평동 학살에서 "내 손가락이 원수다"라며 죽어간 어느 청년의 이야기는 역설적 진실인 셈이다.

남한 정부가 규정한 '반국가사상'은 어떠한 객관적 기준이 있었다기보다는 사실상 정부의 판단에 의해 결정되는 것이었다.[114] 정부의 판단은 정부에서 일하는 사람의 판단일 수밖에 없었고, 그들의 반공 성향은 친일 · 친미와 대체로 일치했다. 애초에 그들이 '빨간 안경'을 쓰고 '빨갱이'를 찾아다녔다고 말할 수 있겠다. '빨간 안경'을 쓴 자들에게 색출된, 그리고 학살된 '빨갱이'가 수십만 명이었다.

그날의 학살은 국가가 국민에게 저지른 야만적 범죄였다

군 · 경은 보도연맹원 등 '요시찰인'을 1950년 6월 전쟁 발발 직후부터 9월 중순까지 전국에 걸쳐 검속하고 살해했다. 이러한 집단학살은 보도연맹원이 인민군 편에 설 것이라는 예상과 불안감에 기인한 것으로 보인다.[115] 전쟁 발발 당일인 6월 25일 내무부 치안국은 전국 각 경찰서에 '전국 요시찰인 전원을 경찰에서 구금할 것'을 주요 골자로 하는 비상통첩을 보냈다. 이후 6월 28일부터 7월 중순까지 '불순분자 구속' 명령, 계엄령 선포 등 일련의 조치가 있었고 이를 근거로 요시찰인 예비검속과 구금, 살해가 무차별적으로 일어났다. 전쟁 이전부터 정기적인 보도연맹원 교육 소집이 있었기에 이들은 군·경의 소집 요구에 대부분 순순히 응했다.

전쟁이 발발하고 인민군이 곧바로 남하하여 전황이 급속이 악화한 지역에서 군·경은 보도연맹원 등을 즉시 연행하였다가 곧바로 후퇴 직전에 무자비하게 살해했다. 이와 달리 인민군이 남하하는 데 시간적 여유가 있던 후방지역에서는 주요 좌익 활동가가 먼저 소집되어 사살되거나 형무소로 연행되었다. 나머지 대다수 요시찰인들은 전선의 이동에 맞추어 재차, 삼차에 걸쳐 연행되었고, 군·경은 이들을 며칠 구금하였다가 형식적인 분류 심사를 거친 이후 집단살해하고 후퇴했다. 군·경의 분류는 매우 자의적인 판단에 의한 것일 수밖에 없었다. 분류를 위한 심사는 일관된 원칙 없이 진행되었고 이 과정에 폭력과 고문이 수반하였다. 이러한 학살 자체가 전쟁범죄일뿐더러 이미 살펴보았듯이 무고한 민간인이 대거 희생되었는가 하면 더러 연고와 금전 제공에 따라 석방되기도 하였다.[116]

학살의 피해는 희생자 당사자에게만 국한하지 않았다. 이승만 정부를 비롯하여 1980년대까지 역대 정부는 보도연맹원으로 사망한 사람의 가족과 친척까지 요시찰 대상으로 분류하여 감시했고 요시찰인 명부 등을 작성하여 취업 등에 각종 불이익을 주면서 연좌제를 적용하였다. 유족들은 한국 사회에서 사실상 일부 권리가 배제된 채 감시와 처벌을 받았으며 경제적 곤궁과 피해의식, 사회적 소외, 정치적 박탈감을 안고 살았다.[117]

무차별 학살을 명령하고 실행한 것, 그리고 그 모든 폭력을 '빨갱이' 진압이라며 합리화한 배경을 '타자화'로 설명하는 시각이 있다.[118] 절대 타자화이다. 이승만 정권에서 타자는 '빨갱이'였다. 공산주의자는 '비국민'이자 절멸되어야 할 존재였다. '반공 국가' 대한민국의 정체성은 타자를 폭력적으로 배제하면서 유지될 수 있었다.

타자화로 설명하든 권력투쟁으로 설명하든, 혹은 내전 광기 그 무엇으로 설명하든, 부인할 수 없는 확고한 진실은 이 사건이 국가에 의한 국민 학살이란 야만적 범죄이고 전쟁범죄라는 것이다. '반공 국가' 대한민국의 정체성은 대한민국의 헌법적 정체성이 아닌 이승만과 친일 군·경의 정체성이었다. 남한의 공권력이 미국의 지원을 받은 극우 친일세력에 장악되면서 공권력은 국가와 국민을 위한 복무를 포기하고 자신들의 생존에 골몰하며 이러한 천인공노할 범죄를 저지르게 된다. 상상하여 일제 패망

후에 한반도에 통일 정부가 수립되었거나, 혹은 남한 단독정부가 출범하였다고 하여도 김구, 여운형, 김규식 등이 공권력을 통제하는 정부가 구성되었다면 이러한 집단학살은 일어나지 않았을 것이라고 말할 수 있다.

국민보도연맹 사건은 대한민국에 강제된 배타적 타자화와 극우 친일세력이 장악한 공권력의 생존 광기가 낳은 참극이다. 1950년 여름 전쟁의 와중에 수많은 사람이 죽어갔지만, 남한 곳곳에서 국가권력에 의해 수십만 명의 민간인 비전투원이 조직적으로 학살된 사건은 전장과 무관한 국가의 범죄였다. 통일된 독립 국가를 수립하지 못한 채 남북한에 각자 별개 국가를 수립한 분단의 비용이자 남한에서 친일 청산에 실패한 비용이었다. 학살이 끝난 후 남은 것은 '대한민국을 위협할 공산주의자'의 시체가 아닌, 발목이 빠질 정도로 흥건한 대한민국 국민의 피뿐이었다.[119] 대한민국은 그 피를 마시며 성장하기 시작했다.

참고
자료

1. 〈이제는 말할 수 있다〉 29회 '보도연맹1-잊혀진 대학살', 김환균
   연출, 〈MBC〉, 2001.04.27. 방영.

2. 〈이제는 말할 수 있다〉 30회 '보도연맹2-산 자와 죽은 자', 김환균
   연출, 〈MBC〉, 2001.04.27. 방영.

3. 김태우, 「제노사이드의 단계적 메커니즘과 국민보도연맹 사건: 대
   한민국 공산주의자들의 절멸 과정에 관한 일고찰」, 『동북아연구』,
   제30권 1호, 조선대학교 동북아연구소, 2015.

4. 이윤갑, 「해방 후 경상도 성주지역의 건국운동과 국민보도연맹」,
   『한국학논집』, 제42집, 계명대학교 한국학연구원, 2011.

5. 백윤철, 「보도연맹사건에 관한 연구」, 『세계헌법연구』, 제15권 2호,
   세계헌법학회 한국학회, 2009.

6. 진실·화해를위한과거사정리위원회, 『2009년 하반기 조사보고
   서』, 7권, 2009.

7. 이윤상, ""아버지는 어디 계세요?" 묻자 어머니는 눈물만…",
   〈노컷뉴스〉, 2020.02.04.

05

김주열

1960년 마산 앞바다에 시신으로 떠오른
열일곱 살 청년

김주열
1960년 마산 앞바다에 시신으로 떠오른 열일곱 살 청년

고등학교에 진학하겠다고 타지로 간 아들이 하루아침에 연락이 끊겼다. 전라북도 남원에서 한달음에 경상남도 마산으로 달려간 어머니는 아들을 찾으러 마산 일대를 샅샅이 훑었다. 그 소식은 언론을 타고 전국에 퍼졌다. 한 달 가까이 찾아다녔지만, 어머니는 아들을 발견하지 못했다. 떨어지지 않는 발걸음을 돌려 하는 수 없이 어머니가 귀향하던 그 시간에 아들이 나타났다. 죽은 채로.

어머니가 애타게 찾아 헤맨 아들은 1960년 4월 11일 경상남도 마산 앞바다에서 시신으로 발견되었다. 실종된 지 27일 만이

청년 김주열
4.19혁명으로
살아난
저리게 아픈
영혼

었다. 오른쪽 눈에 최루탄이 박혀 있었다. 원래 모습을 알아보기 힘들 정도로 처참했다. 한 달 동안 어머니가 마산을 떠돌며 아들을 찾아다녔기에 많은 마산 시민이 아들의 이름을 알고 있었다. 그의 이름은 김주열이었다.

합격자 발표 하루 앞두고

김주열은 1944년 10월 7일 전라북도 남원시 금지면에서 태어났다. 성격이 온순하여 공부와 일밖에 몰랐고 친구들이 싸움해도 참견할 줄 모르는 무던한 아이였다.[120] 아버지 김재계는 천석꾼의 부농이었지만 병이 깊어져 가세가 기울었다. 김주열은 기울어진 가세를 일으키겠다는 야무진 꿈을 안고 은행원이 되기 위해 마산상업고등학교에 지원했다.

마산상업고등학교의 합격자 발표일은 원래 1960년 3월 14일이었다. 김주열은 형과 함께 마산으로 향했고 공고한 발표일인 14일엔 이미 마산에 도착해 이모할머니 집에 머물고 있었다. 1960년 3월 15일 제4대 정·부통령 선거를 앞두고 군중이 모이는 것을 염려한 교육청에서 합격자 발표의 연기를 종용하자 발표일이 16일로 연기되었다. 계획대로 합격자를 발표했다면 김주열은 아마 15일 새벽에 마산에서 출발해 고향 남원으로 돌아가고 있을 터였다.

3월 15일의 선거는 부정과 비리, 억압으로 점철되었다. 선거에 익숙하지 않은 국민을 지도한다는 명목으로 3인조, 5인조의 공개투표가 실시됐다. 각 조의 조장은 자유당 후보를 찍도록 유도하고 기표를 확인했다. 민주당 지지자로 판단되는 사람에게는 투표 통지표를 배부하지 않았다. 또 사전에 금전으로 매수하여 만든 기권과 자연 발생할 것으로 예상되는 기권 등을 모두 자유당을 지지한 것으로 만들어 미리 투표함에 넣어두었는데, 이게 대략 전체 유권자의 40% 정도였다.[121]

열렬한 민주당원인 김주열의 이모할머니는 투표 통지표가 전달되지 않자 종일 울분을 터트렸다. 그러던 중 마산에서 부정선거가 들통나면서 분개한 학생과 시민이 거리로 나와 시위를 벌였다. 시위를 목격하고 집에 온 이모할머니가 김주열 형제에게 시내에 나가보라고 권했다. 그렇게 형제는 시위대에 합류했다. 그러나 형과 달리 김주열은 집으로 돌아오지 못했다. 그의 나이 열일곱 살, 마산상업고등학교 합격자 발표를 하루 앞둔 날이었다.

대구 2 · 28, 분노의 불길이 시작되다

1959년 11월 민주당 전당대회에서 조병옥이 대통령 후보로, 장면이 부통령 후보로 선출되었다. 그러나 이듬해 2월 15일 조병옥 민주당 대통령 후보가 심장마비로 사망한다. 이에 따라 민주당은 대통령 후보 없이 장면 부통령 후보만으로 선거를 치르게 되었다.

대통령 이승만, 부통령 이기붕을 자유당 후보로 정한 상황에서 민주당 대통령 후보가 공석이 되자 이승만은 사실상 대통령 연임을 확정 지었고, 따라서 장면과 이기붕 중 누가 부통령에 당선되는가가 선거의 가장 큰 쟁점으로 바뀐다. 양 당에서는 각각 자기 당의 후보를 당선시키기 위해 전력을 다했다.[122]

자유당 정권은 여당 후보의 선거운동에는 적극적으로 군중을 동원하고 야당 후보의 선거운동에는 방해 공작을 펼쳤다. 자유당은 대구 유세 날인 1960년 2월 27일 토요일에 청중을 최대한 끌어모았다. 오후 1시로 예정된 자유당 유세 강연에 늦지 않도록 각 기관, 업소는 12시까지 업무를 끝내야 했다. 반면 다음 날인 28일 일요일에 열리는 민주당 유세에는 어떠한 수단을 써서라도 청중이 참석하지 못하도록 막고자 하였다.[123]

강구해낸 묘책은 일요등교령이었다. 학생들이 민주당 유세

장에 가는 것을 원천 차단하기 위해 일요일에 각종 행사를 개최하거나 학생들을 등교시키라는 방침이 전달되었다.[124] 경북고는 학기말시험, 대구고는 토끼사냥, 대구상고는 졸업생 송별회, 경북대 사대부고는 임시수업 등의 명목으로 고교마다 빠짐없이 학생들에게 등교 지시가 내려졌다. 자유당 정권의 이 같은 부당한 조치에 항거하여 학생들이 민주주의를 수호하기 위해 궐기한 것이 바로 대구의 2·28시위였다.[125]

마산으로 불길이 번지다

대구에서 지핀 불길은 학생들을 중심으로 전국 각지로 번져갔다. 하지만 간헐적인 가두시위에도 불구하고 1960년 3월 15일에 불법 선거가 자행됐다. 선거 당일 아침, 마산 장군동 제1 투표소에서 민주당 참관인과 자유당원 사이에 실랑이가 벌어졌다. 참관인이 투표함을 엎어버리자 그 투표함에서 부정선거의 실체가 드러났다.[126] 자유당 지지로 표시되어 이미 투표함에 들어있던 투표용지가 발견된 것이다. 성난 시민은 마산 시내 곳곳에서 경찰과 충돌했다. 오전 10시 30분 민주당 마산시당은 자유당이 갖은 불법·탈법 선거를 자행함에 따라 공명선거를 기대할 수

없는 절망적인 사태에 처하였음을 지적하며 전국 최초로 독자적인 선거 포기를 선언하였다.[127]

　"협잡 선거 물리치자!"

　오후 3시 30분 민주당 마산시당 간부들이 부정선거를 규탄하는 표어를 쓴 띠를 머리에 맨 채 거리에 뛰쳐나감으로써 마산시위가 시작되었다. 오후 4시경 마산 시내 중심가에서 1,000여 명의 학생과 시민이 부정선거 무효를 주장하는 시위행진에 돌입했다. 경찰과 녹색 제복을 입은 반공청년단원들이 학생과 시민을 몽둥이로 무차별 폭행하자 1차 마산의거가 일어났다.

　"내 표를 내놔라!"
　"부정선거 다시 하라!"

　시위대는 오후 7시 남성동 파출소를 포위하고 "부정선거를 즉시 중지하라!"라고 외치며 돌을 던졌다. 1만여 명으로 불어난 시위대는 개표장인 마산시청으로 이동하면서 구호를 외치고 경찰과 대치했다.[128]

　밤이 되자 학생과 시민이 개표장인 시청에 모여들었다. 일부는 마산의 중심가였던 남성동 파출소로 향했다. 시위는 동시다 발적으로 이루어졌다. 경찰은 소방차를 동원해 물을 뿌려 시위 대를 해산하려고 했고 시위대는 대항하여 돌을 던졌다. 날아오 는 돌에 놀란 소방차 운전사는 황급히 차에서 뛰어내렸다. 그 바 람에 소방차는 무학초등학교 앞 전신주를 들이받았다. '펑' 하는 굉음과 함께 정전되며 시내 전체가 어둠에 잠겼다. 오후 8시 무 렵 경찰은 어둠 속에서 시위대에 총격을 가했다. 분노한 시위대 는 자정 무렵까지 마산의 관공서, 경찰서 및 파출소, 자유당사 등을 습격하며 저항했다.[129] 8명이 사망하고 70여 명이 부상했 다. 이날 거리 곳곳에서 붉은 피를 흘린 사람 중에 김주열이 있 었다.[130]

김주열이 돌아오다

1960년 4월 11일 오전 11시 30분 마산 중앙부두 앞바다에 시 신 한 구가 떠올랐다. 오른쪽 눈에 박힌 쇠붙이가 머리를 관통한 처참한 모습이었다. 나중에 밝혀진 바에 의하면 그 쇠붙이는 탄 피가 알루미늄으로 된 직경 5cm, 길이 20cm 크기의 미제 고성 능 최루탄으로, 꼬리 부분에 프로펠러가 달려있고 벽을 뚫고 들어가 폭발하게끔 설계되어 있었다. 겉면에는 "Don't use on the crowd(군중을 향해 사용하지 마시오)"라는 경고문이 표기되어 있었다.

"김주열이다!"

빡빡 깎은 머리, 시신 유기를 위해 몸에 묶어 달아놓은 돌. 모여 있던 사람들은 단번에 그가 누구인지 알아봤다. 전술한 대로 한 달 동안 그의 어머니가 마산을 떠돌아다니며 아들을 찾아다녔기에 많은 사람이 그의 이름을 알았다. 근처 다방에 있던 〈부산일보〉 허종 기자가 김주열의 사진을 찍어 다음날인 12일 〈부산일보〉 1면에 대서특필했다. 이어 국내 언론은 물론 외신이 김주열의 처참한 사진을 보도했다.

김주열의 시신이 떠오르면서 무력진압으로 잠시 주춤해진 시위가 다시 들불처럼 타올랐다. 김주열의 소식이 삽시간에 마산 시내에 퍼졌고 시민들은 다시 거리로 나섰다. 검시가 이루어졌으나 결과가 발표되지 않자 시민들은 시신이 안치된 도립 마산병원으로 몰려들어 눈에서 뒷머리까지 최루탄이 박혀 있는 것을 직접 확인했다.[131]

"이승만 정권 물러가라!"

"학살 경관 처단하라!"

4월 11일 오후 6시 15분 도립 마산병원 앞길에서 제2차 마산 시위가 시작되었다. 2만여 명이 참여해 1차 시위보다 규모가 컸다.[132] 학생들은 구호를 외쳤고 일부는 마산경찰서와 시청 등 관공서에 들어가 집기를 파괴하였다. 시위대 선두에는 김주열의 친척 누이동생이 서서 오빠의 원수를 갚아 달라며 군중에 호소했다.[133] 마산은 전쟁터를 방불케 하였다. 민주당의 집회나 시위가 아닌 일반 학생과 시민의 시위에서 이승만 퇴진 구호가 등장한 것은 2차 마산의거가 처음이었다.[134]

애국가, 전우가, 해방가, 3·1절 노래 등을 부르며 마산경찰서 앞에 모인 시위대는 경찰서 마당에 세워진 서장 지프차에 불을 질렀다. 경찰서 무기고를 부수고 수류탄 13개를 들고나와 그중 한 개를 경찰서 건물에 던졌다. 밤 9시 30분경 경찰에 칼빈 소총이 지급되었다.[135]

12일 날이 밝자 마산 시민들은 경찰서, 시청, 도립병원 등으로 몰려들었다. 오전 10시경 마산공고 학생들이 교문을 나섰고, 뒤이어 창신고·마산여고·마산고와 여러 여학교 학생들이 시위에 나섰다.[136] 이들은 도립병원 영안실로 행진해 가서 김주열의 시신에 조의를 표한 뒤 자진 해산했다. 그러나 경찰이 전날 시위의 주동자를 색출한다는 명목으로 학생·시민을 연행하자 다시 시위가 벌어졌다. 1만여 명의 시위대가 경찰서에 돌을 던 졌고, 밤 9시경 경찰이 발포하기 시작하여 밤 11시경 시위대가 해산될 때까지 총성이 계속되었다.[137]

13일 해인대 학생과 마산여중고·성지여중고·마산제일여고 학생 1,000여 명이 시위에 나섰다. 여학생들은 김주열의 시신에 덮어주겠다며 꽃다발을 들고 시위에 참여했다.[138] 경찰은 강력 한 저지선을 펼쳤고, 시위대의 평화적 행진을 막기 위해 붉은 물 감을 탄 진화용 물을 소방호스로 퍼부었다.[139] 상가는 전날에 이 어 철시했고 관공서의 행정사무가 마비되었다.

내무부 장관 홍진기와 법무부 차관 신언한은 "적색마수(赤色 魔手)가 배후에 개재된 혐의가 있다"라며 3·15마산의거를 공산 주의자의 선동에 의한 소요로 몰아갔다. 4월 15일 이승만은 대 통령 특별담화문을 통해 마산시위가 "공산주의자들에 의해 고 무되고 조종된 것"이라고 주장했다. 이승만 정권은 담화만 발표 한 게 아니라 '적색마수' 개입을 조작하려고 실제 공작을 펼쳤다. 그러나 4월 17일 부장검사 한옥신이 "공산당 개입은 속단할 수 없다"라고 발표함으로써 마산시위에 대한 이승만 정권의 색깔 씌우기 계획은 좌절되었다.[140]

피의 화요일, 그러나 승리의 화요일

"데모가 이적이냐! 폭정이 이적이냐!"

"3·15선거를 불법으로 감행한 책임자를 이 자리에 불러내자!"

시위의 불길은 빠르게 번졌다. 이웃한 부산은 물론이고 전주, 청주, 인천 등지로 번져간 불길은 마침내 서울까지 올라갔다. 김주열의 주검이 발견된 지 일주일이 지난 4월 18일, 그동안 별다른 움직임을 보이지 않은 대학생들이 시위에 합류했다. 시위에 나선 고려대학교 학생들이 학교로 돌아오다가 정치 깡패들의 습격을 받자 분노한 대학생들은 4월 19일 대거 거리로 나섰다.

시위대는 대통령 관저인 경무대로 향했다. 시위 인원은 고등학생, 일반 시민, 심지어는 어린아이까지 합세하여 10만 명에 육박했다. 일부 사람들이 "이승만 물러가라!"라는 구호를 외쳤지만, 시위 참여자 대부분이 공유하고 반복해서 외친 구호는 아니었다. 마침내 시위대가 경무대 바로 앞까지 도달하자 경찰은 실탄을 발사하였다. 이날 서울에서만 100명이 넘는 사망자가 발생하였고, 부산과 광주에서도 사망자가 발생하였다.[141] 4월 19일 이승만 정부는 서울, 부산, 대구, 광주, 대전 등 5대 도시에 비상

계엄을 선포하고 군대를 동원하여 시위를 막았다.

4월 19일 대규모 유혈사태가 발생하자 이때부터 각종 시위에서 정권 퇴진 구호가 출현하기 시작했다. 폭력을 행사한 집권 세력에 책임을 물은 것이다. 마산에서도 본격적으로 '이승만 퇴진' 구호가 사용되었다. 4월 24일 마산의 할아버지들이 "책임지고 물러가라, 가라치울 때(갈아치울 때)는 왔다"라는 플래카드를 들고 시위를 벌였다. 다음 날인 25일에는 마산의 할머니들이 "죽은 학생 책임지고 리대통령(이 대통령)은 물러가라"라는 플래카드를 들고 시위를 전개하였다.

같은 날 서울에서는 대학교수단이 대통령 퇴진을 요구하는 내용이 담긴 시국 선언문을 발표하고 "학생의 피에 보답하라"라고 적힌 플래카드를 들고 국회의사당까지 행진했다. 이때 학생과 시민이 몰려들어 "이승만 물러가라!"라는 구호를 외쳤다. 이날 시위는 사실상 철야로 진행되었고 4월 26일에는 이른 아침부터 시위대가 광화문과 종로 거리를 메웠다. 이날 오전 10시 30분 이승만은 하야 성명을 발표하였다.[142]

3·15부정선거는 한국 헌정사에서 국회 의결을 통해 정식으로 무효 처리된 유일한 선거로 남았고, 4월혁명은 독재에 항거한 국민이 대통령을 끌어내린 최초의 혁명으로 기록됐다.

4월혁명은 자유와 민주 질서를 수호하기 위한 시민투쟁이자,

최초의 민주화운동이다. 혁명의 주도세력은 김주열 또래의 학생들이었다. 이들은 교문을 박차고 나와 제일 먼저 거리에 나섰고, 일반 시민이 참여할 수 있는 저항의 공간을 열었다. 지도자 없이 시위를 주도적으로 이끌었다. 김주열은 시위 전개의 기폭제가 되었다. 참혹한 전쟁이 끝난 지 불과 7년, 최빈국에서 '빵'이 아닌 '자유'와 '민주'를 외쳤다.

김주열은 고향인 전라북도 남원시 금지면에 안장됐다. 아울러 서울 4·19민주묘지와 마산 3·15민주묘지에 각각 가묘가 조성돼 그를 기리고 있다. 김주열은 주검으로 떠오른 지 35년 만인 1995년 4월 11일 모교인 마산상업고등학교에서 명예 졸업장을 받았다. 그의 장례는 50년 만인 2011년 4월 11일 정부 지원 없이 후원금과 성금만으로 치러졌다.

참고
자료

1. 김수자, 「대한민국 제1공화국의 지배와 저항담론의 불협화음」, 『한국민족운동사연구』 64, 한국민족운동사학회, 2010.

2. 유명철, 「2·28민주운동, 3·15 1차 마산의거와 4·11-13 2차 마산 의거, 4·19혁명 : 그 '연관성'에 대한 내용 지도의 필요성」, 『사회 과교육』 57, 한국사회과교육연구학회, 2018.

3. 배규성, 「대구 2·28민주운동: 지역적 의미와 계승」, 『영남국제정 치학회보』 14, 동아시아국제정치학회, 2011.

4. 정주신, 「마산의 민주화운동 비교 분석: 1960년 3·15의거와 1979 년 10·18부마항쟁」, 『한국과 국제사회』 3, 한국정치사회연구소, 2019.

5. 이완범, 「4·19 전조(前兆)로서의 1960년 초봄 지역 시민운동 : '4·19'의 '대학생-서울' 중심사관을 넘어서」, 『한국정치외교사논총』 34, 한국정치외교사학회, 2013.

6. 홍석률, 「4월혁명의 다양성」, 『지식의 지평』 28, 대우재단, 2020.

7. 서중석, 『이승만과 제1공화국』, 역사비평사, 2007.

8. 한상권, 「4월혁명과 여성 참여-2·28대구학생시위로부터 4·11 민주항쟁까지를 중심으로 -」『여성과 역사』33, 한국여성사학회, 2020.

9. 조운찬, "1960년 5월 8일 김주열 어머니의 편지", 〈경향신문〉, 2014.04.17.

10. 김영현, 「3·15부정선거-마산에서 시작된 혁명의 불길", 민주화운동기념사업회 오픈아카이브, 2016.01.21.

06

파독 청년들

국가가 외면한 117명의 죽음

파독 청년들
국가가 외면한 117명의 죽음

1964년 11월 25일 서독의 작은 도시 겔젠키르헨의 에센 광산에서 광부 김철환이 죽었다. 고향에서 9,000km, 지표면에서 1,000m 아래인 광산의 갱내 막장. 30도를 넘는 뜨거운 막장에서 서른두 살 한국인 청년 김철환은 떨어지는 큰 돌을 피하지 못해 즉사하였다. 그는 더 넓은 세상을 꿈꾸며 조국을 떠난 독일 파견 광산 노동자 중 한 명이었다.

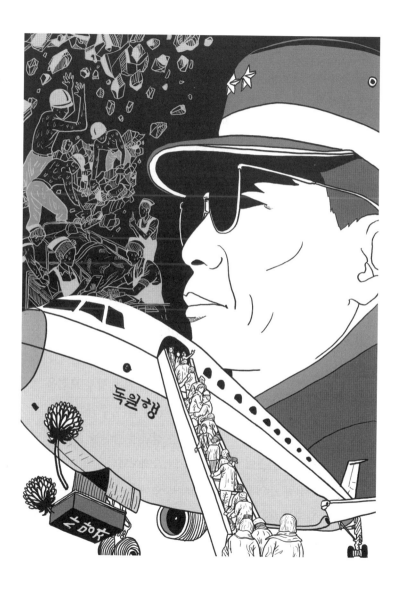

독일행

수출

서독으로 간 노동자들

1962년 대한민국의 경제는 1인당 국민소득 87달러에 서울의 실업률이 16.4%에 이르는 매우 열악한 상황이었다. 비슷한 시기에 서독은 2차 세계대전 패전 이후 '라인강의 기적'이라 불린 놀라운 고속성장을 기록했다. 국민소득이 높아지자 체력적으로 고된 업종을 청년들이 기피하면서 해당 업종에서 인력 부족 사태가 빚어졌다. 서독의 노동력 부족은 한국의 일자리 부족과 이해관계가 맞아떨어졌다.

1963년 4월에 주서독 한국대사관이 독일 광산 측에 한국 광부의 파견 가능성을 타진하여 파견이 성사되었고, 같은 해 8월 12일 파독 광부 1차 모집이 시작되었다. 지원 자격은 중졸 이상의 20~35세 남자 중 병역을 마친 자로 한정했다. 정부는 언론을 통해 높은 임금과 질 좋은 숙소를 내세우며 파독 광부 모집을 광고했다. 특히 매월 600마르크(160달러)의 높은 수입이 계약 기간 3년 동안 보장된다는 조건은 많은 청년의 관심을 끌었다. 당시 국내 직장인 월급의 약 8배 정도의 금액이었다.

같은 해 9월 28일 지원자 2,894명 중 서독 루르 지방에 파견될 탄광 노동자 367명이 선발되었다. 합격자 중 18%는 대학 졸업생이었다. 1966년 기준으로 합격자의 73%가 고졸 이상의 고

학력자였다. 파독 광부 중 과거 광부 경력이 있는 사람은 약 15%에 불과했다. 높은 경쟁률을 뚫기 위해 학력을 낮춰서 지원하거나 가짜 '광산 취업 증명서'를 사서 노동청에 제출하는 일이 비일비재했다.[143]

합격자들은 파견 전 두 달 동안 광부로서의 기초 훈련과 외국어를 익히는 과정에 참여했다. 이 과정에서 약 100명이 실격됐다. 모든 준비가 끝난 12월 16일 '한국 광부 파견에 관한 한—독 협정서'가 체결되었고 같은 달 21일에 1차 파독 광부 247명 중 제1진 123명이 김포공항을 떠났다.

대학생 이성재의 죽음

그들이 꿈꿨던 미래와 마주한 현실은 달랐다. 3년을 버티면 많은 돈을 들고 귀향할 수 있다는 청년들의 소망은 많은 경우 실현되지 못했다. 이성재는 제대한 후 취업을 걱정하던 스물여섯 살 단국대학교 학생이었다. 그는 졸업 후 예상되는 취업난을 고려하여 파독 광부를 지원하였고 1964년 10월 독일행 비행기에 올랐다.[144]

영화 〈국제시장〉에서 묘사된 대로 60kg 쌀가마니를 다섯 번

들어 올리는 체력 시험을 통과[145]한 것만으로 광산을 상대하기에는 역부족이었다. 파견 두 달 후 그는 석탄 바위에 깔려 사망하였다. 그와 함께 일하던 권이종에 의하면 이성재는 지하 채탄일을 시작한 지 얼마 되지 않아 광산의 환경에 익숙하지 않은 상태였다.[146] 동료들의 연이은 사망에 한국 광부들은 충격을 받았다. 권이종은 당시 그들의 죽음을 떠올리며 이렇게 회고한다.

"나 역시 언제 저렇게 관 속에서 말 못 하는 시체로 누워있
을지 두려웠다."

광산 경험이 전무(全無)한 지원자에게 두 달의 훈련은 턱없이 부족했고 부상과 사망의 원인이 되었다. 1965년 한 해에 뒤스부르크 지역에서만 370명의 한국인 광부가 부상을 입었다.

1차 파견 이후 15년이 지난 1977년이 되어서야 중졸 이상의 학력을 요구하는 조항이 사라졌고 '1) 1년 이상 광산 업무 경력자, 2) 출국일 기준으로 광산에서 이직한 지 3년이 지나지 아니한 자'라는 조건이 추가되었다.

일상은 죽음의 공포 못지않게 광부들을 힘들게 했다. 애국을 실천하는 동시에 부를 거머쥘 수 있다는 정부의 홍보와 달랐다. 독일에 도착한 이들은 그저 최빈국에서 온 외국인 노동자일 뿐

이었다. 호텔과 같다는 숙소는 닭장이나 다름없었다. 120명의 노동자가 화장실 하나, 샤워실 셋, 그리고 부엌 하나를 공동으로 사용했다. 보수 역시 홍보문과 달리 고정된 600마르크가 아니었고 작업성과에 따라 다르게 지급됐다. 많이 받으면 1,000마르크가 될 수도 있었고, 적게 받으면 400마르크 이하가 될 수도 있었다. 매일 같이 지하 1,600m의 갱도로 내려가 서양인들의 체형에 맞춰진 50~60kg 무게의 기구를 짊어졌다. 한국의 광부들은 8~9시간씩 석탄을 캐며 섭씨 35도가 넘는 지열과 싸웠다.

파독 간호사 19명의 자살

국가 차원에서 모집한 파독 광부와 달리, 파독 간호사는 한 독일교포의 편지에서 시작되었다. 한국에서 파견된 광부가 독일에 도착할 무렵 의학박사 이수길은 서독 유학 후 전문의로 독일 마인츠대학병원 소아과병동장으로 근무하고 있었다. 당시 독일 간호사는 3만 명 정도로 광부와 마찬가지로 인력 부족 상태였다. 이러한 상황에서 그는 한국인 간호사를 독일에 불러들일 길을 모색했다.

1960년대 서독은 경제 호황으로 복지가 확대되면서 병원과 요양시설 등에 근무할 노동자의 수요가 급증하였다. 그러나 탄광업계와 마찬가지로 육체적으로 고된 직업이라는 인식이 강해 인력 부족이 나날이 심해지고 있었다. 일부 병동이 폐쇄 직전임에도 서독 정부는 외국인 간호사의 취업을 허가하지 않았다. 보수 성향의 집권 여당이 외국인의 취업을 부정적으로 바라보았기 때문이다.

이수길은 슐타이스 노르트베스트 프랑크푸르트 병원협회장과 함께 1965년 4월부터 한국인 간호사 초청 사업을 전개하였고, 헤센주에서 취업 허가를 받아냈다. 당시 서독 11개 주 중 유일하게 진보 성향의 사회민주당이 집권한 덕이었다. 난관을 극복한 듯했으나 이번에는 주서독 한국대사관이 한국인 간호사 취업 주선 요청을 거부하였다. 독일 내 한국인 광부를 관리하는 것만으로도 벅차다는 이유였다. 이수길은 그해 10월에 직접 한국을 방문하여 보사부 장관 오원선과 면담하고 간호사 128명의 서독 취업 물꼬를 텄다.

이듬해 이수길은 해외개발공사와 계약을 체결하여 간호사 파독을 성사시켰다. 1966년 1월 31일 JAL 전세기 129석 중 128석을 채운 1차 파견 간호사들이 독일 프랑크푸르트에 도착하여 독일의 각 병원에 배치되었다.

이수길에 따르면 1966년부터 1976년까지 11년간 5,800명의 한국 간호사 면허 소지자와 4,232명의 간호보조원 등 총 1만 32 명의 간호 인력이 독일로 넘어갔다.[147] 광부들과 마찬가지로 간 호사들도 적잖은 고초를 겪는다.

파독 간호사들은 더 넓은 세상을 경험하기 위해서, 혹은 동생 의 대학 등록금을 마련하기 위해서 등 각자 다른 이유로 낯선 나 라로 떠났다. 이들은 당시 가부장적인 한국 사회에서 보기 드문 고학력 여성들이었다. 대부분 중등학교까지는 마친 20대 여성이 었으며 대학교육을 받은 여성이 많았다. 중등교육을 마친 여성은 간호조무사를, 고등교육을 마친 이는 간호사를 선호하였다.

독일에서의 간호 일은 한국과 달랐다. 독일 간호사는 병실 청 소, 환자 용변 돕기, 변기 청소 혹은 다른 간호사들의 식사 준비 등 간호 학생[148]과 간호보조원[149]과 분업이 이뤄지지 않은 채로 업무를 수행했다. 의사소통이 어려운 상황에서 일을 시작한 파 독 간호사들은 당혹감에 휩싸였다. 그러나 곧 외국인이라서 받 는 차별이 아니라 문화적 차이임을 이해했고, 독일 특성을 파악 한 한인 간호사들은 자신들이 차별 없는 직업 생활을 했다고 평 가한다.[150]

파독 간호사가 문화 차이를 비롯하여 많은 어려움을 겪은 가 운데 거의 모두 처음 겪는 타국 생활로 향수병에 시달렸다. "같 이 갔던 친구 중에 2명이 향수병 때문에 그만뒀을 정도로 파독 생활에서 가장 힘든 일은 고향과 부모님, 그리고 가족, 친구에 대한 그리움이었다"라고 파독 간호사 양선주는 어느 언론 인터뷰에서 말했다.[151]

간호 여성에 관한 악의적인 소문과 한국에 남겨진 가정의 분열과 파탄이 그들이 겪은 또 다른 어려움이었다. 당시 독일에서 간호사로 근무할 때 김정숙은 동생에게서 편지를 받았다.

> "독일에 있던 한국 간호원들이 한국에서는 결혼하기 어려우니 누나는 잘 생각해보라는 내용이었다. 독일에 있는 간호원들이 고국으로 더 많은 돈을 송금하기 위해 오전 병원 근무가 끝나면 오후에는 몸을 팔아 돈을 번다는 소식이 신문과 방송을 통해 전파되어 그렇게 생각하는 사람이 많다는 것이었다. 이런 헛소문이 어떻게 방영이 될 수 있는지 기가 막힐 일이었다. 나는 지금까지 이곳에서 30년을 살면서도 아직 그런 일이 있었다는 것을 들어본 적이 없다."

이처럼 파독 간호사는 새로운 세상으로 나아간 '신여성'을 향한 근거 없는 비방을 견뎌내야 했다. 한국에 가족을 두고 떠나온 여성 중 일부는 가정의 분열을 겪었다. 1970년대 초 가정의 생계가 어려워진 어느 50대 여성은 파독 간호사가 되었다. 계약 기간 3년 동안 꼬박꼬박 한국에 돈을 보냈지만, 귀국한 그를 맞은 건 남편의 바람과 술로 탕진된 텅 빈 통장이었다.[152]

양선주는 "결혼한 파독 간호사는 대부분 남편에게 돈을 전부 보내다시피 했는데 남편이 다른 여자를 만나 돈도 잃고 가족도 잃는 불행한 경우가 꽤 있었다"라고 당시를 기억했다.

1970년 〈조선일보〉는 몇 달 사이 발생한 독일 간호 인력 3명의 자살을 보도하며 국가의 지원 부족을 비판했다. 기사는 파독 간호사의 송금을 생각하면 이들을 위한 여성 상담 인력을 국가에서 지원했어야 했다고 지적했다. 당시 노동청은 여성 노무관 한 명만을 지원했다. 파독 간호사 중 19명이 자살하였다.

왜곡된 진실과 정치적 악용

1963년에서 1979년까지의 파견 기간에 총 117명의 청년이 죽었다. 117명 가운데 작업 중 사고로 사망한 광부는 27명, 자살로 사망한 간호사는 19명이다. 이역만리에서 죽음은 정치적으로 악용되기도 하였다.

1964년 파독 광부가 독일 땅을 밟은 지 1년이 되던 해에 박정희는 이들을 격려하기 위해 독일로 향했다. 파독 노동자들과의 만찬 자리에서 연설하던 대한민국 대통령 박정희가 눈물을 흘리자 독일 대통령 하인리히 뤼브케가 손수건을 건네주었다는 일화는 유명하다. 이 일화는 박 대통령의 인간미를 보여주는 예화로 많이 쓰여 임기 중 일어난 많은 잔혹한 사건을 중화하는 용도로도 동원되었다. 이 이야기는 박정희의 통역사이자 1차 경제발전 5개년 계획을 입안하는 데 참여한 백영훈의 저서 『아우토반에서 흐른 눈물』에 실려 세상에 알려졌다. 그러나 당시 언론보도에 대통령의 눈물을 보도한 기사는 존재하지 않는다.

2009년 진실·화해를위한과거사정리위원회(위원장 안병욱) 조사에 따르면 양국 대통령은 연설 자리가 아닌 별도의 만찬에서 만났다. 파독 노동자의 임금을 담보로 독일에서 차관을 들여왔다는 기록 또한 거짓이다. 독일은 광부 파독 논의 및 협정서 교환 전인 1961년에 체결된 '경제 및 기술협조 의정서'에 따라 상업 차관을 지급했다. 노동자 파견과는 무관했다.

이처럼 파독 노동자를 가난한 조국을 위해 희생한 청년으로 미화하는 인식은, 당연히 그런 면이 없지는 않았겠지만, 미래를 일궈내기 위한 파독 청년들의 개인적이고 진취적인 도전까지 과도하게 국가주의로 포장하는 결과를 낳을 수 있다. 이들이 국가 경제에 이바지한 것은 사실이지만, 개인적인 도전을 모두 국가적인 성취로 둔갑시키면서 그 과정에서 박정희나 다른 인물의

'우국충정'을 끼워 넣는 형식은 바람직하지 않아 보인다.

파독 노동자는 국가로부터 거의 지원을 받지 못했다. 파독 광부 대표 유계천은 귀국 후의 일터 주선, 화폐를 송금할 때의 환율 조정, 계약 기간 만료 후에도 계속 체류하여 일할 수 있게 해줄 것, 국제노동기구(ILO)에 가입할 것 등 6개 건의사항을 박정희에게 전달하였지만 "여러분 파독 광부들의 건의사항이 차질 없이 이뤄지도록 최선을 다하겠습니다"라는 박정희의 말과 달리 건의사항 대부분이 받아들여지지 않았다.

3년의 계약 기간이 끝난 후 파독 광부 1차 1진 귀국자 115명 중 32명만이 공사 등에 취직이 알선되었다. 대부분의 파독 광부는 체류 연장조차 허가받지 못했다. 주지하듯 박정희는 노동운동을 탄압했고, ILO 가입은 박정희 사후인 1991년에 이뤄졌다.

파독 광부 출신 교수 권이종은 회고록에서 당시 정부가 파독 광부를 위한 제도 개선에 힘쓰지 않았다고 지적했다.

"이 글을 쓰면서 문득 깨달은 것은, 독일에서 일했던 우리 광부들에게 간접적으로 약속했던 몇 가지 사항을 정부가 지키지 않았다는 사실이다. 1964년 박 대통령께서 독일 광산촌을 방문하셨을 때, 연설 가운데 독일에서 열심히 일하고 한국에 돌아오면 한국에서 잘 살 수 있도록 도와주겠다는 내용이 있었다. 40년이 지난 지금 이 글을 쓰면서 그때 약속한 것을 떠올려보니, 우리 광부들에게 해준 것이라고는 아무것도 없었다. 귀국 후 나를 포함해 학자나 다른 직종에 종사한 모든 동료 광부들이 정부의 혜택에 의해 한국에 다시 정착한 경우는 전혀 없었다."

정부가 파독 노동자를 소홀히 여기는 태도는 사망한 김철환 광부의 유해가 잘못 전달된 사건에서 단적으로 드러났다. 독일에서 화장한 김철환의 유해는 본가인 충남 서천이 아닌 서산으로 잘못 전달되어 유가족의 가슴에 못을 박았다. 뒤늦게 도착한 유해는 제대로 포장되지 않아서 재가 흘러나왔다. 국내 광산 노조까지 나서서 항의할 정도였다.

파독 노동자는 가족애 등 각자의 이유로 고국에 꼬박꼬박 돈을 보냈다. 이들의 땀으로 일궈낸 돈은 연간 5,000만 달러로 한때 국민 총생산(GNP)의 2%에 달했을 정도로 당시 한국 경제에서 차지하는 비중이 컸다. 이러한 성과를 국가적 성취, 당시 지도자의 업적으로 칭송하는 목소리가 아직도 들린다. 기록을 종합하면 당시 국가는 이역만리에서 때로 목숨을 잃은 한국 청년들의 울타리였다기보다 그들이 이겨내야 할 또 하나의 장애물이었다.

동백림사건

　파독 노동자 중 일부는 정치적 음모에 연루되었다. 1967년 7월 8일에 중앙정보부가 발표한 대규모 공안사건인 동백림사건이 대표적이다. 당시 정부는 베를린 일대 194명의 교민과 유학생이 동베를린의 북한대사관을 오가며 간첩행위를 했다고 주장했다. 간호사 파독의 길을 연 이수길 역시 1967년 동백림사건의 관련자로 지목되어 고문을 받았다.

> "나는 라인강의 나라에서 의술을 배워, 정겨운 도시와 사람들 사이에서 의사로서, 남편으로서, 아빠로서 행복하게 살고 싶었다. 꿈이라면 그뿐이었다. 그런데 이 사나이들은 나를 간첩이라고 한다. 북의 지령을 받고 공작금을 접수했다고 한다. 간첩단의 두목이라고 한다. 북한 사람을 만난 적 없다. 북한대사관이 어디 있는지도 모른다. 더욱이 동베를린은, 평양은, 내게는 단순한 활자이자 지명일 뿐, 그 이상의 의미가 아니다. 사실대로 불지 않는다고, 독종이라고, 이제는 날 총살하겠다고 유언을 하라고 한다."

　그는 1967년 독일에서 납치된 후 중앙정보부 이문동 청사로 끌려가 물고문과 전기고문을 받았다. 혐의는 북한의 지령으로 간호사를 독일에 끌어들여 적화사상을 주입하려고 했다는 것이었다. 이수길은 고문 후유증으로 오른쪽 다리가 마비되었다.[153]

이수길은 한 달 동안의 고문에도 간첩 혐의가 입증되지 않아 풀려났지만, 한 번 찍힌 낙인은 쉽게 지워지지 않았다. 당시 중앙정보부장 김형욱은 사과의 의미로 조사 기간에 받지 못한 임금을 보내주었다.

> "… 40일간의 보수를 받지 못하셨다니 본인으로서는 대단
> 히 미안하게 생각합니다. 그리하여 본인이 최 서기관을 통
> 하여 약소하나마 200달러를 최 서기관에게 보냈으니 촌지
> 로 생각하시고 소납하시길 바랍니다."[154]

40년 후 이 편지가 세상에 공개되어 이수길은 간첩 낙인에서 벗어날 수 있었다.

이수길 외에 3명의 광부가 동백림사건에 연루됐다. 광부 박성옥, 김진택, 김성칠은 간첩 혐의로 기소되었다. 이들을 포함한 194명은 동베를린 북한대사관을 통해 평양을 방문하여 간첩 교육을 받았다는 혐의를 받았다. 박성옥은 한국전쟁 중 행방불명된 두 형의 행방을 알기 위해 주동독 북한대사관과 접촉하였고,

생사를 확인한 후 북한에서 두 형을 만날 기회를 주어 평양에 다녀온 것으로 밝혀졌다. 김진택과 김성칠의 북한 접촉 이유 역시 한국전쟁 때 행방불명된 작은아버지의 소식을 듣기 위한 것으로 드러났다. 중앙정보부는 1970년에 동백림사건의 모든 관련자를 석방하였다.

수십 년 후 동백림사건은 1967년 6·8총선의 부정선거를 향한 국민의 분노를 타개하기 위한 박정희 공포정치의 한 방편으로 판명 났다. 2006년 1월 '국가정보원 과거사건 진실규명을 통한 발전위원회'는 "당시 박정희 정권이 정치적 목적을 위해 대규모 간첩 사건으로 사건을 확대, 과장했다. 6·8부정선거 규탄 시위를 무력화하기 위해 정치적으로 사건을 부풀려 발표했다"라고 밝혔다.

살아남은 이들

파독 청년에 대해 가난한 국가의 희생양으로 보는 시선이 있는가 하면 삶의 개척자로 보기도 한다. 당시 파독 광부 합격자 가운데 고등교육을 이수한 사람의 비율이 높았던 만큼 귀국 후 사회 고위직으로 진출한 사례가 적지 않았을 것으로 추정된다.

대학교수가 된 파독 노동자는 통계상 20명이며, 신분 공개를 꺼리는 분위기를 고려하면 실제로는 더 많을 것으로 예상된다. 행정안전부 과거사관련업무지원단에 따르면 1963년부터 1977년까지 독일로 파견된 광부는 7,936명이다. 하지만 이들을 향한 편향적인 시선 때문에 파독광부연합회 가입자는 500여 명에 불과하다.

파독 노동자 중 60%는 해외에 정착하여 새로운 삶을 찾았다. 독일로 떠난 간호 인력 중 독일에서 대학 생활을 하며 외교관, 의사 등의 직업을 얻은 사람이 많다. 한국의 세 번째 여성 대사를 역임한 김영희 역시 파독 간호보조원에 지원하며 해외 생활을 시작하였다. 그는 '저 멀리 내가 모르는 넓은 세상에 언젠가는 가보고 싶다'라는 꿈을 가지고 독일로 떠났다. 3년의 간호보조원 근무 기간에 그는 남자 정형외과 병동에서 일하며 독일어, 영어, 불어를 배우면서 독일 대학 입학을 준비하였다. 갖은 노력 후 쾰른·하노버·함부르크 대학 등에서 합격통지서를 받았고 1975년 쾰른대학에 입학하였다. 철학부 교육학과 내 유일한 외국인이었다. 학부과정부터 박사학위까지 10년 만에 끝낸 그는 한국 외교부의 독일 전문가로 특별 채용되었고, 마흔의 나이에 세르비아 몬테네그로 대사로 임명되어 어린 시절의 꿈을 이루게 된다.

독일에서 병원장을 역임한 박경남은 스물두 살의 나이에 파독 간호사에 지원하여 독일행 비행기를 탔다. 그는 "여자가 대학에 가서 뭐 하냐며 하고 싶은 공부를 못 하게 했어요. 늘 가슴이 답답하고, 한국에서 뛰쳐나가야겠단 생각뿐이었어요. 해방돼 자유를 찾고 싶었지요"라고 말했다.[155] 그는 외과 병동에서 3년간 허드렛일을 하면서, 간호사에 머물지 않고 의사가 되고 싶다고 생각했다. 이후 서른한 살의 나이에 야간 고등학교에 입학하고 다시 함부르크 의대에 합격하여 7년 만에 의사면허증을 땄다.

독일의 병원은 한인 간호사의 성실성을 높이 평가했다. 계약 종료 후 기간을 연장해 꾸준히 간호사로 활동한 이가 많다. 당시 한인 간호사에 대한 좋은 인식으로 여전히 독일의 많은 병원은 한인 간호사를 선호한다고 한다.

그러나 파독 노동자가 김영희나 박경남처럼 모두 성공적으로 삶을 개척한 것은 아니었다. 여러 가지 이유로 한국에 돌아오지 못하거나, 당시 얻은 병으로 생계유지에 어려움을 겪은 사례도 많다. 광부가 가장 많이 얻은 병은 진폐증이었다. 진폐증은 석탄 가루와 돌가루가 폐 속으로 들어가서 발병하기 때문에 산업재해로 인정받기 쉽다. 그러나 독일에서 얻은 병은 한국에서 산업재해로 인정되지 않아 보상을 받지 못했다. 간호 인력 역시 근골격계질환을 앓은 노동자가 많았지만, 마찬가지로 산업재해로 인정되지 않았다.

권이종에 따르면 파독광부연합회에 가입한 500명 중 상당수가 1년에 1만 원인 회비를 납부하기 어려울 만큼 생계가 어렵다. 2015년, 2017년, 그리고 2020년 5월에 '파독 광부·간호사에 대한 예우 및 지원에 관한 법률안(파독예우법)'이 지속적으로 발의됐지만, 정부의 태도는 여전히 소극적이다.

참고
자료

1. "가짜鑛夫(광부)수두룩 西獨(서독)파견모집서 드러나", 〈경향신문〉, 1963.09.13. 7면.

2. "西獨鑛夫遺骸(서독광부유해) 無言(무언)의 歸國(귀국)", 〈경향신문〉, 1965.01.26. 3면.

3. 재독한인글뤼크아우프회, 『파독광부 45년사 : 1963~2008』, 재독한인글뤼크아우프회, 2009.

4. 권이종, 『교수가 된 광부』, 이채, 2004.

5. 이수길, 『개천에서 나온 용』, 북큐브, 2014.

6. 조경애, 『파독(派獨) 간호사로부터 온 편지』, 가람출판사, 2012.

7. 정재욱, "그 고생을 우리 세대가 겪어서 다행", 〈미래 한국〉, 2016.07.11.

8. 김홍현, 『나는 왜 독일을 선택했나』, 가람기획, 2005.

9. 장우성, "사실을, 진실을 보도해주십시오", 〈한국기자협회〉, 2006.11.07.

10. 박주희, '동백림사건' 이수길씨 국가상대로 피해배상 청구", 〈한겨레〉,

2006.11.06.

11. 박현영, "병원장이 된 파독 간호사 출신 의사 미라 박", 〈중앙일보〉, 2010.09.18.

07
베트남전

폭력적인 편 가르기에 희생된
한국과 베트남 청년들

07

베트남전
폭력적인 편 가르기에 희생된
한국과 베트남 청년들

1955년 베트남전쟁이 발발했다. 1964년 미국의 개입으로 전쟁은 국제전으로 확대되었고 한국군은 그해 동맹군으로 참전한다. 1964년부터 1973년까지 총 32만 5,000여 명의 한국군이 파병되었다. 한국이 베트남전쟁 특수로 한국전쟁의 충격에서 벗어나 급속한 경제성장을 이루는 그 시기에 파병된 한국군 중 5,099명이 사망하고 1만 1,232명이 부상했다. 전쟁의 짙은 그늘은 한국에만 드리우지 않았다. 베트남전쟁 시기에 약 80개 마을에서 한국군에 의한 베트남 민간인 학살이 있었던 것으로 추정된다. 한국군 피해 상황과 달리 베트남 민간인 학살 피해의 구체

적인 내용은 아직 파악되지 않았다.[156]

파월 '병사 만들기'

1964년 9월 비전투부대를 시작으로 대한민국 정부는 1965년 10월 전투부대를 최초 파병했다. 당시 파병 동의안을 둘러싼 국회 심의 과정에서 국방부 장관 김성은은 파병 인원 확보에 관한 야당의 질문에 전원 자원을 받아서 보낼 것이라고 답했다. 현실은 달랐다. 신체 능력이 좋은 병사를 선발한 다음 지원하도록 하는 요식 행위를 갖춘 사례가 많았다. 사단별로 지원자를 할당했다는 증언이 존재한다.[157]

2004년 3월 27일 방영된 MBC-TV 다큐멘터리 〈이제는 말할 수 있다〉는 이 '자발성'에 의문을 제기했다. 2004년 광주 · 전남 지역 거주 참전 병사 308명을 조사한 결과, 이들 중 자원자의 비율은 25.3%에 불과했다. 나머지 34.4%가 부대에서 강제로 차출되었고 40.3%는 자신의 의지와 관계없이 압박에 의해 지원 서류를 작성했다. 수많은 청년이 국가에 의해 등 떠밀려 다른 나라의 전장에 투입된 정황이다.

당시 병사들은 대개 파월을 죽으러 가는 것으로 받아들였다.

"차출됐는데 눈물이 왈칵 나더라고. 이제 고국을 떠나면 죽겠구나, 다시 돌아올 수 있을까, 그런 참담한 생각이 나더라고"라며 장교로 베트남전에 참전한 아무개 씨는 당시를 회상했다. 파월 초기에 병사들의 저항은 탈영으로 이어졌다. 매일 적게는 10여 명이, 많게는 20여 명이 탈영했다.[158]

1972년 4월, 14일간의 혈투

1972년 2월 14일 오전 10시 부산항 제3 부두는 부산 시내 중고생 2,000여 명과 파월 장병의 가족들로 붐볐다. 그들은 꽃다발과 태극기, 그리고 월남기를 들고 전쟁터로 떠나는 군인들을 배웅했다. 김영수 병장(가명)은 부모에게 나약한 모습을 보일 수 없어 배에 몸을 싣고 나서야 눈물을 흘렸다. 일주일의 긴 항해 끝에 베트남에 도착한 그를 기다린 건 일주일의 현지 적응훈련이었다. 베트남의 기후는 가만히 앉아있어도 땀이 흘렀다. 더군다나 심리적 압박감 때문인지 속이 좋지 않아 물만 마셔도 속에 있는 것을 모두 게워냈다. 앞으로 의무복무기간 1년을 어떻게 버텨야 할지 막막했다. 김영수는 기갑연대 수색중대 3소대에 배치되어 안케패스 600고지의 흔히 '안케패스 대혈투'라고 불리는

작전에 투입되었다.[159]

4월 11일 새벽 4시경 안케패스의 제1중대 기지에 폭발음이 울려 퍼지면서 북베트남군의 공격이 시작됐다. 13일 오전에는 북베트남군의 포 사격이 있었다. 포가 한 발, 한 발 터질 때마다 김영수는 '차라리 어서 죽어버렸으면' 싶었다. 죽어서 끔찍한 공포에서 벗어나고 싶다고 생각했다. 갑자기 시작된 포 사격에 부대원들은 북베트남군의 위치를 파악하지 못한 채로 우박처럼 쏟아지는 포탄 소리만 듣고 있었다. 초소는 포탄의 파편과 직격탄으로 무너지기 일보 직전이었다. 화약 냄새와 쇠 타는 냄새가 코를 찔렀고 흙먼지가 시야를 가렸다.

이날 밤에 야간근무 중이던 1소대 모 상병은 손바닥에 총을 쏘아 자해했다. 생존 욕구와 전쟁 공포가 결합한 자해였다. 부상자가 되면 당장 생사가 갈리는 이 상황을 벗어날 수 있으리라는 판단이었다.

15일에 미군은 전폭기 41대로 14만 3,000파운드의 고성능 폭탄을 쏟아부어 한국군을 지원했다. 김영수는 작전 중 총에 맞아 쓰러져 신음하는 전우를 발견했지만, 집중 포격을 뚫고 그를 후송할 엄두가 나지 않아 외면했다. 다친 전우를 두고 온 죄책감에 김영수는 매일 밤 피로 물든 전우의 얼굴을 꿈속에서 마주했다.[160]

19일에 김영수는 비교적 안전하다고 생각되는 고지에서 전방을 향해 계속해서 유탄(榴彈)을 쏘고 있었다. 소대장의 명령에 따라 엎드려 올라가면서 사격했다. 그러나 잠시 일어선 순간에 북베트남군이 쏜 총에 맞아 비명 한마디 지르지 못하고 그대로 쓰러져 숨졌다.[161]

보름간의 대치 끝에 북베트남군의 항복으로 안케패스 전투는 24일에 막을 내렸다. 전투의 희생자는 공식적으로 전사 75명, 전상 222명으로 발표되었지만, 이 숫자를 믿는 사람은 많지 않다. 짧은 기간에 많은 인원이 전사하면 문책이 따르기에 전사 날짜를 분산시켜 전투 기간의 사상자 규모를 축소했다고 병사 대부분은 믿는다.[162]

전쟁에서 명분은 매우 중요하다. 자기 나라를 지키려는 북베트남군과, 자신의 의지와 무관하게 국가에 의해 용병으로 아무 이유 없이 떠밀려온 한국군 중에서 어느 쪽이 더 전쟁에 몰입할 수 있었을까. 베트남에서 전투보다 두려운 것은 정신적 고통이었다. 정글 속에서 벌어지는 전쟁은 극도의 스트레스를 유발했다. 언제 어디서 총알이 날아올지 몰라 항상 긴장했다. 진흙 속에 숨겨진 지뢰와 부비트랩을 맨눈으로 발견하는 것은 불가능해서 앞사람이 지뢰를 밟지 않기를 기도했다. 위장 군복이 흔한 일이었기에 피아식별이 어려울 때가 많았다. 위장 군복을 착용하지 않아도 아군과 적군을 구분하는 데 어려움을 겪었다. 병사들은 움직이는 모든 것이 자신들을 죽이러 오는 북베트남군 같았다고 술회했다. 오인 사격은 부지기수였다. 과도한 스트레스로 하극상이 자주 일어났으며, 실수로 아군에게 수류탄을 던졌다. 긴장감 때문에 헛것을 보기도 했다. 죽기 전까지 김영수가 경험한 일이자, 그처럼 이역에서 전사한 청년 5,000여 명과 살아남은 30만여 명의 젊은 한국 군인 대다수가 겪은 일이다. 물론 백마부대 연대장으로 경력을 쌓는 차원에서 베트남전에 참전해 호의호식하다 돌아온 전두환 같은 정치군인은 예외였다.

또 다른 죽음 앞에서

1968년 2월 12일 베트남 중부 거점도시 다낭에서 남쪽으로 25km 떨어진 퐁니·퐁넛 마을에서 대한민국 해병대 소속 청룡부대에 의한 베트남 민간인 학살이 일어났다.

응우옌 티 탄(여)은 당시 여덟 살이었다. 그는 이웃집에서 나는 총소리를 듣고 이모, 사촌 동생, 그리고 남매들과 함께 방공호로 향했다. 그때 한국군이 집에 들이닥쳤다. 한국군은 수류탄을 높이 들어 흔들면서 방공호에서 나오라고 손짓했다. 위협적인 그들의 태도에 이모는 방공호에서 나가자고 말했다.

한국군은 방공호에서 나오는 가족에게 총을 쐈다. 응우옌 티탄의 오빠는 대나무 숲으로 도망가다가 엉덩이에 총을 맞아 사망했다. 언니는 뒷방으로 내려가다가 총에 맞아 사망했으며 동생은 입에 총을 맞아 숨을 쉴 때마다 피를 토했다. 그렇게 퐁니·퐁넛 마을주민 70여 명이 희생됐다.

열흘 후 마찬가지로 다낭에서 그렇게 멀지 않은 하미 마을에서도 학살이 일어났다. 팜 티호아(여)는 자식들에게 먹일 쌀을 사기 위해 지게를 짊어지고 시장으로 향했다. 갑자기 한국군이 총구를 들이대며 무력으로 사람들을 한데 모았다. 지휘관이 나타나 장황한 연설을 마치자 별안간 수풀 속에 숨어있던 기관총에서 총알이 날아오기 시작했다. 팜 티호아는 자기 쪽으로 날아오는 수류탄을 보고는 땅에 엎드렸다. 첫 번째 수류탄은 허리를 맞고 튕겨 나갔지만, 두 번째 수류탄은 발밑에서 터져 두 발목이 잘려나갔다. 이날 팜 티호아에게 일어난 비극은 두 발목을 잃는 것에 그치지 않았다. 그는 사랑하는 자식들을 잃었다.

청룡부대로 확인된 한국군은 마을에서 아이 울음소리가 들리는 인가를 향해 수류탄을 던지고 확인 사살을 위해 집을 불태웠다. 이날 두 발목을 잃은 어머니 팜 티호아는 간신히 목숨을 건졌지만, 자신에게 닥친 비극을 슬퍼할 겨를도 없이 마찬가지로 한국군에 의한 다섯 살배기 딸과 열 살짜리 아들의 죽음을 마주해야 했다.

총소리가 멈춘 이튿날에 살아남은 사람들은 시신을 찾아 땅을 팠고, 잔해를 주워 담았다. 군인들이 아직 철수하지 않아 누구든 언제라도 죽을 수 있는 상황에 무덤을 만들 수는 없었다. 도랑에서 흙더미를 파낸 뒤 어렵사리 수습한 시신의 잔해를 그곳에 대충 묻고 향을 피웠다. 그러나 한국군은 흔적을 지우기 위해 불도저로 현장을 깔아뭉갰다. 시신은 훼손되고 햇빛에 말라버려 형체를 알아볼 수 없게 되었다.[163] 하미 마을에서만 140여 명이 사망했다.

왜 이런 참극이 일어났을까. 청룡부대 1중대의 소대장들의 증언에 따르면 1968년 2월 12일 아침 부대는 퐁니·퐁넛 마을을 지나고 있었다. 갑자기 총소리가 나더니 병사 한 명이 총에 맞았다. 북베트남군의 저격으로 의심하며 한국군은 마을을 수색했다. 마을을 뒤졌지만, 총격을 가했을 만한 젊은 남자를 찾는 데는 실패했다. 마을의 청년들이 이러한 상황을 예상하여 한국군이 작전하는 지역에서 미리 피했기 때문이다. 마을에는 노인과 여자, 아이들뿐이었다.[164] 이어 학살이 일어났다.

하미 마을의 학살 역시 분명한 원인이 밝혀지지 않았다. 한국군이 두려워 도망치는 베트남 민간인들을 보고 그들이 '도주'하는 광경에 한국군이 무차별적으로 사격을 가했을 수 있다. 비전투원을 전투원으로 혼동했는지는 확인되지 않았다. 같은 부대원이 저격당했다는 사실에 흥분해 이성을 잃은 한국군이 보복 차원에서 만행을 저질렀을 수 있다. 시간이 많이 흘러 진실은 학살 관련자의 고백에 의해서만 밝혀질 수 있겠지만 과연 관련자들이 심경의 변화를 일으켜 죽기 전에 입을 여는 일이 가능할까. 2020년 10월 7일, 베트남전쟁 당시 한국군에 의한 민간인 학살 생존자들은 진실을 밝혀달라며 유엔에 진정서를 냈다.

오렌지 색깔의 띠를 두른 드럼통, 고엽제 후유증, 자살

황선길은 베트남전쟁 파병 기간에 미군으로부터 받았다는 오렌지 색깔의 띠를 두른 드럼통을 보았다. 이 안에는 고엽제라고 불리는 화학물질이 들어있고, 이름 그대로 나뭇잎의 성장을 억제하여 고사시키기 위해 사용한다고 하였다. 그밖에 고엽제 사용에 관한 별다른 지시나 주의사항은 없었다.

병사들 사이에서 고엽제를 뿌리면 모기에 물리지 않는다는 이야기가 돌았다. 덥고 습한 날씨에 모기까지 못살게 구는 터라,

미군이 고엽제 살포를 중지한 1971년까지 파월 한국군 병사들은 비행기를 쫓아다니면서 살포되는 고엽제를 맞았다. 그것도 모자라서 나뭇잎에 허옇게 묻은 가루를 손에 묻혀 약을 바르듯 팔과 다리에 발랐다. 제초 작업을 하라는 명령이 떨어져 고엽제 가루를 철모에 담아서 맨손으로 뿌리기도 했다.[165]

황선길은 민호아 성 등지의 정글에서 8개월여 전투에 참여하다 1973년 2월 부대 철수와 함께 귀국했다. 귀국 후 군에 남아 부사관으로 근무한 황선길은 1978년에 처음 나타난 사지의 근육경련이 심해지자 1985년 13년여의 군 생활을 마감하고 고향인 전남 영광군 군남면 월홍리로 내려가 퇴직금과 저축 등 2,000만 원으로 한우와 돼지 등을 키웠다. 그러나 전역한 후에도 증세는 호전되지 않았고 1987년 봄엔 몸의 중심을 못 잡고 비틀거리다가 쓰러질 정도로 병세가 악화하였다.

황선길은 미국에서 고엽제 후유증을 겪는 일부 환자들이 미국 정부와 고엽제 제조회사를 대상으로 대규모 소송을 제기했고, 의회에서 청문회가 열렸다는 이야기를 얼핏 들었다.[166] 고엽제 후유증이라니, 그때까지 황선길은 아무것도 알지 못했다. 1984년 〈중앙일보〉가 고엽제 문제를 대대적으로 보도하였다.

"65년부터 70년 사이 월남을 방문한 사람은 목이 달아난 장승처럼 잎 하나 없이 서 있는 야자수의 처절한 모습을 기억할 것이다. 그것은 베트콩의 잠복처를 없애기 위해 미국 공군기들이 뿌린 고엽제의 결과였다. 미군은 이 기간에 무려 1천2백만 갤런의 '오린지제'라는 이름의 이 고엽제를 월남의 작전 지역 촌락과 도로 주위에 뿌렸다. 그러다가 70년 4월 17일 미국 정부는 갑자기 오린지제의 살포를 중지했다. 이 고엽제 속에든 다이옥신이란 독물에 접한 동물이 기형 새끼를 낳았음이 실험으로 밝혀졌기 때문이다. (후략)"[167]

후속 기사는 없었다. 당시 전두환 정부는 미국의 심기를 건드리지 않기 위해 〈중앙일보〉에 압력을 가했다. 기자를 해고하도록 영향력을 행사하고 다른 언론사들이 고엽제 보도를 하지 못하도록 철저히 통제했다.[168]

황선길은 1989년 8월 전남대병원을 찾아가 조직검사를 했으나 정확한 진단이 나오지 않자 가축과 전답을 모두 팔아 서울 구로동 고려대 부속 구로병원에 입원해 치료를 받았다. 그러나 아무런 차도 없이 '원인을 알 수 없는 소뇌 변성'이란 병명만 확인할 수 있었다. 황선길에게 남은 것이라고는 보증금 500만 원에 월세 10만 원짜리의 지하 셋방, 그리고 절망뿐이었다. 누군가는 베트남에서 윤리적으로 부끄러운 짓을 하다가 고약한 성병에 걸린 것이라며 황선길을 비난했다. 1992년 7월 11일, 그는 스스로 목숨을 끊었다. 베트남전 참전 병사 중 정신분열 증세나 전상 후유증을 이기지 못하고 자살한 사람은 그때까지 18명이었으나, 고엽제 후유증을 비관해 자살한 사람은 그가 처음이었다.[169]

2020년 9월 현재 베트남전쟁의 고엽제로 질병을 겪고 있는 이는 13만 8,747명이다. 또한, 161명의 2세 환자가 있다.[170] 베트남전쟁 기간에 미군은 북베트남군이 숨거나 무기 수송로로 이용하는 정글을 제거하고 시계를 확보하기 위해, 또 북베트남이 경작하는 농작물을 제거하기 위해 고엽제를 이용했다. 1960년부터 1971년까지 베트남 국토의 15%에 해당하는 60만 에이커의 광범위한 지역에 2,000만 갤런의 고엽제를 살포했다. 그중 80%에 해당하는 1,600만 갤런의 고엽제는 한국군 작전 지역에 무차별 살포되었다.[171]

보훈처는 고엽제 후유증으로 자살한 사람들을 외면했다. 죽음의 1차 원인이 자살인 이상 그 인과관계를 확장하여 고엽제 후유증을 직접적인 원인으로 볼 수 없다는 입장이었다. 반면 법원은 "고엽제 후유증이 망인으로 하여금 자살을 결심하게 한 직접적이고 중요한 원인으로 작용하였고 그밖에 다른 자살의 동기를 찾아볼 수 없다면, 사망 원인은 고엽제 후유증으로 봄이 상당하

다"라고 인정하며 보훈처의 입장은 위법하다고 2014년 9월 30일 판결했다.[172]

전쟁의 끝, 그리고 남겨진 것

베트남전쟁에 동원된 한국군 청년도, 한국군에 의해 죽음을 맞이한 베트남 청년도 결국 피해자다. 누군가가 분명 그 죽음에 책임이 있을 텐데 아무도 책임을 지지 않았다.

전쟁으로 누가 이득을 보았을까. 베트남전쟁 특수로 성장한 한진 같은 재벌과 국가였다. 청년의 피 값으로 일군 재산이 형제 싸움, 남매 싸움 등 대를 이은 분쟁을 거치며 후손에게 승계되고 있다. 박정희 정권이 베트남전쟁을 통해 경제 개발을 위한 대규모 자금을 유치한 것은 한국 현대사의 수치스러운 장면의 하나다. 한국군의 2차 파병 이후 베트남전쟁의 전황이 미국에 불리하게 돌아가자, 박정희 정권은 청년의 목숨을 담보로 거래에 나섰다. 물론 그전에도 경제적 동기가 없었던 것은 아니지만 정치적 명분을 앞세웠던 과거 행태와 달리 한국 정부는 군대를 더 보낼 테니 그것에 상응하는 경제적 혜택을 달라고 미국에 노골적으로 거래를 제안한다.[173] 이에 따라 1966년 3월 체결된 브라운 각서에 의하면 한국은 5만 명을 상한선으로 하여 베트남에 군사를 파견한다고 약속했다. 그 대가로 미국은 국군의 현대화 계획을 위한 장비를 한국에 제공하고, 한국 기업이 베트남전쟁에 쓰이는 군수물자 일부를 납품하게 했으며, 한국 기업의 베트남 진출과 수출을 지원하고 한국 경제 개발을 위한 차관을 제공했다. 제국주의 전쟁에 자국 병사를 용병으로 보내 돈벌이를 하고, 청년의 죽음으로 유입된 자본이 재벌의 성장에 기여하도록 했다는 측면에서 박정희 정권은 분명 매우 부도덕하고 추악한 짓을 저질렀다고 할 수 있다.

반면 전쟁으로 피해를 본 청년들은 이역 땅에서 명분 없는 전쟁에 참여하여 적대할 이유가 없는 베트남인을 살상하고 그 과정에서 자신들도 죽거나 다쳤으며, 귀국 후에는 고엽제 후유증으로 인해 인생을 의미 있게 설계하고 영위하는 데 대부분 어려움을 겪었다. 더구나 책임의 화살을 온전히 자신에게 돌려야 했다. 베트남전쟁에 참전한 병사들은 투철한 애국심, 이데올로기적 사명감, 영웅주의 따위의 이유를 두고 싸우지 않았다. 병사에게 중요한 것은 그저 '생존'이었다. "죽이지 않으면, 우리가 죽는다"라는 폭력적인 편 가르기.[174] 그 아래에서 죽여야 했고 죽어야 했다. 한국은 베트남전쟁에 미국 다음으로 많은 군인을 파병한 국가다.

┌─────┐
│ 참고 │
│ 자료 │
└─────┘

1. 신종태, 「월남전 참전 고엽제 환자와 보훈정책 발전방향」, 『군사발전연구』, 제7권 2호, 2013.

2. 최용호, 『통계로 본 베트남전쟁과 한국군』, 국방부 군사편찬연구소, 2007.

3. 박태균, 『베트남전쟁: 잊혀진 전쟁, 반쪽의 기억』, 한겨레출판, 2015.

4. "고엽제 후유증 파월장병 신병비관 목매자살", 〈동아일보〉, 1992.08.01.

5. 장두성, "월남전 고엽제 후유증 심각", 〈중앙일보〉, 1984.05.14.

6. 지요하, "나는 고엽제 피해자… 이렇게 될 줄 몰랐다", 〈오마이뉴스〉, 2011.05.23.

7. 최영기, "[최영기 변호사의 알쓸신軍] 고엽제 후유증 환자의 자살, 국가유공자에 해당할까", 〈스포츠경향〉, 2020.06.22.

8. 황석영, 『무기의 그늘—상』, 창비, 2006.

9. 이길보라(감독/제작), 〈기억의 전쟁〉[영화], 서울: 영화사 고래,

2020.

10. 대한민국고엽제전우회 웹사이트.

11. 박태균, "돈이 고립된 장병들의 목숨보다 더 중요했나", 〈한겨레〉, 2014.10.31.

12. 윤충로, 『베트남전쟁의 한국 사회사』, 푸른역사, 2015.

13. 김영두, 『안케패스 대혈전』, 북코리아, 2018.

14. 고경태, 『1968년 2월 12일 : 베트남 퐁니·퐁넛 학살 그리고 세계』, 한겨레출판, 2015.

전태일
분신하고 50년이 지난 노동열사를
다시 소환하는 이유

이건희 삼성그룹 회장이 2020년 10월 25일 향년 78세로 별세했다. 한국 자본가를 대표해온 이 회장이 노동운동을 상징하는 전태일 열사의 50주기를 앞둔 시점에 숨진 풍경이 공교롭다. 애도와 추모가 교차한 가운데 전해진 택배 노동자의 잇따른 과로사는, 두 죽음 중에서 50년 전의 죽음에 더 유념해야 할 절박감을 느끼게 한다.

1970년 11월 13일 한 청년이 죽었다

그날 서울 평화시장이 자리한 수표교 인근엔 노동자 500여 명이 모여 웅성거리고 있었고, 더불어 곳곳에 경찰관들이 배치돼 긴장감이 감돌았다. 이미 소문이 널리 퍼져 있었다. 평화시장 의류공장의 사업주들은 "깡패 같은 놈들이 주동이 돼 나쁜 짓을 하니" 점심시간에 나가지 말라고 노동자들의 바깥출입을 막았다. 평화시장 건물마다 경비원들이 출입구를 봉쇄했다. 사람은 막았지만, 말은 막지 못했다.

낮 1시 20분, 한 무리의 사람들이 플래카드를 펼쳐 들고 그곳 광장으로 향했다. 하지만 곧바로 경찰이 막아서는 바람에 플래카드는 망가져 버렸고, 전에 그랬듯 이번에도 시위가 무위로 돌아갈 듯했다. 시위대가 주춤하는 사이로 한 청년이 '근로기준법' 책자를 가슴에 품고 나타났다. 준비한 일을 결행하며 그는 외쳤다.

"근로기준법을 준수하라!"

외침은 곧 불꽃이 됐다. 휘발유를 뒤집어쓴 그의 몸이 근로기준법과 화염에 휩싸였다. 불길 속에서 또 다른 외침이 타올랐다.

"우리는 기계가 아니다! 일요일은 쉬게 하라! 노동자들을
　　혹사시키지 말라!"

　　전신을 휘감은 불길이 3분가량 몸을 태웠고, 22년 짧은 생애
를 평화시장에 남긴 채 쓰러진 그는 "내 죽음을 헛되이 하지 말
라"라는 유언을 남겼다. 유언은 한국 노동운동의 착화제가 됐
다. 50년 전, 청계천에서 분신한 그는 전태일이다.

　　전태일은 1948년 9월 28일 대구에서 태어났다. 매우 가난했
다. 소년 시절 가난을 견디지 못해 가출을 반복했다. 구걸, 삼발
이 장사, 신문팔이 등 할 수 있는 일이라면 닥치는 대로 했다. 제
몸 건사하기도 힘든 세상에서 전태일은 동생을 배곯게 하지 않
으려고 보호시설에 버려야 했다. 그렇게 엄혹한 시간을 보내며
그는 이런 질문을 품게 됐다. 자신을 억압하는 부유한 자들의 세
상, 강자가 지배하는 질서, 가난한 자를 가난으로 밀어내는 그것
은 대체 무엇인가? 전태일은 그런 세상을 '부한 환경'이라 부르
기로 했다.[175]

　　1964년 봄. 16세 전태일은 평화시장 의류공장에서 일하기 시
작했다. 당시 평화시장 의류공장의 체계는 말단부터 시다, 미
싱보조, 미싱사, 재단보조, 재단사, 공장주로 올라가는 피라미
드 형태를 취했다. 전태일은 시다에서 시작해 미싱보조를 거쳐

1966년에는 미싱사가 됐다.

처음 시다를 할 때 하루 14시간 일하고 일당 50원을 받았다. 종일 일하고 차 한 잔 값을 받은 셈이니, 터무니없는 저임금이었다. 너무 어린 나이에 세상의 험한 꼴, 쓴맛을 다 본 전태일은 그나마 안정된 직장이라는 생각에 그래도 신이 났다. 그러나 '안정'에 안도한 것도 잠깐, 평화시장의 열악한 노동환경이 눈에 들어왔고 시간이 지날수록 그의 마음은 무거워졌다.

당시 박정희의 근대화와 경제발전 계획은 농촌과 노동자의 수탈을 특징으로 한다. '농촌 소외'라는 정책 방향에 따라 도농 격차가 확대돼 대대적인 이농이 이어졌다. '이촌향도'한 많은 인구는 공장의 노동자가 되거나 노동자가 되기 위한 산업예비군이 돼 도시의 외곽 슬럼 등지에 집단 거주했다.

박정희 정권은 수출주도 경제 노선을 택했다. 미국의 원조나 외국의 차관에 기대어 기술 수준은 낮고 노동이 많이 투여되는 경공업 제품을 만들어 수출했다. 기술경쟁력이 없으므로 유일한 경쟁력은 가격경쟁력이었다. 한국 정부는 정부 차원에서 수출목표를 정하고 수출보국(輸出報國)이란 명목으로 기업체를 다그치는 한편 금융과 세제 혜택을 사실상 무제한으로 제공했다. 한국의 유일한 수출경쟁력인 상품의 가격우위를 유지하기 위해 정부는 기업의 노동자 수탈과 탄압을 때로 방관하고 때로 협력했다.

때로는 공권력을 동원해 해결사 역할을 맡았다.

이런 수탈구조가 안정적으로 작동할 수 있었던 근본적인 이유로는, 이농 현상으로 인한 노동의 만성적 공급과잉과 남북분단이란 특수상황에 기인한 한국 노동운동의 침체가 거론된다. 생계비에 못 미치는 저임금이라 해도 일할 사람이 줄을 섰기에 자본가는 노동자에게 큰소리를 칠 수 있었다. 또 노동운동에 '빨갱이' 낙인을 찍은 반공이데올로기가 워낙 강력하게 힘을 발휘했기에, 노동자는 불이익을 당하고도 자본가에 맞서 단합된 목소리를 내지 못하고 무력한 개인으로 머물 수밖에 없었다. 여기에다 일제로부터 물려받은 권위주의적 통치시스템과 한국전쟁을 거치며 비대해진 국가의 폭력역량은 노동운동의 씨를 말려버렸다.

전태일이 일하던 50년 전 평화시장은 이런 시대 상황이 압축된 노동현장이었다. 작업량이 비교적 많은 가을부터 봄까지 근무시간은 하루 평균 14~15시간이었다. 아침 8시에 출근해 내내 일한 뒤 낮 1시 점심시간이 돼서야 잠시 점심을 먹었다. 식사가 끝나면 즉시 업무에 복귀해 밤 10시에서 11시 사이에 퇴근했다. 중간에 화장실에 가기도 쉽지 않은 노동환경이었다. 일거리가 많은 시기엔 잠 안 오는 약을 먹거나 주사를 맞아가며 사흘 연속 야간작업을 했다. 평화시장이나 구로공단에서는 잠 안 오는 약,

'타이밍'을 비타민처럼 수북이 쌓아놓고 노동자더러 먹게 했다고 전한다. 명목상의 휴일이 있긴 했지만 잘 지켜지지 않았다.

작업장의 밀집도가 심각했다. 고용주는 작업장 공간을 최대로 활용하고자 '다락방'을 고안했다. 각종 작업 설비, 비품 등이 가득한 이 다락의 위아래 층에서, 평당 약 4명의 노동자가 근무했다. 기지개 한 번 제대로 켤 수 없는 비좁은 환경이었다.

당연히 위생 상태가 나빴다. 원단의 약품 냄새와 옷감에서 나오는 먼지가 노동자 건강을 위협해도 작업장에는 환기장치가 없었다. 외부로 향하는 창문은 없거나, 있다 해도 여닫을 수 없는 구조였기에 통풍이 제대로 되지 않았다. 1만 명 이상을 수용하는 대형건물도 사정이 같았다. 창문 수가 적은 탓에 환기가 잘 안 된 것은 물론 실내 공간이 어두웠다. 노동자는 바로 눈앞에 전등을 둔 채 작업했다. 장시간 직접 조명에 노출돼 많은 노동자가 눈병을 앓았다. 화장실은 남녀공용으로 그 수가 절대 부족했다.

근로기준법 발견과 '바보회' 창설

"나는 언제부터인지 모르지만, 감정에는 약한 편입니다.
조금만 불쌍한 사람을 보아도 마음이 언짢아 그날 기분은

우울한 편입니다. 나 자신이 너무 그런 환경들을 속속들이
알고 있기 때문인 것 같습니다."

– 전태일 일기 中

전태일은 억압받는 노동자들에게 특히 마음을 썼다. 자신과 그들 모두 '부한 환경'이 밀어낸 자라는 동질감. 업주와 재단사의 유착 관계로 여공 대부분이 억울한 일을 당하고 있음을 깨달은 그는, "어서 빨리 재단사가 돼서 공임 타협을 할 때는 약한 직공들 편에 서서 정당한 타협을 하리라고 결심"[176]한다. 임금이 줄어드는 것을 감수하고 곧바로 한미사 재단보조로 취업해 1967년 1월엔 원하던 재단사가 된다.

하지만 재단사가 됐다고 해도 노동자의 편에 서는 일이 쉽지 않았다. 재단사가 다른 노동자에 비해 높은 직위라 하더라도 결국 고용주 밑에서 일하는 처지이기에 고용주의 횡포를 막는 데 한계가 있었기 때문이다. 어느 날 미싱사가 일하던 도중 각혈을 했다. 폐병 3기였다. 그는 그대로 일자리를 잃고 말았다. '산재'라는 개념조차 없던 때여서 보상을 받을 수 없었다.

전태일은 이 일로 큰 충격을 받고 본격적으로 노동운동에 뛰어들기로 작정했다. 과거 대구에서 노동운동에 참여한 아버지와 대화를 나누며 마침내 '근로기준법'의 존재를 알게 된다.

이렇게 좋은 법을 두고 여태껏 기계 취급을 받고 업주들에게 부당한 학대를 받으면서 바보처럼 찍소리 한번 못하고[177] 살아왔다니. 전태일은 노동자가 단결해 고용주에게 '근로기준법' 준수를 요구한다면 반드시 이루어지리라 믿고 재단사 노동운동 모임인 '바보회'를 결성했다.

'바보회'는 평화시장 노동자를 대상으로 노동실태 조사 설문지를 돌렸다. 고용주에게 들켜 설문지는 대부분 빼앗기거나 찢기고 말았다. 전태일은 그나마 거둬들인 설문지를 가지고 근로감독관실로 향했다. 하지만 근로감독관은 전태일이 전한 참혹한 노동 현실에 조금도 관심을 기울이지 않았다. 전태일은 이번엔 노동청을 찾아갔다. 하지만 노동청 역시 무늬뿐인 실태조사를 한 번 나왔을 뿐, 별다른 대책을 내놓지 않았다.

이 사건 이후 전태일은 평화시장 어느 공장에서도 일할 수 없게 됐다. '바보회' 회원들 역시 해고될 위험에 직면하자 노동운동에 참여하기를 꺼렸다. '바보회'는 이후 사실상 해체된다. 평화시장에서 일자리를 잃은 전태일은 공사판 노동으로 생계를 유지하다가, 떠난 지 1년 후 평화시장에 돌아올 수 있었다. '바보회'의 전철을 밟지 않으려고 뜻 맞는 동지들과 '투쟁' 목적의 재단사 모임인 '삼동회'를 만들었다.

'삼동회'는 '바보회'에서 시행착오를 겪은 노동실태 설문조사를 성공적으로 재실시하는 한편 노동자들의 서명을 받아 노동청에 근로 개선 진정서를 제출했다. 이 진정서를 여러 신문사에 보내 1970년 10월 〈경향신문〉에서 "골방서 하루 16시간 노동. 근로조건 영점… 평화시장 피복공장 소녀 등 만여 명 혹사"라는 기사를 실었다. 평화시장 노동자의 열악한 노동환경이 주목받게 되자, 고용주와 근로감독관은 전태일을 회유했고 일주일 내로 문제를 해결해주겠다고 약속했다.

그러나 노동청의 약속은 지켜지지 않았고, 전태일은 더 적극적인 투쟁방식으로 의사표시를 하기로 한다. 진정을 통한 권리 획득 방식에서 벗어나서 데모하고 투쟁해야만 성과를 얻을 수 있다는 자각에 이르렀다.[178]

하지만 적극적 투쟁이 쉬울 리가 없었다. 10월 20일 노동청 앞 시위, 24일 국민은행 앞 시위가 모두 무산됐다. 노동 당국의 압박과 회유도 계속됐다. 이제 전태일은 그들이 맞서 싸우는 대상이 고용주뿐만 아니라, 노동자를 억압하는 악과 긴밀히 유착된 경찰, 노동 당국, '부한 세상'으로부터 가난한 자들을 밀어내는 권력이라는 사실을 깨친다. 그리고 당시에 그 거악에 맞설 마땅한 방법이 없다는 사실 또한 전태일은 알게 되었다. 평생을 건 긴 투쟁의 길을 시작하거나, 혹은 다른 많은 이의 투쟁의 길을 밝힐 빛을 밝히거나. 두 가지 선택을 두고 22세의 아름다운 청년은 상상할 수 없을 정도의 번민으로 고통스러운 밤을 지새웠다.

1963년 6월 사이공의 소신공양

전태일이 분신하기 7년 전 베트남 사이공에선 역사를 뒤흔든 다른 분신 사건이 있었다. 당시 외세와 결탁한 남베트남 응오딘지엠 정권은 지주를 권력 기반으로 했으며 식민지배의 유산으로 이들은 가톨릭을 믿었다. 가톨릭을 비호한 응오딘지엠 정권은 특정 종교를 비호하는 데서 그치지 않고 대다수 국민의 종교인 불교를 탄압했다. 남베트남 정부의 불교 탄압정책에 항의해 1963년 6월 11일 사이공의 캄보디아 대사관 앞에서 베트남의 존경받는 승려인 틱꽝득(釋廣德)이 소신공양한다. 이날의 소신공양 광경은 각국에 보도됐는데, 화염 속에서 표정의 일그러짐이나 고통의 신음 없이 정좌 자세로 조용히 죽음에 이른 고승의 모습은 많은 이들을 놀라게 했다. 틱꽝득의 소신공양이 이후 베트남 역사의 방향을 바꿨다는 것이 일반적 평가다.

1970년 11월에 분신한 전태일은 틱꽝득과 종교가 다른 기독교인이었지만, 전태일의 분신에도 소신공양이란 의의를 부여해야 한다고 믿는다. 전태일과 틱꽝득은 역사를 바꿨다. 물론 아직 전태일이 꿈꾼 세상은 오지 않았다. 당장 2018년 12월 충남 태안 화력발전소에선 협력업체 비정규직 노동자 김용균이 운송설비 점검 도중 사고로 숨지는 등 노동현장의 비극은 다양한 형태로 바뀌며 계속되고 있다. 그럼에도 마지막에 "배가 고프다"라는 말을 남기고 영면한 전태일이 남긴 정신은 한국 노동운동의 영원한 자양분이자 침로가 되고 있다. 시대에 자신을 소신공양한 20대 초반의 젊디젊은 청년 전태일의 일기장에서는 다음과 같은 글이 발견된다.

> "이 결단을 두고 얼마나 오랜 시간을 망설이고 괴로워했던 가? 지금 이 시각 완전에 가까운 결단을 내렸다.
>
> (…)
>
> 나를 버리고, 나를 죽이고 가마. 조금만 참고 견디어라. 너희들의 곁을 떠나지 않기 위해 나약한 나를 다 바치마. 너희들은 내 마음의 고향이로다.
>
> (…)
>
> 내 마음의 결단을 내린 이날, 무고한 생명체들이 시들고 있는 이때에 한 방울의 이슬이 되기 위해 발버둥 치오니 하나님, 긍휼과 자비를 베풀어주시옵소서."
>
> — 전태일 일기 中

분신 직전에 남긴 유서가 별도로 있지만, 일기의 이 내용은 미리 쓴 유서처럼 느껴진다. 그가 떠나고 50년이 지나는 사이에 많은 것이 바뀌었다. 자본은 노동자를 강압적으로 착취하는 대신 자발적인 순응을 끌어내는 방식으로 고도화했으며, 아날로그 통제가 디지털 통제로 바뀌면서 통제가 더 교묘하고 강력해진 반면, 드러난 공공연한 통제는 점점 줄어들고 있다. 노동의 외주화와 유연화에 이어 긱 이코노미, 플랫폼 노동 등 다양한 노동 형태가 등장해 노동계급 내의 분화와 균열이 확대되고 있다. 반세기 전과 마찬가지로 노동현장은 긍휼과 자비를 절실하게 요구한다. 그것이 분신일 이유는 없지만, 우리에게는 더 많은 전태일 정신이 필요하다는 생각은 그의 50주기를 지나며 더 큰 부끄러움을 느끼게 만든다.

참고
자료

1. 민종덕, 『노동자의 어머니 이소선 평전』, 돌베개, 2016.09.13.

2. 민종덕, 「잃어버린 진실 : 1977년 9월 9일 청계피복노조 결사투쟁 사건」, 기억과 전망 7, 2004.

3. 윤정원, 「대한방직 대구공장 노동쟁의(1955-1960)」, 국내 석사학위 논문 경북대학교 대학원, 2008.

4. 이원보, 『한국노동운동사 100년의 기록』, 한국노동사회연구소, 2005.

5. 임송자, 「전태일 분신과 1970년대 노동·학생운동」, 한국민족운동 사연구 65, 한국민족운동사학회, 2010.

6. 장미현, 「1950년대 후반 대구 대한방직 노동쟁의와 전국노동조합 협의회」, 국내 석사학위논문 연세대학교 대학원, 2007.

7. 조영래, 『전태일평전』, 전태일재단, 2009.04.15.

8. 한철희, 『청계, 내 청춘』, 돌베개, 2007.11.06.

9. Tsatsralt, Altanbagana, 「박정희 정권과 농민의 연계성: 1970년대 새마을운동을 중심으로」, 국내 석사학위논문 성균관대학교 일반 대학원, 2011.

09

실미도 부대

그들은 왜 총을 들고 청와대로 향했는가?

실미도 부대
그들은 왜 총을 들고 청와대로 향했는가?

초병살해죄. 임성빈이 1972년 3월 10일 형장의 이슬로 사라
진 이유였다. 임성빈은 실미도에서 북파공작원으로 훈련받은 청
년이다. 그는 실미도를 지키던 병사들을 죽인 죄로 군사법원에
서 사형을 선고받았다. 실미도엔 왜 가게 되었고, 또 왜 병사들
을 죽이고 탈출하려고 했던 것일까. 행상을 하던 스물두 살 젊은
이는 왜 북파공작원의 길을 걷게 되었을까.

곡절의 개인사를 들여다보려면, 다 그렇지는 않지만, 당대의
역사를 살펴봐야 할 때가 있는데 임성빈이 그렇다. 임성빈이 실
미도에 불려가기 전인 1968년 1월 21일 북한 특수부대가 서울에

끝내 침몰한
돌아올 수 없는
지옥에 간 청년들

잠입해 청와대 습격을 기도한 '1 · 21사태'로 알려진 사건이 일어났다. 31명 중 29명은 사살되고 1명은 도주하였으며 1명이 생포됐는데 그가 김신조다. 기관단총, 권총, 수류탄 등으로 무장한 북한 김신조 일당이 청와대 코앞까지 진출한 사건은 남한 사회를 충격에 휩싸이게 했다.

급변하는 한반도 정세와 1 · 21사태

북한은 왜 이런 무모한 도발을 시도했을까. 북한 특수부대원들이 정말 박정희를 제거할 수 있다고 믿었을까. 전쟁을 불사할 생각이었을까. 1960년대 후반 북한 공작원의 대남 침투가 급격하게 늘어난 상황을 이해하기 위해서는 북한 대남정책의 변화를 살펴보아야 한다.

원래 북한의 대남정책은 '군사'보다 '경제'에 초점이 맞춰졌다. 1954년 12월 23일 김일성은 "남조선 인민들로 하여금 북반부의 넉넉한 사회에의 참을 수 없는 동경"을 만드는 것이 대남정책의 목표임을 천명했다.[179] 경제 우위를 중심으로 남한에 대한 북한의 전반적 우위를 확보하고, 이를 바탕으로 미군 축출과 통일을 이룰 수 있는 방책을 모색했다.[180]

북한은 각자의 체제를 인정하는 연방제를 먼저 제의했으며, 연방제를 통해 남북 간의 적대감과 대립감을 해소하려고 했다. 이러한 북한의 대남정책은 '접근'으로 표상되는데, 경제적·이념적으로 우수한 북한 체제를 남한이 많이 접하게 되면 남한 곳곳에서 지역혁명이 발생할 수 있다고 믿었다. 실제로 북한의 연방제 제의는 남한 대학생들을 열광케 했으며, 통일 담론을 더욱 활발하게 만들었을 정도로 효과적이었다.

그러나 1961년 남한에서 군사쿠데타가 발생하며 한반도 정세가 급변한다. 반공을 최우선시한 정권에게 더는 '접근'이 불가능했다. 이에 따라 북한 정부 내에서 평화통일보다 민족해방 전쟁론 등과 같은 '혁명'에 초점이 맞춰진 논의가 오가기 시작했다. 일방적인 정치적 확산, 물리적 강요에 의해 조국 통일을 실현하자는 발상이었다.

대남정책에 가장 큰 변화를 준 요인은 베트남전쟁이었다. 1965년 한국군 전투병의 베트남 파병이 시작되자 북한은 박정희 정권이 미국의 지시로 타국의 민족해방운동을 방해한다고 비난했다.[181] 1965년 5월 20일 북한 최고인민회의는 남한의 베트남 파병 행위를 북한에 대한 침략행위로 간주한다고 선언했다.[182] 북한이 미국, 한국과 달리 베트남에 별다른 원조를 보내지 못하는 상황이었음을 감안하면 전쟁 선포에 가까운 이러한 강경 발언은 대체로 대외용으로 보아도 무방하다. 그러나 한반도 내에 영향이 없지는 않았다.

북한은 중국혁명과 베트콩의 전략을 모티브로 하여 남파공작 원과 간첩 육성에 몰두했다. 훈련소를 만들어 집단 교육 4개월, 개인 교육 2개월 등을 거친 공작원들을 남파했다. 베트남에 파 병한 남한 내부에서 군사적 긴장을 높임으로써 미국과 남한에 두 개의 전선이 형성되는 효과를 노렸다. 북한의 이러한 의도가 가장 극명하게 드러난 사건이 바로 1·21사태였다.

남한 정부는 북한의 이러한 대남정책에 대응하여 북파공작원 육성을 준비했다. 박정희는 1·21사태 직후인 1968년 1월 26일 전국 군·검·경, 중앙정보부, 여당 등의 수뇌부가 참석한 비상 회의를 열었다. 박정희는 독자적 대북 응징보복 계획을 수립하 라는 명령을 내렸고, 그렇게 해서 평양을 공격하기 위한 실미도 부대가 탄생하게 된다.

처음부터 국민은 도구였다

정부는 공안 네트워크를 활용해 각지에서 공작원을 물색했 다. 당초 교도소가 주요한 공작원 모집처였다. 사형이나 무기징역을 선고받은 수감자에게 형 면제를 내걸면 그들이 모집에 쉽게 응할 것으로 판단했기 때문이다.[183] 그러나 사형수는 원래 형 집행 후 가족에게 시신을 인도해야 하므로 그들을 북파공작원으로 차출하는 것이 불가능하다는 법무부의 방침에 따라 민간인으로 탐색대상을 확대한다. 중앙정보부에 제출된 '특수공작 기본공작계획서'에 "실제 귀환은 극난의 사실"이라고 적시되어 있기에 북파공작 후 살아서든 죽어서든 돌아올 확률이 희박했기 때문이다. 따라서 전과 기록이 있거나 가족이 찾지 않는 청년을 중심으로 물색 범위를 넓혔을 것으로 추정된다.

이러한 절차를 거쳐 31명이 선발되었다. 청와대를 급습한 김신조 일당과 같은 숫자의 인원이었다. 요리사, 서커스 단원, 소매치기 등 이들의 경력은 다양했고 '조직' 생활을 경험한 소위 '깡패'가 많았다. 그중 임성빈은 당수(가라테)에 특기가 있었고 행상으로 생계를 유지하다 실미도에 들어온 사례였다. 실미도에 들어온 청년 대다수는 영화 〈실미도〉의 묘사와 달리 죄수가 아닌 민간인이었다.[184] 이들은 왜 실미도에 자원한 것일까.

공군 2325부대 특수공작대가 중앙정보부에 제출한 '특수공작 기본공작계획서'에 그 이유를 짐작하게 하는 내용이 있다. 계획서는 이들의 대우 조건으로 현역 사병 계급 부여, 교육 수료 후 부사관 또는 장교 임관, 상당액의 특수수당 지급 등을 제시했고,

중앙정보부가 이를 승인했다.

그러나 대우 조건이 준수되지 않았음은 물론이고, 감언이설로 모집이 이루어졌음이 나중에 재판과정에서 밝혀졌다. 재판기록에 따르면 임성빈은 6개월의 훈련을 받고 북에 갔다 오면 충분한 보수와 미군 부대 취업 등을 약속받았다고 증언했다. 또한, 교육지가 섬이 아니라 서울이라고 들었으며 훈련 기간 중 휴가를 약속받았다고 했다.

결과적으로 약속은 하나도 지켜지지 않았다. 가장 중요한 복무 조건이라 할 "실제 귀환은 극난의 사실"과 같은 공작의 위험성을 고의로 숨겼다. 장교 임관이나 미군 부대 취업 등은 애초에 이행 가능성이 희박했다. 결국, 국가가 애초에 실현 불가능한 대우 조건을 내걸어 청년들을 현혹해 돌아올 수 없는 지옥으로 몰아넣었다고 봐야 한다. 북한에 가서 공작을 마치고 생환하기란 "극난의 사실"이기에 모집과정에서 어쩌면 아무 말이나 무책임하게 했을 가능성이 크다.

약속과 다른 최악의 훈련 환경

실미도 부대의 목표는 김신조 일당이 소속된 북한 124군을 능가하는 기량을 갖추는 것이었다. 목표에 도달하기 위해 강도 높은 훈련을 시행했고 성과가 향상되지 않으면 가혹하게 체벌하였다.

6개월의 훈련 결과 이들은 6km를 26분에 완주할 수 있게 되었다.[185] 산악 훈련, 게릴라 전술, 장애물 돌파, 총검술 등 훈련을 거치며 이들은 침투 작전에 필요한 완벽한 전투 병기로 길러졌다. 부대원은 산악에서 시간당 10km 이상을 주파하였고 명중률 98% 이상의 사격 능력을 보유하였다. 또한, 낙하산과 기구를 자유자재로 사용할 수 있게 돼 서울 오류동에서 경북 포항시까지 기구를 사용해 이동하는 야간 침투 훈련을 9회 정도 수행했다.

훈련 성과가 좋았지만, 훈련 환경은 최악이었다. 재판기록에 따르면 실미도 부대원은 일반 병사와 달리 TV가 있고 담배 등이 무상으로 제공되는 좋은 환경에서 훈련받을 수 있다고 약속받았지만 실제로는 오히려 일반 병사보다 더 혹독한 환경에 던져졌다. B조 소대장 김 아무개는 훈련성적이 저조하다는 이유로 어느 부대원을 끌고 가 물속에 집어넣고 10여 분을 밟았다. 숨이 붙어있자 백사장에 얼굴만 나오게 묻은 뒤 저녁부터 아침까지 그대로 두었다.

가혹 행위만 있었던 것이 아니다. 6개월의 훈련 기간에 휴가와 외박은 허용되지 않았는데 문제는, 약속된 훈련 기간이 끝난 뒤에도 외박과 외출, 심지어 편지까지 허용되지 않았다는 것이다. 감옥에 갇힌 것과 다름없는 생활이 3년이나 계속됐다.

실미도를 지키는 기간병은 부대원이 화장실에 갈 때조차 총을 들고 따라와 감시했다. 그들은 구보 중 어느 부대원의 달리기가 늦으면 그의 발뒤꿈치를 조준 사격하였다. 가혹 행위가 일상이고 항상 감시받아야 하며 사소한 이유로 죽을 수 있는 곳. 그곳이 실미도였다.

부대원의 불만은 쌓여만 갔다. 결국, 탈영 사건이 발생했다. 탈영병들은 곧 잡혔고, 부대원들은 동료인 탈영병을 집단으로 구타할 것을 명령받았다. 때리다 기절하면 다시 물을 부어 깨운 다음 다시 때리는 식으로 구타를 반복했고 그렇게 탈영병 2명이 사망했다. 1970년 늦가을엔 부대원 3명이 탈영하여 젊은 여성 2명을 감금하고 강간한 사건이 발생했다. 탈영병 3명은 검거 과정에서 모두 사망했다.

격변하는 세계정세, 버려진 실미도 부대

국가는 왜 죄 없는 청년들을 3년 4개월이나 실미도란 최악의 환경에 구금하여 방치했을까. 요약하자면 부대창설 이후 북파가능성이 매우 줄어들면서 부대 해체 및 부대원 처리에 관한 책임을 공군과 중앙정보부가 서로 떠밀며 회피했기 때문이다. 처음과 달리 실미도 부대에 대한 박정희 정권의 관심은 급격하게 떨어졌다. 따라서 이 부대의 처리를 두고 곤혹스러운 처지가 되자 해결책을 찾지 못한 채 차일피일 미루기만 했다.

실미도 부대의 북파는 왜 실현되지 못했을까. 실미도 부대 창설 이유와 마찬가지로 그 답은 베트남전쟁에서 찾을 수 있다. 실미도 부대의 시작과 끝에는 베트남전쟁이 자리한다.

1960년대 후반 국제사회에서 미국의 위상은 변화를 겪었다. 유럽과 일본이 경제적으로 성장하면서 국제 금융 체제에서 독점적이고 우월적인 지위를 상실하는 중이었고, 맞수 소련은 미국과 동등한 수준으로 핵무기를 보유하게 되었다. 국제정치·경제·군사 헤게모니의 약화에 베트남전쟁과 관련한 미국 내의 반전 운동이 겹쳐 미국은 안팎으로 어려움을 겪었다.

리처드 닉슨 행정부는 소련·중국과의 관계를 미국이 주도적으로 개선함으로써 세계의 안정과 자본주의 진영의 안보를 확보하고 미국의 주도권을 유지할 수 있다고 믿었다. 이러한 전환은 베트남전쟁을 명예롭게 종결하고, 군비경쟁을 지양하여 미군의 해외 주둔 비용을 절감할 기회였다.[186] 1969년 7월 괌을 방문 중이던 닉슨은 아시아 지역에서 일어나는 분쟁에 군사적으로 개입하지 않겠다는 '닉슨 독트린'을 발표한다.

독트린 발표 한 달 뒤 닉슨은 박정희를 미국 샌프란시스코로
초대한다. 한미 정상회담은 주한미군의 철수 및 한국군 감축 유
도에 관한 미국의 계획 전달, 그리고 박정희의 이해를 구하는 데
주안점이 있었다.

반공을 정권 유지의 핵심으로 삼은 박정희 정권은 닉슨의 제
안을 수용할 수 없었고, 박정희는 닉슨에게 닉슨 독트린의 범위
에서 한국을 제외해달라고 요청했다. 닉슨은 박정희의 요청을
받아들였지만 언제든지 (주한미군 철수가) 검토 가능한 사안이
라는 여지를 남겼다.

3선 개헌을 통해 1971년에 다시 대통령이 되고자 한 박정희는
미군 철수를 막기 위해 최대한 미국의 눈치를 보아야 했다. 닉슨
은 벼랑 끝의 박정희에게 남북한 긴장 완화에 남한 정부가 먼저
손을 내밀 것을 요구했다.[187]

닉슨은 과거 북한이 견지한 대남정책과 같은 논리에서 그것
과 유사한 대북정책을 요구했다. 남한이 북한의 경제성장 속도
를 따라잡은 상황에서 역으로 북한에 평화 노선을 제안함으로써
남한이 남북관계의 주도권을 잡을 수 있다는 게 닉슨의 판단이
었다. 이러한 과정을 통해 북한 체제가 남한의 자본주의 사상을
자연스럽게 흡수할 것이라고 예상했기에 남한이 먼저 손을 내밀

어 평화 분위기를 조성할 것을 압박했다.

정권의 연장을 위해 미군 철수만은 받아들일 수 없었던 박정희는 닉슨의 '명령'에 복종할 수밖에 없었다. 한미 정상회담 1년 후인 1970년 8월 15일 남한 정부는 '평화통일 기본구상(8·15선언)'을 북한에 제의했다. 또한, 소련과 중국이 적대행위를 하지 않는다면 공산국가와 수교할 용의가 있다고 밝혔다.

그들의 가슴에는 억울함이 있었다

이러한 배경에서 실미도 부대는 박정희 정권의 관심사에서 밀려났다. 3년 4개월이라는 긴 시간을 실미도에서 보내면서 그들은 도저히 계속 이렇게 살 수는 없다고 결심했다. 임성빈은 재판에서 다음과 같이 말했다.

> "서울 중앙청에 가서 국무총리를 만나 4년을 고생한 내용과 국가에 배신당한 사실을 직접 호소하고, 여의치 않을 경우 전원 자폭할 결심을 했다."

다른 실미도 부대원 김창구는 재판에서 이렇게 말했다.

"중앙청 광장이나 시청 광장에서 휴대하고 있던 총기를 땅에 놓고 사람들이 모이면 우리들의 억울한 사정을 세상에 폭로하고 후배들이 그러한 일을 당하지 않도록 하고 그 자리에서 자폭하려고 했다."

1971년 8월 23일 6시 30분, 실미도에 최초의 총성이 울렸다. 이것을 신호로 부대원들은 기간병들을 살해하기 시작했다. 당시 기간병들이 실탄을 장전한 소총을 가지고 있었기에 이들을 죽이지 않고 탈출할 방법은 없다고 실미도 부대원들은 판단했다.

같은 날 11시 30분 배를 타고 이동해 인천 송도 부근에 하선한 부대원들은 오후 1시경 버스를 탈취해 서울로 향했다. 이 과정에서 매복 중이던 육군과 총격전이 발생했고 이때 여러 민간인과 군인이 사망했으며 버스 운전사 역시 총상을 입었다.

부대원들은 타이어가 파열된 버스를 버리고 다른 버스를 탈취하여 다시 서울로 향했다. 그러던 중 서울 영등포세무서 앞에서 버스 운전사가 도망쳤고 부대원 장정길이 운전대를 잡고 서울 대방동 삼거리에 도착했다. 그곳에서 대기 중인 경찰과 총격전이 벌어졌다. 이때 운전을 담당한 장정길이 총탄을 피하느라 고개를 숙이고 운전하는 바람에 버스가 위태롭게 주행하다가 결국 유한양행 앞 가로수를 들이받고 버스가 멈춰 섰다.

멈춰 선 버스는 포위됐고 부대원들은 버스 안에서 수류탄 안전핀을 뽑아 자폭을 시도했다. 버스 안의 실미도 부대원 19명 중에서 4명이 살아남았고 이들은 (기이하게도) 군사법원에 넘겨져 전원 사형을 선고받았다. 민간인 6명, 경찰 2명, 군인 18명이 이날 사건으로 사망했다. 실미도 부대원은 이날 탈출 과정에서 20명(실미도 2명, 인천 조개고개 3명, 버스 자폭 15명)이 숨졌다. 탈출에 앞서 탈영병을 포함하여 훈련 중 7명이 사망했고, 자폭에서 살아남아 생포된 4명은 사형되었으니 실미도 부대원 31명 전원이 '특수공작 기본공작계획서'의 표현대로 '귀환'하지 못했다. 다만 그들은 북한이 아니라 실미도에서 귀환하지 못했다.

사태수습과 여전히 해결되지 않은 문제들

1971년 8월 23일 오후 3시 10분 김재명 대간첩대책본부장은 이들을 공비라고 발표했다. 3시간 후 정래혁 국방부 장관은 '특수범들의 난동 사건'으로 정정 발표하면서 실미도 부대원들을 특수 격리된 사형수와 같은 중형 범죄자라고 규정했다. 그러나 앞서 살펴보았듯 명백한 허위사실이었다. 실미도 부대 창설의 책임은 중앙정보부, 공군, 그리고 대통령에게 있었지만, 이러한 사실이 당시엔 은폐되었다.

실미도에 있던 자료는 소각됐으며 남은 자료는 국군정보사령부에 넘겨졌다가 1997년에 이 아무개 소령이 본인 업무와 무관하다는 판단하에 그것마저 태웠다.[188]

살아남은 4명의 부대원은 군사재판에서 자신들의 억울함을 알리려고 노력했다. 반면 군 수사기관은 의도적으로 사건을 축소·은폐하려고 하였다. 재판관할권 자체가 논란거리였다. 부대원은 법적으로 군인이 아닌 민간인 신분이었고 실제로 군사재판에서 민간인 취급을 받았다. '군법회의법(1987년 '군사법원법'으로 명칭 변경)' 제2조 제3항에 따라 초병살해죄는 군사법원 관할이지만, 민간인이 민간인을 살해한 행위는 민간법원 및 수사기관으로 이첩해야 함에도 그렇게 하지 않았다.

또한, 구속 사실과 변호인 선임이 가능함을 가족들에게 전혀 알리지 않은 채로 국선 변호인이 선임되었다. 재판은 비공개로 진행되어 그해 12월 6일 사형이 선고되었다. 2심에서는 변론이 생략되었고 항소는 기각되었다. 이어 부대원들은 상고를 포기했고 12월 30일 사형이 확정되었다. 1972년 3월 7일 사형집행 명령이 내려지고 3월 10일, 임성빈을 포함하여 살아남은 4명의 부대원은 처형되었다.

사형을 선고받은 부대원들이 상고를 제기하지 않았다는 사실은 일반적으로 수용하기 힘들어 보인다. 실미도 진상조사보고서에 따르면 베트남 파병 등 생존 부대원들에 대한 직·간접적 회유가 있었다는 증언이 있다. 관할을 민간법원에 이전하지 않은 사실과 함께 고려해본다면 대법원에 자료가 가는 것을 막기 위해 파병 등으로 회유했다는 증언은 신빙성이 있다.[189]

이들의 사형집행은 가족들에게 통보되지 않았고 형 집행 후 시신 역시 인도되지 않았다. 그들의 시신은 불법 매장되었으며 현재까지도 구체적인 매장지는 알려지지 않았다.

실미도 부대의 진상 파악은 2005년 '진실·화해를 위한 과거사정리 기본법(과거사정리법)' 제정에 따라 국방부가 자체적으로 구성한 과거사진상규명위원회 등의 자체 조사가 전부다. 실미도 조사보고서는 결론에서 관련자들의 증언 거부 등의 사유로 진상 규명에 한계가 있다고 밝혔다. 2020년 5월 '과거사정리법' 개정안이 통과되었다. 31명의 부대원이 알리고 싶었던 진실이 밝혀질 수 있을까.

참고 자료

---

1. 이명례, 「1968年 1 · 21事態 背景에 關한 硏究 : 1960年代 北韓의 南韓政勢認識과 南朝鮮革命戰略을 中心으로」 숙명여자대학교 석사학위논문, 1993.

2. 국방부 과거사진상규명위원회, 『과거사진상규명위원회 종합보고서』 제2권.

3. 장준갑, 「닉슨 행정부의 아시아 데탕트와 한미관계」, 『역사와 경계』 70, 부산경남사학회, 2009.

10
박흥숙

박정희 시대 도시 빈민의 삶

10

박흥숙
박정희 시대 도시 빈민의 삶

청년은 사형수였다. 수감번호 885번. 그를 가리키는 또 다른 이름이었다. 상고 끝에 사형선고를 받은 그는 집행일을 기다리며 광주교도소에서 2년째 복역 중이었다.[190] 죄명은 살인. 1977년 4월 20일 청년은 공무원 4명을 쇠망치로 때려 살해했다. 끔찍한 범죄를 저지르곤 행방이 묘연해진 그를 찾기 위해 경찰은 현상금을 내걸었다. 지난한 수사를 예상했던 것과 달리 청년은 사건 발생 이틀 만에 제 발로 중앙정보부를 찾아갔다.[191]

도시가 밀어 버린
'무등산 타잔'
빈민 청년 박흥숙의
비참한 추락

1980년 12월 24일 청년이 죽었다

살인, '총포·도검·화약류 등 단속법' 위반, '산림법' 위반, '건축법' 위반. 1977년 7월 광주지방법원에서 열린 첫 재판에서 청년에게 제기된 혐의이다. 그는 자신의 혐의를 순순히 인정했다. 순간의 감정을 억제하지 못하고 저지른 범행을 깊이 뉘우치며 말했다.

> "나의 죄는 백번 죽어도 사죄할 길이 없습니다."[192]

스물셋 청년이 저지른 잔혹한 살해 행위가 세간에 알려졌을 때 아이러니하게도 많은 사회 인사가 그를 위해 구명운동을 전개했다. 구명운동에 참여한 인사는 60여 명이 넘었고 1·2심 기간 동안 재판부엔 각계에서 온 진정서가 70여 통이나 접수되었다.

그러나 재판부는 청년에게 사형을 선고했다. 사람을 4명이나 무참히 때려죽인 처사는 쉽게 용서받을 수 없었다. 가족의 설득으로 결정한 항소 역시 기각되었다. 이듬해 5월에 열린 대법원 상고심 공판에서도 사형을 선고한 원심을 확정했다. 그렇게 청년은 수감번호 885번이 되었다.[193]

사형선고에도 불구하고 1980년만 넘기면 청년이 죽지는 않을 것이라 예상됐다. 통상적으로 사형집행은 선고 후 3년 이내에 이루어지므로 3년을 넘기면 사형을 면할 수 있다고 청년도 기대를 품었다. 그를 위한 구명운동 역시 큰 도움이 되리라 생각했다. 1980년 12월 24일 오후 6시, 마지막 입방이 완료되자 청년은 흥분한 목소리로 수감 동료들에게 외쳤다.

"형님! 몸도 기분도 아주 좋습니다!"

안도의 순간은 오래가지 않았다. 저녁 9시가 되자 교도소 교무과 직원 두 명이 청년을 찾아왔고 그들은 그의 이름을 크게 불렀다.

"박흥숙, 나와!"[194]

철거반원이 집에 불을 지르고 어머니를 밀어 넘어뜨리는 장면을 보고 우발적으로 그들을 살해하여 사형수가 되었던 스물셋 청년 박흥숙. 크리스마스를 하루 앞둔 1980년 12월 24일 눈이 펑펑 내리던 그 밤 그는 불귀객이 되었다.[195]

무등산 타잔, 박흥숙

탄탄한 근육과 날쌘 몸놀림으로 이른바 '무등산 타잔'이라는 별명을 갖고 있었던 청년 박흥숙. 그는 초등학교를 졸업하고 한때 광주시 양동에서 철물공장 노동일을 하면서 사법고시를 준비한 평범한 도시 빈민이었다. 가난하지만 성실했던 20대 청년은 왜 하루아침에 잔악무도한 살인자가 되었을까.

1954년 전남 영광군 불갑면 자비리에서 가난한 농부의 둘째 아들로 태어난 박흥숙은 일찍이 아버지와 형을 여의고 어머니, 여동생, 남동생 둘과 살았다. 구멍가게를 하며 어렵게 살림을 꾸리는 어머니 밑에서 초등학생 박흥숙은 성적도 성품도 준수한 아이였다. 부친의 사망 이후 박흥숙을 제외한 가족은 가난에 쫓겨 광주로 이주했고 그는 홀로 초등학교를 마치기 위해 영광군 군서면에 남아 있었다. 초등학교를 졸업한 이후 중학교에 진학할 형편이 아니었으나 담임선생님의 권유로 영광중학교에 수석 합격한다. 그러나 가정 형편 때문에 중학교 진학을 포기할 수밖에 없었고 결국 광주에 먼저 가 있던 가족과 합류하여 상점 점원, 열쇠 수리공으로 일하며 돈을 벌러 다녔다.

학업에 대한 열정을 잃지 않은 박흥숙은 직장을 그만두고 본격적으로 검정고시를 위한 독학을 시작하여 합격한다. 그러나 열정만으로 학업을 이어가기엔 가난이 지독했다. 박흥숙보다 먼저 광주에 도착한 가족은 흩어져 살고 있었다. 그의 여동생은 초등학교 4학년을 중퇴하고 광주 시내에서 식모로 일하고 있었고, 어머니도 전북 내장사에 가서 식모로 일하는 형편이었다. 그는 가난 때문에 뿔뿔이 흩어진 가족을 무시한 채 공부에만 전념할 수 없었다.[196] 박흥숙은 흩어진 가족이 같이 살 수 있도록 시내에서 멀리 떨어진 무등산 덕산골에 무허가 건물을 짓기 시작했다.[197]

그가 만든 건물은 흔히 상상하는 집이라기보다 방 1개와 부엌 1개로 이루어진, 돌을 얼기설기 이어 붙인 '움막'에 가까운 것이었다. 박흥숙은 밥을 굶으면서 외롭고 힘들게 집을 만들었다. 그 무허가 건물은 박흥숙과 가족을 위한 안식처이자 정착의 장소였다.[198]

그러나 '무허가 건물'은 말 그대로 허가받지 않은, 철거 대상일 뿐이었다. 당시 그의 무허가 건물이 있던 이른바 무당골에는 원래 20여 채의 무허가 건물이 있었는데, 수차례에 걸친 철거 끝에 박흥숙의 움막집을 포함한 4채 정도가 남아 있었다. 광주시는 예정대로 박흥숙에게도 철거 계고장을 보내왔다. 여러 차례 철거 계고장이 날아왔지만 아무도 철거 이후의 대책을 마련해 주지 않았다. 철거민이 스스로 살아갈 방도를 마련해야 했다.

그는 시내로 나가 방을 구해보고 천막 칠 곳을 알아보기도 했지만 마땅한 거처를 찾지 못했다.[199] 사건은 마땅한 방책을 마련하지 못한 채 잇따른 철거 계고를 무시하며 살던 어느 날 발생했다.

"20일 오후 2시쯤 광주시 동구 운림동 산143 해발 500m 무등산 계곡 중심사가 있는 속칭 덕산골에서 무허가 건물을 철거하던 광주시 동구청 철거반장 오종환 씨(42)와 구청 소속 일용잡급직 이건태 씨(30) 등 7명이 집을 헐린 심금순 씨(52)의 자(子) 박흥숙(22)에 의해 사제 총으로 위협을 받고 빨랫줄로 양손을 묶인 채 낫에 찔리고 해머로 뒤통수를 얻어맞아 그 중 오 씨와 이 씨가 현장에서 숨지고 양관승 씨(27), 윤수현 씨(37)가 조선대 부속병원으로 옮겨 응급치료 중 숨졌으며 김영철 씨(31)는 위독하다. (중략) 범인 박흥숙은 전남 영광군 불갑면 자비리 고향에서 국민학교만 나온 후 독학으로 중고등학교 과정을 검정고시로 합격했으며 철거당한 별채 제당에서 사법고시를 준비해온 것으로 알려졌다."

— 사제 총 위협 무허촌 철거반원 4명 피살,
〈경향신문〉, 1977.04.21.

당시 신문에서 보도했듯 광주시 동구청 철거반장 오종환은 직원 6명을 데리고 횃불을 밝힌 채 망치로 집들을 부수며 올라왔다. 마침내 철거반원들이 도착하자 어머니 심금순은 세간을 모두 밖으로 꺼냈다. 박흥숙도 철거를 받아들인다는 듯 순순히 응했다. 가재도구가 빠져나오자 철거반원 가운데 누군가가 집에 불을 지르라고 말했고 이에 박흥숙은 "기왕에 뜯을 집이니 지붕에 쳐놓은 천막이나 상하지 않도록" 걷고 나서 불을 지르라고 외치며 곧장 지붕 위로 올라갔다. 그는 지붕을 덮고 있던 1만 5,000원짜리 천막이라도 건지고 싶었다.

철거반장은 불을 지르지 않겠으니 내려오라고 그를 설득했고 지붕에서 내려온 박흥숙은 며칠 전 공부방으로 쓰려고 만든 구덩이가 걱정되어 잠시 그곳으로 향했다. 그 사이 철거반은 불을 지르지 않겠다는 약속을 어기고 잔재물을 모두 없애기 위해 집에 불을 놓았다. 집에 불이 붙자 심금순은 그동안 푼푼이 모아 천장에 숨겨 둔 돈 30만 원을 찾으려고 뛰어들다 철거반원들의 제지로 돈을 구하지 못하고 실신한다.[200]

사태를 뒤늦게 파악한 박흥숙은 덕산골의 다른 집을 철거하고 돌아오는 철거반장에게 자신이 일전에 만든 사제 총(딱총)을 발사하며 도망친 철거반원들을 모두 모이게 하라고 위협했다. 그는 철거반원들을 구덩이에 몰아넣고 철거용 쇠망치로 뒤통수를 내려쳐 4명을 살해했다.[201] 반나절이 되지 않은 시간에 박흥숙은 가난한 철거민에서 잔혹한 살인자가 되어버렸다.

사건 직후 박흥숙은 현장을 달아나 서울행 열차를 탔으나 이틀만인 22일 중앙정보부에 자수했다. 하루아침에 잔혹한 살인자가 된 청년을 광주 시민들은 외면하지 않았다. 박흥숙의 성실하고 순진한 성정과 그가 처한 사정에 안타까움을 느꼈기 때문이다. 당시 광주YMCA 이사인 안성례를 중심으로 서명 작업과 구명운동이 벌어졌다. 이 구명회에는 박순척, 김옥길, 오지호 등 63명의 사회 인사가 참여했다.[202] 1977년 7월 열린 첫 재판부터 1978년 5월 대법원 상고심까지, 박흥숙의 사정에 동감한 여러 인사의 구명운동과 탄원서 제출이 있었지만 끝내 그는 사형을 피할 수 없었다. 재판부가 밝혔듯 "공무집행 중인 공무원을 4명이나 무참히 때려죽인 처사는 용서받을 수 없는 행위"[203]였다.

전후 인구변화와 도시의 형성

"이 사건은 단순히 한 개인의 사건이라기보다 그동안 우리
사회가 추진해 왔던 고도 경제성장의 그늘 아래서 소외된
도시 빈민의 무주택 문제가 빚어낸 사건이자, 대책 없이 진

행된 행정상의 횡포가 부른 참극이었다."[204]

박흥숙의 구명운동에 참여한 어느 인사의 진단이다. 박흥숙의 범죄를 지켜보며 그가 발견한 이면의 사회상은 무엇이었을까. 박흥숙의 범죄와 그의 삶, 그리고 죽음을 더욱 깊이 이해하기 위해선 대한민국 도시 개발의 역사를 살펴볼 필요가 있다.

1954년생 박흥숙이 1960~70년대를 거쳐 청년이 될 동안 대한민국의 '도시' 역시 성장하였다. 한국전쟁 이후 도시 거리는 전재민(戰災民)과 고아, 부랑아 등 '목적지 없이 방황하는 이들'로 가득 차 있었다. 특히 서울은 다수의 전재민이 몰려 과잉 도시화 문제로 몸살을 앓았다. 서울로 올라온 이들은 구걸하며 생계를 이어갔고 도시 주변부에 천막을 쳐 그곳을 거처로 삼았다. 이들이 모여 형성된 천막촌과 판잣집은 식민지 도시 빈민의 '토막민촌(土幕民村)'이 변형된 형태였다. 이와 같은 무허가 불량주택의 수가 급격히 늘어났고, 주택난은 서울을 비롯한 주요 도시의 만성적 문제가 되었다. 하지만 당시 정부는 급증하는 무허가 정착지에 별다른 조치를 하지 않았다. 오히려 민심 이반을 우려하여 선거 때마다 앞장서서 무허가 불량주택지대를 조성하기도 했다.[205]

도시 빈민 문제는 전재(戰災)가 어느 정도 잦아든 1960년대에도 해결될 기미를 보이지 않았다. 오히려 시골에서 도시로 이동하는 이농민의 수는 갈수록 증가했으며 그 결과로 도시 빈민과 하층 노동자가 대규모로 양산되었다.[206] 이러한 현상은 쿠데타로 집권한 박정희 군사정권이 집권의 정당성을 획득하기 위해 국가 주도의 돌진적 산업화를 추진한 것과 관련이 있다. '경제개발 5개년 계획'과 같은 경제 개발의 효과가 가시화하기 시작하면서 농촌에서 도시로의 '이촌향도'는 더욱 가속되었다. 그러나 더 나은 삶을 꿈꾸며 도시로 상경한 이들 대부분은 과잉인구로 인한 심각한 주택난과 교통난을 겪으며 하층 노동자의 삶을 살아야 했다.[207]

전남지역은 서울로 인구가 집중됨에 따라 전남도 전체 인구가 현저하게 감소했지만, 주요 도시인 광주시의 인구는 지속적으로 증가했다. 따라서 광주 역시 서울만큼 심한 도시화 문제를 겪었다. 광주에 전입한 사람 대부분은 전남 농촌 출신이었고 전출·전입 인구가 전체 인구의 45~53%에 이르렀으며 그들 중 상당수가 도시빈민층에 편입되었다.[208]

도시는 빈민을 추방하며 성장했다

서울과 지역의 주요 도시들은 매년 급증하는 인구에 대책을 마련해야 했다. 박정희 정부는 1964년에 '대도시 인구집중 방지책'을, 1970년에는 '수도권 인구의 과밀집중억제에 관한 기본지침'을 내놓았다. 이 인구집중 방지책은 1972년부터 1981년까지 10년을 계획 기간으로 삼고 서울, 부산, 대구 등 대도시 부근 중소도시에 교육, 상업 등 기능별로 대도시인구를 분산하는 것을 골자로 했다.[209] 이러한 정부 정책의 시행에 앞서 혹은 시행과 함께 1966년 이후 '도시 경관 미화' 목적으로 무허가 불량주택에 대한 대대적인 단속과 철거가 시작되었다.[210]

이러한 일련의 계획은 특히 서울의 도시문제에 초점이 맞춰져 있었는데, 당시 서울은 전국에서 상경하는 사람으로 인해 폭발적으로 인구가 늘고 있어 이를 통제·관리하는 것이 시급했기 때문이다.[211] 몰려오는 인구에 대한 도시 차원의 대책과 '국가의 수도'로서 서울이 갖춰야 할 도시근대화를 추진하는 일은 1960년대 당시 정부가 해결해야 할 과제였다.

'시민아파트 사업'과 '광주대단지 사업'은 이러한 배경에서 서울의 도시문제를 해결하기 위해 정부가 야심 차게 내놓은 대책이었다. 그러나 도시 빈민의 열악한 처우를 개선하려는 취지로 등장한 정부 정책들은 역설적으로 도시 빈민을 도시로부터 소외시키는 결과를 낳았다.

서울시는 1969년부터 1971년까지 3년간 시민아파트 2,000개동을 공급해 9만 가구를 입주케 한다는 계획을 세웠다. 계획에 따라 1971년 영동지구 사업계획이 발표되었고 1973년에는 이 지역이 개발촉진지구로 지정되었다.[212] 그러나 시민아파트는 처음부터 심각한 안전 문제를 안고 있었다. 시민아파트를 시공한 33개 건설업체는 대부분 부실 업체였으며 이 업체들은 아파트가 들어설 부지에 대한 정밀한 측량이나 지질 검사를 제대로 하지 않은 채 건물을 지었다. 따라서 대부분의 시민아파트는 부실 설계, 지반 취약, 자재 부족 등으로 심각한 안전 문제를 태생적으로 안게 되었다.[213]

더 큰 문제는 한 달 평균 소득이 1만 원 이하에 불과한 불량주택 거주자가 시민아파트에 실제로 입주하는 것은 사실상 불가능한 일이었다는 사실이다.[214] 당시 서울시가 발표한 아파트 건설 계획에 의하면 시민아파트 입주 시 부담금은 15만 8,000원이었다.[215] 도시 빈민을 위한 아파트는 결국 부동산투기의 주요 대상이 되었다. 서울시가 입주권 매매를 금지했지만 단속할 행정력이 부재하였기에 입주권 매매는 공공연히 일어났다.[216]

마침내 1970년 와우아파트 붕괴사고로 33명이 사망하면서 당시 김현옥 서울시장이 사임했다. 이후 계속하여 안전 문제가 제기됨에 따라 박정희가 시민아파트 사업의 전면 백지화를 지시하여 중단되었다. 그러나 시민아파트 사업의 여파로 1972년부터 1974년까지 부동산 파동을 거치면서 수도권을 중심으로 아파트 열풍이 불었고, 그 혜택은 도시 빈민이 아니라 도시 중산층에게 돌아갔다. 1970년대 들어 아파트는 더는 도시 빈민의 주택난 해결을 위한 대안이 아니라 도시 중산층의 가치와 행태를 구조화하는 상징적 공간이 되었다.[217]

시민아파트 사업과 동시에 정부는 인구 분산을 목적으로 신도시 계획(광주대단지 사업 종합계획)에 착수하여 최초의 신도시인 광주대단지 조성 사업을 추진했다. 이 사업은 서울 중심부에서 20km 정도 떨어진 경기도 광주군 중부면(지금의 성남시 수정구·중원구) 일대 약 350만 평에 1968년부터 1973년까지 6년에 걸쳐 총 56억 원을 투자하여 인구 35만 명을 수용하는 신도시를 세우는 계획이었다. 특히 수용인구 가운데 27만 8,000명의 인구를 서울로부터 도시 빈민을 받아 충당할 생각이었다. 실제로 1971년 8월까지 2만 5,267세대, 12만 4,356명이 철거·이주하여 광주대단지에 유입되었다.

문제는 '신도시' 광주대단지에 도시가 갖춰야 할 기본적인 기반시설조차 전혀 갖춰지지 않았다는 것이다. 심각한 식량난, 의료문제, 그리고 치안 문제 등으로 이주민은 정상적인 생활을 할 수 없었다. 이주 당시 서울시가 약속한 일자리 제공은 지켜지지 않았고 자체적인 생산·고용 기반이 없었기 때문에 이주민은 생계가 막막해질 수밖에 없었다. 이들은 일을 찾아 거리상 한 시간 반이나 떨어진 서울을 매일 왔다 갔다 했다.[218]

사실상 방치에 가까운 수준으로 정부는 대단지 문제를 모른 척했고 이주민의 불만은 점점 커졌다. 이주민은 결국 1971년 8월 10일, 적게는 3만 명, 많게는 6만~7만 명이 모여 박정희 정권 최초·최대의 도시 봉기를 일으켰다. 봉기는 정권과 행정당국의 무성의하고 졸속인 철거민 정책, 그리고 성급한 분양계획 추진과 높은 분양가격 등에 의해 촉발되었다.[219] 게다가 대단지에 투기 열풍까지 불어닥쳤다. 서울시의 미흡한 대책에 이주민들이 진정서를 냈으나 서울시가 무응답 혹은 일방적인 통보로 일관하면서 이주민의 불만이 축적되고 어느 순간 폭발적으로 분출한 셈이다. 봉기는 발생한 지 6시간 만에 양택식 서울시장이 이주민의 요구를 무조건 수락하기로 발표하면서 일단락되었지만, 사후 대책은 매우 미봉적이었다. 토지매각가격 인하 요구는 수용되었으나 광주대단지의 태생적 문제점인 열악한 환경의 개선은 전혀 이뤄지지 않았다.[220]

시민아파트 사업과 광주대단지 사업에서 드러난 문제점에서 알 수 있듯, 박정희 정부가 추진한 서민 주거 정책은 열악한 환경에서 사는 하층 노동자나 도시 빈민을 위한 실질적 해결방안이 아니었다. 당시 군사정권이 품었던 근대화의 이상(理想)을 도시에서 실현하기 위한 하나의 도구였을 뿐이고, 서민의 주거 안정은 뒷전이었다.

도시 빈민이 소외되는 모습은 전라남도 광주에서도 반복되었다. 광주에서 최초로 시행한 도시 계획은 1962년 제정된 '도시계획법'에 따라 1967년 이뤄진 '도시계획재정비'였다. 이에 따라 1972년 광주시는 도시의 무질서한 확장을 막고 자연환경을 보호하기 위해 무등산을 도립공원으로 지정하면서 개발제한구역을 설정했다. 따라서 광주시는 그 안에 사는 180여 가구를 이주시키고자 했으며 초기엔 주민들의 자발적인 이주를 독려했지만, 호응이 없자 강제 철거를 감행했다.[221] 이른바 '무등산 타잔 사건'이 발생하기 5년 전인 1972년 도립공원 계획이 수립되어 도시 공간에 대한 개발과 관리가 진행되는 과정에서 박흥숙의 거처인 덕산골 철거 역시 추진되었다.[222]

"나중에사 모든 사실을 알았지만 당장 이사 갈 여유도 없었고, 참, 피와 땀의 결정이라 해도 과언이 아닐 고생 고생 그 고생을 해서 지은 집을 차마 내 손으로 부술 수는 도저히 없었다. 당국에서도 지난겨울 1차 계고 당시까지는 집을 지은 지 5~6년이 지나도록까지 말 한마디 없었으며 우리도 그처럼 그런 산골에까지 계고장이 나오리라고는 신이 아닌 다음에야 어찌 예전에 미처 상상이나 했겠는가. 그렇다고 자진 철거하라는 당국 명령을 받고 이를 묵인하여 그냥 주저앉아 있지만은 않았었으며 그 마을 모두가 그렇듯이 시내로 나가 방을 알아도 보았고, 또 어디 적당한 곳에 (천)막 칠 자리라도 없나 하고 몇 날을 두고 찾아 돌아다녀 보기도 하였다. (중략) 추위에 떨고 가난에 떨어야 했던 그 산골에서는 이 혹독한 추위가 해풍해지도록까지 이러지도 저러지도 못했던 것이다."[223]

– 박흥숙 최후진술 中

'무등산 타잔 사건'의 배경 역시 1970년대 도시정책의 특징인 재개발과 철거정책, 무허가 정착지의 확산이었다.[224] 박흥숙이 최후진술에서 밝혔듯 철거 계고장은 계속해서 날아왔지만, 다른 대안이 없던 이 가족에게 이주 대책은 전무했다. 아무것도 가진 것이 없는 박흥숙 가족은 온전한 '집'이라고 할 수도 없는 그곳에서 날아오는 계고장을 애써 모른 척하며 하루하루를 버틸 수밖에 없었다.

군사정권의 근대화 이상(理想)과 도시 빈민의 현실

군사정권은 집권과 동시에 행정 질서화의 열망에 사로잡혔다. 박정희는 쿠데타 이전 국가 상황을 부패와 정치 무능이 만연한 시대로 규정하면서 국가 개조를 위해 사회 전 영역에 걸친 새 질서 확립의 필요성을 강하게 역설했다. 이후 사회를 단일한 규율 질서하에 포섭해 효율성을 극대화하려는 대규모 경제 · 사회 정책을 속속 시행하였는데, 이러한 면모는 공간개발에도 그대로 반영되었다.[225]

'현대도시'를 위해 군사정권이 요구한 자세는 '하라면 하고', '안 되면 하게 하는' 것이었다.[226] 따라서 중요한 것은 무조건적 목표 달성이었으며 이를 위한 '빠른 속도'는 당연한 전제였다. 한순간에 집을 잃은 철거민의 허망함이나 방치된 공간에서 가난과 질병에 죽어가는 빈민의 삶은 전혀 중요하지 않았다. 수많은 졸속 정책은 애초부터 그곳에 사는 '사람'을 위한 것이 아니었다. 근대화의 이상을 상징하는, 모던하고 세련된 '도시 공간'을 위한 것이었다. 그렇게 '시간의 가속화'를 통해 도시가 개발되는 동안 그곳에 사는 사람들은 '위험의 일상화'를 견뎌야 했다.[227]

박흥숙은 "반 넋이 나가버려 초점 잃은 눈으로"[228] 허물어진 움막을 지켜보던 어머니와 "허물어진 담장을 부여잡고 울부짓"[229]고 "타오르는 불길 속에 발을 동동 구르며 이러지도 저러지도 못하고 안타까이 허둥대는"[230] 다른 철거민들의 "불쌍하고 가엾은"[231] 모습을 지켜봐야 했다. "생각만 해도 눈물이 앞서고, 이가 갈리는"[232] 순간이었지만 그것이 바로 그와 같은 도시 빈민이 견뎌야 했던 일상이었기에 그는 외면할 수 없었다.

박흥숙의 삶은 군사정권이 근대화의 이상을 실현하기 위해 외면했던 도시 빈민의 현실이었다. "방 한 칸 의지할 데가 없어서 남의 집 변소를 들여다보고 남의 집 처마 밑을 들여다볼"[233] 수밖에 없었던 그의 삶은 국가에 의해 집에서, 도시에서, 대한민국에서 '추방된' 여러 삶의 일면이다. "철거하러 오는 사람도 우리와 같은 서민으로 먹고살기 위해서 할 수 없이 하는 짓인데 그 사람들을 욕하지 말라"라며 철거반원에 적대적이지 않았던[234] 그가 한순간에 무고한 이들의 삶을 파괴하고 자기 파멸의 길로 접어든 비극은 그와 같은 도시 빈민을 타자로 규정하고 방치하여 결국 배척한 군사정권에 책임을 물어야 한다.

> "우리가 무엇 때문에 내 나라를 위해서 싸우는가. 무엇 때문에 마지막 피 한 방울을 다 바쳐 총칼을 부여잡고 쓰러져야 하겠는가. 진정으로 내 나라를 위하고 겨레의 앞날을 걱정하는 뜻있는 국민이라면, 진리를 사랑하고 이상을 추구

하는 양심적인 학도들이라면, 이 어찌 하늘을 우러러 통탄
할 일이 아니냐."[235]

– 박흥숙 최후진술 中

　최후진술을 마무리하며 박흥숙은 회의적인 물음을 던지며 통
탄했다. 그의 통탄은 '내 나라'인 대한민국이 국가가 책임져야 할
영역으로부터 자신과 같은 도시 빈민을 추방하고 배척한 현실에
대한 분노이자 '나를 추방한 내 나라'의 국민으로서 겪은 좌절감
과 상실감이었다.

　박흥숙이 미필적 고의 상태에서 선택한 살인은 자신을 범죄
자로 만들면서 타인뿐 아니라 자신의 죽음을 야기하며 윤리적
파국을 초래했다. 그의 삶의 방식은 분명 도시하층민의 생존방
식에 해당하지만, 개별적 분노의 표출에 머물렀기에 공동체성
을 획득하지 못했다.[236] 그의 선택은 도시 공간에서 비정상적 삶
을 영위한 분열된 도시하층민의 어느 정도 '불가피한' 또는 운명
적 행위였다고 하겠다. 그렇다고 그를 영웅이라고 볼 수는 없겠
고 부당한 죽음에서 두드러지게 비명을 질러댄 대표적인 희생양
이자 그 시대의 상흔이라고 정의해야 하지 싶다.

1. 김원, 『박정희 시대의 유령들 -기억, 사건 그리고 정치』, 현실문화
   연구, 2011.05.31.

2. 박홍근, 「1960년대 후반 서울 도시근대화의 성격-도시 빈민의 추
   방과 중산층 도시로의 공간재편」, 『민주주의와 인권』, 제15권 2호,
   전남대학교 5 · 18연구소, 2015.08.

3. 김동춘, 「1971년 8 · 10 광주대단지 주민항거의 배경과 성격」, 『공간
   과 사회』, 제21권 4호, 한국공간환경학회, 2011.12.

4. 유경남, 「1970-80년대 무등산 개발사업과 그 내파(內破)」, 『지방사
   와 지방문화』, 제16권 제1호, 역사문화학회, 2013.05.

5. "연내 아파트 81동 건립", 〈조선일보〉, 1971.02.25.

6. "사제 총 위협 무허촌 철거반원 4명 피살", 〈경향신문〉, 1977.04.21.

7. 이정환, "우리가 무엇 때문에 나라를 위해 싸우는가-박흥숙 자필
   최후진술 전문", 〈오마이뉴스〉, 2016.02.05.

11
여정남과 '인민혁명당'

치욕의 재판, 국가에 의한 사법살인

11

여정남과 '인민혁명당'
치욕의 재판, 국가에 의한 사법살인

1975년 4월 9일 청년이 죽었다. 경북대학교 총학생회장 여정남을 포함한 8명의 청년은 사형을 선고받은 지 18시간 만에 사형집행으로 세상을 떠났다.

여정남은 전국민주청년학생총연맹(민청학련)에 소속되어 있었다. 당시 대통령 박정희는 민청학련이 '인민혁명당'을 재건하려 한다는 특별담화를 발표했다. 그러나 인민혁명당(인혁당)은 이름만 있는, 세상에 존재하지 않는 단체였다. 그럼에도 최소한의 방어권도 보장받지 못한 채 여정남 등은 이날 국가에 의해 사법살인을 당했다. 스위스 제네바에 본부를 둔 국제법학자협회는

이날을 '사법사 암흑의 날'로 선포했다.

격동의 시대, 1차 인민혁명당 사건

1945년 대구시 중구 전동에서 출생한 여정남은 경북고등학교를 거쳐 경북대학교에 진학했다. 고등학교 재학 시절에 4·19혁명의 도화선이 된 대구 2·28학생운동에 참여했다.[237] 방학에는 막노동판에서 일했다. 가정에 경제적으로 큰 어려움은 없었지만, 여정남은 노동자들과 함께 일하고 생활하고 싶어서 막노동판에 갔다고 한다.[238] 그렇게 번 돈은 가장 형편이 어려운 노동자에게 몽땅 털어주었다.

呂正男. 바르게 살아가는 사람. 정남은 이름대로 살았다. 1962년 경북대학교 정치외교학과에 입학한 후 본격적으로 학생운동에 뛰어들었다. 학생회장을 역임하면서 3번의 제적과 복학을 반복했다. 1964년엔 한일협정 반대 투쟁에 참여했다가 제적되어 군에 입대하게 된다.

한일협정 반대 흐름은 박정희 정권에게 쿠데타 이후 가장 위협적인 정치적 상황이었다. 굴욕적인 한일회담에 반대하는 움직임이 서울대학교 학생들의 단식농성을 중심으로 퍼져나갔다. 문제는 이 운동이 한일협정 반대를 넘어 박정희 정권 반대로 확장되었다는 사실이다. 4·19혁명 계승을 조건으로 군정을 인정한 지식인·국민의 지지는 쿠데타 세력의 부정부패와 한일협정 사건이 맞물리면서 급속도로 이탈하고 있었다.

이승만 정권이 진보정치 세력을 탄압한 '진보당 사건' 이후 자취를 감춘 진보정치 세력은, 4·19혁명 이후 사회대중당, 한국사회당 등의 이름을 내걸고 다시 제도권 내로 진입했다.[239] 그러나 1960년 7월 29일 제5대 총선거에서 사회대중당 4석, 한국사회당 1석으로 총 5석을 차지하는 데 그쳤으며 이듬해 5·16쿠데타로 곧 탄압의 대상이 되었다.

공개석상의 활동이 불가능해진 진보정치 세력은 '비합법' 정치 활동을 시작했다. 박정희 정권이 가만 놔둘 리 없었다. 1964년 8월 14일 중앙정보부는 충격적인 사건을 발표한다. 사건의 요지는 다음과 같다.

> "북괴 노동당의 강령을 토대로 진보 정치인, 언론인, 대학
> 교수, 학생 등으로 조직된 단체를 적발했다. 학생데모를 조
> 종하면서 정권을 타도하고 국가변란을 음모했다. 이 단체
> 의 이름은 인민혁명당이다."

'인민혁명당' 사건은 서울지검 공안부로 송치되었다. 그러나 검사들이 아무리 전력을 다하여 수사해도 증거가 나오지 않았다. 공안부 사건 담당 검사 3인(이용훈, 김병리, 장원찬)은 증거 불충분으로 기소할 수 없다며 기소장 서명 거부와 함께 사표를 제출했다.

이미 결론이 정해져 있었기에 사건 담당 검사의 거부에도 불구하고 상부의 압력을 받은 당직 검사 정명래를 통해 26명이 '반국가단체구성죄'로 기소된다.

이후 조사과정에서 피고인 대부분이 물과 전기로 고문을 당했다는 사실이 드러나며 사회적 파문이 일어났다. 검찰은 재수사를 통해 14명의 피고인에 대해 공소를 취하했다. 나머지 피고인에 대해서는 '국가보안법 위반' 혐의를 철회하고, 추가 구속자 1명과 함께 '반국가단체 찬양 · 고무 동조죄(반공법 위반)'로 재기소하였다.

1심 선고 공판에서 도예종, 양춘우는 각각 징역 3년과 2년을 선고받았고 나머지 11명은 무죄 판결이 내려졌다. 검찰이 항소를 제기했고 항소심 결과가 달라졌다. 특별한 사유가 없으면 1심보다 무거운 형을 선고하지 않는 일반적 판례와 달리 1심에서 무죄 판결을 받은 대다수에게 징역 1년이 선고되었다. 이처럼 무죄가 유죄로 뒤집힌 판결로 인해 세간의 의혹은 더욱 짙어졌다.

당시 서울고등법원과 대법원의 판결에 따르면 검찰이 주장한 인민혁명당의 당명과 그 당령이 심의 통과 되었다는 주장은 믿을 수 없다고 되어있다.[240] 그러나 이들이 혁신정당의 기본이념 및 기초적 강령을 토의한 혐의는 인정받았다. 즉 정치적으로 힘을 얻지 못한 진보정치계가 정당 창당을 위한 논의를 진행한 것은 사실이었다.

그러나 박정희 정권이 약속한 민정 이양이 실현되었을 때를 대비한 기초적 논의에 불과했다. 이러한 움직임을 파악한 중앙정보부는 공산주의를 추종하는 비밀 지하조직으로 사건을 부풀려 소작했다. 이것이 '인혁당' 사건의 실체다.

박정희 정권은 사건 조작과 이데올로기 조작을 병행해 비판을 잠재우려 했다. 즉 '박정희 정권에 대한 반대'는 곧 '북한의 조종을 받은 국가전복 시도'라는 공식을 정치적으로 표면화했다. 당시 중앙정보부장 김형욱은 회고록에서 "기소를 거부한 검찰의 양심에 판정패했다"라고 인정하면서도 집권 세력의 정치는 양심보다 현실에 치중하는 것이라고 말했다.[241]

인혁당 사건이 정치적 음모의 결과물이자 사법적으로 조작된 것임을 사실상 시인한 셈이다. 당시 김형욱은 인민혁명당이 북한 노동당의 강령을 골자로 해 조직된 불법 단체이며 3월 24일부터 6월 3일까지의 한일협정 반대 학생데모를 배후에서 조종했다고 발표했다.

대학가에 드리우는 유신의 그림자

1969년 군 복무를 마친 여정남은 경북대학교 비공개 동아리 '정진회'를 중심으로 3선 개헌 반대 운동을 했다.[242] 박정희는 연초부터 개헌을 언급하였으며 이해 6월에 이르러 개헌 움직임을 본격화하였다. 이에 따라 서울대 법대생들의 개헌 음모 분쇄 투쟁을 시작으로 고려대와 연세대로 이어지는 저항 운동이 연쇄적으로 일어났다.[243] 6월 30일 경북대에서도 데모가 일어났고 이 중심에 여정남이 있었다.

전국민적 저항과 야당의 투쟁에도 불구하고, 국회 의결과 국민투표를 거쳐 '3선 개헌'으로 불리는 6차 헌법 개정안이 1969년 10월 21일 공포되었다. 군사정권의 물리력을 뚫기엔 민주세력의 힘이 아직 미약했다. 3선 개헌에 이어 대선과 총선을 앞둔 박정희는 학생운동 세력을 순치하기 위해 군사교련 강화를 내세웠다.[244] 3선 개헌안이 통과된 후 여정남이 이끄는 '정진회'는 경북대학교 학생운동 내에서 영향력을 더 확대해나갔다. 1969년 투쟁이 3선 개헌이란 단일 의제에 초점을 맞춘 거였다면 교련 반대 운동은 교련 강화 자체보다 정부의 억압적 정책에 대한 넓은 차원의 저항 목소리를 내기 위한 것이었다.

여정남은 교련 반대 운동을 전국적으로 조직하기 위해 경북대에서 전국 대학생 동아리 대항 학술토론회를 개최했다. 교련 반대 운동을 박정희 정권에 대한 총체적 투쟁으로 발전시킨다는 목표 아래 전국 학생들을 조직화하기 위한 운동이었다.[245] 이 토론회에서 대학생들에게 배포된 유인물 '반독재 구국 선언'의 일부 문구를 빌미로 여정남은 구속되었다. 선언문이 정남이 리더로 있는 '정진회'에서 작성한 것이어서 그의 구속으로 정진회를 중심으로 한 경북대학교 학생운동은 사실상 와해했다.

3선 개헌에 따라 대선에 출마할 수 있게 된 박정희는 1971년 4월 27일 제7대 대통령 선거에서 승리하였다. 그러나 조직적인 관권선거 · 부정선거에도 박정희는 야당의 대통령 후보 김대중을 약 90만 표밖에 앞서지 못했다. 김대중은 도시에서 52.8%, 특히 서울에서 58%의 득표율을 기록했다.[246] 학생운동 등 반독재 투쟁세력의 성장과 김대중이라는 강력한 정치적 맞수의 부상은 박정희 정권에게 실질적 위협으로 다가왔다.

상황은 더욱 심각해졌다. 대선 한 달 후 열린 총선에서 여당인 공화당이 개헌 가능 의석을 확보하지 못했다. 1969년 개헌을 '3선 불가'를 풀기 위한 징검다리로 삼아 '합법적으로' 헌법을 바꿔 영구집권을 실현하려던 박정희의 구상에 적신호가 켜졌다.

박정희는 합법적 영구집권 시나리오를 수정해 초법적 방식의 영구집권, 즉 친위 쿠데타(self-coup)의 길을 걷는다. 박정희는 무책임한 안보 논의가 민심을 혼란케 하고 있다며 1971년 12월 6일 국가 비상사태를 선포했다. 이어 국회 다수를 점한 공화당을 통해 '국가보위에관한특별조치법(일명 국가보위법)'을 12월 27일 제정했다. 헌법을 뛰어넘은 대통령, 즉 명실상부한 독재자의 등장은 이듬해인 1972년 10월 17일 박정희가 긴급선언을 통해 유신을 선포하고 헌법을 개정함으로써 완료된다.

친위 쿠데타를 통해 등장한 유신체제에서 대통령에게 주어진 가장 중요한 권한 중 하나는 긴급조치권이었다. 긴급조치권은 대통령이 필요하다고 생각하는 경우, 국정 전반에 걸쳐 국민의 자유와 권리를 제약할 수 있는 권한이었다. 긴급조치권이 발동된 사안은 사법적 심사의 대상에서 제외되었고, 만일 국회가 해제를 건의해도 대통령이 수용하지 않아도 되었다.

박정희 정권은 ▲헌법에 반대하는 모든 언급을 금지하고 ▲위반하는 사람은 영장 없이 체포할 수 있으며 ▲징역 15년 이하에 처하는 것을 골자로 하는 긴급조치 1호를 발동한다.

긴급조치 4호, 다시 등장한 인민혁명당

강요된 침묵은 오래갈 수 없다. 대통령 선거가 끝난 후 보석으로 석방된 여정남은 반유신 운동을 계속했다. 1974년 3월 신학기 시작과 함께 경북대를 필두로 한 학생시위를 이끌었다. 1974년 4월 3일 서울대, 이화여대, 성균관대 등에서 '민청학련'이라는 이름으로 유신을 비판하는 유인물이 배포되었다.[247] 이 날 저녁 박정희 정권은 학생시위 차단을 목적으로 긴급조치 4호를 발동하였다.

박정희는 4월 3일 특별담화를 통해 '민청학련'이라는 불법 단체가 불순세력의 조종하에 지하조직을 결성하여 '인민혁명'을 기도한다는 요지의 담화를 발표했다. 적화통일을 위한 초기 단계의 불법 활동을 감지했고, 불순요인을 발본색원함으로써 안보를 공고히 다지기 위해 긴급조치를 선포한다는 내용이었다. 긴급조치 4호에 따라 민청학련과 관련된 단체를 조직하거나 가입 · 회합 · 통신 · 연락 등을 하는 모든 행위가 금지되며 위반 시 최하 5년의 유기징역에서 사형까지 받을 수 있었다.

그러나 민청학련의 실체가 무엇인지, 학생운동의 배후가 누구인지에 관한 수사는 일절 이루어지지 않은 상태였다. 유인물이 배포된 당일 저녁에 단체의 실체와 배후까지 파악하여 이 위협에 대처하여 긴급조치를 발동한 것은 현실적으로 말이 되지 않았다. 중앙정보부의 수사 보고를 살펴보면 조사가 일사천리로 진행되었음을 알 수 있다.[248]

4월 17일에 여정남이 체포되었고, 수사는 순식간에 대학가에서 과거 진보정치계 인사, 진보적 지식인 등으로 확대되었다. 사전에 수사 방향을 결정한 후에 고문을 통해 관련자를 결정하고 확대하는 방식이었다.

1974년 4월 21일 중앙정보부 수사상황 보고에는 ▲관련자가 공산주의자임을 입증하라 ▲가족 중 부역자와 혁신계(진보정치세력) 등을 찾아내라 ▲친구나 선배 등으로부터 정부 전복을 교사받은 사실을 조사하고, 조직체계 전모를 규명하여 발본색원하라 등의 지시가 기재돼 있다. 이외에 학생운동의 배후관계에 있는 간첩의 지령, 그리고 이 행위가 국내 진보계의 조종하에 있다는 등의 세부적인 조사 방향이 미리 정해져 있었다.

1974년 4월 25일 중앙정보부장 신직수는 민청학련 수사상황을 발표했다. 공산주의 사상을 가진 학생들을 주축으로 한 '불순 반정부세력'인 민청학련 관계자 1,204명이 조사를 받았고 그중 253명이 군법회의 검찰부에 송치되었다는 내용이었다. 5월 27일엔 비상 보통군법회의 검찰부가 민청학련의 배후에 '인민혁명당'이 있다는, 세상을 깜짝 놀라게 한 수사결과를 발표했다. 지난번에 뿌리 뽑지 못한 인민혁명당 세력이 당을 재건하기 위해 '인민혁명당 재건위원회'를 만들었고 민청학련의 배후에 이 세력이 있다는 주장이었다.

재판은 인민혁명당 재건위 재판과 민청학련 재판으로 나뉘었고, 인민혁명당 재건위 사건으로 21명이 재판을 받았다. 인민혁명당 재건위 재판에서 여정남을 포함한 8명에게는 사형이 선고되었고 김한덕 등 7명에게는 무기징역, 나머지 6명에게는 징역 20년이 선고되었다. 민청학련 관련자들은 대부분 특별 형집행정지로 석방됐지만 인혁당 재건위 관련자들은 중형을 선고받았다. 이 사건을 '2차 인민혁명당 사건' 혹은 '인혁당 재건위 사건'이라고 부른다.

김진균(서울대학교 사회학과)은 약 10년의 간격을 두고 '인민혁명당'의 이름이 공통으로 언급되었다는 것은 두 사건이 정치역학상 매우 유사한 환경에 처했음을 시사한다고 분석했다. 먼저 두 사건 모두 박정희 정권에 반대하는 학생운동이 격렬해지는 시기에 발생했다. 이어 정부는 학생운동의 배후에 인민혁명당이 있음을 내세웠다. 마지막으로 이 학생운동의 목표가 모두 국가전복과 공산주의 혁명 기도임을 분식했다. 앞서 1차 인혁당 사건을 통해 인민혁명당에 실체가 없다는 사실이 드러났음에도, 박정희 정권은 파렴치하게도 국민에게 '인민혁명당'이란 가상의 공산주의 혁명당을 앞세우며 이데올로기 공세를 펼쳤다.

수치스러운 재판, 엉터리 집행

1975년 4월 8일 오전 10시, 세계의 관심이 우리나라 대법원에 집중되었다. 이날은 하급심에서 사형을 선고받은 8명(여정남, 도예종, 서도원, 하재완, 이수병, 김용원, 우홍선, 송상진)에 대한 대법원의 선고공판일이었다. 독재체제에서 군법회의는 이름만 법정이었으며, 이들의 공소사실은 어떤 증거에 의해서도 뒷받침되지 않았다.[249] 정보부 요원의 고문을 통해 얻었으리라 추정되는 진술서가 증거의 전부였다. 마지막으로 대법원의 양심을 기대한 피고인의 가족, 기자 등 70명이 재판장에 들어섰고 긴장감이 흘렀다.

재판은 10분의 판결문 낭독으로 끝났다. 대법관 13명 중 이일규 대법관만 반대의견을 냈다(74도3323판결). 사법사상 가장 부끄러운 판결이라 불리는 이 재판의 결과는 사형이었다. 여정남은 재판장을 향해 "영광입니다"라고 말했다. 피델 카스트로가 15년형을 선고받은 법정에서 "역사가 나를 무죄로 하리라"라고 말한 것처럼, 여정남은 자신이 역사의 법정에서 승소하였음을 확신했다. 안타깝게도 카스트로는 석방되어 독재정권을 무너트렸지만, 여정남은 불과 18시간 뒤에 사형당했다.

재판과 사형집행의 많은 부분에 문제가 있었다. 심지어 사형집행 후 두 구의 시체는 가족들의 동의 없이 당국에 의해 화장됐다. 고문으로 엉망이 되어버린 시신이 공개되는 것을 꺼렸기 때문이라는 것이 당시 일반적인 판단이었다.[250] 게다가 유가족들에게 제시된 유언장은 모두 같은 내용으로 작성되어 있었다. "할 말이 없다"라며 재판 결과를 받아들이는 태도와 "장례의 종교의식을 거부한다"라며 주목받기를 꺼리는 태도는 사형을 선고받은 수형인의 유언이라기보다 정권의 불편한 심경을 담은 메시지로 비쳤다.

인혁당 사건 그 후, 그리고 우리에게 남겨진 것들

청년 여정남을 비롯한 8명의 민주 운동가는 역사 속에서 '영광스러운' 죽음을 맞았다. 그러나 죽음 밖의 현실은 여전히 광기 어린 유신의 시대였다. 박정희 정권은 현실 속에 남겨진 가족들의 삶을 파괴해나갔다.

중앙정보부는 수사 과정에서 사건 관련자의 가족을 불법 연행하여 인혁당 사건 관련자들이 공산주의자인 것을 인정하라고 협박했다. 더하여 진상 규명 운동을 금지했으며 가혹 행위를 하기도 했다.[251] 송상진의 부인 김 아무개는 남편이 공산주의자라는 각서에 지장을 찍을 것을 강요당했다. 서도원의 부인 배 아무개는 고문을 당했다. 중앙정보부는 민청학련 관계자 중에서 인혁당이라는 가상의 수뇌부를 만들어내기 위해 관련자 가족에게까지 물리적 폭력을 가했다.

국가폭력은 재판과 사형 이후에도 계속되었다. 유가족들은 전두환 정권에 이르기까지 요시찰 대상으로 분류돼 감시를 받았다. 이들은 신체의 자유를 비롯해 거주이전의 자유와 사생활의 자유까지 침해당했다. 시장에 갈 때면 경찰관이 따라붙었고 집 앞 도로변에 대놓고 초소를 만들어 불안감을 조성했다.

이들에게 가장 힘든 것은 경제적 보복과 집단 따돌림이었다. 남성이 경제를 책임지던 그 시절 남편들의 구속은 가계 빈곤을 유발했다. 남편의 변호 활동을 위해 아내들이 경제활동을 하는 것이 사실상 불가능했다. 형이 확정된 이후에는 연좌제로 직장을 잃거나 불이익을 받는 사례가 많았다.[252] 또한, 가족이 권력에 의해 억울한 죽음을 맞이하였을뿐더러 자신들까지 고문 등을 통해 신체적·심리적 피해를 받은 유가족이 경제활동 등 정상적인 삶을 영위하기란 결코 쉬운 일이 아니었다.

집단 따돌림 역시 큰 고통이었다. 국가가 이데올로기적 장치인 '신문—방송—학교'를 통해 희생자들을 공산주의자로 낙인찍음에 따라 일상적으로 또 강력하게 작동하는 학대의 그물에 걸려 빠져나갈 수가 없었다. 희생자와 유가족은 한국 사회에서 금기로 여겨지는 '공산주의자', '빨갱이'로 호명되었고 사회에서 이방인이 되었다. 부인과 자녀 또한 평생 공산주의자의 낙인을 감수하며 사회에서 소외된 채로 살아가야 했다.

2007년 1월 서울중앙지법에서 열린 재심 공판에서 사형당한 8명의 청년은 모두 무죄를 선고받았다.

2012년 새누리당 대통령 후보이자 박정희의 딸인 박근혜는 인혁당 재건위 판결에 대해 '앞으로의 판단'에 맡겨야 한다고 발언해 논란이 됐다. 이어 조윤선 후보 대변인까지 "법원에서도 상반된 판결이 있었고, 다른 정권에서의 결론인 데다가 역사적으로 얼마 안 된 사건"이라고 말해 역사 왜곡의 뿌리가 얼마나 깊은지, 한 번의 왜곡을 바로잡는 일이 얼마나 어려운지를 실감케 했다. 박근혜의 말이 부분적으로는 옳다. 지나간 세월은 되돌릴 수 없지만, 이 사건을 앞으로 어떻게 기억할 것인지는 우리에게 달렸다.

참고
자료

1. 정용일, "사형 언도한 독재자 전율케 한 최후진술 '영광입니다' 유신독재에 맞선 투쟁의 선봉장 여정남", 민족21, 2008.04.

2. 김진균 외, 『김진균 교수 저작집』, 문화과학사.

3. 김형태, 「인혁당 재건위 사건의 경과와 의미」, 『과거청산 포럼자료집』, 포럼 진실과 정의, 2007.

4. 유리라, 『유신체제하 학생운동 연구』, 석사학위논문, 목포대학교, 2007.

5. 권혜령, 「유신 헌법상 긴급조치권과 그에 근거한 긴급조치의 불법성」, 『이화여자대학교 법학논집』, 제14권, 이화여자대학교 법학연구소, 2009.

6. 한국기독교교회협의회 인권위원회, 『1970년대 민주화운동 I-IV』, 1987.

7. 오승용, 「국가폭력과 가족의 피해-'인혁당 재건위' 사건을 중심으로」, 『담론 201』 10권, 한국사회역사학회, 2008.

12
버스안내양

열여덟의 버스안내양을 죽음으로 내몬
그들의 폭력

버스안내양
열여덟의 버스안내양을 죽음으로 내몬 그들의 폭력

정경자는 열여덟 살의 나이에 버스안내양으로 취직했다. 새벽 5시에는 출근해 버스에 올라타 있어야 했기에 매일같이 새벽 4시에 일어났다. 당시 버스에는 문이 중간에 하나만 있었다. 그 문으로 사람들이 타고 내렸기 때문에 기사가 올라타는 승객의 차비를 직접 받을 수 없었다. 정경자가 그러했듯 안내양이 승객의 차비를 받았다. 버스가 정류장에 멈추면 내리는 승객들로부터 차비를 받고 새 승객이 다 타면 버스 옆구리를 탕탕 치며 출발하라고 "오라이!"라고 목청이 터지라고 외쳤다.

버스안내양 제도가 도입된 지 두 달이 채 되지 않은 1961년 9

월 21일, 서울 상도동 상도극장 정류장에서 오전 9시에 정경자가 추락했다. 문을 제대로 닫지 않고 출발한 버스에서 굴러떨어진 것이다. 정경자는 병원으로 옮겨진 지 3시간 만에 죽었다.[253]

버스안내양의 등장

1961년 시내버스에 버스안내양이 등장했다. 1920년대 버스의 도입과 함께 당시 시청 버스였던 '서울 부영버스'에 '버스걸'이란 이름으로 처음 등장했다가 광복이 되면서 자취를 감춘 버스안내양이 1960년대에 되돌아왔다. 1961년 6월 17일 교통부 장관 김광옥은 시내버스 안내원을 모두 여자로 바꾸는 내용의 여차장제 도입 방침을 발표했다. 5·16군사쿠데타 이후 사회 기강을 확립하려고 한 정부 시책의 하나였다. 이에 따라 1961년 8월 1일 시내버스의 안내원이 남자에서 여자로 교체되었다. 교체의 근거로 네 가지가 제시되었다.

첫째, 선진국에서도 여객 안내는 서비스업이므로 모두 여성이 담당하고 있다. 둘째, 거친 남자보다는 상냥하고 친절한 여자들이 승객을 안내하도록 함으로써 명랑한 시민 교통을 이룩하여야 한다. 셋째, 남자 안내원들이 기름 묻은 작업복으로 안내하는 거친 태도를 일소케 하여 서울의 품위를 높여야 한다. 넷째, 여성들의 유휴노동력을 개발하여 산업 발전의 원동력으로 활용해야 한다.[254]

여자 안내원으로의 교체는 1961년 서울, 부산, 대구 등 대도시를 시작으로 점차 중소도시로 확대되었다.

서울로 올라오는 여성 노동자

송안숙은 버스안내양이 도입된 해에 전북 부안에서 태어났다. 술을 좋아하는 아버지와 어머니, 그리고 언니와 남동생 둘과 함께 농사를 지었다. 초등학교 6학년 어느 날 아버지가 노름으로 논 열두 마지기를 하룻밤에 탕진했다. 가족은 바닷가 마을로 이사했다. 아버지는 걸핏하면 술주정하며 "딸년들 필요 없다"라고 말했다. 오기가 생긴 송안숙은 '열 아들 안 부러운 딸'이 되겠다고 결심하며 자기 손으로 두 남동생을 공부시키리라 다짐했다.

중학교는 가지 못했다. 공장에 취직해 돈을 벌었고, 서울에 올라와 식모 생활을 했다. 닥치는 대로 일하다가 결국 택한 직업이 버스안내양이었다. 직장은 경기도 김포에 있는 김포교통이었다. 면접 날 김포교통 사람이 문제를 냈다.

"35 곱하기 7은?"

그때 성인 버스요금이 35원이었다. 질문 여섯 개에 바로 정답을 맞힌 송안숙은 취직이 됐다. 송안숙은 130번과 41번 버스를 탔다. 김포에서 서울을 오가는 버스였다.[255]

1960년대 이촌 현상은 도시화와 산업화의 과정이자 그 결과였다. '선 성장, 후 분배'에 입각한 경제성장 논리는 저임금과 저곡가정책으로 나타났으며, 공업화 정책은 도시를 중심으로 추진되었다. 이 과정에서 농촌 노동력의 이농·탈농 현상이 두드러지게 나타났다. 실제로 1960년과 1966년 사이와 1966년과 1970년 사이 총인구 증가율이 각각 2.6%, 1.9%인 데 비해 도시인구의 증가율은 4.1%, 6.1%를 기록했다.[256]

많은 여성이 일자리를 찾아 서울로 올라왔다. 그러나 특별한 기술이나 지식이 없는 어린 여성을 위한 일자리는 많지 않았다. 근대화가 진행됨에 따라 값싼 노동력이 필요하게 되었고 결국 이들은 저임금의 임시직 노동자로 전락했다.

당시 많은 여성이 초등학교와 중학교 졸업 후 도시로 올라와 버스안내양이 되었다. 통계청 자료에 따르면 1961년 1만 2,560명이던 안내양은 1971년 3만 3,504명, 1970년대 중반에는 약 5만 명에 이르렀다.[257] 이러한 급격한 증가세는 버스안내양이 학력과 나이 제한이 적은 직종이고 1960년대 초반 남성 안내원이 여성 안내원으로 교체되면서 여성만이 할 수 있는 일이었다는 점에서 설명된다.[258] 증명사진을 붙인 이력서를 제출하고 간단한 산수를 할 수 있으면 누구나 안내양이 될 수 있었다.

개문발차

버스안내양의 노동환경에는 크고 작은 위험이 도사렸다. 발 디딜 틈 없는 만원 버스 시절, 개문발차(開門發車)라는 말이 통용되었다. 문을 연 채 버스가 출발할 수밖에 없을 정도로 승객이 만원이었다는 말이다. 몰려드는 승객들을 차 안으로 간신히 밀어 넣고 안내양은 문을 닫지 못한 채, 버스가 주행하는 동안 버스 출입구 손잡이에 의지해 아슬아슬하게 매달려 다음 정류장까지 버텨야 했다. 비집고 들어갈 공간이 없어 버스를 타지 못하게 된 승객 중에는 간혹 버스안내양을 끌어내리고 자신이 타는 사람도 있었다. 승객이 다 탔는데도 버스정류장에 몇 분이라도 서 있으면 정차 위반으로 단속했기 때문에 운전사는 승객이 탄 것을 확인하면 버스안내양이 탔는지 못 탔는지 확인할 겨를이 없이 바로 출발했다. 이 때문에 버스안내양이 버스에서 떨어져 크

게 다치거나 죽는 사고가 빈번했다.[259]

운행 중 일어난 사고에 대해 응당 회사가 치료비를 내야 했지만, 버스안내양의 잘못으로 사고가 일어났다는 명목으로 대부분 안내양 본인이 치료비를 부담했다. 또한, 사고로 오랜 기간 병원에 있게 되면 회사를 그만둘 수밖에 없었다.

직업 특성상 많은 버스안내양이 요통에 시달렸다. 따로 앉을 수 있는 곳이 준비되어 있지 않았기에 일단 버스에 타면 퇴근할 때까지 서 있어야 했다. 1982년 12월부터 1983년 1월에 걸쳐 부산 시내 50개 버스회사 중 5개 회사에서 근무하는 버스안내양 192명을 조사한 결과 이 가운데 163명이 요통을 경험했다. 무거운 물건을 들어 올리거나 오랫동안 서 있을 때, 혹은 허리를 굽힐 때 요통을 느꼈다고 응답했으며, 다수가 거의 매일 요통을 느꼈다.[260]

1975년 서울시의 '안내원 1일 근로 형태 분석'에 따르면 버스안내양의 하루 평균 노동시간은 18시간 27분이었다. 취침 4~5시간과 식사 30분~1시간 정도를 제외한 모든 시간을 버스에서 보냈다. 보통 이틀 혹은 사흘을 일하고 하루를 쉬었다. 그러나 사람이 모자랄 때는 닷새씩 연달아서 일했다. 한 달에 서너 번만 쉬는 상황이 빚어지기도 했다. 그러다 보니 항상 잠이 모자라고 시간에 쫓겼다. 이러한 노동의 대가로 버스안내양이 받는 급료는 간신히 생계를 유지할 수 있는 정도의 금액이었다.

버스안내양이 처음 탄생했을 때부터 한동안 그들은 월급제가 아닌 시간제로 급료를 받았다. 1966년에는 일당으로 140~160원 정도를 받았다. 소비자 물가지수 기준으로 1966년의 1원이 2020년의 34원에 해당하므로 현재 물가로 치면 버스안내양은 하루 18시간 노동의 대가로 약 5,164원의 일급을 받은 것이다.

이후 일당이 올라 1974년 버스안내양의 월급은 최고 1만 5,000원이었다. 같은 해 짜장면 한 그릇이 200원이었으니 월급을 받아 짜장면 75그릇을 사 먹으면 한 푼도 남지 않았다.[261] 소비자 물가지수를 반영하여 계산하면 1974년의 1원은 2020년의 13원에 해당하므로 현재 기준으로 20만 원이 채 되지 않는 돈을 월급으로 받은 것과 같다.

'삥땅'

버스안내양의 적은 보수는 그들 안에서 소위 말하는 '삥땅'으로 이어졌고, 이는 곧 사회적 문제로 대두되었다.

"저는 올해 19세인 여차장입니다. 저는 18시간이라는 긴 시간의 노동에 허덕이고 있습니다만 굳세게 살고 있습니다. 그 힘을 저는 일하는 날 얻어지는 300원씩의 부수입에 의지하고 있습니다. 그것을 저희들 세계에서는 '삥땅'이라고 부릅니다. 저는 매일 죄의식에 사로잡혀 있습니다만 그 '삥땅'이 없으면 살아갈 수도 없습니다. (중략) 저는 영원히 교회와 등져야 합니까? 저는 정말 죄인입니까?"[262]

독실한 기독교 신자인 어느 버스안내양의 편지 한 통을 계기로 1970년 4월 28일 기독교계와 한국노사문제연구소는 '삥땅에 관한 심포지엄'을 열었다. 당시 버스안내양은 고작 1만 800원을 월급으로 받았다. 이마저도 식대나 각종 잡부금을 제외하면 겨우 6,000원 내외를 실질적인 임금으로 손에 쥘 수 있었다. 이때 쌀 한 가마니의 값이 6만 320원이었다. 월급 6개월 치를 한 푼도 쓰지 않고 모두 모아야 겨우 쌀 한 가마니를 살 수 있었다.[263] 버스안내양은 당장 생존을 위해서 조금씩 돈을 숨겼고 그 부수입에 의존하여 가까스로 그들의 삶을 영위했다. 이날 심포지엄에서 천주교 원주교구장 주교 지학순은 "누구나 공정한 보상을 받을 권리가 있으니 이런 상황에서 삥땅은 죄악이 아니다"라고 선언했다.[264]

그러나 '삥땅'은 버스회사가 버스안내양에게 폭력을 행사할 수 있는 빌미를 제공했다. 버스안내양을 가장 힘들게 한 것은 열악한 노동환경도, 또래 여학생에게 느끼는 열등감도, 술주정하는 남자 승객의 추근거림도 아니었다. 그들은 '삥땅' 의심에서 비롯한 가혹 행위가 가장 견디기 힘들었다. 직접 승객에게 버스비를 받는 구조였기 때문에 도둑 취급을 받는 일이 부지기수였다. 그날 번 돈을 입금실에 넣고 수입과 지출을 적은 일보를 차주에게 갖다 주는 모든 일은 버스안내양의 몫이었다. 승차감시원의 승객 계수와 안내양의 입금액 사이에 차이가 나면 그 차액을 버스안내양의 월급에서 차감하는 것을 당연시했고, 심지어는 돈을 숨겼다며 알몸수색을 하기도 했다.

1966년 10월 19일 동화여객 소속 버스안내양 권희진은 합숙소 사감으로부터 몸수색을 당했다. 이때 현금 200원이 나왔고 회사는 이를 권희진이 훔친 돈으로 여겨 심한 욕설과 매질을 했다. 이튿날 오후 3시, 권희진은 승객을 태워 시청으로 가던 중 노량진 버스정류장에서 하차해 한강으로 가서 투신자살했다. 그의 나이 열여덟이었다.[265]

삼화상운 버스안내양 강미숙은 1978년 10월 13일 오전 8시경 버스를 타고 근무하던 중 서울시경(서울지방경찰청) 앞 정류장에서 음독자살을 시도했다. 강미숙이 자살 시도 전에 가족에게 남긴 쪽지에는 회사로부터 여러 차례 입금액이 적다며 부당한 대우를 받았고 이러한 대우를 견딜 수 없다는 내용이 적혀 있었다. 강미숙은 자살을 시도하기 이틀 전에도 회사 측으로부터 입금액이 적다며 꾸중을 듣고 몸수색을 당했다. 강미숙의 동료 안내양들에 따르면 삼화상운은 매일 일과가 끝난 뒤 안내양을 몸수색해왔으며 심지어 운행 도중에도 입금액이 예상보다 적으면 여사감이 방으로 데려가 옷을 벗기고 몸수색을 했다. 자살 기도 6일만인 10월 19일, 강미숙은 스물네 살의 나이에 끝내 죽음을 맞이했다.[266]

버스안내양에 대한 일상적 몸수색은 당시 사회문제로 번질 만큼 심각한 인권침해이자 폭력이었다. 전체 버스안내양 중 한 명이라도 호주머니에서 돈이 나오면 모든 버스안내양이 도둑 취급을 당하는 것은 다반사였으며, 회사는 도둑을 잡는다는 명목으로 형사를 동원하기도 했다. 1966년 8월 1일 버스요금이 회수권 제도로 바뀌자 버스회사들은 버스안내양의 호주머니를 찢어 주머니에 아무것도 넣지 못하게 만들었다.[267]

1977년 1월 부산 연산동 대창운수 버스안내양 기숙사에 불이 났다. 보통 2평짜리 방에 9명이 모여 살았는데, 입구 쪽 난로에 붙은 불이 번져 화재로 이어진 것이다. 뒤쪽에 큰 창문이 있었지만, 쇠창살이 박혀 있어 화마를 피해 탈출할 수 없었다. 기숙사의 창문을 '삥땅'의 통로로 여겨 철책으로 막아버렸던 것이 화근

이었다. 이 화재로 버스안내양 5명이 숨졌다.[268]

버스안내양의 저항과 사회적 인식

이러한 노동환경은 버스안내양을 다른 직종의 여성 노동자보다 일찍 집단행동으로 내몰았다. 1964년 1월 16일 새벽 2시, 서울 영등포구 신대방동에 있는 삼양여객 소속의 버스안내양 74명이 합숙소를 집단으로 탈출했다. 이들은 매질을 일삼는 감독의 해고, 하루 18시간 노동에 일급 50원 인상, 충분한 급식을 요구했다. 그러나 회사는 이러한 요구에 폭력으로 응수했다.[269] 또한, 1966년 7월 5일에는 서울승합 오류지점 소속 버스안내양 27명이 임금 인상과 합숙소 여건 개선을 요구하는 등 자신들의 권리를 위해 싸웠다.[270]

홍성원의 소설 『흔들리는 땅』에는 부당한 몸수색과 인권유린에 맞서 투신한 버스안내양의 모습이 묘사되어 있다.

> "걔가 왜 지붕에서 뛰었지? 독해설까, 얼간이였기 때문일
> 까? … 남숙이 내건 요구 사항이라는 것들도 그녀가 처음
> 으로 내건 것은 아니다. 몸 뒤짐이 있고, 임금이 낮고, 일이

고되다는 것은 이 세상이 다 아는 사실이다. … 그러나 그
것이 시정되지 않을 것도 백번 뻔한 일인 것이다."[271]

　처음 버스안내양이 도입되면서 사람들은 버스가 이전보다 훨
씬 명랑하고 밝은 분위기가 되고, 유니폼을 깔끔하게 입은 안내
원 때문에 청결함마저 느끼게 되리라 기대했다. 1961년 이 제도
를 시행할 때 고분고분하고 얌전한 어린 여성을 버스안내양으로
두어 사회 분위기를 쇄신하려는 공공연한 의도가 개입했음이 확
인된다. 사회가 버스안내양에게 '여성으로서' 고정된 성 역할을
기대하고 투영하였음을 의미한다.[272]
　1974년 YWCA가 공모한 근로여성 생활수기에서 특등을 수상
한 이명화 버스안내양의 수기에는 다음과 같은 내용이 나온다.

　　"야! 너거 차 몇 호고? 니 이름 뭐꼬, 건방지구나야. (중략)
　　손님이라 친절하게 그 손님 시키는 대로 운전수의 담배를
　　하나 얻어서 성냥과 같이 갖다 드렸습니다. … 손님, 요금
　　주이소. 이 가시나가 뭐라카노. 아까 전에 차비 안 주더나.
　　눈깔이 빠짓나? … 순간 나의 뺨에서 찰싹하는 소리가 나
　　며 화끈 달아올랐습니다."[273]

1966년 7월 6일 〈조선일보〉는 버스안내양이 처우 개선을 위해 파업한 사건을 두고 "여차장들 태업소동"이라는 제목으로 기사를 발행했다. 기사에는 "처우 개선을 요구하며 합숙소를 뛰쳐나오는 등 4시간 동안 법석을 떨었다"라고 적혀 있다.[274] 버스안내양이 정당한 노동자가 아니라는 당시 인식의 반영이다. 이러한 인식은 편견으로 이어진다.

버스안내양에 대한 사회적 편견에서 비롯한 근거 없는 소문이 나돌았다. 버스안내양은 오랜 시간 서서 일하는 고된 노동을 하기에 임신할 수 없다는 소문이 공공연한 사실처럼 받아들여졌다. 교양 시간에 초빙된 의사로부터 이것이 근거 없는 소문임을 확인받기 전까지 일반 시민뿐 아니라 버스안내양 자신도 믿었던 소문이었다.[275] 또한, 운전사가 버스안내양을 '하나씩 데리고 산다'라는 소문과 버스안내양은 성매매 현장으로 가기 쉽다는 낭설이 퍼졌고, 몸수색이 사회적인 문제로 대두되면서 피해자인 버스안내양을 오히려 성적으로 타락한 대상으로 보기도 했다.[276] 승객의 추행은 일상이었으며, 운전사가 버스안내양을 따로 호텔로 불러 성폭행한 사건도 일어났다.

1982년 시민자율버스가 도입되면서 버스안내양은 사라지기 시작했다. 버스에서 하차지점 안내방송이 시작되고 버스 벨이 생기면서 버스안내양의 필요성이 없어진 것이다. 안내원을 두도록 한 '자동차운수사업법' 제33조6항 '(안내원의 승무) 대통령령이 정하는 여객자동차운송사업자는 교통부령이 정하는 바에 따라 안내원을 승무하게 하여야 한다'가 1989년 12월 30일 삭제되고, 개정된 법령이 1990년 4월 1일 시행되면서 버스안내양은 아예 자취를 감추었다. 이제 젊은 세대는 버스안내양이란 직업 자체를 모른다. 현대사에 20여 년 존재한 버스안내양이란 직업은 어떤 흔적을 남겼고 어떤 의미로 기록될까. 그들의 가여운 존재가 기억될 수나 있을까.

참고
자료

1. 권경미, 「1970년대 버스안내양의 재현 방식 연구—소설, 영화, 수기를 중심으로」, 『어문론집』, 제53집, 중앙어문학회, 2013.

2. 김정화, 「[특집] 1960년대 여성노동—식모와 버스안내양을 중심으로」, 『역사연구』, 제11호, 역사학연구소, 2002.

3. 손귀례 · 김희용, 「일부 대도시 버스안내양들의 요통 발생에 관한 조사 연구」, 『군진간호연구』, 제4권, 국군간호사관학교 군건강정책연구소, 1983.

4. 이명화, 「YWCA 근로여성 생활수기 특등—희롱의 굴욕도 참으며」, 『여성동아』, 2월호, 1975.

5. 홍성원, 『흔들리는 땅』, 문학과지성사, 1978.

6. 김이정민, "사라진 '버스안내양'", 〈일다〉, 2005.04.05.

7. 박종인, "[박종인의 논픽션 스토리 '大韓國人, 우리들의 이야기'] 하루 18시간, 승강구서 졸며 '오라이~' 그렇게 산업화시대 滿員 버스를 굴렸다", 〈조선일보〉, 2015.03.27.

8. 유승훈, "부산 사람도 모르는 부산 생활사 〈17〉 오라이, 부산 버스

와 안내양", 〈국제신문〉, 2014.05.07.

9. 유인경, "[100년을 엿보다](19) 버스 차장", 〈경향신문〉, 2010.03.07.

10. 임미리, "버스안내양, 가혹한 노동과 외로운 저항", 〈에큐메니안〉, 2015.07.07.

11. 정일선, "[여성칼럼] 버스안내양의 귀환", 〈영남일보〉, 2018.12.20.

12. "여차장들 새벽시위", 〈조선일보〉, 1964.01.17.

13. "여차장들 태업소동", 〈조선일보〉, 1966.07.06.

14. "여차장 투신자살", 〈중앙일보〉, 1966.10.22.

15. "몸수색 비관 안내양 자살", 〈중앙일보〉, 1978.10.20.

13

김경숙

유신체제의 몰락을 재촉한 어느 여공의 죽음,
그리고 그의 삶

13

김경숙
유신체제의 몰락을 재촉한 어느 여공의 죽음, 그리고 그의 삶

　작전은 무자비하고 신속하게 진행되었다. 수백 명의 기동대가 김경숙을 포함한 여공 200여 명이 농성 중인 신민당 당사 강당에 들이닥쳤다. 기동대는 비명을 지르는 여공들을 "이 빨갱이 년들"이라고 욕하며 곤봉으로 때렸다. 여공 한 명에 네 명씩 달려들어 사지를 잡고 강당이 있는 당사 4층에서 계단을 통해 끌어내렸다. 여공의 등과 머리가 계단에 부딪히든 말든 개의치 않았다. 반항하면 그 자리에서 군홧발로 걷어차고 짓밟아 질질 끌고 내려갔다.

"이 빨갱이년들이···"[277]

"(···) 경찰은 이날 '101호 작전'이라고 명명된 강제해산 작전을 실시, 여공들을 연행했는데 여공 중 김경숙 양(21)이 왼쪽 팔목의 동맥 절단으로 스스로 목숨을 끊었고 신민당 박권흠 대변인, 백영기 업무부국장 등 신민당원과 취재 중이던 기자, 여공 및 경찰관 등 많은 사람이 중경상을 입었다. (하략)"

— 심야의 기습, 울부짖은 여공들, 〈동아일보〉, 1979.08.11.

"시경, 김 양 사인 해명

이순구 서울시경국장은 27일 밤 김영삼 신민당 총재가 YH 사건 백서를 발표하면서 김경숙 양 사인에 대해 의혹을 표명한 데 대해 "김 양의 사인에 대해서는 이미 현장 상황, 부검 의사의 감정 결과 및 동료 여공들의 증언으로 투신자살했음이 밝혀져 아무런 의혹이나 논란의 여지가 없다"라고 발표했다."

— "투신자살 논란 여지없다", 〈조선일보〉, 1979.08.28.

김경숙의 어머니는 '자살할 애기'가 아니라고 말했다.

"자살할 애기가 아니여. 어째 자살할 애기가 아니냐 하면, 경숙이는 어떻게든 돈을 벌어 죽어도 광주 와서 산다고 했어. 서울은 공기가 안 좋으니까, 돈 벌어서 '나는 광주 와서 산다'고 했어. 그리고 나를 못 잊고 동생을 못 잊어…. 지가 돈 벌어서 시집이라도 잘 가면 동생 잘 가르치고, 저는 살것다 했는데, 무엇을 자살을 해? 자살할 애기가 아니여."[278]

1979년 8월 11일 새벽 당시 스물한 살의 김경숙은 서울시 마포구 신민당사 뒤편 지하실 입구 시멘트 바닥에서 피투성이로 발견되었다. 녹십자병원으로 이송되었으나 곧 숨졌다.[279]

김경숙은 YH무역의 노동자이자 노조 위원이었다. 그는 자신과 같은 '여공'들과 함께 회사 정상화를 위한 농성을 이끌었다. 경찰은 농성 중인 노동자들을 진압하는 와중에 일어난 일이라 목격자가 없다고 말했다. 자살이라고 했다. 동맥을 그은 흔적이 손목에 남아 있으니 자살이 확실하다고 했다. 그러나 아무도 사실을 확인할 수 없었다.[280]

김경숙이 피투성이로 발견되기 몇 시간 전, 8월 11일 밤은 여느 여름밤처럼 고요했다. 고요함은 오래가지 못했다. 밤거리에 차량의 경적이 길게 세 번 울렸다. 일명 '101호 작전'의 신호였다.[281]

기동대의 무차별 구타에 여공들은 기절했고, 피투성이가 되었다. 기동대의 욕설과 구타 소리, 저항하는 여공들의 처절한 외침이 한데 섞여 아수라장이 되었다. 자신들보다 훨씬 큰 규모의 기동대를 상대하기에 여공들은 무력했다. 폭력적인 강제연행은 30여 분만에 끝났다. 텅 빈 농성장엔 여공들의 해진 신발과 "안 되면 죽음이다"라고 쓰인 머리띠만이 남았다.[282]

김경숙이 죽은 지 10년이 되던 1989년 9월 경기도 마석 모란공원 열사묘역 중턱에 그의 가묘가 마련되었다. 김경숙의 죽음은 '산업화 과정에서 희생당한 여성 노동자들의 삶의 전형[283]'으로 평가되었다. 그의 어머니는 딸이 떠난 지 10여 년이 지나서야 딸의 죽음에 대해 세상에 큰소리로 외쳤다. '자살할 애기'가 아니라고.[284]

29년이 지나서 국가는 김경숙의 죽음을 '경찰의 과잉 진압과정에서 일어난 일'로 확인했다. 2008년 3월 진실·화해를위한과거사정리위원회는 당시의 부검 기록을 재검토했다. "주검에 동맥을 절단한 흔적이 없고, 손등에 쇠파이프로 가격당한 것으로 추정되는 상처가 있다. 후두 정부에는 모서리 진 물체로 가격당한 치명적인 상처가 있다"라고 발표하여 스스로 동맥을 끊은 자살이 아니라 진압과정의 폭력으로 사망하였음이 밝혀졌다.

어머니의 말대로 김경숙은 자살할 애기가 아니었다.[285]

노동자 김경숙

김경숙은 1958년 6월 5일 전라남도 광산군 비아면에서 태어났다. 밑으로 남동생 둘을 둔 장녀였다. 가난은 태어날 때부터 김경숙을 그림자처럼 졸졸 따라다녔다. 여덟 살 되던 해 아버지가 세상을 떠나자, 생계를 책임져야 했던 그의 어머니는 행상에 나섰다. 김경숙은 집안 살림을 하며 두 동생을 돌봤다. 어린 두 동생을 키워야 했기 때문에 학교에 갈 수 없었다.[286]

아버지에 이어 두 동생 중 하나가 죽었다. 슬픈 일이었지만 그 일로 일부나마 육아 부담을 던 김경숙은 뒤늦게 초등학교에 입학할 수 있었다. 그러나 형편이 나아지지 않아 6학년 겨울방학이 끝나기 전에 생업의 전선에 뛰어들었다. 김경숙은 집 근처 누에고치 삶는 공장에서 일했다. 그 후 2년을 광주 근처 봉제 공장을 전전한 김경숙은 돈을 두 배나 더 벌 수 있다는 육촌 언니의 말을 듣고 서울로 향했다. 서울에서는 청량리 등지에 있던 한품섬유, 태진산업, 이천물산 등을 전전하며 주로 재봉사로 일했다. 쉴 새 없이 야근과 철야 작업에 시달렸지만, 기대만큼 돈을 벌지 못했다. 김경숙이 일한 회사는 월급이 밀릴 정도로 영세하거나 운영이 어려워 폐업하는 곳이었기 때문이다.[287]

YH무역에 입사하다

1976년 8월 김경숙은 YH무역에 입사했다. 한때 수출순위 15위까지 오른, 4,000여 명의 노동자가 일하는 대기업이었다. 뛸 듯이 기뻤다. 큰 회사에 취직했으니 이제 회사 문 닫을 걱정은 접어두고 일만 열심히 하면 된다고 생각했다. 닭장 같은 영세공장의 기숙사와 달리 '주식회사'의 기숙사는 어머니와 동생에게 자랑하고 싶을 정도로 좋았다. 김경숙의 마음은 자랑스러운 딸로서 어머니와 동생을 기쁘게 해주리라는 다짐으로 가득 찼다.

김경숙은 공장장이 시키는 대로 부지런히 재봉틀을 밟았다. 잔업과 특근을 마다하지 않았다. 이전과 달리 일한 만큼 대가를 보상받을 수 있으리라 굳게 믿었다.[288]

이듬해인 1977년 YH무역 사내에 사업체 학교인 녹지중학교가 설립되었다. 노동조합이 주도해 문을 연 녹지중학교는 많은 여공의 가슴을 설레게 했다. 8명의 지도교사가 있는 학교의 수업이라야 하루 두 시간에 불과했지만, 배움에 목마른 김경숙에게 그곳은 너무도 소중했다. 김경숙은 그해 6월 10일 녹지중학교에 1기로 입학했다.

안정적이며 배움의 갈증까지 해소할 수 있는 일자리. 그러나 김경숙이 바란 생활은 제대로 시작도 해보지 못한 채 휘청거리기 시작했다. 녹지중학교 입학과 동시에 회사에 휴업과 인원 감축의 바람이 불었기 때문이다.[289]

1977년 6월 회사는 마침내 첫 휴업을 시도한다. 회사는 가발 제품을 만들던 여공들을 봉제과로 밀어 넣어 실밥 따기와 단추 달기 등 전혀 손에 익지 않은 작업을 시켰다. 불안정한 작업 분위기를 조성한 뒤 그들이 자발적으로 사표를 내게 하려는 속내였다. 휴업에 이어 회사는 숨 돌릴 틈 없이 인원 감축에 들어갔다. 6월에 여공 77명을 감원한 회사는 7월 205명, 8월 91명, 9월 23명을 회사 밖으로 내몰았다.[290]

회사 측은 사양길에 접어든 가발 부서를 정리하는 차원에서 내린 부득이한 결단이었다고 말했다. 김경숙은 갑작스레 단행된 휴업과 감원으로 동료들이 순식간에 일자리를 잃는 것을 목격했다. 시간이 지날수록 회사는 더욱 강경한 조치를 감행했다. 기숙사에 거주하는 여공들을 내쫓기 시작했고 공장을 이전한다며 기존의 가발 부서를 폐지하다시피 했다. 게다가 이전된 공장으로 옮겨가지 않는 노동자는 해고하겠다며 강압적으로 사표를 내게 했다. 막무가내 조치에 많은 여공이 분노했다. 특히 작업 조장을 맡은 언니들로 구성된 '노동조합'은 회사의 부당한 조치를 '월권행위'라며 강하게 비판했다. 노조를 없애려는 회사의 온갖 억압에도 불구하고 자신의 자리를 지키기 위해 투쟁하는 동료들을 보면서 노동운동에 대한 김경숙의 인식이 차츰 변화해갔다.[291]

> "내가 모르고 있었던 일. 임금을 착취시키기[착취하기] 위해 휴가를 주며 자진 사태[사퇴]를 (종용)할 때 내 마음은 아팠다. 이런 일이 있지 않도록 토론을 하며 싸워야 한다. 개개인을 생각하지 않고 뭉쳐서 인원 감소를 막고 나의 권리와 인격을 찾아야 한다. (공장)이전 관계로 (어수선했던) 마음의 안전[안정]을 오늘의 이 시간을 이용하여 찾았다. '본 공장을 돌려라 고용 완전 찾자.' 단결. 권리. 뭉침. 싸움. 비평. 노동운동을 해야 한다."[292]
>
> — 1978년 5월 2일 김경숙의 일기 中

노동조합원이 되다

이듬해인 1978년 3월에 1년 과정인 녹지중학교를 이수한 김경숙은 노동조합 대의원에 선출되었다. 반년이 넘게 휴업과 감원을 되풀이하던 회사가 차츰 조용해졌다. 김경숙은 노조 활동을 통해 노동과 사회를 배웠다. '공순이 잔칫날'이라고도 부르는 '대의원 하계수련회'에 참여하여 동료들과 협동심을 다졌다. 모르는 남자와 펜팔을 주고받으며 설레다가 직접 만나보고는 실망하는, 그 나이다운 평범한 경험도 했다.[293]

1979년 3월 30일에 김경숙의 삶을 송두리째 뒤바꾼 사건이 발생했다. 한 달 뒤인 4월 30일에 경영부실을 이유로 회사가 폐업한다는 공고가 붙었다. 당시 회장 장용호가 초창기에 벌어들인 막대한 돈을 미국의 백화점에 투자하거나 해운회사를 설립하는 데 사용하는 등 무리하게 자금을 운용한 결과였다. 석유파동이 불러온 세계적 공황의 충격을 감당하지 못해 이미 1978년에 노동자를 500여 명으로 감축해버린 상태에서, 심각한 경영난을 극복하지 못하고 결국 일방적으로 폐업을 선언한 것이다.[294]

공장은 발칵 뒤집혔다. 노동조합은 회사 정상화를 위한 본격적인 투쟁에 돌입했다. 김경숙도 조합원들과 함께 적극적으로 농성에 참여했다. 노조는 거래은행인 조흥은행과 노동부를 찾아가 회장 장용호가 미국으로 빼돌린 돈을 회수해 공장을 살려달라고 간곡히 호소하는 한편 자체적으로 공장을 가동했다. 하지만 어떤 은행도, 어떤 정부 관리도 돕지 않았다. 그들은 노동자

의 경영 참여를 좌경적인 불순한 의도로 간주하고 오히려 경찰
을 동원해 폭력적으로 탄압했다. 결국, 자치 경영 두 달 만인 8
월 6일 회사는 2차 폐업공고를 붙였다.[295]

최후의 선택, 신민당 농성

노조는 폐업에 승복할 수 없다는 입장을 회사에 전했다. 조합
원들은 폐쇄된 작업장 대신 기숙사에서 농성을 이어갔다. 김경
숙은 혈서 쓰기를 감행할 정도로 비장하게 농성에 임했다. 단전,
단수와 같은 회사 측의 방해 공작에도 노조는 투쟁의 의지를 굽
히지 않았다. 공장에서 농성할 수 없다면 다른 장소에서 투쟁을
이어나가면 되었다. 노조는 김영삼이 총재인 야당 신민당에 도
움을 구했고 농성 장소를 신민당 당사로 옮기기로 했다.[296]

1979년 8월 9일 새벽 5시. 팀장을 맡은 김경숙은 200여 명의
조합원 중 가장 선봉에 섰다. 경찰의 감시망을 피해 공장을 빠
져나온 조합원들은 신민당 당사 4층 강당으로 향했다. 농성 장
소를 옮긴 조합원들은 "정상화가 아니면 죽음이다"라고 쓰인 머
리띠를 꺼내 두른 뒤 준비해 온 플래카드를 농성장 앞 벽에 붙였
다. 그 플래카드에는 이렇게 쓰여 있었다.

"우리를 나가라면 어디로 나가란 말이야"

"배고파 못 살겠다 먹을 것을 달라"[297]

　총재 김영삼과 국회의원 박한상 등 여러 방문객이 줄을 잇고 취재진이 몰려왔지만, 회사 정상화의 꿈은 점점 묘연해졌다. 농성장을 방문한 신민당 관계자들은 미온적인 태도를 보였다. 보사부 장관이나 노동청장은 당사에 찾아오지도 않았으며 정보과 형사들이 해산을 종용했다.[298]

　8월 10일 노조 위원들은 최종 종결 대회를 개최했다. 부지부장의 호소문에 동료들이 오열했다. 김경숙은 그들을 북돋기 위해 결의문을 읽어 내려갔다.

- 우리의 결의 -

　거리에 내쫓겨 올 데 갈 데 없는 우리들은 이제 정상화가 아니면 죽음이라는 구호를 외치며 우리 300여 명의 근로자들은 다음과 같이 결의한다.

　조흥은행은 이 문제에 대한 책임을 지고 은행관리 기업으로 인수하라.

　관계부처는 이 문제를 더 이상 지연시키지 말고 즉각 해결하라.

정부 당국은 장용호를 즉각 소환시켜라.

우리의 정당하고도 정의로운 요구가 관철되지 않는 한 이
자리에서 한 발자국도 물러설 수 없으며 어떠한 죽음도 불
사할 것을 엄숙히 결의한다.

  − 1979.08.10. YH무역 전 근로자 일동

결의문 낭독에 이어 사무장의 성명서 낭독을 끝으로 종결 대
회가 막을 내렸다. 시간은 벌써 자정으로 치닫고 있었다. 바로
그때였다. 종결 대회와 함께 흥분한 조합원 몇 사람이 울음을 터
트리며 음료수병을 깨 들고 강당 창가로 몰려갔다. 농성장은 한
순간에 아수라장이 되었다. 김경숙 역시 이성을 잃고 달려들었
다. 통제가 마비된 농성장이 겨우 진정되고, 동료들을 잠자리로
돌려보낸 김경숙은 흥분을 가라앉히고 자정이 넘은 서울을 바
라봤다. 서울의 밤은 고요했다. 그러나 고요는 곧이어 울려 퍼진
경적에 완전히 깨졌다.[299]

8월 11일 새벽 기동대의 무자비한 폭력 해산이 시작되었다.
전화기가 부서지고 철제의자와 커피잔들이 공중에 날아다녔다.
'101호 작전'은 30여 분 만에 신민당 당사를 피로 물들였다.[300]
회사가 정상이 되면 가족을 위해 열심히 일하리라 다짐했던 스
물한 살 청년 김경숙의 삶도 그렇게 저물었다.

'산업전사', '공순이'

기실 여성은 '궁녀' '기생' '산파' '의녀' '주모' '침모' '유모' 등으로 예전부터 경제사회의 구성원이었다. 일제강점기인 1930년 '전화 교환수'로 수천 명이 활동했고, 교원, 의사, 기자, 보모, 간호사, 아나운서 등으로 살아왔다. 여성은 언제 어디에서든지 일터를 떠난 적이 없었다. 결혼했든 하지 않았든, 나이가 많든 어리든 여성 대부분은 공장 이외의 장소에서 끊임없는 노동에 종사했지만, 1960년대에 본격적으로 진행된 산업화는 여성에게 '임금노동자'라는 새로운 사회적 지위를 부여하며 그들의 노동을 사회에 공개적으로 드러나게 해준 계기가 되었다.[301]

군사정권의 국가 주도 경제 개발에 따라 1960년대 이후 한국은 공업화를 본격적으로 추진하였다. 이런 변화의 흐름에서 한국 경제가 '한강의 기적'을 일으키며 근대국가의 기틀을 마련하고 자립경제의 근간을 만들 수 있었던 것은 수많은 노동자와 그들의 노동이 있었기에 가능했다. 그러나 산업의 근간이자 자립경제와 국가 경쟁력의 요체인 중화학 공업의 발전이 대부분 여성 노동력으로 일군 수공업과 경공업이 있었기에 가능했다는 사실은 종종 생략된다.[302]

임금노동자로서 가정이 아닌 공장이라는 노동의 세계에 뛰어든, 김경숙과 같은 어린 여성은 '한강의 기적'을 견인한 주역의 하나였음에도 폄하되기 일쑤였다. 산업화는 여성의 노동을 공개적으로 드러나게 해주었으나 여성 노동자, 즉 '여공'은 이중적 억압을 경험하며 딜레마에 처했다.[303] 그것은 박정희 유신정권의 야욕이 불러온 '위험의 개인화', 즉 국가의 과도한 노동 착취라는 억압과 군사정권의 남성 중심 지배체계가 생산하는 가부장제 이데올로기의 억압이라는 이중의 억압이었고, '노동자'이자 '여성'으로서 여공이 겪어야 했던 혼란이었다.

여공을 지칭하는 대표적 표현인 '산업 전사'와 '공순이'라는 명명은 그 자체로 이질적인 가치 기준의 소산이었다. 근대화라는 구호 아래 여공은 국가발전의 촉매라는 자긍심을 바탕으로 '산업역군', 산업 전사로서 경제적 궁핍과 사회적 천대를 감내해야 했다. 그러나 '산업 전사'라는 명명은 말을 듣지 않으면 한순간에 '빨갱이'가 된다는 점에서 그 자체로 허위였다. 여공은 '성 판매 여성'과 때로는 상반된 존재로, 때로는 동일한 존재로 치부되었다. '가족과 국가의 유순한 딸'로서 가정을 위해 당연히 저임금·불안정 노동을 감내해야 하지만, '여성스럽지 못한' 돈에 대한 욕망으로 오염된 존재, 즉 언제든지 사회의 불온세력으로 전락할 수 있는 '위험한' 존재로 여겨졌기 때문이다. 따라서 여공은 '여성'이라는 정체성이 이들이 '노동자'로서 인정받는 데 걸림돌로 작용한다는 사실로 인해 '노동자'로서 인정받기 위해 성적 차이를 부정해야 하는 곤경에 내몰렸다.[304]

이처럼 산업화 시기 여공에 관한 담론은 그야말로 모순으로 엉클어져 있었다. 여공은 국가발전을 위해 희생해야 하는 노동자이면서 남성 중심적 이데올로기가 생산하는 '여자다움'을 강요받는 존재였다. 동시에 여성의 정체성을 부정해야만 남성과 같은 보편적 노동자의 정체성을 획득할 수 있었다. '공순이'치곤 똑똑하다는 조롱을 받으면서 그나마 남성 노동자에겐 보장된 최소한의 권리마저 보장받지 못했다. 노동현장에서 성추행, 성희롱과 같은 성폭력은 일상이었다.

여공 담론은 '여성 노동=저임금'이란 공식을 정당화했다. 가장의 역할을 맡은 여공이 많았음에도, 남성의 생계 임금을 통해 가족이 부양되어야 한다는 논리가 작동했다. 따라서 여공의 임금은 보조적이며, 낮아야 했다. 더불어 산업화 시기 노동자 대부분이 생계 때문에 어쩔 수 없이 인내한 '잔업' 역시 저임금과 쌍을 이루며 여성의 노동을 규정했다.[305] 수출 일자를 맞추기 위해 계속되는 야간작업과 철야 근무의 고됨을 토로한 김경숙의 일기에서 알 수 있듯, 당시 여공은 저임금을 받으면서 생계를 위해 힘든 육체노동을 감내했다.[306]

"거울을 바라보니 나의 얼굴이 아니었다. 얼굴이 부어 7시
까지 일하고 아침을 먹고 또 근무를 하였다. 나의 몸은 지
치고 지쳐 비틀대며 숙소로 돌아와 밥을 먹는데 밥이 먹히
지 않는다. 그리고 또 근무하여… (후략)"

– 1978년 3월 16일 김경숙의 일기 中[307]

여성 노조

"혀끝으로만 움직일 것이 아니라 행동으로서 비춰봐야 한
다."

– 1979년 3월 1일 김경숙의 일기 中[308]

김경숙은 "노동운동을 해야 한다"라고 적어 놓은 지 두어 달이
지난 후부터 일기를 쓰지 않았다. 노조 대의원 활동이 바빠졌을
수 있고, 폐업과 폐업 철회를 반복하는 회사와 협상하느라 일기를
쓸 틈이 없었을 수 있다. 어쨌든 김경숙은 일기를 중단했고 이후
다시 쓴 일기에서 이 같은 비장하고 단단한 마음을 드러냈다.[309]

회사의 부조리한 조치에 김경숙 등의 여성 노동자가 결연하
게 대항할 수 있었던 이유는 YH무역 여공들의 자발적 단결이

든든한 버팀목으로 존재했기 때문이다.

노동조합에 관한 배타적 시선은 한국 사회에서 유구하게 존재했다. 산업화 시기 노조에 대한 사유 방식 역시 그러했다. 국가 및 고용주의 관점에서 노조는 비생산적이고 사회질서를 어지럽히는 존재이며, '빨갱이'들이 사주하는 단체였다. 노조는 국가의 지침이라는 한계를 벗어나지 않을 때만 인정될 수 있었다. 고용주의 사유 방식 안에서 노조는 고려될 수 없는 것이었다. 노조에 대한 노동자의 인식이 확산하고 사업장 내부 힘의 관계가 변화해 현실적으로 고용주가 노조 자체를 부정할 수 없게 되었음에도 노조에 관한 부정적 담론은 쉽게 헤게모니를 잃지 않았다.[310]

이처럼 노조가 사회적으로 질병 취급을 받던 당시 '여성'이 노조를 형성하고 활동하기란 쉽지 않은 일이었다. 대부분의 노조는 남성 중심으로 구성과 운영이 이루어졌고 여성의 노조 참여는 은밀하게 배제되었기 때문이다.[311] 당시 대다수 노동자의 성별이 여성이었음에도 이들을 대표하는 집행부는 남성으로 꾸려졌으며, 여성이 자신들의 입장을 대변할 '대표'를 주장하는 것 자체가 불가능한 상황이었다.[312]

김경숙이 노동운동에 투신하기 이전에, 여성 집행부를 탄생시켜 투쟁한 동일방직 노조가 있었다. 1972년 동일방직의 조합원은 1,383명이었고 이중 여성 조합원이 1,214명이었지만 그때까지 노조 지부장은 예외 없이 남성이었다. 실제 노조 내 여성의 역할과 위치는 미미했다. 그러다 1972년 5월 10일 한국노총 역사상 최초로 여성 지부장이 당선되었다. 여성 노조 집행부는 회사 측과 교섭하여 소기의 성과를 거두었지만, 1976년 2월 대의원 선거를 앞두고 기존 여성 집행부를 와해하려는 남성 노동자와 노조 지부장 이영숙을 연행한 경찰의 합작으로 위기를 맞는다. 이에 맞서 항의 농성을 전개한 여공들은 모두 웃통을 벗어 반나체 상태로 경찰과 회사 간부들에 맞섰다. 우여곡절 끝에 당시 노조 총무부장이던 이총각이 지부장이 되는 것으로 여성 집행부를 지켜냈다.[313]

YH무역에서 여성 노조 결성 역시 순탄치 않았다. 이들은 1975년에만 세 차례 실패를 겪었다. 노조가 결성되어도 노조를 어용화하려는 시도가 뒤이었다. 회사로부터 거액의 금품을 받고 주동자를 밀고해서 부당해고하고 어용노조를 만드는 이른바 '조합 팔아먹기' 등 내부갈등에 의해 온전한 노조로서 서기가 쉽지 않았다. 세 차례 실패 과정에서 주동 노동자들은 해고, 좌천, 출장, 부서이동을 당했다. 회사 측은 현장에서 잔업 연장, 활동적인 노동자 미행, 공장 외부 모임 적발, 기숙사생 외출 금지 등여러 보복 조처를 했다. 이런 어려움 속에서 YH 노조는 세 차례

실패를 딛고 1975년 5월 네 번째 시도에서 노조 결성에 성공하였다.[314]

죽음의 의미

김경숙의 죽음으로 끝난 'YH무역 노조 신민당사 농성' 이후 박정희 정권은 당사를 제공했다는 이유로 당시 신민당 총재 김영삼에 대한 총재직 정지 가처분과 의원직 박탈을 단행한다. 반정부 인사들에 대한 강압책과 제2차 석유파동으로 인한 경제 위기 등이 촉발한 갈등 상황에서 야당 총재의 의원직 박탈 조치로 유신 정국은 최악의 국면으로 치달아 걷잡을 수 없는 지경이 되었다. 1979년 10월 발생한 부마 민주항쟁은 유신체제의 모순이 민중항쟁으로 폭발한 일면이다. 결국, 정권의 내부분열을 일으켜 박정희가 총에 맞아 사망한 10 · 26사건으로 이어졌다. 이로써 유신체제는 종언을 맞이했다.

박정희가 죽은 것은 YH사건이 일어난 지 두 달만이었다. 힘없는 여공들의 눈물과 김경숙의 죽음은 18년 군사독재를 종식하고 민주화의 봄을 부르는 하나의 계기가 되었다.[315] 김경숙은 죽기 4일 전에 고향의 어머니에게 마지막 편지를 쓴다.

"보고 싶은 엄마. 이 일을 어떻게 해야 할까요. 돈 많은 회
장은 미국으로 도망가고 없고 사장들은 자기들만 잘살겠
다며 지금 우리 근로자들을 버렸습니다. 회사 문을 닫겠다
며 폐업공고까지 내버렸답니다. 그러나 저희 근로자들은
비록 힘은 약하나 하나같이 똘똘 뭉쳐 투쟁하고 있습니다.
(중략) 보고 싶은 엄마. 우리들을 버리고 도망간 사장이나
미국에 살고 있는 장용호처럼 모든 사장들은 자기만 잘살
면 돈 없는 우리들쯤이야 자기들 맘대로 할 수 있다고 생각
하는가 보지요? 하지만 돈 없는 사람들은 착한 마음을 지
니고 살아갑니다. 정의롭게 살아야 하고요. 그래야 저 나쁜
사장들과 다를 테니까요. (후략)

1979년 8월 7일 서울에서 경숙 올림."

착한 마음을 지니고 정의롭게 살고자 했던 한 여성의 소박한
꿈은 자기 이익만 추구한 무책임한 기업주와 '성장'이라는 강박
에 사로잡힌 군사정권에 의해 무참히 짓밟히고 말았다.[316] 김경
숙의 삶과 죽음은 산업화 시기 희생을 강요받고 천대를 감내한
수많은 여성 노동자의 아픔을 상징한다. 또한, 여성의 노동을 깎
아내리는 모순된 담론 속에서 불합리를 비판하고 자신들의 권리
를 되찾으려 한 그들의 꿋꿋한 의지를 표상한다.

참고
자료

1. 김원, 『여공 1970-그녀들의 反역사』, 이매진, 2005.09.30.

2. 박영희, 『김경숙』, 민주화운동기념사업회, 2003.12.29.

3. 김문정, 「1970년대 한국 여성 노동자 수기와 그녀들의 이름 찾기」, 『한국학연구』, 제49집, 인하대학교 한국학연구소, 2018.05.

4. 박혜영·박금식, 「산업시대의 여성-그 많던 여공들은 모두 어디로 갔는가?」, 『젠더와 문화』, 제8권 제1호, 계명대학교 여성학연구소, 2015.06.

5. 안지영, 「여공의 대표 (불)가능성과 민주주의의 임계점-1970, 1980년대 여성-노동자들의 수기를 중심으로」, 『상허학보』, 제55권, 상허학회, 2019.02.

6. "심야의 기습, 울부짖은 여공들", 〈동아일보〉, 1979.08.11.

7. "투신자살 논란 여지없다", 〈조선일보〉, 1979.08.28.

8. "YH노조 간부 김경숙씨 10주기 맞아 추모비 건립", 〈한겨레〉, 1989.08.27.

9. 안재성, "YH사건-여공들, 민주주의의 봄을 부르다", 민주화운동

기념사업회 오픈아카이브, 2016.01.19.

10. 정영훈, "세상이 다 알았던 죽음 그러나 아무도 몰랐던 죽음—
   김경숙 일기", 민주화운동기념사업회 오픈아카이브, 2017.11.02.

11. 함세웅, 「열아홉 살 여성 노동자 김경숙의 일기장」, 『희망세상』,
   민주화운동기념사업회, 2005.10.01.

14
윤상원

"오늘의 우리는 패배할 것이지만,
내일의 역사는 우리를 승리자로 만들 것"

14

윤상원
"오늘의 우리는 패배할 것이지만, 내일의 역사는 우리를 승리자로 만들 것"

"폭도들은 들어라! 너희들은 완전히 포위됐다! 총을 버리고 투항하라!"[317]

1980년 5월 27일 새벽 4시. 계엄군이 사격을 가하며 전남도 청에 진입하기 시작했다. 윤상원은 동료들과 함께 도청 2층 민 원실에서 계엄군에 대항하고 있었다. 총탄 세례 속 이곳저곳에 서 비명이 터져 나왔다. 동료들이 피투성이가 된 채 죽어갔고 이 내 윤상원이 있는 2층 창문을 향해서도 총탄이 마구 날아들었 다. 윤상원은 그곳에서 누구인지 모를 계엄군의 총탄에 맞아 숨

졌다. 그의 나이 서른이었다.

윤상원이 버리지 못한 꿈

윤상원은 1950년 전남 광산군 임곡면 신룡리 천동마을 한 농민의 집에서 3남 4녀 중 장남으로 태어났다. 어릴 적부터 활달하고 쾌활한 성격을 지녀 친구들과 어울리는 것을 좋아했다. 불의를 보면 참지 못하는 성품의 소유자이기도 했다. 삼수를 거쳐 1971년 전남대학교 정치외교학과에 입학했다.[318] 대학에 입학한 후 연극반 활동을 하고, 군에 다녀온 뒤에는 고시를 준비하는 등 평탄한 대학 생활을 보냈다.[319]

그러다가 민청학련 사건에 연루되어 징역살이한 선배 김상윤을 만난 1975년, 그는 사회과학 공부에 눈을 뜬다. 윤상원은 노동운동에 깊은 관심을 보였다.[320] 당시 광주의 진보적 활동가들의 거점인 녹두서점에서 소그룹 활동에 참여하며 사회과학적 소양을 갖춰나갔다.

1977년 대학교 4학년이 됐을 때 윤상원은 고민에 빠졌다. 졸업 후 노동운동에 투신하고 싶은 마음이 굴뚝 같았지만, 부모와 형제를 생각하면 장남으로 번듯한 직장을 가져야 한다는 압박감을 받았다.[321] 고민 끝에 윤상원은 졸업을 앞둔 1978년 1월 주택은행(현 국민은행) 입사 시험을 보고 합격해 서울에서 직장생활을 시작했다. 그러한 생활도 잠시, 반년 만인 7월에 사직서를 내고 광주에 돌아왔다. 사회 변혁의 꿈을 저버릴 수 없었다. 윤상원의 결심은 그가 부모에게 보낸 편지에 잘 드러나 있다.

> "부모님께서 저를 이토록 길러주신 은혜를 생각하면 평생을 다 바쳐 노력하여도 부족하겠지만, 유신독재가 판치는 우리나라 상황은 저를 평범한 월급쟁이로 살아가게 하지 않았습니다. (…) 민족의 문제를 해결하는 데 조그마한 힘이나마 보태려는 불초소생의 마음을 용서하셔서 차라리 참된 효도의 길이라 여겨 주소서."[322]

광주에 내려온 윤상원은 학력을 고졸로 위장해 곧장 광천동 공단의 한남플라스틱에 취업했다. 광천공단 노동자실태를 조사하기 위해서였다. 이로써 그는 그동안 공부하며 관심을 기울인 노동운동에 실천으로서 직접 뛰어들게 된다. 또한 '들불야학' 설립을 주도한 박기순의 제안을 받아들여 1979년 1월 야학의 강학(교사) 활동을 시작하였다. 들불야학은 노동자를 교육하는 노동야학이자 민중야학이었다. 들불야학은 5월 광주항쟁에서 중요한 역할을 하였다.

광주항쟁의 서막

1979년 10월 26일 대통령 박정희가 살해됐다. 유신체제가 막을 내리자 민주화를 향한 국민의 기대가 꽃을 피웠다. '서울의 봄'이었다. 그러나 희망은 그리 오래가지 않았다. 박정희가 사망하고 채 두 달이 지나지 않아, 당시 계엄사에서 '박정희 대통령 시해 사건 합동수사본부장'을 맡은 보안사령관 전두환을 중심으로 한 신군부 세력은 12·12군사정변을 일으켰다.

대한민국에 드리운 독재 연장의 어두운 그림자에 맞서 민주화를 요구하는 사회 전반의 목소리는 더욱 커졌다. 전국의 대학생들은 1980년 5월 초순 비상계엄령 해제와 유신잔당의 퇴진을 내세우며 시위에 본격적으로 돌입했다. 광주 지역의 대학생들은 5월 14~16일, 3일 연속 가두시위에 나섰고, 도청 앞 광장에서는 매일같이 민족민주화성회가 열렸다. 윤상원은 이 모든 과정에 참여했다.[323]

전국민적 민주화 열기에 놀란 신군부는 5월 17일 24시를 기해 비상계엄을 전국으로 확대하였다. 동시에 '계엄포고령 제10

호'를 발령하여 전국의 모든 집회를 금지하고 언론, 출판, 보도 및 방송은 사전 검열을 거치게 했다. 이에 따라 민주화운동을 주도한 주요 대학이 계엄군에 의해 수색·점거됐으며, 사회운동·학생운동 지도자 상당수가 예비 검속됐다.

전라북도 전주에서 전북대학교 학생이 이 과정에서 숨지는 사건이 발생했다. 사망자는 전북대학교 농학과 2학년 이세종이었다. 전라남북도 대학 연합체인 호남대학총연합회의 연락 책임자인 그는 비상계엄이 전국으로 확대된 17일 밤 학교에서 동료들과 밤샘 농성을 벌였다. 갑자기 학교로 들이닥친 계엄군에 쫓겨 도망친 그는 온몸에 멍이 들고 피투성이가 된 채 주검으로 발견됐다. 당시 검찰이 발표한 사인은 추락사였지만, 이세종의 검안을 담당한 전북대병원 교수 이동근은 단순 추락만으로는 그런 상처가 생길 수 없다며 추락 전 계엄군의 집단 폭행 가능성을 제기했다.[324]

항쟁 초기의 광주

신군부의 계엄 확대 발표에도 불구하고 5월 18일 오전 10시경 전남대 정문 앞으로 모여든 학생이 200~300명은 족히 됐다. 경찰은 시위대를 강제 해산하려 했으나, 이들은 "비상계엄 해제하라!", "전두환 물러가라!" 등의 구호를 외치며 맞섰다. 11시경부터는 도청이 있는 금남로로 장소를 옮겨 집회를 이어나갔다. 학생 수는 어느새 600~800명으로 늘어났다.[325] 오후 들어 투입된 계엄군은 학생들을 향해 곤봉을 휘두르고 집단 폭행을 가하는 등 무자비한 폭력을 행사했다.

이 같은 광경에 분노한 시민들이 대학생 시위 대열에 합류하기 시작했다. 다음날인 5월 19일 금남로에는 오전 10시부터 3,000~4,000명가량의 시민이 집결했다.[326] 군과 경찰은 해산을 종용했으나, 시민들은 물러서지 않았다. 그러자 계엄군이 30여 대의 군용트럭을 끌고 나타났다. 한 손에는 착검한 총을, 다른 한 손에는 곤봉을 들고 철모까지 쓴 모양새였다. 이들은 도청 앞과 금남로 사거리로 진출해 시민들을 곤봉과 대검으로 때리고 찌르는 등 무자비하게 진압했다.

계엄군은 금남로 거리에서 젊은이들의 옷을 모두 벗긴 채 구타하고 기합을 주는 비인도적 행위를 서슴지 않았다. 당시 시위 진압에 투입됐던 한 의무전경에 따르면 공수부대원들은 반항하는 젊은이들을 속옷만 입혀서 바닥에 엎드리게 하고, 논산훈련소에서 신병을 다루듯 '좌로 굴러' '우로 굴러' '쪼그려 뛰기' 등을 시켰다.[327]

그저 시위 근처를 지나던 사람이 진압 대상이 되기도 했다. 듣지도 말하지도 못하는 농아 김경철은 금남로 거리를 지나다가 계엄군에게 붙잡혔다. 김경철은 계엄군에게 농아 장애인증을 내밀었지만, 군인들은 '수'를 쓴다며 그를 집단 구타했다. 변명할 기회도 없이 그는 온몸을 두들겨 맞은 채 주검으로 발견됐다. 김경철은 어릴 적 사고로 농아가 됐지만 기술을 배워 양화점 직공이 됐고, 결혼해 100일 남짓 된 아이를 키우고 있는 29세의 청년이었다.[328]

윤상원은 이러한 유혈사태를 지켜보며 계엄군의 강경 진압에 대항할 최소한의 자구 수단으로 화염병을 만들어 들고 시위에 참여했다. 시민들의 행동과 주장에 통일성을 부여하기 위해 들불야학 강학들과 함께 선언문, 궐기문 등 유인물을 제작해 배포하는 작업에 착수했다.[329] 종이가 부족한 데다 수동식 등사기를 사용해야 했기에 전단 작업에는 꽤 큰 노력이 필요했다.[330]

시민을 향한 집단 발포

시간이 지남에 따라 광주 상황은 더욱 나빠졌다. 더불어 작전 '화려한 휴가'가 본격적으로 시작된다. 5월 20일 광주 시민과 계엄군은 금남로 일대에서 몇 차례 공방전을 벌이다가 전남도청과 광주역 등지에서 밤늦도록 대치했다. 계엄군의 총칼과 진압봉에 맞서 시민들은 손에 잡히는 대로 무기가 될 만한 것들을 들고나왔다.[331]

밤 9시 50분께 광주MBC 건물이 불에 탔다. 군부의 검열 하에서 현 광주 상황을 제대로 보도하지 않고 정부의 발표만을 일방적으로 보도하는 언론에 분노한 시민들이 방화한 것이다.[332]

밤이 더욱 깊어지자 광주역을 경계하던 3공수여단이 시민을 향해 집단 발포했다. 이후 3공수여단은 전남대로 퇴각하면서 앞을 가로막는 시민들을 구타했고 이로 인해 많은 사상자가 발생했다. 특히 공수부대원이 물러난 뒤인 21일 새벽 5시 무렵 광주역 앞에서 발견된 시신 두 구는 광주 시민들의 분노를 끓어오르게 했다.[333]

21일 오전 8시, 군은 광주 전역에 '진돗개 하나'를 발동했다. '진돗개 하나'는 최고 경계 태세를 의미한다. 무장공비 출현 등에 대응하는 대간첩작전을 수행하듯 전 병력에 실탄을 분배하고 전투태세에 돌입하게 하였다. 공수부대는 시위진압이 아니라 사실상 대간첩작전을 벌인 셈이다.[334] 광주 시민을 '적'으로 간주한 것이나 다름없었다.

광주역 인근에서 두 구의 시신이 발견되며 시민들의 투쟁 의지는 더욱 불타올랐다. 분노한 시민들은 5월 21일 이른 아침부터 금남로 주변으로 모여들었다. 오전 10시경에는 그 수가 10만여 명에 달할 정도였다. 당시 광주 전체 인구가 72만~73만 명정도였던 것을 감안하면[335] 적은 숫자가 절대 아니다.

시민들은 정오까지 계엄군의 완전한 철수를 요구했으나, 계엄 당국은 물러서지 않았다. 시민들은 아침 일찍 아세아자동차 공장에서 끌고 나온 장갑차와 차량을 몰고 공수부대를 향해 돌진했다. 그 과정에서 11공수여단 군인 한 명이 장갑차에 치여 사망했다. 이를 기점으로 오후 1시경 시민을 향한 공수부대의 집단 발포가 시작됐다. 그것은 단순 위협 사격이 아닌 조준 사격이었다.[336]

군은 저지선을 설정한 뒤 그 선을 넘는 사람에게 무조건 발포했다.[337] 금남로는 총탄을 피하는 사람과 총에 맞아 쓰러진 사람이 뒤엉키며 한순간에 아수라장이 됐다. 이날 광주 시내 병원은 총상을 입은 사람들이 가득했다. 군의 발표와 1988년 이후 피해자 신고서 내용을 종합해볼 때 이날 최소 54명 이상이 숨지고 500명 이상이 총상을 입은 것으로 전해진다.[338]

광주 봉쇄와 투사회보, 그리고 항쟁

5월 21일 윤상원을 포함한 민주화운동 세력의 청년들은 녹두 서점에 모여 광주의 현 상황과 향후 투쟁 방향 등을 토의했다. 이들은 조직적 역량의 부족 등 현재 광주의 운동에는 한계가 있 다고 판단해 운동이 더 심화하는 것은 불가능할 것이라고 예상 했다. 이에 앞으로의 행동 방향은 개인의 소신에 맡기기로 했다. 이날 이후 그나마 남아 있던 운동권의 많은 이들이 광주를 빠져 나갔다.[339]

윤상원은 광주에 남아 항쟁을 계속하기로 마음먹었다. 윤상 원은 시민들에게 현 광주 실태와 투쟁에 관한 올바른 방향, 행 동 지침 등 제대로 된 정보를 전달하는 것이 시급하다고 생각했 다. 계엄 당국의 언론 통제로 신문과 방송이 제 역할을 못 하는 상황이었기 때문이다. 윤상원은 들불야학팀을 비롯한 남은 세력 과 함께 '투사회보'라는 민중언론을 발간하였다. 이들은 물자조 달조 · 문안작성조 · 필경등사조 · 배포조 등으로 역할을 분담하 여 회보를 제작했다. 윤상원이 초안을 작성하면 나머지 사람들 은 등사하여 배포하는 식이었다.[340]

투사회보는 5월 21일부터 26일까지 총 9호, 매호 1만~2만 장 이 간행됐다. 16절 갱지의 양면에 등사된 투사회보는 비록 많은 내용이 담겨 있지는 않았지만, 시민들이 정확한 정보를 얻을 수 있는 유일한 소식지였다.[341] 투사회보에는 피해 상황, 집회 일시, 시민 행동강령 등의 내용이 게재됐다.

집단 발포가 있었던 5월 21일, 계엄 당국은 계엄군을 잠시 광주 시내로부터 총퇴각시키기로 했다. 시위가 걷잡을 수 없이 커지자 광주를 고립시키는 봉쇄 작전을 펼치기로 한 것이다. 광주와 외부를 연결하는 모든 도로와 철도, 통신을 차단해 계엄군의 발포와 사망 사실 등이 밖으로 전달되지 못하도록 하기 위함이기도 했다.[342] 봉쇄에 따라 22~26일 광주엔 잠시나마 폭풍전야 같은 평화가 찾아왔다.

계엄군이 잠시 물러난 시기 광주에는 아수라장이 된 시내를 수습하기 위한 시민들의 움직임이 있었다. 사람들은 자발적으로 나와 금남로 거리를 청소하거나 부상자를 위해 헌혈하는 등 공동체 의식을 보여주었다. 23일부터는 매일 수만 명에 이르는 시민이 도청 앞에 모여 범시민 궐기대회를 개최하였다.

5월 22일 꾸려진 민관수습위원회는 이날 오후 계엄 당국과 협상을 시작했다. 수습위는 계엄 당국에 ▲계엄군의 과잉진압 인정 ▲구속 학생 및 민주인사 석방 ▲시민의 인명과 재산 피해 보상 ▲발포 명령 책임자 처벌 사과 ▲사후 보복 금지 등을 요구했다.[343]

계엄 당국은 수습위가 먼저 시민들로부터 무기를 회수해 군에 인계한다면 요구 조건을 호의적으로 받아들이겠다고 밝혔다. 당시 시민들은 계엄군의 강경 진압에 대항하기 위해 전남지역의 경찰서와 예비군 무기고 등 무기가 있을 만한 곳을 돌아다니며 M1 소총과 칼빈 소총 등을 반출한 상태였다.[344]

수습위는 시민들에게 무기를 내려놓자고 설득했으나, 정부의 사과와 책임자 처벌이 우선되지 않으면 무장을 해제하지 않겠다는 입장이 맞섰다. 별도로 대학생수습위원회가 꾸려졌는데, 여기서도 '선 무장 해제'를 주장하는 온건파와 반대하는 강경파가 대립했다.

윤상원은 강경파에 속했다. 그는 당시 수습위가 투항을 주장함으로써 시민 의사에 반하는 방향으로 투쟁을 이끌고 있다고 생각했다. 윤상원은 자신과 비슷한 뜻을 가진 김종배, 허규정 등 일부 대학생수습위 구성원 및 시민군과 함께 도청에 진입해 계속해서 항쟁할 것을 주장했다. 이들은 전남도청에서 끝까지 결사 항전하기로 결의하고 '민주시민투쟁위원회'라는 새로운 도청 항쟁 지도부를 결성했다. 투쟁위 결성에 핵심적 역할을 한 윤상원은 지도부 내에서 대변인 역할을 맡았다.

계엄군과의 최후 항전을 하루 앞둔 26일 도청에서 시민군 및 항쟁 지도부의 입장을 밝히는 기자회견이 열렸다. 회견에는 내

외신 기자 20여 명이 참석했다. 윤상원은 전반적인 상황을 설명한 뒤 "오늘의 우리는 패배할 것이지만, 내일의 역사는 우리를 승리자로 만들 것"이라는 말을 남겼다.[345] 당시 기자회견에 참석한 미국의 브래들리 마틴 기자는 후일 "나는 이 젊은이(윤상원)가 곧 죽게 될 것이라는 예감을 받았다. 그 자신도 그것을 알고 있는 듯했다"[346]라는 기록을 남겼다.

상무충정작전

외곽봉쇄와 무장 해제 압박에도 시민들이 무기를 내려놓지 않자 계엄 당국은 최종 진압을 위해 '상무충정작전'을 감행한다. 상무충정작전은 공수부대 특공조가 광주 시내의 주요 건물에 은밀히 침투해 시민군을 무력으로 진압하고 뒤따라온 보병부대와 연결하는 것을 목표로 한 작전이었다.[347]

5월 26일 새벽 5시. 계엄군이 시 외곽에서 탱크를 몰고 들어오기 시작했다. 수습위원들은 계엄군의 시내 진입을 저지하기 위해 '죽음의 행진'을 벌였다. 이들은 시내로 진입해 오려거든 차라리 우리를 먼저 깔아 죽이고 들어오라며 도로 위에 드러누웠다.[348] 기세에 눌려 계엄군이 일단은 돌아갔다. 수습위는 마지막

으로 협상을 시도했으나 이미 상무충정작전 추진을 결정한 계엄
당국은 협상을 거부했다.

그 무렵 항쟁 지도부도 시민군을 재편해 광주 시내 주요 지점
에 배치하는 등 최후 항전을 준비했다. 두려움 때문에 총을 버리
고 개별적으로 이탈하는 사람이 생겨났지만, 윤상원은 "굳은 각
오가 아니면 지금 상황을 헤쳐 나가기가 어렵다. 굳은 각오와 결
의가 없는 사람은 지금 나간다고 해도 말리지 않겠다"[349]라며 붙
잡지 않았다.

밤이 다가오자 계엄군의 출동을 알리는 시민의 제보 전화가
몇 차례 걸려 왔다. 자정에 광주 시내의 모든 전화가 끊겼다.
결전을 앞둔 시민군은 무기를 받기 위해 도청 앞뜰 무기고로
모였다.

> "우리는 끝까지 싸워야 합니다. 전두환 살인집단에게 도청
> 을 내준다면 우리는 죽어간 영령들과 역사 앞에 죄인이 됩
> 니다. 우리가 비록 저들의 총탄에 죽는다 할지라도 그것이
> 우리가 영원히 사는 길입니다. 민주주의를 위해 최후의 순
> 간까지 굳게 뭉쳐 싸워야 합니다."[350]

윤상원은 최후 연설을 한 뒤 무기를 지급하고 도청 2층 민원

실에 자리를 잡았다. 27일 새벽 4시경 계엄군이 도청으로 진입해 오기 시작했다. 계엄군은 약 한 시간 만에 광주 시내 주요 건물에서 시민군을 제압했다. 이날 17명이 사망하고 227명이 연행되면서 10일간의 광주민중항쟁은 막을 내렸다.[351]

1980년 5월의 광주, 그 이후

유가족 단체와 5·18기념재단 등에 따르면 광주에서 10일간의 항쟁으로 165명의 시민이 숨졌다. 행방불명자와 상이 후 사망추정자까지 합하면 600명이 넘는다. 사망자의 평균연령은 27.5세로 윤상원과 같은 20~30대 청년이 가장 많이 죽었다.[352] 사망자 165명 중 129명의 사인이 총상이었다. 국민을 향한 군의 발포는 6·25전쟁 휴전 이래 처음 있는 일이었다.[353]

"북을 향하고 있는 총이 왜 남을 향하고 있는지 모르겠다. 상황이 어렵다. 식량이 떨어져 가고 있고, 물도 바닥나고 있고, 우리는 빨갱이가 아니다. 우리는 매일 반공 구호를 외치고 시작한다. 그렇게 몰고 가지 마라. 억울하다."[354]

1980년 5월 26일 항쟁 지도부의 기자회견에서 윤상원이 한 말이다. 그러나 이들의 죽음은 오랜 기간 폭도 또는 불순분자의 죽음으로 규정되었다. 1988년이 되어서야 5·18광주민주화운동 진상조사특별위원회가 구성되고 청문회가 열리는 등 진상 규명과 책임자 처벌의 필요성이 거론되었다. 1990년에는 피해자를 위한 보상법이 제정됐으며, 1995년에는 '5·18민주화운동 등에 관한 특별법'이 제정되어 마침내 전두환을 포함한 신군부 세력을 법정에 세울 수 있게 됐다. 이로써 광주의 가려진 진실이 세상에 제대로 알려지고 역사는 바로 섰을까. 고인이 된 윤상원의 의견을 듣고 싶다.

참고
자료

1. 노영기, 「총을 든 시민들, 시민군」, 『역사비평』 107, 역사비평사, 2014.

2. 노영기, 「1980년 5월 21일 계엄군의 발포와 희생」, 『민주주의와 인권』 15(3), 전남대학교 5·18연구소, 2015.

3. 김정한, 「광주 학살의 내재성─쿠데타, 베트남전쟁, 내전」, 『역사비평』 131, 역사비평사, 2020.

4. 노영기, 「5·18항쟁의 배경과 참여세력」, 『역사와 현실』 89, 한국역사연구회, 2013.

5. 노영기, 「상무충정작전(尙武忠正作戰)의 입안과 실행─1980년 5월 27일 최후의 진압작전을 중심으로─」, 『사림』 52, 수선사학회, 2015.

6. 박노해, "광주 무장봉기의 지도자 윤상원 평전", 〈노동해방문학〉, 1989.05.

7. 임낙평, "윤상원 열사의 삶과 투쟁", 〈월간말〉 35, 1989.05.

8. 윤석진, "윤상원을 통해 본 광주항쟁", 〈월간중앙〉, 1989.05.

9. 정희상, "윤상원 열사가 죽어간 곳에서 동생은 발길을 돌렸다", 〈시사인〉, 2019.06.14.

10. 김영태, ""5·18 사망자 606명"… 통계자료 발표", 〈노컷뉴스〉, 2005.05.13.

11. 김철원, "33년 전 오늘 리포트 10-"죽음을 앞두고…"", 〈광주 MBC〉, 2013.05.26.

12. 민주화운동기념사업회 오픈아카이브, "고(故) 이세종, 전주의 5·18 희생자", 2018.05.16.

13. 5·18민주화운동기록관 전자자료총서 제18권, "아, 광주여! 오월이여!", 〈인권선교 20년사〉, 1996.08.

14. 전남대학교 5·18연구소, "[증언 자료] 의무전경으로 시위진압에 나서", 2007.05.23.

15. 전남대학교 5·18연구소, "[증언 자료] 말 못 하는 아들이 무슨 죄가 있다고", 2007.05.29.

16. 광주광역시 5·18기념문화센터.

17. KOSIS 국가통계포털.

15

박영진

1980년대 '구로공단의 전태일'

15

박영진
1980년대 '구로공단의 전태일'

1986년 3월 18일 새벽 3시 30분, 스물일곱 살 청년이 죽었
다.[355]

"삼반세력 타도하자! 타도하자! 투쟁하자! 노동자가 주인
이 되는 사회가 되어야 한다! 이 땅에 정의가 넘치고 사랑
이 있어야 하며 평화와 평등이 있어야 한다! 끝까지 투쟁하
자!"[356]

온몸에 화상을 입어 형체를 알아볼 수 없는 채로 마지막 유지

를 전한 청년은 남을 위할 줄 아는, 세상과 더불어 살아간 사람이었다. 단 몇 초라도 인간답게 살고자 하는 마음에 불길 속으로 뛰어들었고 시대의 어둠을 밝히는 불꽃이 되었다. 시를 사랑하고, 노래를 사랑한, 무엇보다 사람을 사랑한 그의 이름은 박영진이다.

가슴에 밝힌 등불

박영진은 1961년 충남 부여에서 가난한 소작농의 장남으로 태어났다. 궁핍한 농촌 생활에서 벗어나려고 박영진이 초등학교 1학년 때 가족이 상경해 산동네에 살았다. 서울 마포구 도화동 언덕배기 방 한 칸에서 온 가족이 살다가 금천구 시흥2동 산동네 은행나무마을의 방 두 칸짜리 집으로 옮겼다. 아버지는 공사판을 전전하는 막노동꾼이었고, 어머니는 여의도에서 노점을 했고 노점을 접은 이후엔 파출부 일을 했다. 아래로 네 명의 동생을 둔 박영진은 5남매의 둘째인 여동생 박현수가 학업을 중단하고 봉제 공장에 취직해 벌어오는 돈으로 중학교에 다녔지만, 공납금을 내지 못해 끝내 졸업장을 받지 못했다.[357]

중학교를 그만둔 뒤 그는 공사판 잡일을 돕고 신문을 팔고 구두를 닦으며 용돈을 벌었다. 앞이 보이지 않는 암울한 현실에 친구들과 어울려 방황하며 일곱 차례나 구류를 살았다. 돈이 없어 서럽고 비참한 나날들 속에서 박영진은 어떻게 하면 가난에서 벗어날 수 있을지, 어떻게 살아야 인간으로서 제대로 살았다고 할 수 있을지 끊임없이 자신에게 물었다.[358]

> "모든 것이 사랑에서 싹트고 거두어진다. 우린 모든 것을 사랑해야 할 의무가 있다. 하찮은 돌멩이, 풀 한 포기일망정."
>
>   — 1979년 2월 23일 박영진의 일기 中[359]

> "진실에서 정직하게 출발하자. 지난 세월을 발판삼아 좋은 경험이라고 믿고 더욱더 노력, 분투하는 마음 자세를 갖자. 버려진 들국화처럼, 흩어진 쓰레기처럼 살아온 나에게 더욱더 높은 꿈과 이상이 있다."
>
>   — 1979년 4월 18일 박영진의 일기 中[360]

산동네 언덕길을 올라 칼바위 위에서 동네를 내려다보며 스물셋의 박영진은 공부를 다시 해 삶을 바꾸기로 다짐했다. 지긋지긋한 가난에서 벗어나고 인간적인 대접을 받기 위해선 대학에 진학해야 한다고 생각했고, 그리하여 검정고시를 준비하기로 했다.[361] 본격적인 공부를 위해 시흥야학에 들어간 박영진은 공장에 다니는 소년·소녀, 슈퍼마켓 배달부, 구두 수선공 등 가지각색의 직업을 가진 사람들과 함께 배움의 의지를 불태웠다. 하지만 검정고시 합격을 위해 시작한 공부는 박영진의 기대와는 다른 방향으로 나아갔다.[362]

야학의 대학생 교사들은 노동운동, 노동자의 권리 등 박영진이 본래 배우고자 한 검정고시 공부 이상의 것을 가르쳤다. 당시 야학은 민주화운동의 흐름을 타고 생활야학에서 노동야학으로 변화하고 있었다. 시험과 무관한 가르침에 당혹하고 검정고시 합격을 생각하며 조바심이 난 박영진은 야학을 그만둬야 할지를 잠시 고민했다.[363]

박영진은 학생운동 출신 야학 교사들과 어울리며 새로운 생각에 빠져들었다. 중등 검정고시에 붙어 고등 검정고시를 준비하고 대학시험까지 붙는다고 하여도 그때까지의 생활비와 대학 학비를 낼 길은 막막했다. 자신의 뒤에 남겨진 아버지와 어머니의 삶, 그리고 동생들의 앞날을 생각했고, 한 사람의 더 나은 삶의 이면에 수많은 사람의 희생과 절망이 숨어있음을 깨닫게 되었다.[364]

박영진은 야학 교사들이 건네준 책을 읽으며 이런저런 의문을 품었다. 8시간 노동제를 정착시키기 위해 미국 노동자들이 총에 맞아 죽으며 저항한『미국노동운동비사』를 읽으며 전율하고, 불법 노동행위 앞에서 우리나라 노동법의 유명무실함을 보여주는『근로자의 벗』을 읽으며 분노했다.『전태일 평전』을 읽고 깊이 감명받은 그는 자신과 같은 노동자가, 사랑하는 아버지와 어머니와 동생과 같은 사람이, 이 나라의 모든 노동자가 인간답게 살 수 있는 세상을 꿈꾸며 마침내 이 꿈에 헌신하기로 결심했다.[365] 대학진학을 목표로 한 야학 공부는 그를 각성한 노동자의 길로 이끌었다.

> "인간의 창조적 행위인 노동에 대한 자부심의 확인. 노동자로서 자신에 찬 모습을 발견하고 확인할 수 있는 한 계기를 만들어야 한다."
>
> — 1983년 어느 날 박영진의 일기 中[366]

> "모두가 정당한 대가를 받고 인격적인 대우를 받을 수 있는 세상, 그런 세상은 노동자 스스로가 깨어나 함께 일어서지 않으면 절대 만들어지지 않을 것이다."
>
> — 1984년 1월 13일 박영진의 일기 中[367]

희망의 불씨

1984년 7월 서울 구로구 구로동의 동일제강에 들어가면서 박영진은 본격적으로 노동운동가의 길을 걸었다. 온 힘을 다해 동료들에게 노동법을 알리고 노동조합의 필요성에 관해 이야기했다. 당시 동일제강에는 박영진 말고도 다른 현장 활동가들이 있었다. 박영진은 이들과 함께 친목회를 만들고 다른 노동자들에게 노동법을 교육했다. 노동자들은 휴식 시간이면 삼삼오오 모여 회사의 문제점을 이야기하며 노동조합이 결성된 이후의 더나은 삶에 희망을 품게 되었다.[368]

동일제강은 노동자에게 회식을 시켜준다는 명목으로 월급날 무조건 500원씩 일괄적으로 '밤비'를 걷었다. 당시 동일제강 초임은 10만 원 미만이었다. 어느 날 느닷없이 밤비 인상이 일방적으로 전달되었다. 불만을 토로하는 노동자들 사이에서 박영진은 그동안 밤비를 쓴 내역과 회식을 자주 하지 않음에도 왜 밤비를 인상해야 하는지를 반장에게 질문했다. 달라진 작업장 분위기에 회사는 박영진을 위험인물로 낙인찍었고 뒷조사를 통해 사내 노동자 모임이 있음을 알게 되었다. 결국, 박영진을 포함한 열다섯 명의 노동자는 권고사직 형태로 해고당했다.[369]

해고당하지 않은 현장 활동가들은 회사에서 꾸준히 노동자 모임을 진행했고, 부당노동행위로 회사를 고발한 해고 노동자들과 함께 노동조합 결성을 시도하기로 했다. 동일제강의 관리자들이 모두 철조망반 반장의 부친상에 문상 간 날, 박영진은 관리자가 없는 틈을 타 현장에 몰래 들어가 소식지를 나누어 주었다. 경비들에 발각되어 그들을 피해 도망가며 담벼락을 넘는 순간까지도 박영진은 모든 노동자가 단결해야만 노동조합을 만들어 권리를 되찾을 수 있다고 힘주어 말했다.[370]

노동조합 결성을 위한 박영진과 노동운동가들의 노력으로 노동조합 입회 원서가 30장 넘게 모였다. 1985년 4월 30일 박영진을 포함한 노동조합 결성 준비위원들은 한국노총 건물 6층 사무실을 점거하고, 식순에 따라 노동조합 결성식을 치렀다. 하지만 노동조합 설립신고서를 구로구청에 제출하고 나오며 기쁨에 겨웠던 것도 잠시, 노조 결성은 취하되었다. 두 개의 시·도에 공장이 있을 때는 신고서를 구청이 아닌 노동부에 제출해야 한다는 이유에서 신고서가 반려된 것이다.[371]

노동조합 결성식에서 선출된 일부 노조 위원들과 해고자들은 법외 노조를 만들고 현장 노동자들에게 조합 가입을 권유하며 민주노조 설립을 위해 투쟁하였다. 법외 노조는 부당노동행위와 임금 산정 위반 사례를 들고 회사로 들어가 단체교섭에 임할 것을 요구했다. 회사가 노조를 인정할 수 없다며 교섭을 거부하자

법외 노조는 1985년 5월 7일 야근을 끝낸 시점에 파업에 돌입했다.[372]

박영진은 일련의 투쟁을 지켜보며 노동자의 권리를 찾기 위해서는 노동자 스스로가 정치적 주체가 되어야 함을 뼈저리게 느꼈다. 1985년 8월 25일 서울지역 노동자 150여 명이 모여 최초의 노동자 대중 정치조직인 '서울노동운동연합(서노련)'을 출범시켰다. 서노련이 다소 급진적이라 생각한 박영진은 서노련과 별개로 조직된 '구로지역 선진노동자회'에 가입하여 노동운동을 이어갔다. 동일제강 싸움 이후 그는 새로운 사업장을 모색하다 1985년 9월 18일 당시 악덕 기업으로 소문나있던 신흥정밀에 입사했다.[373] 비록 법외 노조이지만 동일제강에서 어느 정도 노조 결성에 성공했다 판단해 자신의 소임을 다했다고 생각한 박영진은 신흥정밀로 옮겨 새로운 투쟁을 준비했다.

불씨는 횃불이 되어

박영진이 1985년 9월 18일에 입사한 서울 구로구의 신흥정밀은 볼펜을 만드는 곳으로 노동자 450여 명이 일했다. 일당으로만 18세 미만 노동자는 2,880원, 군대를 다녀온 남자 노동자는

3,080~3,480원을 받았다. 노동자들은 매달 10만 원이 안 되는 임금을 손에 쥐었다. 생리수당, 특근수당, 잔업수당 등 일당 외에는 어떤 수당도 지급하지 않았을뿐더러 회사는 8시간 기본 근로시간을 마음대로 9시간으로 변경해 1시간의 노동을 부당하게 갈취하였다.[374]

박영진은 영등포 도시산업선교회와 함께 신흥정밀 동료들에게 노동법과 노동자 의식을 가르치려 노력했다. 이러한 노력은, 현장 노동자들이 부당한 대우를 받고 있음을 자각하며 문제를 스스로 해결하려는 움직임을 끌어내었다. 1986년 새해가 되자 박영진은 그동안 만나온 다른 부서의 활동가들과 함께 '공장 소위원회'라는 모임을 구성하고 라인별 소그룹 결성을 준비하였다. 하지만 박영진이 일하던 5계를 제외한 다른 라인의 조직 작업이 부진하였고, 활동가 사이에 견해 차이가 있어 박영진은 또 다른 문제에 직면한다.[375]

당시 신흥정밀 활동가들은 공동투쟁 방향을 두고 격론을 벌이고 있었다. 노동운동의 방법론과 속도에 있어 서노련에 속한 이들과 박영진의 견해가 달랐다. 내실 있게 하며 가자는 박영진의 주장이 받아들여지기는 했지만, 공동투쟁(파업)의 날을 결정하는 과정에서는 다시 한번 갈등을 빚었다.[376]

박영진은 공동투쟁을 서두르는 서노련 소속 노동자들의 의견에 반대했다. 싸움을 서두르면 곧바로 조직이 드러나고 와해할 것으로 판단한 그는 더 많은 노동자가 뜻을 함께할 때까지 싸움을 늦추자고 이야기했다. 하지만 다수결을 통해 공동투쟁의 날이 1986년 3월 17일로 정해지자 박영진은 승복하고 동료들과 함께 투쟁을 준비했다. 이날 임금 인상을 위한 파업투쟁을 계기로 노동조합을 결성한다는 계획이었다.[377]

1986년 3월 5일 신흥정밀 노동자들은 임금 인상과 위험수당 지급, 그리고 부당노동행위 중지를 내걸고 잔업 및 특근 거부에 돌입했다. 10~14일에는 일터에서 부당한 대우를 받고 있음을 알리는 현장 소식지를 박영진이 직접 써 작업장 곳곳에 배포하고 전신주 같은 곳에도 부착했다. 1986년 3월 17일 청년 노동자들은 파업농성을 위한 모든 준비를 끝냈다. 아침과 점심을 라면으로 대충 때운 그들은 동료 노동자의 지하 셋방에서 소식지와 가방을 챙겨 신흥정밀로 향했다.[378]

생을 집어삼킨 불꽃이 일던 날

점심시간에 맞춰 도착한 작업장의 식당은 다른 부서 사람들은 없고 2계 노동자들만 자리해 평소와 다르게 조용했다. 당황한 박영진이 식사 중인 노동자에게 물으니 민방위 훈련 때문에 부서별로 자리를 나누어 식사하고 있다고 했다. 모든 노동자가 모인 장소에서 상황을 설명하고 파업을 결의하려던 당초 계획이 흐트러지자 박영진은 투쟁을 중지해야 한다고 판단했다. 하지만 밥을 먹고 있던 관리자들이 쫓아와 "빨갱이 놈들, 회사에서 나가라!"라고 몸을 밀치며 싸움이 벌어졌고, 박영진을 비롯한 활동가들은 상황을 파악할 겨를 없이 농성에 돌입했다.[379]

이들은 관리자들을 밖으로 밀쳐내고 식탁과 의자로 식당 문을 막은 뒤 노동자들에게 '우리의 주장'이라는 유인물을 나누어 주었다. 박영진은 식탁으로 올라가 소리쳤다.

"여덟 시간 노동제를 보장하라!"

식당 안의 다른 노동자들은 망설였지만 이내 소식지의 임금 인상 글귀에 눈을 맞추고 활동가들의 구호를 따라 외쳤다. 식당 밖으로 쫓겨난 관리자들이 순식간에 세를 불려 되돌아왔다. 대충 만들어놓은 바리케이드를 뚫기 위해 각목으로 식당 문 유리창을 깨부수고 몸으로 밀고 들어와 노동자들을 향해 돌을 던지고 소화기를 쏘았다. 아비규환이었다.[380]

박영진은 돌을 피해 뒤로 물러나다 더는 물러설 곳이 없다는 마음에서 난로 옆에 있던 석유통을 들고 온몸에 들이부었다. 매캐한 석유 냄새가 식당 안을 가득 채웠다.[381]

"모두 옥상으로 올라가!"[382]

박영진은 소리쳤다. 이미 식당의 바리케이드는 무너졌고 관리자들이 식당 안으로 밀려 들어오고 있었다. 박영진은 네 명의 노동자와 함께 작업장 옥상으로 뛰어 올라갔다. 곧장 형사와 현장을 둘러싸고 있던 전투경찰, 신흥정밀 관리자들이 뒤쫓아 올라왔다.[383]

"다가오지 마! 다가오면 분신하겠다!"[384]

박영진이 형사를 뚫어지게 쳐다보며 소리쳤다. 그의 뒤에서 다른 두 노동자는 옥상 난간에 바짝 붙으며 다가오면 투신하겠다고 외쳤다.[385]

"근로기준법을 지켜라! 일당 1,080원을 인상하라! 노동삼권 보장하라!"[386]

박영진은 또 다른 노동자로부터 라이터와 성명서를 건네받았다.[387]

"노동자의 정당한 요구를 더 이상 탄압 말고 즉각 물러가
라! 열 셀 때까지 물러가지 않으면 분신하겠다!"[388]

현장의 노동자들이 절규했다. 여성 노동자들이 "오빠! 그러지
말아요!"라고 소리 지르며 울고 있었다. 다른 공장의 노동자들은
멀리서 불안한 얼굴로 옥상의 대치를 바라보며 발을 굴렀다. 박
영진은 옥상 난간으로 올라가 하나부터 경고의 숫자를 셌다.

"열!"

하늘을 한 번 올려다본 박영진의 손이 허공을 긋자 성명서에
붙었던 불길이 화르륵 소리를 내며 박영진의 몸으로 따라붙었
다. 시뻘건 불길이 봄 햇살을 붉게 물들이며 허공으로 치솟아 올
랐다.[389]

"근로기준법을 지켜라! 노동삼권 보장하라! 노동운동 탄압
말라!"[390]

불길에 휩싸여 몇 마디 더 소리치던 박영진은 휘청이다 쓰러졌다. 넋이 나가 바라보기만 하던 사람들이 일제히 비명을 질렀다. 혼란을 틈타 경찰이 일제히 달려들어 난간에 매달린 노동자들의 사지를 잡아채어 끌어내리고 현장의 노동자들을 작업실로 내쫓았다. 신흥정밀 옥상에 남은 것은 살이 타는 냄새와 박영진의 몸에서 피어올라 하늘로 사라지는 희뿌연 연기뿐이었다.[391]

　같은 날 오후 신흥정밀의 상무와 관리과장이 산동네에 있는 박영진의 집을 찾아왔다. 그들은 회사에서 작은 일이 있었다며 박영진의 아버지에게 10만 원[392]이 든 봉투를 건넸다. "회사에서 아이들끼리 쌈박질을 했다. 박영진의 잘못으로 벌어진 일이 아니며 상처가 큰 것도 아니다. 치료비는 회사에서 다 지불하겠다"라고 둘러댄 그들은 병원에 들른다고 이야기하고 박영진의 아버지를 데리고 나가 밤새 술집에서 술을 먹였다.[393]

　늦은 저녁, 손님을 배웅하고 잠들 준비를 하던 박영진의 어머니는 아들의 후배라는 청년의 방문을 받았다. 빨리 병원에 가야 한다는 청년과 함께 그는 병원으로 향했다. 전투경찰이 에워싼 강남성심병원에 도착해 중환자실에 들어간 그는 형체를 알아볼 수 없게 변한 아들을 마주했다. 비명 같은 울음소리를 내지르던 어머니는 넋이 나간 사람처럼 가슴을 쥐어뜯으며 아들의 이름을 하염없이 불렀다.[394]

1986년 3월 18일 오전 3시 30분. 박영진은 스물일곱의 나이로 생을 마감했다.[395]

잿더미 속에서

박영진이 한 줌의 재가 된 이후 곳곳에서 그의 뜻을 잇는 움직임이 터져 나왔다. 신흥정밀 해고자를 포함한 노동자 13명이 18일 오후 6시 15분경 구로공단 입구 오거리 철탑 옆의 미용실을 점거하고 "영진이를 살려내라! 노동운동 탄압 말라!"라고 울부짖으며 농성했다.[396] 대림동에서는 100여 명의 대학생이 기습 시위를 벌이며 노동운동을 탄압하지 말라고 외쳤고,[397] 구로역에서도 노동자와 학생들이 철도를 점거하고 "영진이를 살려내라!"라고 소리쳤다.[398]

21일부터 수십 명의 노동자가 전태일기념관에서 박영진의 유지를 이어받아 여러 날에 걸친 싸움을 전개했다.[399] 서노련은 23일 오후 3시 전태일기념관에서 박영진의 장례식을 치르려고 하였지만, 경찰이 기념관 밖에 모인 60여 명의 노동자에게 최루탄을 퍼부어 장례식은 무산됐다. 신흥정밀 안에서 한 노동자가 조회 시간에 "박영진의 죽음은 우리 모두의 죽음이다"라고 외치다

경찰에 끌려갔다.[400]

　1986년 4월 28일 전태일이 잠들어 있는 마석 모란공원에서 박영진의 장례식이 준비되고 있었다. 하지만 안기부로부터 묘지를 내주지 말라는 협박을 받은 묘소관리소장은 묘지를 쓸 자리를 내줄 수 없다고 통보했다. 전태일의 어머니 이소선은 화장한 박영진의 유골을 전태일과 합장하겠다며 관리소와 싸웠다. 결국, 관리소는 전태일 묘로 이어지는, 사람이 다니는 길을 떼어 묫자리를 내어놓았다. 길가에서는 보이지 않는 자리였다.[401]

　박정희 정권은 분신한 전태일의 유해가 서울 도심에 묻히길 원치 않았다. 보안당국은 전태일의 묘지를 서울과 먼 곳에 조성하길 종용했고, 유가족은 모란공원을 묘소로 골랐다.[402] 흙과 바위가 가득했던 모란공원은 전태일을 시작으로 민주화 열사들의 푸르른 혼이 잠든 곳이 되었다. 전태일을 가장 존경했던 박영진 또한 한 줌 재가 되어 모란공원에 묻혔다.

　　"만인을 위한 꿈을 하늘 아닌 땅에서 이루고자 한 청춘들 누웠나니,
　　스스로 몸을 바쳐 더욱 푸르고 이슬처럼 살리라던 맹세는 더욱 가슴 저미누나.
　　의로운 것이야말로 진실임을, 싸우는 것이야말로 양심임을

이 비 앞에 서면 새삼 알리라.

어두운 세상 밝히고자 제 자신 바쳐 해방의 등불 되었으니

꽃 넋들은 늘 산 자의 빛이요 볕뉘라.

지나는 이 있어 스스로 빛을 발한 이 불멸의 영혼들에게서

불씨를 구할 지어니."

– 모란공원 민주열사 추모비[403]

1. 이인휘, 『박영진』, 민주화운동기념사업회, 2003.12.29.

2. "焚身(분신)자살 근로자 朴永鎭(박영진)씨 장례식", 〈동아일보〉, 1986.04.28.

3. "民統聯(민통련) · 근로자등 百(백)여명 가두시위", 〈동아일보〉, 1986.03.24.

4. "32명 연행조사 九老工團(구로공단)앞 세곳 百(백)20명시위 · 농성", 〈동아일보〉, 1986.03.20.

5. "2개大學生(대학생) 1백여명 九老工團(구로공단)서 가두시위", 〈동아일보〉, 1986.04.06.

6. "全泰壹館(전태일관)서 농성 근로자 69명 연행", 〈조선일보〉, 1986.03.26.

7. "'민주열사 묘역 초라해 눈물 나'", 〈한겨레〉, 2012.10.03.

8. 「박영진 열사의 생애와 투쟁사」, (사)전태일을따르는민주노동연구소 웹사이트.

9. 「박영진 열사여, 그대 이 어둠 속의 한줄기 강렬한 햇살이여!」, (사)

전태일을따르는민주노동연구소 웹사이트.

10. 「마석 모란공원 민주열사 묘역」, 민주화운동기념사업회 민주로드 웹사이트.

16

이한열

대학생 이한열이 바꾼 대한민국

16

이한열
대학생 이한열이 바꾼 대한민국

1987년 6월 9일 오후 5시 5분, 한 청년의 시계가 멈췄다. 다음날 열릴 '고문 살인 은폐 규탄 및 호헌철폐 국민대회'의 출정식을 교내에서 마친 1,000여 명의 연세대 학생은 9일 오후 4시경 연대 정문까지 진출하여 "호헌 철폐!" "독재 타도!" "직선제 쟁취!" 등의 구호를 외쳤다. 정문에서 시위대와 이들을 막아선 전투경찰 사이에 공방과 대치가 이어졌고 여느 날처럼 터질 때가 되자 최루탄이 터졌다. 오후 5시를 5분 넘긴 시점에 푸른색의 경영학과 과T를 입은 연세대 학생이 이 최루탄 중의 하나에 맞아 쓰러졌다. 직격으로 발사된 최루탄에 맞아 피를 흘리며 쓰러진

청년은 다시 일어나지 못했다. 이한열이었다. 이한열은 "내일 시청에 가야 하는데…"라는 말만 남긴 채 27일 후인 1987년 7월 5일, 스물한 살의 나이로 숨졌다.

대학생 이한열

광주에서 학창 시절을 보낸 이한열은 진흥고등학교 전교학생 회장을 지낸 모범적인 학생이었다. 부모의 말을 잘 듣는 착한 아들이었던 그는 재수를 거쳐 1986년 스무 살에 연세대학교 경영학과에 입학했다.

이한열이 대학에 입학한 해인 1986년 5월 서울 명동성당에서는 해외에서 밀반입된 '광주 비디오'가 열흘간 시민들을 대상으로 상영됐다. 뉴욕 교민인 목사 박상증과 뉴욕 한인회 단체 '민주구락부' 회장 민승연이 주축이 되어 1981년 5월 제작한 〈오! 광주〉는 '광주 비디오'로도 불렸다. 교민들에 의해 국내로 밀반입된 이 비디오는 대학과 성당 중심으로 비밀리에 배포되었다.[404]

이한열 역시 대학교 1학년인 1986년에 광주 시민학살에 관한 비디오와 사진전을 접한다. 6년이 지나서야 광주민주화운동의 진상을 알게 된 것이다. 열다섯 살에 광주민주화운동을 겪었지만, 당시 길거리의 시신들을 볼까 걱정된 부모의 보호 아래 집에만 있었기 때문에 이한열은 그때의 광주가 무엇을 의미하는지 몰랐다고 한다.[405]

> "나의 어린 날의 추억, 광주사태가 끝난 후 6월 초순 아무런 의식이 없는 상태에서 나는 자연을 만끽했고 고풍의 문화재에 심취했다. 친구들과 찍은 몇 장의 사진이 있을 뿐, 사회의 외곽지대에서, 무풍지대에서 스스로 망각한 채 살아왔던 지난날이 부끄럽다."[406]

대학교 1학년 여름방학에 이한열은 학교 선배·동기들과 함께 국토순례대행진에 나선다. 이한열의 '만화사랑' 동료 이민우는 이때부터 이한열이 달라졌다고 전한다.[407] 국토순례대행진은 정읍시 신태인읍을 지나 동학농민운동 최초 봉기 장소인 말목장터로 이어졌고 전봉준 장군 고택, 그리고 동학혁명모의탑과 황토현 전적지에 다다랐다. 일행은 동학농민운동의 정신을 기리고, 민중의 권리를 되찾기 위해 싸운 전봉준 장군을 추모한 후 광주 북구 망월동 묘지로 향했다. 이들은 광주항쟁 시기에 희생당한 이름 없는 시민들의 묘지에서 묵념하고 '오월의 노래'를 불렀다.[408] 국토순례대행진에서 돌아온 이한열은 선배들이 권한 사회과학 서적을 읽으며 정의와 올바름에 관한 고민을 시작했다.

> "나는 솔직하고 싶다. 이 세상이 나를 배반하고, 나를 죽이려 해도 나는 결코 이 세상을 경멸하지 않을 터이다.
> 준열아!
> 각자 추구하는 것에 대한 방법은 달라도, 그 추구함은 같다고 믿는다. 그것은 인간이 인간적으로 사는 것이다. 나는 요즘 '인간적이란 무엇인가'라는 테마를 생각하고 있다. 정리되는 대로 너에게 소식을 전하마.
>
> > 1986년 8월 30일 01시 05분
> > 스무 번째 생일을 기리며 한열 씀"

교내 집회, 가두시위를 지켜보며 1학년 1학기를 보낸 이한열은 1학년 2학기부터 직접 학내 시위와 집회에 참여하고 현실의 문제를 직시하기 위해 '민족주의연구회'에서 활동하기 시작한다.[409]

1986년은 학생운동이 타격을 입은 해였다. 학생운동과 제도권 야당이 충돌한 5·3인천사태와 학생 1,290명이 구속된 10월

건대항쟁으로 학생운동권은 전두환 정권으로부터 집중적인 탄압을 받았다. 쓰러진 이한열을 옆에서 부축한 연세대생 이종창은 한 인터뷰에서 "(1986년에) 운동권 동기, 선배들과 어울리면 의식화되고, 의식화되면 빨갱이 되고, 선배들의 지시에 따르는 노예적인 삶을 살게 된다"라고 운동권을 폄하하는 사회적 분위기가 있었다고 말했다.[410]

이러한 분위기 속에서도 이한열은 1987년 '만화사랑' 써클을 결성하여 학생운동에 투신하는 한편 사회풍자 만화를 그리는 활동에도 참여했다.

이한열 역시 20대 초반의 대학생이었다. 1987년 2월 13일 이한열은 광주에서 서울로 (친구들에게) 편지 한 통을 보냈다. 그 무렵 이한열은 당시 서울에서 교사로 근무 중인 셋째 누나와 함께 거주하고 있었는데, 이한열의 누나는 2월 9일 월요일 저녁 서울에 도착한 남동생이 늦은 밤 학교로 향하는 것을 수상하게 여겼다. 이한열이 서울로 보낸 편지에는 (자신의) 책상을 조사해 써클 가입 사실을 알게 된 누나가 부모에게 연락드려, 그다음 날 어머니가 광주에서 올라와 자신을 데리고 광주로 내려갔다는 것을 알리는 내용이 담겨 있었다. 2월 중으로 써클 활동을 정리하지 않으면 휴학하고 군에 입대하라는 부모의 최후통첩을 받은 이한열은 사회과학책 몇 권을 챙겨 어머니와 함께 광주에 내려

갔다.[411]

자신의 안위를 걱정하는 부모와 마찰을 겪고, 미래를 고민하는 대학생이었던 이한열의 일기에는 이 무렵 "젊음이란 하고 싶은 말을 할 수 있는 나이. 정의와 올바름을 위해 투쟁하고 싶다. 이로 인해 나의 궤도에 차질이 있다면 끝까지 감수하면서 투쟁할 것이다"라는 문장이 적혀 있다.

대학생 박종철의 죽음

이한열이 2학년이 된 1987년 초 전국은 박종철 고문치사 사건으로 들썩였다. 1987년 1월 14일 서울대학교 언어학과 3학년 박종철이 서울 남영동 치안본부 조사실에서 물고문과 전기고문을 받다 사망한 사건이다. '대학문화연구회' 선배이자 '민주화추진위원회' 지도위원으로 수배 중인 박종운을 잡기 위해 13일 자정에 6명의 수사관이 박종철을 연행했고, 박종철은 다음 날 낮에 사망했다.

1월 15일 오전에 대검찰청 이홍규 공안4과장으로부터 "경찰들 큰일 났어"라는 한마디를 들은 것을 시작으로 경찰 조사를 받던 서울대생이 사망했다는 사실을 알게 된 〈중앙일보〉 기자 신성호는 이날 〈중앙일보〉 7면에 "경찰에서 조사받던 대학생 쇼크사"라는 제목의 500자짜리 기사를 내보내 세상에 박종철의 사망 사건을 알렸다.[412]

박종철의 시신이 화장된 1월 16일엔 〈경향신문〉에서 "경찰서 대학생 쇼크사 검찰, 진상 규명 나서"라는 기사를 연이어 보도하였다. 기사에 따르면 박종철은 14일 오전 9시 16분쯤 경찰이 제공한 콩나물국과 밥으로 아침 식사를 했는데, 어젯밤 술을 너무 많이 마셔 밥맛이 없다며 냉수 몇 컵을 요구해 마셨고, 10시 50분쯤부터 수사관의 신문을 받았다. 11시 20분쯤 수사관이 수배된 박종운의 소재를 물으면서 책상을 세게 두드리는 순간 의자에 앉은 채 갑자기 "윽!" 하는 소리를 지르며 쓰러졌다. 경찰이 박종철을 곧바로 용산 중대부속병원으로 급히 옮겼으나 이날 정오쯤 숨졌다는 것이 경찰이 발표한 박종철의 사망 경위였다. 경찰 조사에서 수사관의 가혹 행위는 절대로 없었다는 경찰의 입장과 함께 박종철이 과거 구속되고 징역형을 받은 기록이 기사 말미에 기재되었다.[413]

1986년 9월 6월에 알려진 부천서 성고문 사건 등으로 정권의 폭력성에 분노하고 있던 국민에게 두 기사는 반향을 일으켰다. 이어 1월 17일 〈동아일보〉에 "오전 11시 45분경 조사실에 도착했을 당시 박 군은 바지만 입은 채 웃옷이 벗겨져 있었던 것으로 기억되며 약간 비좁은 조사실 바닥에는 물기가 있었다"라는 시체 부검의의 증언이 보도되자 물고문에 의한 사망 가능성이 제기되었다.[414]

사건 발생 5일 후인 1월 19일 정부는 물고문 사실을 시인하며 고문 경관 조한경과 강진규를 구속하고 내무부 장관 김종호와 치안본부장 강민창을 해임하여 민심을 달래려 했다.

하지만 무고한 대학생의 죽음을 본 국민은 폭력 정권에 저항하기 시작했다. 1월 20일 서울대생들은 '고 박종철 학형 추모제'를 열고 아크로폴리스광장에서 교문 앞까지 침묵시위를 벌였다. 2월 7일 전국에서 '고 박종철 국민추도대회'가 열렸고 8개 도시에서 798명이 경찰에 연행되었다. 약 한 달 후 전두환 취임 6년째이자 박종철의 49재였던 3월 3일, 서울·부산·대구·광주 대전·전주 등 전국 주요 도시에서 박종철 49재와 '고문 추방 민주화 국민평화 대행진'이 열렸다. 전두환 정권은 이를 불법 집회로 규정하며 3월 2일 밤부터 전국에 갑호 비상령을 내리고 전국에 6만 명의 경찰을 배치했다. 경찰은 "독재 타도!"와 "직선제 개헌!"을 외치는 시위를 진압하며 전국에서 439명을 연행했다.[415]

1985년에 시작된 대통령 직선제 개헌논의는 더욱 거세졌고 두려움을 느낀 전두환은 1987년 4월 13일 모든 개헌논의를 금지하는 4·13호헌조치를 단행했다. 이 조치는 지금까지 진행된 모든 개헌논의를 중단하고, 이듬해인 1988년 2월 현행 헌법에 따라 정부를 이양하겠다는 내용을 담았다.[416]

> "본인은 얼마 남지 않은 촉박한 임기와 현재의 국가적 상황을 종합적으로 판단하여 중대한 결단을 내리지 않으면 안 되게 되었습니다. 이제 본인은 임기 중 개헌이 불가능하다고 판단하고 현행 헌법에 따라 내년 2월 25일 본인의 임기 만료와 더불어 후임자에게 정부를 이양할 것을 천명하는 바입니다. 이와 함께 본인은 평화적인 정부 이양과 서울올림픽이라는 양대 국가 대사를 성공적으로 치르기 위해서 국론을 분열시키고 국력을 낭비하는 소모적인 개헌논의를 지양할 것을 선언합니다. 본인의 이 결단은 오늘의 망국을 타개하고 국가 목표를 수행하는 데 현실적으로 최선의 길이라는 판단에 따른 것으로서 국민 여러분께서 전폭적인 도움과 신뢰를 보내주실 것을 간곡히 당부하고자 합니다."
>
> — 4 · 13호헌조치 관련 대통령 특별담화 中

'호헌'이라는 가면을 쓴 이 발표는 이승만의 제1공화국과 박정희의 제4공화국의 장기 독재정권을 또다시 반복하는 것이 아니냐는 의혹을 불러일으켰으며, 전두환의 기대와 달리 개헌을 요구하는 시위가 전국적으로 폭발했다.

1987년 5월 18일 천주교정의구현사제단 김승훈 신부(당시 홍제동성당 주임신부)는 "박종철 군 고문치사 사건의 진상이 조작되었다"라는 제목의 사제단 성명을 통해 치안감 박처원과 경정 유정방·박원택 등 대공 간부 3명이 이 사건을 축소·조작하였고 고문 가담 경관이 5명이었다는 사실을 밝혔다.[417]

사제단의 폭로 이후 전두환 정권은 관련자 추가 구속과 문책 인사를 통해 사태를 수습하려 했지만 속수무책이었다. 같은 달 23일 '박종철 군 국민추도 준비위원회'는 '박종철 군 고문살인 은폐조작 규탄 범국민대회 준비위원회'로 개편되었고 27일에는 '민주헌법쟁취 국민운동본부'가 결성되어 '박종철 고문 은폐조작 및 호헌선언 반대 범국민대회'를 6월 10일에 개최하고자 했다.[418]

이한열은 다른 많은 대학생과 함께 박종철의 죽음과 호헌 조치에 분노하며 거리로 나섰다. 각 대학은 6월 10일에 열릴 전국적인 시위를 위한 출정식을 준비하였다. 이한열 역시 열 기운이 있는 몸을 이끌고 6월 9일 열린 6·10대회 출정을 위한 연세인 결의대회에 참가했다.[419] 이날 오후 2시 약 1,000명의 학생은 동아리 등의 깃발을 들고 도서관 앞 민주광장에 모였고 2시간가량의 결의대회를 마치고 "호헌 철폐!" "독재 타도!" 구호를 외치며

정문으로 향했다.[420]

전국적으로 갑호 비상근무령이 내려진 상태였다. 시위진압을 위해 이미 오전 9시부터 수백 명의 전투경찰이 연세대학교 앞과 신촌로터리 일대에 배치되었다. 경찰은 정문에서 시위를 벌이는 학생들에게 최루탄을 발포했고, 최루탄을 피해 교내로 뛰어가던 이한열의 뒤통수에 SY-44 깡통탄이 맞으며 터졌다.[421] 이한열의 얼굴과 코에서 피가 쏟아졌고, 쓰러지는 이한열을 발견한 도서관학과 2학년 이종창이 그를 부축하여 학교로 들어갔다.[422] 이한열은 세브란스병원으로 옮겨지는 동안 의식을 완전히 잃지는 않았으나 약 1시간 후 "내일 시청에 가야 하는데…"라는 말을 남기고 혼수상태에 빠졌다.

이한열의 최루탄 피격 사건은 다음 날 〈중앙일보〉 1면에 보도되었고, 피를 흘리는 이한열의 사진은 6월항쟁의 기폭제가 되었다.

이한열의 6월, 대한민국의 6월

1987년 6월 9일 오후 5시 30분경 이한열 광주 본가의 전화벨이 울렸다. 이한열이 위독하다는, 세브란스병원에서 온 연락이었다. 이한열의 부모는 오후 7시 막차를 타고 세브란스병원으로 갔다. 고작 이틀 전인 7일 밤 서울로 올라간 아들이 위독하다는 소식을 믿을 수가 없었다.[423] 밤 12시 넘어 신경외과 중환자실에 의식 없이 누워있는 이한열을 보고 이한열의 어머니는 정신을 잃었다. 신경외과 의사 정상섭은 이한열의 상태가 위독해 수술조차 불가능하다고 했다. 병원 밖에서는 이한열의 동료, 친구들, 이한열의 지도교수 이완수가 그를 밤낮으로 지켰다.[424]

1987년 6월 10일 오후 6시, 예정대로 '박종철 고문 은폐조작 및 호헌선언 반대 범국민대회'가 개최되었고 전국 22개 도시에서 참여자가 거리로 쏟아져 나왔다. 앞서 정부는 시위를 원천 봉쇄하기 위해 버스와 택시 경음기를 떼도록 했고 직장인의 조기 퇴근을 독려해 6시에 맞춰 시작하는 시위의 참여를 막으려 했다. 옥외방송 마이크를 꺼버렸고 서울 지하철 1·2호선이 통과하는 도심의 역들을 열차가 정차 없이 통과하도록 했다. 그러나 시위를 막으려는 이러한 여러 방책과 서울에서만 2만 3,000여 명을 동원한 경찰력으로 군중의 분노를 잠재울 수는 없었다. 택시 운전사들은 서행하며 경적을 울렸고 시내버스에서 시민들은 흰 손수건을 흔들었다.[425]

다음날 오전 10시, 세브란스병원은 기자회견을 열어 이한열의 병세를 좌측 후두부 두개골 골절, 골절 부위 뇌타박상, 뇌출

혈 등이라고 설명하며 12일이 고비가 될 것이라고 밝혔다. 같은 날 밤 9시 30분 연세대학교는 '이한열 군 대책위원회'를 구성하였고 학생들도 수십 명씩 경비 조를 짜 경찰의 병실 접근을 조직적으로 감시하였다. 세브란스병원 역시 인턴 1명, 레지던트 2명, 간호사 1명이 번갈아서 24시간 이한열의 병상을 지켰고 12명의 전담 의료진을 구성하여 이한열의 병세를 살폈다.[426]

명동성당과 세브란스병원에서는 1,000여 명의 학생들이 철야 농성하며 "우리 민주 학우 한열이를 살려내라!"라는 구호를 외쳤다.

6월 12일 오전 4시, 40여 명의 신부가 서울 교구 사제단 회의를 열어 명동성당에서 농성하는 학생들을 끝까지 보호할 것을 결의했다. 이날 서울 명동 거리의 시위대를 향해 시민들은 박수를 보냈고, 점심시간에는 명동의 사무직 노동자들이 학생들과 함께 시위를 벌였다. 오후 2시경 명동 입구부터 신세계백화점 사이의 도로 주변에 넥타이 부대를 포함한 시민 2,000여 명이 모여 "독재 타도!"를 외쳤다.[427]

같은 날 연세대 상경대 교수들은 "이 군 사건을 당하여"라는 성명서를 발표하였다. 이한열에 대한 책임을 통감하며 학생시위를 유발하는 현실을 개탄하는 내용이었다. 이날 오후 2시 연세대생 3,000여 명은 이한열이 결의대회에 참가한 바로 그 민주광장에서 '살인 최루탄 난사에 대한 범연세인 규탄대회'를 갖고 시위를 벌였다.

같은 시간 세브란스병원 안, 이한열은 여전히 혼수상태였다. 의료원 기획실장 강진경은 이한열의 단층 촬영 사진을 판독한 후 처음 입원할 때와 동일한 상태라고 밝혔다.[428]

6월 13일 9시 10분, 전두환은 관계부처 장관들, 청와대 비서실장·경호실장 등과 명동사태를 논의했다. 결론이 나지 않자 전두환 정권은 강제 진압을 포기하고 사제들에게 중재를 요청했다. 이 회의는 일요일인 14일 오전 9시 30분 청와대에서 다시 열렸는데 이 자리에서 전두환은 비상조치 얘기를 꺼냈지만, 회의 후에는 명동성당에서 농성 중인 사람들을 잡지 말고 이날 저녁을 기점으로 모두 내보내라고 지시했다.

연세대생들은 14일 "사경에 처한 이한열 군의 비극을 직시하면서"라는 성명서를 발표하고 최루탄 사용금지 및 이한열 군 사건 책임자의 사퇴를 요구했다. 이날 오후 3시 30분 연세대생 7,000여 명은 교내 노천극장에서 이한열 군 사건에 대처하기 위한 제3차 비상 학생총회를 열었고, 오후 5시부터는 신촌로터리를 점거하여 최루탄을 쏘는 경찰에 맞서 돌을 던지며 시위를 이어갔다. 이날 연세대생 2명이 머리를 다쳐 수술을 받았다.

15일 명동성당. 오전 1시부터 6시까지 농성단 해산을 두고 토론이 진행됐다. 토론 후 해산 찬반에 관한 1차 투표에서는 과반수 의견이 나오지 않았고, 2차 투표에서는 투표에 문제가 있다는 지적이 있어 3차 투표까지 실시되었다. 명동성당 청년단체연합회가 합류한 3차 투표는 농성단 해산으로 최종 결론이 났고, 낮 12시 20분 농성단은 대형 태극기를 앞세우며 명동성당을 나섰다.

오후 8시, 정의구현전국사제단 주최로 '나라의 민주화를 위한 특별 미사'가 명동성당에서 거행되었다. 특별 미사 후 5,000명의 종교인은 촛불을 들고 행진했고, 성당 밖의 1만여 명의 시민이 그 뒤를 따르며 6월항쟁의 중심적인 투쟁이었던 명동투쟁은 마무리됐다.

명동성당 농성의 영향으로 6월 15일 전국 59개 대학에서 9만여 명이 시위를 벌였다. 경찰 발표만으로도 이날 전국에서 10만 4,000여 명이 시위에 참여한 것으로 돼 있어 1987년 들어 최대 인원이 독재정권에 온몸으로 저항한 셈이다.

이한열이 19일째 혼수상태에서 깨어나지 못한 6월 26일 오후 6시 전국 37개 시에서 6·26국민평화대행진이 열렸다. "국민의 힘으로 민주화를 쟁취하자"라는 플래카드를 내세운 이 시위에는 전두환 정권 이래 가장 많은 인원이 참여하였다. 국민운동본부는 이날 시위 군중을 130만 명으로 집계하였고, 경찰은 5만 8,000명으로 발표하였다. 이날 3,400여 명이 경찰에 연행되었다.

마침내 6월 29일, 민주정의당 대통령 후보 노태우는 대통령 직선제 개헌, 김대중 사면·복권 등 민주화 요구를 반영한 8개 항목의 시국 수습방안을 발표하고 전두환에게 건의하였다.[429]

1. 여·야 합의하에 조속히 대통령 직선제 개헌을 하고 새 헌법에 의한 대통령 선거를 통해서 1988년 2월 평화적인 정부 이양을 실행하도록 한다.
2. 직선제 개헌이라는 제도의 변경뿐만 아니라 이의 민주적 실천을 위하여 자유로운 출마와 공정한 경쟁이 보장되어 국민의 올바른 심판을 받을 수 있는 내용으로 대통령 선거법을 개정하여야 한다.

― 6·29선언 일부

7월 1일 전두환은 노태우의 6·29선언을 전폭 수용한다는 특별담화를 발표했다.[430]

민주화의 열망이 뜨겁던 1987년 7월 이한열은 여전히 사경을 헤매고 있었다. 합병증으로 찾아온 폐렴 증세가 악화하여 이한열은 중환자 격리실로 옮겨졌다. 담당 의사는 이한열의 병세가 입원 당시보다 매우 깊어졌다고 밝혔다.

7월 5일 새벽 12시 10분, 이한열의 혈압이 갑자기 떨어졌고 새벽 1시 15분경에는 심폐 기능이 정지했다. 담당 의사는 심폐 소생술 등 응급조치를 취했으나, 약 1시간 후 새벽 2시 5분, 이한열은 사망했다. 주요사인은 뇌 손상이었고 직접 사인은 심폐 기능 정지였다. 중환자실 밖에서 경비를 서고 있던 연대생 20여 명은 사망 소식을 듣고 "한열이를 살려내라!"라고 울부짖었다.

이한열이 사망한 5일 새벽 3시, 경찰은 4,500여 명의 전경을 병원과 신촌로터리 일대에 배치했고 학생의 접근을 막기 위해 불심검문을 실시했다. 같은 날 경찰은 "압수할 물건 : 이한열의 시체 1구"라고 적힌 압수 수색 검증영장을 들고 왔다. 이날 오전 8시 50부터 2시간에 걸쳐 이한열의 시신 부검이 실시되었고, 검찰은 사체 부검과 이물질 성분 분석 결과 최루탄 뇌관인 구리 성분 파편에 의해 이한열이 사망한 것으로 인정된다고 결론을 내렸다.

5일 세브란스병원의 영안실에 마련된 이한열의 빈소는 6일 새벽 학생회관 1층 로비로 옮겨져 정식 설치되었다. 4일간 약 8만 명의 조문객이 이한열의 빈소를 찾았다.

9일 '민주 국민장'이라는 이름으로 이한열의 장례식이 진행됐다. 새벽 6시, 이한열의 경영학과 동기 24명과 '만화사랑' 회원 16명이 유해를 영결식장으로 운구했다. 오전 9시에 거행된 영결식에는 7만여 명이 참석하였다. 조사를 낭독하러 단상에 나온 목사 문익환은 민주화에 희생된 25명의 열사의 이름을 부르짖었고, 이한열의 어머니가 살인 정권을 규탄하자 추모객들은 대성통곡하였다.

약 10만 명이 노제를 지켜보기 위해 신촌로터리에 모였고, 시민들은 시청을 향해 행진하는 운구행렬을 따라가며 "독재 타도!" "민주 쟁취!"의 구호를 외쳤다. 아침부터 모여 있던 시민들로 시청의 교통은 이미 마비되었고 사람들은 시청 근처의 빌딩에서 하얀 손수건을 흔들었다. 운구행렬이 시청광장에 들어서자 20만 명의 군중이 시민묵념에 참여했다.

서울에서 영결식이 끝나고 이한열의 유해를 실은 영구차와 운구행렬은 이한열의 모교인 광주 진흥고등학교로 향했다. 노제가 끝난 뒤 전남도청으로 출발한 운구행렬 뒤를 시민 5만 명이 뒤따랐고 운구행렬이 도청 앞 광장에 도착했을 때 광장 앞 6차선 도로는 20만여 명의 시민으로 메워졌다. 대한민국의 민주화를 앞당긴 이한열의 시신은 5·18묘역에 안장되었다.

같은 해 10월 27일 대한민국의 민주주의 시작을 알린 대통령 직선제를 위한 국민투표가 진행되어 직선제 개헌(제9차 헌법개정)이 이뤄졌다. 박종철과 이한열의 죽음과 함께 폭발한 6월항쟁은 대통령 직선제를 중심으로 한 '87년 체제'를 출범시켰다.

1987년 헌법개정은 절차적 민주주의의 첫걸음이란 의의를 지니지만 대통령의 장기 집권을 막는 데만 치중하였다는 비판을 받기도 한다. 헌법의 핵심이라고 볼 수 있는 '직선제에 의한 5년 단임 대통령제'는 대통령 1인에게 지나친 권력을 집중시켜 '제왕적 대통령제'를 낳았다는 비판에서 자유롭지 못하다.[431] 이한열과 박종철, 6월의 민중이 몸 바쳐 헌법개정을 이루었듯, 정치권이 아닌 국민이 주체가 되어 '살아있는 헌법'에 관한 논의를 시작해야 할 시점이 오래전에 지난 듯도 하다.

참고 자료

1. 오수미, "'광주 비디오' 설명했더니 비웃어" 감독이 전한 뒷얘기", 〈오마이뉴스〉, 2020.07.01.

2. 이민우의 조사, 이한열 장례식 실황 녹음, 이한열기념사업회.

3. 이한열, 유고 "1987년 분단 42년 피맺힌 2월".

4. 서성란, 『이한열 시대의 불꽃 15』, 민주화운동기념사업회, 2005.

5. 민주화운동기념사업회, "이한열, 6월의 거점―만화사랑의 의미―", 〈6월민주항쟁〉.

6. 이경란, 『그날의 이한열, 오늘의 우리』, 이한열기념관, 2020.

7. 이경란, 『이한열, 열의 걸음』, 이한열기념관, 2019.

8. 정진우, "'경찰, 큰일' 말에 3시간을…87년생 기자가 만난 '1987 기자'", 〈중앙일보〉, 2018.01.08.

9. "경찰서 대학생 쇼크사 검찰, 진상 규명 나서", 〈경향신문〉, 1987.01.16.

10. "수사경관 2명 소환방침", 〈동아일보〉, 1987.01.17. 7면.

11. 강민진, "전두환은 끝내 '박종철 고문치사'를 반성하지 않았다",

〈한겨레〉, 2018.01.15.

12. 한국민족문화대백과사전, "사일삼호헌조치(4·13護憲措置)"

13. 민주화운동기념사업회, "1987.05.18. "성명서−박종철 군 고문치사 사건의 진상이 조작되었다", 천주교정의구현전국사제단", 〈6월민주항쟁〉.

14. 민주화운동기념사업회, "박종철 고문치사 은폐조작 사건 진상조사 활동과 규탄대회", 〈6월민주항쟁〉.

15. 김정희, 『1987 이한열』, 사회평론, 2017.

16. 구슬희, "22살 한열이의 유월", 〈뉴스타파〉, 2016.06.24.

17. 손숙의 아주 특별한 인터뷰, "산 자들의 잔치 아닌 죽은 자들을 먼저 기려야", 〈노컷뉴스〉, 2007.06.09.

18. 경향신문 민주화운동기념사업회, "([실록민주화운동](82). 6월항쟁의 서막", 〈경향신문〉, 2004.12.19.

19. 김덕련, "전두환도 두 손 들게 만든 명동성당 농성 투쟁", 〈프레시안〉, 2017.02.20.

20. 한국민족문화대백과, "6·29민주화선언"

21. "전두환 대통령 특별담화 발표, 노태우 대표 시국수습안 전폭 수용", 〈MBC〉, 1987.07.01.

22. 국회기록소, "수집 기록으로 보는 헌법개정: 현경대 전 국회의원 기증 기록을 중심으로".

23. 이금옥(Keum-Ok Lee), 2018, "현행 헌법의 제왕적 대통령제와 권력구조 개편 방안", 헌법학연구, 24(3): 197-228.

17
문송면

입사 두 달 만에 수은중독으로 쓰러진 소년

문송면
입사 두 달 만에 수은중독으로 쓰러진 소년

집안 형편이 어려워 공장에서 일하며 야간 고등학교에 다니겠다는 생각으로 상경한 소년은 온도계 공장에서 일한 지 두 달 만에 앓아누웠다. 왜 아픈지 알 수가 없었다. 서울의 대학병원에 갔는데도 병명을 알 수 없어 무당을 불러 귀신 쫓는 굿까지 했다. 소년은 환청을 듣는가 하면 피가 나도록 몸을 긁는 등 고통에 시달리다 병에 걸린 후 반년이 지나기 전에 숨졌다. 사인은 수은중독이었다.

"살고 싶어…. 병 다 나으면… 무서운 서울 떠나… 농사지으며 엄마랑 살자"라는 말을 다섯 살 터울 형에게 남기고 1988년 7

월 2일 열다섯 살의 나이로 세상을 떠난 이 소년은 문송면이다. 산업재해로 어린 나이에 사망한 소년의 이야기는 한국 사회에 충격을 주었고, 이후 문송면은 한국 직업투쟁을 상징하는 인물로 기억되고 있다.

문송면을 죽음으로 내몬 노동현장

1956년, 일본 구마모토현 미나마타시에서 지명을 따 '미나마타병'으로 불리게 되는 공해병이 처음 보고된다. 미나마타 지역 공장 폐수에 포함된 수은으로 인한 공해병이었다. 1956년 5월 첫 환자가 보고된 후 6개월간 경련, 언어장애 등의 증상을 보이며 총 40명의 미나마타병 환자가 발생했고 그중 14명이 사망하였다. 증상이 없는 사람의 머리카락에서 191ppm의 수은이 검출된 반면 환자의 머리카락에서는 705ppm의 수은이 나오면서 사인은 공장 폐수 속 수은으로 좁혀졌다. 일본 정부는 12년이 지난 1968년 9월 26일 미나마타병이라는 명칭이 붙은 이 병이 "칫소 공장(1965년 신일본질소비료가 개명)에서 배출된 메틸수은 화합물이 원인인 공해병"이라고 공식 발표했다.[432]

수은중독으로 인한 미나마타병이 보고되고 30년이 지난, 또

미나마타병이 세계 첫 공해병으로 공식 인정되고 20년이 지난 1988년 1월, 한국의 열다섯 살 노동자는 배기장치조차 없는 밀폐된 공간에서 수은을 들이마시고 있었다.

1973년 2월 14일[433] 충남 서산군에서 가난한 소작농의 4남 2녀 중 셋째로 태어난 문송면은 대한민국이 6월항쟁으로 거대한 전환을 겪던 1987년, 서산군 태안중학교 졸업반이었다. 집안 사정이 여의치 않아 주간 고등학교 진학을 포기하고 주경야독을 꿈꾸며 상경한 이 학교 3학년 학생 9명 가운데 한 명이었다. 1988년 충청남도 교육통계 연보에 따르면 문송면이 다닌 태안중 등 서산군의 16개 공립학교는 2월에 4,940명(남 2,371명)의 졸업생을 배출했다. 이 가운데 288명이 취업했고(남 150명), 실업계 학교에 1,500명(남 610명)이 진학했다.

문송면과 같은 아이들이 당시에 학업을 지속할 방법은 고향을 떠나 대도시의 공장에서 일하며 야간학교에 다니는 것이었다. 서울의 제조업 공장 관리직 직원들은 시골 학교를 찾아다니며 졸업반 학생 중에서 신규 노동자를 모집했다. 그들은 학생들에게 기숙사 제공과 야간학교 진학 지원을 약속했다.[434]

문송면 역시 진학 문제로 고민했지만 넉넉지 못한 가정 형편과 형제들을 감안했을 때 자신이 집에서 먹고 자며 주간 고등학교에 진학하는 것은 현실적으로 어렵다고 일찍부터 판단했다.

서울에서 공장 일을 하면서 영등포공고 야간에 진학하기로 결심한 문송면은 어린 노동자를 물색하러 온 협성계공이라는 온도계 회사 직원들과 함께 서울로 올라갔다. 서울에는 이미 취업한 큰형 문근면이 있었다.

중학교 졸업장을 받기도 전인 1987년 12월 5일 중학교 3학년인 문송면은 객지에서 일을 시작했다. 그가 취업한 서울 영등포구 협성계공 공장에는 60여 명의 노동자가 일하고 있었다. 44명의 생산직 노동자 대부분은 문송면 또래의 야간학교 학생이었다.[435] 문송면은 도장실에 배치돼 시너로 압력계 커버를 닦는 일을 하다가 12월 말에 온도계 부서로 옮겨져 환기 시설 없는 좁은 공간에서 온도계에 수은을 주입하는 작업을 했다.

진상 조사단의 현장 조사에 따르면 작업장에 수은 방울이 널려 있었고, 겨울에 난로를 켜놓아 이 수은이 증발하여 공기 중에 확산하여 있었다고 한다.[436] 입사 두 달이 되어가는 1988년 1월 20일 문송면은 불면증, 두통, 식욕감퇴 등의 증세로 회사 근처 병원을 찾았지만 감기니 괜찮다는 진단을 받았다. 이때 문송면은 온도계 부서에서 압력계 부서로 돌아와 헝겊에 시너를 묻혀 압력계를 닦고 포장하는 일을 했다. 형의 조언에 따라 휴직계를 내고 잠시 회사를 쉬려고 하였으나 회사에서 근무 중에 생긴 병이 아니라는 각서를 요구하는 바람에 일단 통원치료를 받았다.

감기라는 진단과 달리 허리와 다리에 통증이 느껴져 3~4일 물리치료를 병행했지만, 병세가 나아지지 않았다. 2주 넘게 병원에 다녀도 증상은 악화하였고 불면증에 헛소리까지 하기 시작하자 심각성을 느낀 문송면은 2월 8일 요추염좌 진단으로 휴직계를 냈다.

2월 16일 문송면은 설을 맞아 구로공단에서 일하는 형 문근면과 함께 고향에 내려갔다. 계속 저리고 아프다던 문송면은 설 전날 아침 오랜만에 만난 가족 앞에서 전신발작을 일으키고 쓰러졌다. 다음날도 경기를 일으키고 가려움증을 호소하여 문송면의 부모는 갓 열다섯 살이 된 아들을 데리고 태안군 태안읍의 병원을 찾았다. 부모는 큰 병원으로 가라는 의사의 말에 설 연휴 후인 2월 19일 서울로 올라와 고려대학교 부속 구로병원 응급실에 문송면을 입원시켰다. 컴퓨터 촬영, 척수 검사, 초음파 등 갖은 검사를 진행했지만 '이상 없음'이라는 결과만 반복되었다.

이런 결과와는 상반되게 문송면의 병증은 더 깊어졌다. 병명을 알 수 없어 제대로 된 치료를 받지 못한 채 정신장애, 허리 통증은 점점 심해졌다. 검사가 더 필요하다는 의사의 말에도 불구하고 문송면의 가족은 치료비를 감당할 방법이 없어 3월 5일 퇴원을 결정했다. 15일의 입원 치료 비용으로 80만 원이 나왔다.[437] 당시 문송면의 월급은 7만 5,000원이었다.[438] 주변에서 귀신에 씌었다고 하여 돈을 빌려 무당을 데려와 굿까지 했다.

퇴원 후 정신장애가 더 심해졌고 고혈압, 반사작용 마비 등으로 계속해서 아들이 극심한 고통을 호소하자 부모는 마지막이라는 생각으로 3월 9일 문송면을 서울대학교병원 소아병동에 입원시켰다.

마찬가지로 처음에 제대로 된 진단이 나오지 않아 어려움을 겪는 사이에 담당 주치의 박희순의 질문 "환자 직업이 뭐죠?"가 실마리가 되었다. 이전 세 곳의 병원에서는 중3~고1 연령대인 열다섯 살 환자가 수은을 다루는 노동자일 것으로 상상하지 못했다. 바로 혈액과 모발 검사를 시행하자 기준치를 넘는 수은과 구리가 검출됐다. 3월 17일 기준으로 소변에서 297.6μg/l의 수은이 검출됐다. 100ug/l 이상이면 유소견자, 300ug/l 이상이면 치료를 요하는 수은중독환자로 본다.[439] 고려대 부속 구로병원의 소견서 및 검사 자료와 여러 종합 검사를 기반으로 1988년 3월 22일, 문송면은 서울대학교병원에서 수은중독 및 유기용제(시너) 중독증이라는 진단을 받았다.

임박한 죽음, 노동부의 무사안일과 사장의 후안무치

당시 구로공단에서 근무 중이던 문송면의 큰형 문근면은 동생을 살리기 위해 온갖 노력을 다했지만, 세상은 가난한 노동자 가족의 목소리에 귀 기울이지 않았다.

> "이런 분야에 대해 아무것도 몰랐다. 직업병 자체를 몰랐으니까. 송면이는 송면이대로 고통스러워했고. 모든 게 '계란으로 바위 치기' 식이었다. 나도 하나씩 알아가면서 싸워야 했다. 모든 것에 문외한이었던 나에게 경제적으로나 마음적으로나 힘들었다. 7월, 이맘때만 생각나는 것처럼 비춰지는 것도 같은데, 직접 겪은 가족과 나는 마음에 상처가 되어있다. 그게 울화병이라고 해야 할까? '욱' 하는 화가 몸 안에 있다."[440]
>
> — 문송면, 원진노동자 산재 사망 25주년 추모제 자료집에 실린
> 문송면 군의 형 문근면 씨와의 인터뷰 中

3월 24일 문근면은 문송면의 산재 처리를 요구하기 위해 문송면의 회사에 면담을 신청했지만, 사장 양제석은 나오지도 않고 사장 아들이 나와서 근면에게 "지금 정신없다. 기다려라"라

는 말만 남기고 떠났다. 다음 날, 그때까지 들어간 치료비만이라도 해결하기 위해 다시 회사를 찾았지만, 전날 서울대 가정의학과 의사를 찾아가 (문송면이 걸린 병이) 반드시 회사에서만 걸리느냐고 물어 따진 사장 아들은 문송면이 시골 출신이니 농약이나 음식물이 원인일 수도 있다며 회사에서 수은에 중독되었다는 증거를 요구했다.

당장 치료해야 하는 급한 상황에서 도움을 받기 위해 노동부를 방문한 문근면은, 서울대학교병원은 노동부 산재 지정병원이 아니니 협성계공의 지정 산재병원인 한강성심병원으로 옮겨서 진단서를 받아오라는 이야기를 들었다. 문제는 한강성심병원으로 옮기기 위해서는 서울대학교병원에 밀린 치료비와 입원비 90만 원을 먼저 내야 한다는 것. 살림살이가 넉넉지 않아 문송면의 고등학교 진학조차 지원하지 못한 문송면의 가족은 고려대학교 구로병원의 병원비로 80만 원가량을 감당하느라 이미 경제적으로 심각한 타격을 입은 처지였다.

소를 팔고 돈을 빌려 가며 간신히 버텼지만, 추가로 90만 원이란 거액을 융통하기란 불가능했다. 문근면은 서울대병원에 밀린 치료비 지급 보증을 서주면 병원을 옮기겠다고 애원했지만, 노동부는 "당신네 사정이지 않냐"라며 거절했다.[441] 당시 문근면의 메모에는 충남 태안 입원비 10만 원, 고려대학 부속

병원 입원비 80만 원, 꾼 돈 180만 원, 소 판 돈 50만 원 등이 적혀 있다.[442]

어떻게든 방법을 찾기 위해 다시 회사와 연락해서 3월 28일 서울역에서 회사 과장을 만났지만, 한강성심병원에서 진단서를 받아와야 한다는 얘기만 들을 수 있을 뿐이었다. 노동부 역시 서울대 진단만으로는 산재 처리가 되지 않으며 회사의 인정이 필요하다는 말만 반복했다. 산재 처리를 위해서는 서울대병원의 진단은 의미가 없고 협성계공의 산재 지정병원인 한강성심병원의 진단과 회사(협성계공)의 날인이라는 두 가지 조건을 충족해야 한다는 규정을 앵무새처럼 읊은 것이다. 문송면의 이종사촌이 '근로기준법'상 산재 인정 여부 중재 청구 절차에 관해 물으니 노동부 담당자는 "그런 것 없다. 당신이 알면 당신이 그 방법대로 해라"라고 말했다.

막다른 길에 다다른 문근면이 찾아간 변호사 강은희는 남부지청 법률구조공단을 추천해주었고, 3월 29일에 사건을 접수했다. 4월 2일, 문송면 동료들의 피를 검사하면 수은중독과 공장 사이의 인과관계를 간접적으로 증명할 수 있다는 서울대병원 의사의 말에 점심시간에 협성계공을 찾아가 문송면의 동료 정 아무개에게 피검사를 부탁했다. 하지만 그 역시 학교에 다니기 위해 공장 일을 하는 힘없는 고등학생 노동자였다. 회사에서 쫓겨

나면 학교를 못 다니는 사정이니 회사에서 허락해주면 피검사를 해주겠다고 했다. 저녁까지 기다리자 사장 양제석이 사장실로 불러 왜 남의 피까지 뽑으려고 하느냐며 영업 방해로 고발하겠다고 협박했다.

수소문 끝에 진보적인 의료인들이 모여 만든 구로의원의 도움을 받았다. 구로의원의 도움 아래 서울대병원 의사 박희순의 소견서를 첨부하고 문송면 동료의 목격자 서명을 받은 산재 신청서를 작성해서 협성계공에 날인을 요구했으나 거절당했다. 어쩔 수 없이 회사 날인이 들어가지 않은 신청서를 진정서와 함께 4월 6일 노동부 남부지방사무소 민원실에 접수했다.

서류를 접수한 지 일주일이 지난 4월 14일과 15일, 미리 전화하고 방문했지만, 노동부 공무원이 집에서 기다리라고 해서 돌아왔다. 16일 노동부는 문송면의 시골 본가에 산재 신청서 반려 통지를 보냈다. 문근면은 고향에 내려가 반려된 서류를 가져와서 노동부에 다시 전화했지만, 마찬가지로 기다리라는 말밖에 들을 수 없었다. 협성계공을 찾아가 또 애원했으나 상황은 마찬가지였다. 갓 스무 살을 넘긴 문근면 또한 비록 종류가 다르긴 했지만, 직업병을 앓는 동생과 함께 고통과 수모를 겪었다.

"일단 송면이를 위해서, 무엇보다 송면이를 빨리 치료해서 건강을 찾아주고 싶은 마음밖에 없었다. 회사에서 별 쌍소리를 해도 송면이가 너무 고통스러워하는 걸 보면 눈이 뒤집힐 정도였다. 송면이가 짜증도 내고 하면, 당장 앞에서는 뒤돌아섰다가도 얼마나 아프면 그랬을까 하는 마음 때문에 빨리 치료를 해서 건강하게 해주고 싶었던 게 첫 번째였다. 다른 생각을 할 수도 없었다.[443]

— 문송면, 원진노동자 산재 사망 25주년 추모제 자료집에 실린 문송면 군의 형 문근면 씨와의 인터뷰 中

5월 7일 구로의원 상담실장 김은혜의 소개로 문근면은 시민공익법률상담소에서 노동법 상담을 하는 박석운을 만났다. 박석운은 문근면과의 첫 만남을 이렇게 회상했다.

"문근면이라고 송면이 형을 만났는데, 걔가 눈이 소처럼 크고 순해 빠졌어요. 날 보자 애가 말은 못 하고 닭똥 같은 눈물만 뚝뚝 흘리는 거야. 얼마나 기가 차고 힘들었겠어."

박석운은 문근면과 이야기한 후 이 문제가 법으로는 해결이 안 될 것을 직감하고 신문에 내자고 제안했다. 〈동아일보〉 사회부 기자 임채청을 만나 인터뷰를 한 후 5월 11일 〈동아일보〉에

"온도계 공장 근무 15세 소년, 두 달 만에 수은중독"이라는 기사가 실리며 문송면의 이야기가 최초로 세상에 알려졌다.[444]

언론보도가 나가고 나서야 노동부는 6월 20일 직업병 판정을 하고 문송면의 산재 요양을 승인했다. 그때 문송면은 몸무게가 14kg이나 줄어 서지도 못하는 상태였고 호흡이 약해져 응급상황에 자주 직면했다. 고통에 못 이겨 몸부림치다 생니를 뽑고 몸이 너무 저리다며 매일같이 문근면에게 몸을 밟아달라고 애원했다. 문송면의 아버지는 밀린 병원비에 대한 부담과 아픈 아들에 대한 죄책감으로 신경쇠약에 걸려 사경을 헤맸다.

6월 29일 문송면은 여의도성모병원 직업병과로 전원되었다. 응급상황 때마다 문근면이 문송면 옆을 지켰다. 시골에 가고 싶다고 보채는 동생에게 문근면은 빨리 나아서 시골에 가자고 달래며 운동화 한 켤레를 사줬다.

> "일찍 기상한 편. 상태는 계속 안 좋다. 소·대변은 다 싼다. 점심 먹고 노동사무소 가서 신청서 가지고서 누이네 가서 라면 먹고 병원에 오니 5시. 저녁 먹임. 상태가 왜 이리 안 좋은지. 새벽 2시에 토하고 쓰러지고 일어서지도 못하는군. 새벽에 잠깐 2시간 눈 좀 붙임."
>
> – 문근면 씨가 쓴 1988년 6월 30일 일기 中

7월 1일 밤, 또 위급한 상황이라고 병원에서 전화가 와 문근면은 자정 무렵 병원에 도착했다. 누워있는 문송면의 가슴에는 호흡을 용이하게 하려고 관이 꽂혀있었다. 새벽 2시 35분 문송면은 "병 다 나으면 무서운 서울 떠나 농사지으며 엄마랑 살자"라는 말을 형에게 남긴 채 열다섯 살의 나이로 사망했다.[445]

문송면의 장례와 원진레이온

문송면의 죽음은 사회문제로 비화하였다. '고 문송면 산업재해 노동자 장례위원회'가 꾸려져 7월 4일 16개의 단체 연서가 포함된 1차 성명서와 호소문을 발표하고 회사와 1차로 협상했다. 하지만 협성계공이 공개 사과를 거부하고 1억 원의 배상 요구에 2,000만 원을 제시하는 등 현격한 입장 차이로 협상이 결렬되었다. 장례위원회는 7월 6일 기자회견을 열어 30개 단체 연서의 2차 성명서를 발표하고 회사 앞마당에서 항의 방문단이 집회를 열었다. 7월 9일 3차 성명서를 발표하고 유족 등 10명이 노동부 남부지방사무소를 방문했지만, 전경이 막아서 방문이 이뤄지지 못했다. 다음 날 '고 문송면 군 살인 방조 노동부 장관 처벌 촉구 결의대회'를 개최했다.

11일 노동부는 남부지방사무소장을 직위해제하고 근로감독관 2명을 파면했다. 협성계공은 손해배상 합의금으로 유족에게 7,130만 원을 지급했고 17일 사과문을 발표했다.[446] 1988년 7월 17일 오후 9시, 문송면은 마석 모란공원 묘지에 안장됐다.

문송면의 죽음과 함께 펼쳐진 장례위원회의 활동은, 이후 의사의 진단서 없이도 노동자 자신이 직업병을 주장할 때는 국비로 진단·치료 조치하고 산재 환자의 휴업 급여를 1989년부터 기존 60%에서 67%로 인상하여 적용한다는 노동부 발표를 끌어냈다.[447]

7월 2~17일, 16일간에 걸쳐 진행된 문송면의 장례 투쟁은 직업병 투쟁의 시발점이 되어 원진레이온 투쟁의 불씨가 되었다. 문송면이 죽은 해인 1988년에 보도된 원진레이온 사건은 이황화탄소 중독으로 총 229명의 노동자가 사망하고 943명의 환자를 발생시킨 국내 최대 직업병 사건이다. 원진레이온 투쟁으로 전문적인 산재 직업병 전문 의료기관인 녹색병원이 설립되었고 이황화탄소 중독에 관한 업무상 재해 인정기준이 마련되었다.[448]

역사는 진보하는가

6월항쟁으로 민주사회의 첫걸음을 내디딘 1988년, 대한민국은 서울올림픽으로 활기가 넘쳤다. 그러나 산업재해와 직업병에 대한 인식은 미미했다. '고 문송면 산업재해 노동자 장례위원회' 대변인으로 언론에 수은중독의 의학적 부분을 알리는 역할을 담당한 김록호는 한 인터뷰에서 이렇게 말했다.

> "당시만 해도 수은중독 같은 직업병을 진단할 수 있는 의료계의 능력이 모자랐습니다. 의과대학에서 산업의학을 거의 몇 시간밖에 가르치지 않았으니까요. 그리고 직업병의 진단을 꺼리는 사회적 · 정치적 분위기가 있었습니다. 냉전, 반공사상 때문에 노동운동을 하는 사람들은 공산주의자로 취급되었고, 직업병 진단을 하여 노동자를 도와주는 것은 의료인들에게 큰 용기를 필요로 하는 것이었습니다."[449]

문송면이 근무한 노동현장 역시 많은 문제점을 안고 있었다. 1988년 7월 4일 장례위원회가 입수한 자료에 의하면 노동부는 이미 1988년 1월 26일에 협성계공의 수은주입실 노동자 6명 전원이 유소견자이고 그중 4명은 치료를 필요로 하는 수은중독 환자라는 사실을 알고 있었다. 이 중 3명은 문송면과 비슷한 17~18세의 노동자여서, 회사는 '근로기준법'의 '연소근로자의 유해 위험 중금속 작업장 배치' 규정을 위반한 상태였다. 그러나 노동부는 4월 27일 협성계공에 임시 건강진단 실시만을 지시했고 어떠한 조치도 취하지 않았다. 노동부와 협성계공은 심지어 당사자에게 알리지 않고 계속 작업을 시켰다.[450]

당시 산업재해병원 역시 문제가 많았다. '고 문송면 산업재해 노동자 장례위원회'에서 활동한 박석운은 한 인터뷰에서 문송면의 죽음에 대해 이렇게 말했다.

> "아마 서울대학병원에만 있었어도 송면이는 안 죽었을지 몰라요. 전원하면서 세심한 관리가 안 된 것 같아. 서울대학병원에 있을 때만 해도 송면이가 기자들한테 말도 걸고, 가렵다고 긁어달라는 말도 했다고 해요. 병이 중하긴 했지만 그렇게 심각할 정도는 아니었어요. 서울대에서 꾸준한 관리가 이뤄졌거든요. 우리가 그때 여의도성모병원에 문제를 제기할 생각도 있었는데, 자칫 투쟁의 방향이 훼손될까봐 그냥 넘어갔어요."[451]

실제로 산재 지정병원인 한강성심병원은 1988년 4월 28일 문송면의 병에 대해 '업무 관련 없음'으로 회신하였지만, 5월 3일 서울대학교병원에서는 수은중독증 소견서와 함께 '업무 관련 있음'으로 회신했다.[452] 성명서에 따르면 한강성심병원은 수은주

입실에서 근무한 다른 두 노동자가 정상이라는 것을 근거로 들었지만, 그들의 건강진단기록에는 수은측정 결과조차 기록되어 있지 않았다. 심지어 두 노동자 모두 다른 의료기관에서는 유소견자로 나타났다. 당시 산재 지정병원에서 직업병이 발생하면 자기 병원에 책임이 돌아가는 구조여서 이런 문제가 발생한 것으로 추정된다.

문송면이 죽고 30여 년이 지난 지금 한국의 노동현장은 안전한가. 선뜻 긍정적인 답을 하지 못하는 까닭에 문송면의 죽음이 더욱더 안타깝게 느껴진다.

1. 남종영, "원진레이온의 자살행렬은 끝나지 않았다", 〈한겨레〉, 2013.06.28.

2. 산업재해 피해자 문송면 사건 관련 기록, 1989 [데이터 세트], 고 문송면 산업재해 노동자 장례위원회 [연구수행기관], 한국사회과 학자료원 (KOSSDA) [자료제공기관], 2010-03-02, B1-1989- 0001, V 1.0.

3. 이상훈, "세계 첫 공해병 미나마타병의 시작과 경과", 〈우리문화신 문〉, 2018.12.19.

4. 이지홍, "생명의 반딧불이, 산업재해 피해자 문송면 군", 〈민주화 운동기념사업회〉, 2008.12.03.

5. 최규진, "2016년 메탄올 중독 사건을 보며 1988년 문송면을 복기 하다", 〈뉴스민〉, 2016.05.10.

6. 이정환, "17살 내 동생의 붉은 소변, 회사는 협박하고 나라는 외면 했다", 〈오마이뉴스〉, 2018.07.22.

7. 이현정, "꽃다운 나이에 죽은 '문송면'을 아십니까?", 〈오마이뉴스〉, 2012.06.29.

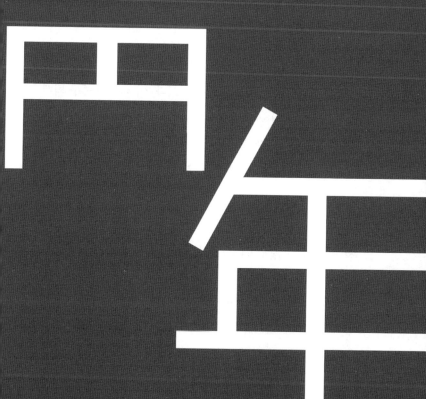

18

김귀정

1991년 봄, "죽음은 필연이었다"

18

김귀정
1991년 봄, "죽음은 필연이었다"

1991년 5월 25일은 전국에서 노태우 정부의 공안통치 종식과 정권 퇴진을 요구하는 시위가 열린 날이다. 이날 서울 중구 퇴계로 대한극장 맞은편 골목에서 시위에 참여한 청년이 쓰러진 채 발견됐다. 청년은 곧장 병원으로 이송됐지만, 이미 사망하고 난 뒤였다. 청년의 이름은 김귀정. 스물다섯 살의 대학생이었다.

평탄치만은 않았던 김귀정의 삶

김귀정은 1966년 서울에서 아버지 김복배와 어머니 김종분

의 1남 2녀 중 둘째 딸로 태어났다.[453] 김귀정은 부모가 노점상으로 생계를 이어가는 어려운 가정환경에서도 악착같이 노력해 1985년 한국외국어대학교(용인캠퍼스)에 입학했다.[454] 그러나 집안 사정상 학교를 중퇴하고 자동차 정비소에 취직해 낮에는 그곳에서 일하고 밤에는 다른 아르바이트를 하며 부모를 도왔다. 어려운 상황이었지만 면학의 꿈을 잃지 않고 다시 대학입시를 준비하여 3년 뒤인 1988년 성균관대학교 불어불문학과에 입학했다.

1988년 3월 입학과 함께 김귀정은 통일연구 동아리인 '심산연구회'에 들어갔다. 동아리 활동을 통해 조국과 민족에 관심을 갖게 된 김귀정은 다음 해에 회장까지 맡는 등 학생운동에 투신하게 된다.[455]

현실은 녹록지 않았다. 입학 이듬해인 1989년 아버지가 갑자기 돌아가셨다. 집안 형편이 어려워 대학 다니고 동아리 활동을 하면서 틈틈이 아르바이트해 돈을 벌어야 했다. 삶의 고단함에 대한 김귀정의 심정이 당시 그가 쓴 일기에 묻어난다.

> "공부를 하려고 대학엘 왔는데 그 대학엘 다니기 위해서 나는 공부는 제쳐두고 돈을 벌러 다닌다. 점점 단순해지고 녹이 슬어가는 머릿속에서 '아르바이트'와 '돈'이란 두 단어만

이 자리를 차지하고 있는 것 같다."

– 1989년 1월 7일 일기 中[456]

"아르바이트를 하지 않는다면 지금보단 훨씬 더 열심히 동
아리 일을 꾸려나갈 수 있을 것 같았고, 좀 더 여유 있게 살
아갈 수 있을 것 같았기 때문에 지금의 나의 처지와 환경들
이 원망스럽기 그지없다."

– 1990년 2월 7일 일기 中[457]

일기의 또 다른 부분을 보면 김귀정은 그렇다고 해서 현실에
안주하거나 크게 낙담하는 성격은 아닌 듯했다. 끊임없이 자신
을 채찍질하는 모습이어서 더 안타깝다.

"이 시간에도 윙윙거리는 기계 소음 속에서 정말 기계처럼
정신없이 일을 하고 있을 노동자와 날 먹여 살리기 위해 평
생을 바쳐오신 부모님을 생각할 때 나는 너무 건방지고 웃
기기까지 하다. 그리고 눈물겹다."

– 1989년 1월 7일 일기 中[458]

"지금의 나의 상황을 기쁘게 받아들이자. 이것들 모두 나를

강하게 훈련시킬 수 있는 아주 적절한 기회라 생각하며 내
환경으로 인해 나의 사업을 방기하지 말자.… 시간을 다스
리자."

– 1990년 2월 7일 일기 中[459]

김귀정이 속한 심산연구회를 포함한 당시 대학 동아리의 대
부분은 취미활동이나 친목 도모 모임이 아니라 일종의 학생운동
조직이었다. 동아리 활동에 대한 열정은 학생운동에 대한 헌신
을 의미할 때가 많았다. 김귀정은 일기에 "그 애들이 고민이 있
다면 언제든지 같이 아파해주고 힘들어할 수 있는 작은 위안이
라도 될 수 있는 선배가 되고 싶다"[460]라고 썼다. 더불어 '밑으로
부터 처음부터 다시'라는 좌우명답게 남들이 하기 싫어하는 귀
찮고 하찮은 일들을 자신이 해내려고 노력했다.[461]

4년을 김귀정과 함께한 심산연구회 동료들은 "작은 몸이지만
이 사람 저 사람 걱정해주며 늘 분단된 조국에서 사는 우리들은
죄인일 수밖에 없다고 말했던 누나", "자신을 사랑하는 것만큼
타인을 사랑했었고, 항상 그러하려고 노력하는 성실한 심산인"
이라고 김귀정을 평했다.[462]

통일운동 동아리인 심산연구회에서 4년간 활동한 김귀정은
1991년 4월 초 조국의 평화와 자주적 통일을 위한 성균관대 학생

추진위원회 정책담당을 맡았다. 김귀정은 죽기 이틀 전인 5월 23일 밤에도 "올해는 반드시 통일방안에 대한 전 민족의, 전 민중의 합의를 이뤄내자"라는 각오로 후배들과 밤샘 토론을 벌였다.[463]

강경대 치사사건과 분신투쟁

김귀정이 학생운동에 본격 투신한 즈음인 1991년 4월 26일 명지대학교 1학년생 강경대가 죽었다. 등록금 인상 반대 투쟁을 벌이다 구속된 명지대 총학생회장의 석방을 요구하는 시위가 이날 명지대에서 열렸다. 대학 생활을 경험한 지 두 달이 채 지나지 않은 명지대 신입생 강경대가 시위 중에 일명 '백골단'으로 불리는 경찰의 집단 구타로 숨졌다.

백골단은 시위진압과 체포를 위해 구성된 사복경찰로, 일반 전투경찰과 다르게 흰색 헬멧을 쓰고 다닌다고 하여 백골단으로 불렸다. 하얀 헬멧에 청색 재킷을 입고 작은 방패와 단봉을 들고 다니는 이들은 1980~1990년대 시위 학생들에게 공포의 대상이었다. 백골단은 강경대의 머리 등 전신을 쇠파이프로 때린 뒤 피 흘리며 쓰러진 그를 길가에 그대로 내버려 두고 철수했다.[464]

경찰의 폭력에 의한 강경대 사망 사건은 학생들의 투쟁 의지에 더욱 불을 붙였다. 다음날 곧바로 '고 강경대 열사 폭력살인 규탄 및 공안통치 종식을 위한 범국민대책회의'가 결성됐으며 전국적으로 규탄집회와 가두시위가 이어졌다. 4월 29일에는 전국 60여 개 대학에서 5만 명이 학교별로 시위를 전개했다.[465]

이 시기에 학생, 노동자, 시민 등이 연달아 분신자살을 감행하였다. 김귀정이 숨진 5월 25일까지 총 8명이 자신의 몸에 불을 붙였다.[466] 전남대학교 학생 박승희는 1991년 4월 29일 "노태우 정권 타도하고 미국놈들 몰아내자! 2만 학우 단결하라!"라고 외친 뒤 분신했다. 그는 21일의 병상 투쟁 끝에 숨졌다. 박승희는 다음과 같은 유서를 남겼다.

> "제 길이 2만 학우 한 명 한 명에게 반미의식을 심어주고 정권타도에 함께 힘썼으면 하는 마음에 과감히 떠납니다. 불감증의 시대라고 하고 무관심의 시대라고도 하는 지금 명지대 학우의 죽음에 약간의 슬픔과 연민을 가지다가 다시 제자리로 안주해 커피를 마시고 콜라를 마시는 2만 학우가 되지 않기를 바라는 마음에서 비롯되었습니다."[467]

이후 5월 1일 안동대학교 김영균, 3일 경원대학교 천세용, 8일 전국민족민주운동연합(전민련) 사회부장 김기설, 10일 노동자 윤용하, 18일 이정순과 고등학생 김철수, 22일 김철수의 고교 선배 정상순이 잇따라 분신했다.[468] 이 때문에 1991년 5월은 '분신정국'이라고 불린다.

"사람 죽어요!"

1991년 5월에 자살이 아닌 죽음도 있었다. 5월 25일은 전국적으로 '공안통치 종식과 민생파탄 노태우 정권 퇴진을 위한 제3차 범국민대회'가 열린 날이다. 서울에서는 이날 오후 5시경 퇴계로에서 시위가 시작됐다. 비는 내리고, 3만여 명의 시위대와 진압하기 위해 동원된 1,800여 명의 경찰이 뒤섞여 퇴계로 일대는 그야말로 아수라장이었다. 전경과 백골단은 최루가스를 내뿜는 페퍼포그 차량을 앞세워 시위대를 해산하기 시작했다.[469]

경찰은 대한극장을 기준으로 양쪽에서 압박하며 진입했고, 꼼짝없이 포위된 시위대의 활로는 대한극장 맞은편의 좁은 골목뿐이었다. 100~150명가량이 최루탄 공격에 밀려 한꺼번에 골목길로 달아났다. 백골단은 시위대가 빠져나가려는 골목의 입구를 차단했고 이어 골목 입구를 U자형으로 에워싼 뒤 시위대에 폭력을 행사했다.

이 과정에서 10~20명가량이 넘어졌다. 경찰은 이들을 곤봉으로 구타하고 이들의 머리 위에 사과탄(손으로 던질 수 있는 작은 최루탄을 말한다. 사과 모양으로 생겼다고 해서 붙은 이름이다)을 던지는 등 계속해서 시위진압과 무관한 폭력을 자행했다. 그 속에서 "그만…", "사람 죽어요!", "숨 막혀요!" 등 비명이 터져 나왔다.[470]

서강대학교 채 아무개 학생은 최루탄이 터지면서 목에 5cm가량의 상처를 입었다.[471] 당시 경찰의 진압 일지에 따르면 오후 5시부터 5시 30분경까지 진압 부대가 쏜 최루탄은 2,700여 발이었다.[472]

경찰의 진압이 어느 정도 끝나갈 즈음 골목길에는 주인 잃은 신발과 안경 등 시위대의 소지품이 하얀 최루탄 가루를 뒤집어쓴 채 나뒹굴었다. 김귀정이 그곳에 쓰러져 있었다. 김귀정을 발견한 학생들은 〈한겨레〉신문 취재 차량의 도움을 받아 김귀정을 중구 저동의 백병원으로 이송했다.[473] 김귀정은 몇몇 부위의 피멍과 상처 외에 별다른 외상은 없었지만, 영원히 깨어나지 못했다. 김귀정의 시신을 1차 검안한 백병원 측은 "특별한 외상이 없는 것으로 보아 압박에 의한 질식사로 보이나 정확한 사인은 부검해야 알 수 있을 것"이라고 밝혔다.[474]

김귀정 사인, "폭력진압" vs "단순 사고"

김귀정이 병원에 이송될 무렵 김귀정의 어머니 김종분은 평소와 같이 야채 장사를 하고 있었다. 김종분이 딸의 소식을 알게 된 건 늦은 오후 아들 친구가 노점을 찾아왔을 때였다. 아들 친구로부터 귀정이가 다쳐서 병원에 있다는 말을 듣고 좌판을 치우고 7시쯤 백병원으로 달려갔다.[475] 김종분은 김귀정이 그저 입원한 것인 줄로만 알았다.[476]

> "귀정이는 죽지 않았다. 빨리 입원실로 옮겨달라! 입원실로 옮겨달라!"[477]

영안실에서 둘째 딸 김귀정의 시신을 마주한 어머니는 딸의 죽음을 믿을 수 없다는 듯 울부짖었다. 이때 김귀정의 사망 소식을 듣고 달려온 성균관대학교 학생 등 1,000여 명의 대학생이 김귀정 어머니 곁을 지켰다. 학생들은 강경대 사망 사건 이후에도 여전히 바뀌지 않는 경찰의 폭력적인 진압 방식에 분노했다.

> "더 이상은 못 참는다. 우리 학우 다 죽이는 노태우 정권 타도하자!"

이들은 김귀정의 시신이 있는 1층 응급실 주변과 병원 앞뜰에 모여 철야농성을 벌였다. 학생 중 50여 명은 경찰 진입과 시신 탈취 등에 대비하기 위해 시신사수대를 편성했다. 같은 달 7일 의문사한 한진중공업 노조위원장 박창수의 시신이 무장한 경찰에 의해 영안실에서 탈취당한 일이 있었기 때문이다. 경찰은 병원 외곽에 병력을 배치해 학생들의 병원 출입을 제지했으며, 수차례 병원 앞뜰에 사과탄을 던지기도 했다. 시신사수대는 응급실 현관에 철제 의자로 바리케이드를 친 뒤 화염병을 들고 경찰에 대항했다.[478]

김귀정의 장례식은 곧바로 치러질 수 없었다. 사인을 두고 경찰과 범국민대책회의 간 주장이 달라 부검 실시 문제로 이견이 빚어졌기 때문이다. 〈한국경제〉 보도에 따르면 경찰은 김귀정의 죽음을 기록한 보고서에 "시위대원들이 진양상가 쪽 길목 입구로 도주하면서 봉고차와 부딪혀 20여 명이 넘어졌으며 그중 김 양이 제일 밑에 깔려 의식을 잃었다"라고 적었다. 김귀정의 사인을 시위 과정에서 발생한 단순 사고사로 규정한 것이다.

반면 대책회의 관계자 등으로 구성된 '김귀정 폭력살인 임시 진상조사반'은 ▲김 양 시신의 무릎과 발 주위에 난 상처가 경찰의 구타에 의한 것으로 보이고 ▲사고 현장에 최루탄 파편과 머리핀, 신발 등이 어지럽게 널려 있었으며 ▲이날 비가 많이 내려

경찰이 평소보다 많은 양의 최루탄을 발사했고 ▲현장에 있던 다른 시위 참가자가 최루가스 때문에 구토를 하고 얼굴에 수포가 생기는 등의 곤욕을 치렀다는 점 등을 근거로 경찰의 과잉진압과 최루가스에 의한 질식사라고 주장했다. 당시 그 자리에 함께한 목격자들의 증언도 있었다.

> "김귀정은 경찰의 진압을 피하려다 시위대에 쓰러졌으며, 전경들이 쓰러진 시위대를 폭력적으로 진압했다. 당시 넘어진 학생들의 대부분은 여학생들이었는데 시위대가 쓰러진 후 전경들이 그 위로 올라가 3~4분 동안 짓밟은 다음 길을 비켜주었다."
>
> — 강 아무개(당시 성균관대 4학년)

> "전경들이 사과탄을 던지는 것과 동시에 방패와 곤봉으로 넘어진 시위대를 마구 때렸고, 이때 뒤쪽에 있던 한 남학생이 '여학생 하나가 죽었다'라고 외치는 소리가 들리자 이 소리를 들은 전경들이 슬며시 자리를 뜨는 사이에 일어나 보니 김 양이 바로 뒤에 실신해 있었다."
>
> — 하 아무개(당시 덕성여대 1학년)[479]

검찰은 김귀정의 사인 규명을 위해서는 부검이 필수라고 주장했으나, 유족과 대책위원회 측은 경찰의 과잉진압에 대한 수사가 먼저 진행돼야 부검에 응하겠다는 입장이었다. 부검 결과를 조작할 수 있다는 불신 때문이었다.[480] 결국, 김귀정이 사망한 지 2주가 지난 후에야 검찰 측 의사와 대책위 측 의사가 공동으로 참여해 부검할 수 있었다.[481] 김귀정이 죽은 뒤 연일 병원 앞 농성을 벌여온 학생들은 김귀정의 부검이 끝나자 대부분 학교로 돌아갔다.[482]

검찰이 최종 발표한 부검 결과 김귀정의 사인은 '경찰의 과잉진압이나 최루탄에 의한 질식'이 아닌 '군중의 무게에 깔려 숨진 것'이었다. 하지만 이후 1993년경 김귀정의 유족이 국가를 상대로 제기한 손해배상 청구 소송에서 1심과 2심 모두 경찰의 과잉진압을 인정하며 유족의 손을 들어줬다. 대법원도 1995년 11월 10일 "국가 소속 전투경찰은 최대한 안전하고 평화로운 방법의 시위진압을 해야 했는데, 이를 게을리한 채 과도한 방법으로 진압해 시위 참가자를 사망에 이르게 했다"라며 국가가 유족에게 1억 4,000여만 원을 배상하라고 한 원심을 인정했다.[483]

1991년 봄은⋯

1991년 봄 대한민국은 유난히 많은 청년을 떠나보냈다. 4월 26일부터 5월 25일까지 강경대, 김귀정, 의문사한 한진중공업 노조위원장 박창수까지 포함하면 총 11명이 죽었다. 권위주의 통치로 회귀하는 듯한 노태우 정권에 분노한 시민들은 이 기간에 전국적으로 무려 2,300여 회의 집회를 열었다. 시간이 지남에 따라 투쟁의 주체가 다양한 계급·계층으로 확대되는 양상을 띠었지만, 중심세력은 여전히 학생들이었다.[484] 젊은이의 잇따른 분신을 두고 일각에서 자살이라는 수단을 절대 합리화할 수 없다는 주장을 폈지만, 이들이 불의한 시대에 죽음으로 저항한 것을 폄훼해서는 안 된다. 아마 죽음 말고는 저항할 길이 없다고 믿었을 것이다. 당연히 이들의 죽음이 잊혀서도 안 된다. 그것이 자살이든 타살이든.

김귀정이 사망한 날 시위에 참여했던 황 아무개는 당시 시위 상황을 이렇게 표현했다.

> "그 자리에서 '누군가' 죽을 수밖에 없는 것은 필연이었다.
> (⋯) 김귀정 씨 죽음을 놓고 질식사니, 압사니 하는 논쟁은
> 중요하지 않다고 생각한다. 그 상황에서 '누군가' 죽지 않는

다는 가정은 기적에 가깝다고 생각한다."[485]

– 1991년 5월 29일 황 아무개 씨 증언 中

짧은 삶을 살다가 공권력에 의해 불귀의 객이 되었지만, 그 짧은 세월을 김귀정은 자신이 바란 대로 산 듯하다. 김귀정이 일기에 쓴 다음의 내용은 마치 자신의 죽음을 예견한 듯하여 유서처럼 읽힌다.

"난 무엇이 될까?

10년 후에 나는 어떤 모습으로 세상을 살아가고 있을까?

난 나의 미래가 불안하고 자신도 확신도 없다.

하지만 한 가지 확실한 것은

나의 일신만을 위해 호의호식하며 살지만은 않을 것이다.

결코 그렇게 살지 않을 것이다."[486]

– 김귀정 열사의 일기 中

참고
자료

1. 강정인, 「특별기고-정치. 죽음. 진실-1991년 5월투쟁을 중심으로」, 『계간 사상』, 사회과학원, 2002.

2. 김서정, "백골단에 빼앗긴 김귀정의 스물다섯 살", 〈월간말〉, 1991.07.

3. 박선규, "강경대 군 구타치사 사건 수사결과", 〈KBS〉, 1991.04.27.

4. 임미리, "잊힌 열사들의 시대, 응답하라 1991", 〈한겨레21〉, 2017.12.15.

5. 김당·오민수, "시위⋯ 진압⋯ 끝없는 소모전", 〈시사저널〉, 1991.06.13.

6. "성대 여학생 시위 중 사망/퇴계로서/사복체포조에 쫓겨 달아나다", 〈중앙일보〉 15면, 1991.05.26.

7. 민병래, "내 이름은 김종분, 91년에 죽은 성대 김귀정이 엄마여", 〈오마이뉴스〉, 2019.04.19.

8. "성대 김귀정양 사인놓고 논란", 〈한국경제〉, 1991.05.27.

9. 신성범, "시위도중 사망 김귀정 양 부검 논란", 〈KBS〉, 1991.05.29.

10. 김의철, "김귀정 성균관대학생 부검실시 외 2건", 〈KBS〉, 1991.06.07.

11. 최일구, "김귀정양 부검 끝나고 백병원 주변 정상회복", 〈MBC〉, 1991.06.08.

12. 조현철·박영흠, "'용산 진압' 법원에선 면죄부 힘들듯", 〈경향신문〉, 2009.02.11.

13. 최육상, "10년 후 나는 또 어떤 모습일까", 〈오마이뉴스〉, 2005.05.28.

14. 민주화운동기념사업회 오픈아카이브, "귀정이는 죽지 않았다: 김귀정 열사의 삶과 투쟁", 1991.05.26.

15. 민주화운동기념사업회 열사 정보.

16. 민주화운동기념사업회 오픈아카이브, 1991년 5월투쟁.

17. 민주화운동기념사업회 오픈아카이브, "5·26기자회견–김귀정 양 사망에 대하여, 민주화운동", 1991.05.26.

19

윤금이

죽어서야 '조국의 딸'이 되다…
26세 기지촌 여성의 죽음

윤금이
죽어서야 '조국의 딸'이 되다…
26세 기지촌 여성의 죽음

'매우 애지중지하여 금이나 옥처럼 귀중히 여기는 모양'을 이르는 우리말에 '금이야 옥이야'가 있다. 6남매의 외동딸로 태어나 집에서 '금이야'로 불린 아이가 있었다. 집안의 사랑을 독차지한 아이였지만 가난 때문에 어린 나이에 객지로 나가 돈을 벌어야 했으며 인생이 안 풀리다 보니 기지촌에 가서 몸을 팔아야 하는 신세로 전락했다. 미군에게 몸을 팔던 어느 날 밤에 이 '금이야'는 몸을 산 미군 병사에게 코카콜라 병으로 맞아 숨졌다. 흰 세제 가루로 뒤덮이고 음부에 코카콜라 병이, 항문에는 우산대가 직장 안으로 26cm나 들어가 꽂힌 처참한 모습으로 그의 시

신이 발견되었다. 1992년 10월 28일 꽃다운 나이의 청년 윤금이
는 자기 나라 땅에서 외국군 병사에게 맞아 그렇게 셋방에서 홀
로 죽었다.

'뺏벌'에 빠진 여성들

전날인 27일 밤 윤금이는 술에 취한 채로 케네스 마클이라는
미군과 함께 경기도 동두천의 미2사단 쪽으로 걸어가고 있었다.
그러다 윤금이의 셋방 앞에서 또 다른 미군인 제이슨 램버트와
마주쳤다. 램버트는 '어젯밤의 여자'가 다른 미군과 함께 있는 것
을 보고 마클에게 시비를 걸었다. 램버트와 한참 실랑이를 벌인
뒤 마클은 윤금이를 끌고 셋방 안으로 들어갔다. 두 사람이 방
안에 들어간 뒤에도 램버트는 밖에서 소리를 질렀다.

새벽 1시 30분에 윤금이의 방에서 다투는 소리가 흘러나왔
다. 그 소리를 듣고 다시 간섭하는 문밖의 램버트를 멀리 쫓아낸
마클은 밖으로 나가려는 윤금이를 끌고 방으로 다시 들어갔다.
그리고 코카콜라 병으로 그의 이마를 여러 차례 후려쳤다. 28일
오후 4시 30분경 셋집 주인이 윤금이의 방에서 처참한 모습으로
숨져 있는 윤금이를 발견했다. 사인은 병으로 맞은 앞얼굴의 함

몰 및 과다출혈로 밝혀졌다.[487] 26세의 대한민국 청년은 우리나라에 주둔 중인 미군에게 처참하게 맞아 그렇게 짧은 생을 마감했다.

윤금이(尹今伊)는 1966년 전라북도 순창에서 태어났다. 가난한 농부의 5남 1녀 중 외동딸이었다. 중학교에 진학했으나 가정형편 때문에 그만두고 17세에 상경하여 봉제 공장에 취직했다. 그러나 생활고를 이기지 못해 미군을 상대하며 평택과 동두천의 기지촌을 전전하게 된다. 1992년 10월 11일 윤금이는 동두천 미군기지 근처 보산동 셋집에 입주하였다. 보산동 431–50번지 김성출의 셋집은 미군을 대상으로 하는 매춘여성 '양색시' 14명이 좁은 공간에 부대끼며 사는 '벌집'이었다. 그곳에서 윤금이는 월세 4만 원으로 2평 남짓한 셋방을 얻었다.[488]

윤금이가 들어간 '기지촌'은 해방 후 한국 주둔 미군기지 근처에 형성된 성매매 산업 집결지다. 부산 서면의 히야리아(Hialeah) 부대와 해운대의 탄약부대 인근, 군산의 아메리카 타운, 평택, 부평, 포천, 동두천, 파주 용주골, 문산 선유리, 서울 용산 미8군 기지, 이태원, 그리고 후암동 등 수많은 장소에 기지촌이 생겨났다.

기지촌에는 외국인 전용 술집, 암달러상, 세탁소, 미장원, 당구장, 국제결혼 중개업 사무소, 블랙마켓(미군 부대 물품 암거래 시장) 등 각종 서비스 산업이 상권을 형성하였다.[489] 그중 미군을 상대하는 클럽과 포주집은 기지촌에서 가장 흔한 매춘업소 형태로, 고용된 여성의 화대를 관리하고 성매매를 강요했다.[490] 업소에 소속되지 않고 길거리에서 꽃과 성을 파는 '히빠리'도 있었다. 윤금이는 동거하던 미군에게서 2년 전에 버림받은 뒤부터 자주 폭음하고 울면서 행패를 부렸는데, 그 탓에 클럽에서도 일하지 못하고 히빠리로 생계를 유지했다.[491]

기지촌 여성이 성매매 업소에 발을 들이는 계기는 천차만별이었지만 비자발적인 사례가 많았음은 분명하다. 기지촌 출신 여성 김정자의 증언에 따르면 그는 공장에 취직시켜주겠다는 친구를 따라갔다가 포주집에 넘겨졌다. 인신매매가 조직적으로 이루어지는 사례가 많았는데, 이때 인신매매 비용을 업소에서 빌려주고 그 대가로 화대 이익을 나눠 가졌다.[492] 아버지, 남자 형제 등 친족에게 성폭행을 당하거나 남편의 폭력에 못 이겨 집을 나왔다가 돈을 벌기 위해 포주집에 들어가게 된 사례도 있었다.[493]

여성이 포주집에 들어가 방을 배정받으면 월세 명목의 빚이 생긴다. 포주집에서 제공하는 식사도 당연히 비용으로 청구되어 빚에 포함되었다. 여기에 매달 쌓이는 이자까지 더하면 포주와 나눠 갖는 화대로는 도저히 빚을 갚을 수 없었다. 또한, 많은 포주집이 클럽과 연계되었다. 클럽은 성매매 알선의 주요 거점이었다. 포주집은 각기 고용한 여성을 클럽에 보내 술을 팔고 성매매 호객을 하도록 강요했다.[494] 이 과정에서 발생하는 술값 일부를 고용 여성이 분담해야 했다.

포주는 강한 중독성의 수면제, 진통제, 환각제 등을 이용해 고용 여성이 약물에 의존하게 했다. 기지촌 여성의 증언에 자주 등장하는 세코날은 "하루 4~5알씩 약 2개월 정도 복용하면 바닥에 닿는 하체 부분의 살이 터지고 종기가 돋는 등 심한 중독 현상이 나타난다"라고 보고될 만큼 위험했다. 암페타민 등 미군이 2차 세계대전 때 복용한 각성제도 흔하게 사용되었다. 이러한 약물은 클럽에서 영업하며 술을 마셔야 하는 여성에게 더욱 치명적인 부작용을 일으켰다.

약물은 포주에게 유용했다. 기지촌 여성이 처음 일을 시작할 때 수치심으로 쭈뼛거리면 약을 먹도록 강요했다. 호객행위에 실패하거나 도망갔다 잡혔을 때 포주는 폭력을 행사하고 '치료' 명목으로 약을 주었다. 고통과 피로 때문에 일을 하기 어려울 때도 억지로 약을 먹여 내보냈다.[495] 낙태한 뒤에도 별다른 치료 없이 진통제 성분의 약으로 버텨야 했다.

"(포주가) 먹어라! 먹으라구, (내가) 이게 뭔데요? 기분 좋게 해주는 거래. 그래서 하나 먹으면 그다음에 두 개 먹고, (…) 그다음엔 네 개를 먹어야 가고 (…) 그렇게 중독이 된 거지, 인제. 그거 없으면 안 되는 거지. (…) (포주들은) 한 국 여자를 약 사다 맥이고, 미군 놈들은 대마초 사다가 한 국 여자들 피우게 하고…'.[496]

반강제적인 복용 이후 고용 여성은 곧 약을 먹지 않으면 '문 앞에도 못 나가는' 지경에 이르고, 점차 먹는 양을 늘려 중독되 기 일쑤였다. '헬렐레', '쩔순이' 등 기지촌 여성 사이의 은어는 이 들의 일상에서 약물이 얼마나 큰 비중을 차지하는지 보여준다.

약값 또한 빚이었다. 포주는 약의 가격을 몇 배나 부풀려 폭 리를 취했다.[497] 이렇게 여러 명목으로 번 돈을 뜯기고 나면 기 지촌 여성에게 남는 돈은 거의 없었다. 쌓인 빚을 감당하지 못해 도망을 가도 포주나 그가 고용한 건달에 의해 금세 잡혀 들어왔 다. 수색 및 추적 과정에서 발생한 여관비나 차비, 식비 등은 어 김없이 빚에 얹혔다.[498] 포주집에서도 일하지 못하는 히빠리 처 지이다 보니 윤금이의 방에는 얇은 담요와 옷 가방 하나를 빼고 는 '일반적인 생활인의 방에 놓여 있어야 할' 가구나 집기가 전무 했다.[499]

"빚은 계속 늘었어요. 방값이랑 화장품, 미장원비랑 세코
날비랑 내야 하는데 아무리 일해도 못 갚는 거예요. 이자는
계속 붙었어요. (…) 도망을 갈 수가 없었어요. 일하러 갈
때 늘 남자(포주집에서 일하는 건달)들을 붙여 감시해요.
(…) 주인집에 경찰이 낮에 놀러 와요. '경찰에 신고해도 내
가 못 나가는구나' 그걸 알게 되는 거죠. 내가 죽어서야 이
곳을 나갈 수 있다는 걸 알게 되는 거죠."[500]

기지촌의 착취 구조에서 탈출하는 것은 불가능했다. 경기도
의정부시 스탠리부대(Camp Stanley) 근처의 기지촌 이름 '뺏
벌'은 '한 번 들어가면 다시는 나올 수 없는 곳'이라는 뜻을 지닌
다.[501] 빚과 착취의 굴레에 억눌린 기지촌 여성의 삶을 단적으로
표현한 이름이다.

국가의 '도구'로 활용된 위안부

기지촌 여성은 '양색시' '양공주' '양갈보' '특수업태부' 등 여러
이름으로 불렸다. 국가에서는 기지촌 여성을 공식적으로 '위안
부'라고 규정하여 관리와 통제를 가했다. 1957년 '전염병예방법

시행령' 관련 문서나 1973년 '의정부시 성병 관리소 조례' 등 각종 공식 자료에서 기지촌 여성을 '위안부'라고 지칭한 흔적을 찾을 수 있다.[502] 1990년대 초반까지도 공무원들은 '위안부'와 일반 매춘여성을 구분했다.[503]

전후 시기의 정책·법안에서 특이한 점이 있다면, 성매매를 금지하는 법안과 기지촌 여성의 존재를 적극 허용하는 조치가 공존했다는 사실이다. 1947년에 미군정 체제에서 '공창제도 등 폐지령'이 제정됨으로써 일제강점기부터 이어진 공식적인 성매매 제도가 전면 금지되었다.[504] 그러나 정부는 성병 검진 등 성매매 여성 관리정책을 '전염병예방법 시행령'을 통해 실천하는 등[505] 사실상 미군 상대 성매매를 허용했다.

박정희 정부에서도 이러한 모순적 행태는 계속되었다. '윤락행위등방지법'과 같은 성매매 금지법을 제정하는 한편 윤락이 허용되는 '특정 지역' 104개소를 지정하여 성매매를 묵인하였다. 이 '특정 지역'의 60%는 미군 기지 근처에 위치했다. 더하여 1962년 법령을 통해 '유흥접객부'가 성병 검진 결과를 기록한 보건증을 휴대하도록 규정했다. 1965년에는 성병 감염자를 강제 수용하여 치료하는 성병 관리소까지 지방정부 조례를 통해 만들었다.[506] 이러한 이중적 법령은 기지촌 여성을 보다 효과적으로 검진하고 통제하는 데 사용되었다. 주기적인 성병 검사를 의무화하고, 이를 지키지 않은 미등록 위안부는 불법 성매매 종사자로 처리하면 되었기 때문이다.

정부가 기지촌 여성 관리에 이처럼 각별한 관심을 기울인 데는 크게 두 가지 이유가 있었다. 하나는 미군 주둔에 '편의'를 제공함으로써 안보 문제에 윤활유를 뿌리는 것이고, 다른 하나는 외화벌이였다.

1971년 주한미군 내부에서 인종차별로 싸움이 발생했을 때 중재 과정에서 미군 당국이 파악한 군인들의 불만 중 하나는 "기지촌 여자들이 매우 더럽다. 우리는 한국을 구하러 온 VIP들인데 대접이 너무 소홀하다"라는 것이었다.[507] 5 · 16쿠데타를 통해 집권한 박정희 정권은 미국과 우호적인 관계를 유지하는 데 혈안이었다. 1969년 아시아에서 미군을 철수한다는 내용의 닉슨 독트린이 발표된 가운데 미군의 불만이 제기되자 정부는 미군을 붙잡아두기 위해 기지촌 정비에 더욱 노력을 기울였다.[508]

기지촌 여성은 달러를 벌어들이는 중요한 경제적 도구였다. 1964년 한국의 외화 수입이 처음으로 1억 달러를 돌파했는데, 같은 해 미군 전용 클럽은 그 10분의 1가량인 970만 달러를 벌어들였다. 1969년 자료에 따르면 경기도 지역 미군 전용 클럽 200여 개를 통해 벌어들이는 외화만 연간 600만 달러에 달했다. 이러한 클럽들은 1963년 개정된 '관광진흥법'에 따라 '특수관광 시설업체'로 지정되었으며, 면세 주류를 합법적으로 공급받았다. 그 대가로 정부는 클럽이 얻는 이익 일부를 가져갔다.[509] 미국 웰즐리대학 정치학과 교수 캐서린 문은 1960년대 '기지촌 산업' 은 한국 GNP(국민 총생산)의 25%를 차지했으며, 성 산업이 그 중 절반을 차지했다고 추정했다.

아예 국가가 사실상 포주로 나선 '아메리카 타운('실버타운'으 로도 불렸다)' 같은 사례도 목격되었다. 군산 미군기지 인근에 위치한 아메리카 타운은 50%는 포주가, 나머지 50%는 정부가 새마을사업 명목으로 투자한 주식회사 형태였다. 방마다 번호가 붙은 '닭장 집'에 기지촌 여성을 집단 수용하고, 주위에 담을 둘 러 빠져나갈 수 없게 만든 곳이었다. 그나마 일반인과 같은 곳에 거주하거나 기지촌 내 상권을 돌아다닐 수 있었던 포주집 소속 여성과 달리 아메리카 타운 내 여성은 경비까지 갖춘 삼엄한 통 제 속에서 감금되었다. 정부가 직접 '여자 파는 회사[510]'를 세운 것이다.

기지촌 여성을 안보와 경제의 도구로 대한 정부의 태도는 기지촌에서 열린 정기 강연회에서 더욱 노골적으로 드러났다. 1962년 박정희 정부는 미군 위안부 관리를 강화하기 위한 목적 으로 모든 위안부를 지역 재건부녀회에 가입하게 했다. 이후 이 모임은 기지촌 여성의 '자치회'로 이어졌다.[511] 자치회는 명목상

기지촌 여성이 구성한 기구였으나 실질적으로는 정부와 미군, 포주가 운영하는 조직이었다.

자치회가 정기적으로 강연회를 열 때마다 각 클럽은 무조건 고용 여성을 참석시켜야 했다. 'CID(미군 범죄수사대), 미군 헌병, 보건소 직원, 경찰서 서장, 군청 공무원[512] 등이 강연에 참여했고 이들 중에서 누군가가 연사를 맡았다. 핵심 주제는 성병 관리, 국가 안보, 그리고 애국이었다.[513] 기지촌 여성은 이 순간에만 '외화를 버는 애국자', 심지어는 '민간 외교관'으로 호명되었다.[514]

> "군청에서 오는 사람들은, … 앞으로 (기지촌에) 그런 거 관광지대를 만들 테니까, 그래야 미군들이 우리 동두천에 많이 온다는 거지. … 언니들이 이렇게 서비스를 많이 해서 언니들이 달러 수입을 이렇게 해줘서 너무 고맙습니다, 이래. … (미군이) 클럽에 들어오면은 바미드링크(술 사주세요)! 이렇게 자주 해라, 이거야. 술 사달라 그러면 달러가 나오지 않냐… 그래야지 우리나라가 번창한다는 거지."[515]

> "흠흠, 에, 여러분은 애국자입니다. 용기와 긍지를 갖고 달러 획득에 기여함을 잊어서는 안 됩니다."[516]

미군을 위해 살거나, 미군을 위해 죽거나

이렇듯 한국 정부는 기지촌 여성의 성 서비스를 한미동맹과 국가 경제에 필수적인 요소로 파악하였고 관련한 각종 노력을 기울였다. 그러나 기지촌 여성 개인의 '안보'는 국가로부터 보장 받지 못했다.[517] 이들은 말 그대로 미군 접대를 위한 도구로서 관심을 받았을 뿐, 인권 측면에서는 철저하게 유린당했다.

정부는 특히 성병 관리 차원에서 이들을 매우 강압적으로 대했다. 기지촌마다 설치된 성병 진료소에서 매주 정기적인 검사가 행해졌다. 성병 검사를 통과해야 발급되는 보건증이 기지촌 여성에게는 성매매 허가증이자 곧 주민등록증 역할을 했다. 윤금이가 죽었을 때, 그의 신원을 확인해준 것도 주민등록증이 아니라 평택보건소가 발급한 보건증이었다.[518]

정부는 기지촌 여성을 대상으로 보건증을 발급받고 지녔는지를 검문하는 '토벌'을 실시하기도 했다. '합동 토벌'에는 한국 측 관계자 외에 미군이 참여했으며, 심지어 미군이 독자적으로 토벌에 나서기도 했다. 검문 중에 보건증을 제시하지 못하는 여성은 유치장으로 끌려가거나, 벌금을 내거나, 성병 관리소(낙검자 수용소)로 보내졌다. 1990년대 초까지도 한국 정부와 미군은 서로 협력하여 기지촌 여성을 관리하였다. 가장 큰 문제는 성병의

'치료'였다. 박정희 정권이 들어서며 정부는 성병 환자를 강제 치료를 위한 격리 대상자에 포함했다.[519]

성병 검진에서 보균자로 진단받거나 보건증 없이 성매매한 여성은 곧바로 낙검자 수용소로 보내졌다. 이 수용소는 '몽키하우스'라는 은어로 불렸다. 본래는 매음굴을 의미하는 영어 속어지만 기지촌 여성에게는 '수용소 생활이 동물원에 갇힌 원숭이처럼 느껴진다'라는 의미를 가졌다.[520] 이곳에 들어가면 보균 검사 후 완치 판정을 받을 때까지 "다리가 끊어져 나가는 것"처럼 아픈[521] 페니실린 주사를 맞아야 했다.

증언에 따르면 성병 관리소는 정신병동이나 구치소와 다름없었다. 병동 시설은 제대로 난방이 되지 않았고 건물은 철책으로 둘러싸여 감시를 받았다.[522] 치료 또한 공포의 대상이었는데, 페니실린 주사의 쇼크 때문이었다. 쇼크가 오면 귀울림, 호흡곤란, 발한이 일어나거나 심하면 죽었다.[523] 쇼크 발생 증가로 의사가 페니실린 사용을 피하자, 1978년 보건복지부는 법무부에 공식 문서를 보냈다. 사전에 페니실린 과민성 반응검사를 한 경우 '국가 성병 관리 사업의 중요성을 감안하여' 사고가 발생하더라도 의사를 면책해 달라고 요청하였다. 정부에게 성병 통제는 기지촌 여성의 생명보다 명확한 우위에 있었다.[524]

공권력인 경찰은 기지촌 여성의 안전망이 아니었다. 경찰과 공무원은 기지촌 여성의 상해나 죽음보다 '오프리미트'를 두려워했다. 오프리미트는 기지촌에서 미군 관련 사고가 발생했을 때 미군을 보호하기 위해 특정 지역에 미군의 출입을 금지하는 조치이다. 한번 이런 조치가 내려지면 기지촌의 상권이 죽기 때문에 포주, 범죄조직, 상인, 공무원으로 이루어진 네트워크는 해당 지역에서 일어나는 미군 범죄를 은폐하거나 범죄를 밝히려는 노력을 방해했다.[525] 포주 등 한국인이 기지촌 여성에게 폭력을 행사해도 마찬가지로 대부분 은폐되었다.

최후의 안전망인 법조차 이들에게 불리했다. 미국은 한국과 1966년 7월 SOFA라고 불리는 한미행정협정(정식명칭은 '대한민국과 아메리카합중국 간의 상호방위조약 제4조에 의한 시설과 구역 및 대한민국에서의 합중국군대의 지위에 관한 협정')을 체결했다. 이 협정에 따라 한국 정부의 사법 권한은 크게 제한되었다. 한국인 대상 미군 범죄가 제대로 처벌되지 않는 사태가 불가피했다. 미군과 가장 가까운 민간인인 기지촌 여성은 특히나 폭력의 위험에 상시 노출되었다. 1977년에 이복순과 이영순,[526] 그리고 그 전후에 많은 기지촌 여성이 죽었다.

죽어서야 '조국의 품'으로 소환된 윤금이

1992년 10월 28일 윤금이의 시신이 발견되었다. 사건을 알린 사람은 기지촌 여성이었다. 경찰에 접수된 사건신고서에는 최초 발견자인 셋집 주인이 신고자로 등록돼 있다. 그러나 실제로는 기지촌 자치회의 한 여성이 주인의 이름을 빌려 신고했다. 기지촌 여성이 신고하면 사건이 묻힐 것을 우려해서였다. 신고자 여성은 살인사건이 일어나도 미군 수사나 처벌이 제대로 이루어지지 않는다는 사실을 기지촌 생활 경험을 바탕으로 알고 있었다.

그는 곧 기지촌 여성 쉼터에 이 사실을 알려 다른 쉼터 모임 등에 이 소식이 퍼져나가도록 했다. 피 묻은 바지를 입은 마클을 부대로 들여보내려는 헌병에 맞서 몸싸움 끝에 그를 경찰에 넘긴 이도, 전날 윤금이와 마클의 싸움을 목격하여 범인에 대한 결정적 단서를 제공한 이도 그였다.

사건을 담당한 의정부경찰서는 피의자 신문 조서 등 기초조사도 하지 않고 마클을 바로 CID로 인도했다. 주한미군 피의자를 체포했을 때 한국 경찰이 행사할 수 있는 초동 수사권을 포기한 것이다.

사건을 수면 위로 끌어올린 것은 기지촌 여성들과 동두천 사람들이었다. 동두천의 기지촌 연대 모임과 시민 모임이 사건을 적극적으로 여론화하여 48개 단체가 참여하는 '주한미군의 윤금이 씨 살해사건 공동대책위원회(이하 '공대위')'가 꾸려졌다. 공대위는 재판마다 몇백 명이 넘는 방청객을 조직하고 사건 발생 후 5개월 동안 매주 토요일 오후 서울역에서 집회를 열었다. 동두천시의 택시 기사들은 '미군 승차 거부 운동'을, 상인들은 '미군 손님 안 받기 운동'을 벌였다. 1년 반에 걸친 기다림 끝에 가해자 케네스 마클은 1994년 징역 15년형을 선고받고 천안교도소에 수감되었다.[527]

1차 공판이 끝난 후 공대위는 미군 범죄에 대처할 상설조직이 필요하다는 인식에 따라 '주한미군 범죄근절 운동본부'로 전환되었다.[528] 그 이전에도 미군 범죄가 있었지만, '미군 범죄'라는 하나의 신조어가 자리를 잡게 된 것은 1992년 윤금이 사건 이후다. 이로써 윤금이의 죽음은 미군 범죄를 하나의 사회문제로 정치화하는 계기가 되었다.[529]

이 사건의 마지막 방점은 윤금이가 죽고 나서야 우리 사회의 일원으로 주목받은 데 있다. 소외되었던 기지촌 여성이 '양키'에게 살해되면서 하루아침에 순결한 딸이자 강대국의 핍박을 받는 '조국의 온 산천'으로 불리게 된 역설적 상황이다.[530]

본래 기지촌 여성을 바라보는 시선은 싸늘했다. 그들은 '야한 서구식 옷차림과 진한 색조 화장, 엉터리 영어, 미제 물건으로 대변되는 미국식 저급문화'에 물든 여성으로, '사치스러운 서구의 물질문명에 현혹되어 윤리관 및 도덕관을 저버린' 존재로 여겨졌다.[531] 공직자나 일부 보수적인 시민은 윤금이 사건에 대해 "양공주 하나 죽었다고 세상이 왜 이리 시끄럽냐, 하찮은 여자 죽음으로 한미관계에 금이 가게 할 수 없다, 그런 여자는 어느 정도 각오하고 사는 것 아니냐, 창피한 일이므로 떠벌여서는 안 된다"라는 반응을 보였다.[532]

윤금이의 죽음으로 미군 범죄에 관한 관심이 커지긴 했으나, 그가 '기지촌 여성'으로서 당한 착취나 인권침해는 크게 조명되지 않았다. 연세대학교에서 열린 윤금이 추모제에서 이 사건 자체보다 양키 반대, 쌀 수입 반대, 미군 철수라는 구호가 돋보였다.[533]

강운경, 이기순, 전지나, 정종자, 차혜선, 허주연.

윤금이 사건 이후에도 많은 기지촌 여성이 미군에 의해 강간, 살해되었다. 그리고 훨씬 더 많은 여성이 기지촌에서 인권을 제대로 보장받지 못한 채 포주집에 갇혀 살아갔다.

윤금이의 죽음 25년 후인 2017년 서울중앙지방법원은 기지촌 여성을 낙검자 수용소에 격리 수용한 행위는 위법하며, 국가의 일부 손해배상 책임을 인정한다는 판결을 내렸다. 2018년 2월 서울고등법원은 같은 사건의 2심에서 "국가의 기지촌 운영,

관리 과정에서 기지촌 위안부들을 상대로 성매매 중간 매개 및 방조, 성매매 정당화 조장 행위와 위법한 강제격리 수용행위가 있었다"라고 인정했다. 국가에서 기지촌 운영에 관여했으며, 기지촌 '위안부'를 대상으로 부당하고 강제적인 여러 조치가 있었고 이것들이 위법임을 인정한 첫 판결이었다.[534] 이 사건에 대한 대법원의 최종 판결은 3년째 보류 중이다.

윤금이를 살해한 주한미군 제2사단 소속 케네스 마클 이병은 한국에서 재판을 받았다. 항소심에서 징역 15년을 선고받고 1994년 5월 17일 천안 소년교도소 외국인 수용 사동에 수감됐다. 마클은 잔여 형기를 1년여 앞둔 2006년 8월 가석방됐으며, 가석방 다음 날 곧장 미국으로 출국했다. 윤금이를 살해한 1992년에 마클이 스무 살이었으니, 그는 지금도 미국 땅에서 아마 정상적으로 살아가고 있을 것으로 추정된다.

1. 김은경, 「미군 '위안부'의 약물 중독과 우울, 그리고 자살」, 『역사문제연구』 22권 2호, 역사문제연구소, 2018, 129-166.

2. 박정미, 「한국 기지촌 성매매정책의 역사사회학」, 『한국사회학』 49권 2호, 한국사회학회, 2015, 1-33.

3. 박정미, 「건강한 병사(와 '위안부') 만들기」, 『사회와 역사』 124집, 한국사회사학회, 2019, 265-307.

4. 우순덕, 「기지촌 여성(미군 위안부)의 삶과 국가의 책임」, 『월간 복지동향』 244, 월간 복지동향, 2019, 61-69.

5. 이나영, 「기지촌의 공고화 과정에 관한 연구」, 『한국여성학』 23(4), 한국여성학회, 2007, 5-48.

6. 정영신, 「주한미군과 SOFA 체제」, 『황해문화』 107, 새얼문화재단, 2020, 16-36.

7. 정유진, 「'민족'의 이름으로 순결해진 딸들?: 주한 미군 범죄와 여성」, 『당대비평』 11, 생각의 나무, 2000.

8. 김연자, 『아메리카 타운 왕언니, 죽기 오분 전까지 악을 쓰다』, 삼인,

2005.

9. 김현선, 『미군 위안부 기지촌의 숨겨진 진실』, 한울아카데미, 2013.

10. 정희진, 『한국 여성인권운동사』, 한울아카데미, 1999.

11. 주한미군범죄근절운동본부, 『끝나지 않은 아픔의 역사』, 개마서원, 1999.

12. 오연호, "주한미군의 윤금이 살해와 국교생 3명 추행사건", 〈월간 말〉, 1992.12. 96-103.

13. 이창호, "2020년 평택엔 무슨 일이…" 〈B TV 기남뉴스〉, 2020.12.31.

14. 허재현, "인신매매 당한 뒤 매일 밤 울면서 미군을 받았다", 〈한겨레〉, 2014.07.04.

20

삼풍백화점·성수대교 붕괴

비리로 세워진 구조물, 예견된 참사

삼풍백화점 · 성수대교 붕괴
비리로 세워진 구조물, 예견된 참사

1995년 6월 29일 아침, 여느 날처럼 영업을 준비 중이던 삼풍백화점 직원들은 사내 공지사항을 전하는 직원으로부터 "오늘 5층은 영업하지 않는다. 손님들이 물어보면 '오늘 5층은 휴업입니다'라고 안내"하라는 내용을 전달받았다. 5층에 균열 등 이상징후가 있었기 때문이다. 매장 직원들은 "아니, 가스도 새고 금도 가고 그러면 어, 이 백화점 무너지는 거 아냐?" "야, 이거 무너지면 어떻게 하냐, 흔들면 무너지는 거 아냐?" 하며 농담을 주고받았다. 누가 예상했을까. 초호화 신식 백화점은 이날이 지나기 전에 직원들 농담대로 순식간에 폐허로 변했다.[535]

사람들은 구할 수 있었다

삼풍백화점이 무너질 때 30대 패션디자이너 이 아무개가 백화점 매장에 있었다. 그는 의상학과를 졸업하고 10년의 직장생활 끝에 서울 청담동에 의상점을 냈다. 동생이 하는 액세서리 가게를 마주 보는 위치였다. 매장을 차린 지 16개월 만인 1995년 4월에 기쁜 일이 생겼다. '외제'만 파는 곳으로 유명한 삼풍백화점에 입점하게 됐기 때문이다. 꿈에 그리던 삼풍 입점 허가를 받았지만, 백화점이 무너지고 자신도 그 밑에 깔려 숨지면서 실제로 입점하지는 못했다. 1995년 6월 29일 오후, 자신의 청담동 의상점을 오랜만에 방문한 마산여고 동창생들을 의상점에 남겨두고 시숙모의 옷을 맞추러 삼풍백화점에 잠시 들렀다가 변을 당했다. 어머니를 위해 직접 만든 정장이 그의 유품이 되었다.[536]

열흘 전 결혼식을 올린 새신부 조 아무개도 이날 그곳에 있었다. 팔 남매의 막내인 그는 결혼 전에 삼풍백화점에서 매장 직원으로 일했다. 1995년 6월 19일에 결혼하고, 신혼여행에서 돌아온 뒤 직원들에게 인사하기 위해 이날 백화점에 들렀다. 간식을 먹고 올 테니 잠깐 매장을 봐 달라는 후배의 부탁을 들어주다 사고를 당해 3개월 뒤에 차가운 주검으로 발견되었다. 먼저 떠난 막내딸은 온 가족이 모여도 입에 올리지 않는 가슴 저미는 이름

이 되었다.[537]

사고 전날인 28일 밤 야간순찰 중에 백화점 5층 식당가 바닥에서 함몰 흔적을 발견한 경비원 김 아무개는 다음 날 오전 8시에 시설부에 보고하였다. 오전 8시 30분 현장을 확인한 시설부 직원 오길청이 다시 부장 이영철에게 보고하였다. 약 10분 후 이영철이 5층 및 옥상의 현장을 둘러보고 바닥 돌출과 침하 현상 등을 확인하였다. 오전 10시경 시설부 조회 시간에 차장 이완수가 이사 이영길과 이영철에게 균열 및 침하상태에 관하여 보고했다. 이때 이영철은 기자나 고객에게 이 사실이 알려지지 않도록 보안을 철저히 유지하는 동시에 현장 출입을 통제할 것을 지시하였다.[538]

10시 30분엔 이영길이 5층 춘원식당 매장 바닥의 경사와 균열, 그리고 옥상 바닥에 굴곡이 생긴 것을 확인하게 된다. 그는 즉시 인근 점포 3곳의 폐쇄조치를 지시하고 이 사실을 사장 이한상에게 보고하였다. 11시경 이한상은 이영길 등과 함께 5층 바닥의 균열과 경사를 확인하고 안전조치를 지시하였다. 그러나 대피 지시는 없었다.

11시 30분~정오 사이 5층 현지식당의 천장에서 물이 새고 미진식당의 바닥이 융기하였다. 이영철과 설비과장 김덕기는 현장을 확인한 후 두 식당 사이에 있는 식당들의 출입을 통제하였다. 직원들이 건물이 무너질 것 같다고 말하자 이영철은 입조심을 당부했다.[539]

12시 30분경 사장 이한상과 시설부 이사 이영길, 건축설계사 임형재가 5층 식당가와 옥상의 균열 현장을 둘러보았다. 임형재는 바닥 침하와 기둥 사이의 꺼진 부분을 확인하고는 이한상에게 5층 식당가와 4층 귀금속 코너의 대피를 건의하였다. 이에 따라 5층 식당가 일부와 4층 귀금속 코너의 영업이 중단되었다. 5층 식당 네 곳에 가스와 전기의 공급을 차단하였으며 4층과 5층을 연결하는 에스컬레이터의 작동을 중단하였다. 춘원식당 등 식당 주변에는 테이프를 둘러 출입 금지 표시를 한 후 접근을 차단하였다.

그러나 폐쇄는 일부분에 국한하였다. 이영길은 기울어진 식당가 앞에, 전무 이격은 4~5층 에스컬레이터 앞에 각각 칸막이 설치를 지시했다.[540] 눈에 띄게 금이 간 쪽을 칸막이로 가려두고 멀쩡한 쪽은 영업을 계속했다.[541]

오후 2시경에는 회장 이준이 주재한 임원 회의가 열렸다. 오후 3시 10분에 구조기술사 이학수와 건축사 임형재가 도착해 5층의 안전진단을 시행하였다. 오후 4시경 B동 3층 회의실에서 이학수 등이 참석한 2차 임원 회의가 열렸다. 구조기술사 이학수는 "하중의 증가가 없다면 더는 침하가 확대되지 않을 것"이라 말하며 이준을 안심시켰다. 이날 폐점 후에 응급조치를 취하면 건물에는 별문제가 없을 것이란 의견을 표명했다.[542]

오후 5시 49분쯤 건물이 심하게 흔들릴 때 저녁 찬거리를 마련하러 나온 주부들로 북적인 지하 1층 슈퍼마켓을 비롯하여 백화점 매장엔 사람들이 정상적으로 쇼핑을 하고 있었고 680여 명의 백화점 직원 또한 대부분 자리를 지키고 있었다. 5분쯤 지나 비상 사이렌이 울렸고 사람들은 영문도 모른 채 뛰기 시작했다. 5시 54분쯤 A동 5층 북쪽 끝부터 건물이 무너지기 시작했다. 건물이 무너지기 시작하면서 전기가 끊긴 건물은 암흑천지가 되었다. 건물 붕괴의 굉음, 유리창이 깨지는 소리, 공기가 빠지는 "슉" 소리가 동시에 들리면서 일순간 백화점은 흔적 없이 사라졌다.[543]

3초 만에 무너진 백화점

백화점 A동은 북쪽 콘크리트 내력벽을 제외한 건물 전체가 붕괴하였다. A동에 매장이 집중된 탓에 수백 명에 달하는 고객과 종업원이 미처 빠져나오지 못하고 건물 붕괴와 함께 그 안에 매몰되었다. 백화점 건물은 각 층의 바닥이 되는 콘크리트 슬래브 판과 천장재가 시루떡처럼 포개져 깊숙이 주저앉아 있었다. 사고 현장 인근은 건물 붕괴 시의 폭풍 현상으로 뒤집힌 차량과 백화점 안에서 튕겨 나온 상품, 그리고 사상자의 소지품이 어지럽게 나뒹굴었다.[544] 무너져 내린 건물 주변으로 아무렇게나 널려 있는 신발 중에는 그 안에 발목 아래만 남은 발이 들어있는 것이 목격됐다. 발목 위의 신체는 짓눌리고 부서져 여기저기 산재한 처참한 모습이었다.[545]

사고 현장과 가까운 서울성모병원(당시 강남성모병원) 응급실로 잿더미 같은 것을 뒤집어쓴 경증 환자들이 좀비처럼 비척비척 모여들었다. 시간이 좀 더 흐르자 시신이 물 밀듯 밀려 들어왔다. 119와 사설 구급차가 이송한 수많은 중증 환자는 수용 가능 여부를 모른 채 서울성모병원에 도착했다. 붕괴 시각에 가족이 삼풍백화점에 있었다는 사실을 파악한 유가족들 또한 병원 앞으로 몰려왔다. 환자를 수송하는 차들과 가족의 생사를 확인하러 온 사람들이 여기저기 뒤엉켜 병원 앞은 금세 아수라장이 되었다.[546]

수백 명의 사람이 삽시간에 목숨을 잃은 삼풍백화점 붕괴는 한국전쟁 이후 가장 많은 사람이 죽은 단일 사고였다. 시신이 뭉개져 신원을 확인하지 못한 31명을 포함한 사망자 502명, 부상자 937명, 실종자 6명 등 직접적인 피해자만 모두 1,445명에 이르는 대참사는 고도성장한 한국의 실체가 끔찍한 위험사회이자 부패사회임을 입증하였다. 삼풍백화점 붕괴의 직접적인 원인은 부실 공사와 부실 관리였지만, 잘못된 공사를 가능케 한 근본적인 원인은 건설 비리였다. 삼풍백화점 붕괴사고는 '부패와 부실의 먹이사슬' 생태계의 참담한 실상을 여실히 보여주었다.[547]

예견된 참사

1987년 설계 시 삼풍백화점 자리에는 '삼풍랜드'라는 이름으로 서울 서초동 삼풍아파트의 종합상가가 들어설 예정이었다. 상가 건물이 거의 다 지어졌을 무렵 이 건물의 용도는 어쩐 일인지 종합상가에서 백화점으로 바뀌었다. 삼풍그룹의 회장 이준은 시공사인 우성건설에 지하 4층, 지상 4층의 건물을 백화점 용도에 맞춰 개축해 달라고 요구했다. 건물의 용도를 변경하면 구조 또한 상당 부분 변경해야 한다. 우성건설이 건물의 안전성을 우려해 요구를 거절하자 이준은 계약을 파기했다. 대신 삼풍그룹의 계열사인 삼풍건설에 지상 5층으로 확장공사를 지시했다. 법률상 건물의 사용 용도변경으로 구조를 바꿀 때는 반드시 구조

전문가의 검토를 받아야 한다. 하지만 삼풍그룹은 서초구청 공무원들에게 뇌물을 준 뒤 불법으로 용도를 변경하고 공사를 강행하였다.[548]

용도를 바꿔 증축한 삼풍백화점은 필연적으로 여러 문제에 맞닥뜨렸다. 먼저 넓은 매장공간을 확보하기 위해 상가 건물의 벽을 없애자 오로지 기둥만이 모든 하중을 버티게 되었다. 이전보다 더 큰 하중을 버텨야 하는 이 기둥조차 천장에 구멍을 뚫어 에스컬레이터를 설치하는 과정에서 규격과 개수를 줄였다. 예컨대 기둥의 고장력 철근 설치 개수가 16개에서 8개로 반 토막 났다.[549] 그뿐만 아니라 바닥과 기둥을 연결하기 위해 사용하는 L자형 철근 대신 −자형 철근을 썼다. 그렇게 무지막지한 방식으로 비용 부담을 줄였다. 그 결과 바닥과 기둥의 연결이 충분하지 못해 붕괴 시점에 각 층의 바닥이 되는 슬래브 판이 아무런 제동 없이 주저앉아 건물 전체가 순식간에 폭삭 무너져버렸다.[550]

삼풍건설은 불법으로 증축한 5층의 내부 구조와 용도마저 임의로 변경하였다. 건물 5층에는 롤러스케이트장이 지어질 계획이었으나, 백화점 용도에 맞지 않는다는 이유로 한식 식당가가 들어섰다. 5층 바닥에 배수로가 설치되고 온돌 효과를 내기 위한 콘크리트가 대량 추가되면서 하중이 3~4배 이상 증가하였다.[551]

이 모든 증축 과정에 편법과 불법이 동원되었다. 설계단계에서부터 허가용 도면과 시공용 도면을 따로 작성하고, 공사를 끝낸 후에 설계변경을 승인받았다. '선 설계, 후 시공' 원칙을 완전히 무시한 것이다. 말 그대로 속이 텅 빈 상태로 완성된 백화점은 심지어 준공일을 예정(1990년 7월 27일)보다 6개월 이상 앞당겨 1989년 12월 1일에 화려하게 개장하였다.[552]

신식 백화점은 꽃분홍의 화사한 겉모습을 하였다. 그 속은 무리한 용도변경과 설계변경을 강행한 결과로 처음부터 곪아 있었다. 건물 붕괴 원인을 조사한 결과 삼풍백화점 붕괴는 설계, 시공, 감리, 관리 등 건설의 모든 과정에서 '총체적 부실'이 저질러져, 일어날 수밖에 없는 사고였음이 밝혀졌다.[553]

미필적 고의에 의한 살인죄

1995년 11월 8일 서울중앙지방검찰청은 삼풍백화점의 붕괴에 관한 백서를 발표했다. 검찰은 이 사고를 여러 부실 요인이 5년여에 걸쳐 복합적으로 상호작용해 일어난 '전형적인 인재'로 결론지었다. 부실시공이 붕괴의 가장 큰 원인이었지만, 부실 관리도 붕괴에 일조했다. 가장 큰 문제는 엉터리 안전 점검이었다.

삼풍백화점 붕괴사고가 일어나기 불과 8개월 전에 성수대교가 무너졌다. 이후 각종 시설물과 건물에 대한 대대적인 안전 점검이 행해졌다. 삼풍백화점도 1994년 10월과 11월, 그리고 1995년 3월 세 차례에 걸쳐 안전 점검을 받았으나 전혀 이상이 없다는 판정을 받았다. 와우아파트 붕괴처럼 삼풍백화점의 붕괴는 이미 진행되고 있었으나 세 차례나 안전 점검을 통과한 것이다.[554]

초대형 참사의 원인이 '고의냐 과실이냐'를 따지는 일은 '방만한 관리 탓이냐, 사고가 일어날 것을 알고도 방치했냐'의 문제와 상통한다. 삼풍백화점이 무너지기 하루 전에 옥상의 균열과 사무실 문의 아귀가 맞지 않는 문제 등 붕괴 조짐을 안건으로 회의가 열렸다. 게다가 붕괴 당일 여러 차례 열린 대책회의는 회장 이준을 비롯한 백화점 관계자들이 붕괴 전조 현상을 인지하고 있었음을 의미한다. 붕괴가 진행 중이던 당일 오후 4시의 2차 긴급대책 회의에서 구조기술사 이학수는 큰 문제가 없을 것이라며 이준을 안심시켰고, 백화점은 사람들을 대피시키지 않은 채로 매장 영업을 이어갔다. 일각에서는 미필적 살인으로 해석하고 살인죄를 적용해야 한다고 주장했다.[555]

'미필적 고의'는, '어떤 행위로 범죄 결과가 발생할 가능성이 있음을 알면서도 그 행위를 행하는 심리 상태'를 의미한다. 이준을 필두로 한 삼풍백화점 관계자들은 백화점이 붕괴할 것이라

짐작하였을까. 건물 자체가 순식간에 무너진 일은 선례가 없었기에 상상도 못 한 일이었을까. 검찰은 삼풍백화점 관계자들이 백화점이 곧 무너져 많은 사람이 죽는다는 걸 인지했음을 인정하기는 어렵다고 결론 내렸다. 사고 당일 백화점 간부들이 붕괴 시각까지 백화점 안에 남아 있었고 회장의 며느리 역시 지하매장에서 구조된 사실, 붕괴로 인한 손해가 영업으로 얻는 이익보다 크다는 점 등을 고려해 삼풍백화점 붕괴사건은 '업무상과실치사상죄'로 일단락되었다.[556]

1996년 8월 23일 대법원에서 삼풍백화점 붕괴 참사 관련 피고인들에 대한 판결이 내려졌다. 회장 이준에게 업무상과실치사상죄를 적용하여 징역 7년 6개월이 선고되었다. 삼풍으로부터 뇌물을 받고 설계변경 등을 승인해 준 전 서초구청장 이충우, 황철민에게는 뇌물수수죄를 적용하여 각각 징역 10개월에 추징금 300만 원, 징역 10개월에 추징금 200만 원이 확정되었다. 2심에서 징역 7년형을 선고받은 사장 이한상 등 12명은 상고를 포기하여 실형이 선고되었지만, 삼풍백화점 인허가와 관련된 비리는 모두 무죄 판결을 받았다.[557]

님들의 크신 희생

삼풍백화점 붕괴는 하나의 사건으로 따로 언급되기보다는 대체로 성수대교 붕괴와 묶어서 거론된다. 삼풍백화점이 무너져내리기 약 8개월 전인 1994년 10월 21일 아침 7시 40분경 한강을 가로지르는 주요 교량의 하나인 성수대교가 붕괴하였다.[558] 성수대교 제10 · 11번 교각 사이 상부 트러스 48m가 한강으로 무너져 내리면서 다리를 통과 중이던 한성운수 소속 16번 버스 1대, 승합차 1대, 승용차 2대 등 차량 4대가 상판의 붕괴와 함께 강물 속으로 추락했다. 이 사고로 17명이 다치고 32명이 사망하여 총 49명의 사상자를 냈다.

사고 발생 시간이 아침 출근 및 등교 시간이라 학생을 비롯하여 출근하던 직장인과 교사 등 평범한 이들이 희생자가 되었다. 뒤집혀 추락해 사망자가 많이 발생한 16번 버스 안에는 9명의 무학여중과 무학여고 학생이 타고 있었고 이날 이들은 모두 생을 마감했다.[559] 무학여고는 사고 이후 지금까지 추모일을 정해서 이날 숨진 학생들의 넋을 위로하고 있다.[560]

사고가 난 성수대교는 동아건설이 1977년 4월 착공해 2년 8개월의 공사 기간을 거쳐 총 길이 1,160m, 폭 19m로 1979년 12월에 완공했다.[561] 사고 후 물 위로 드러난 상판은 속이 드러날 정도로 상당히 부서졌는데도 철근이 일부밖에 눈에 띄지 않아 육안으로도 부실 공사였음을 추정할 수 있었다.[562]

성수대교가 붕괴하고 보름이 지난 1994년 11월 4일에 '성수대교 붕괴사고 원인조사의 중간결과'를 발표하는 대한토목학회의 기자회견이 열렸다. 사고 당일 오후 1시에 대한토목학회가 서울대 교수 장승필을 위원장으로 한 사고위원회를 자체적으로 구성하여 자체 조사를 진행한 중간결과를 발표하는 자리였다. 대한토목학회는 사태의 중요성을 인식하고, 서울시로부터 붕괴 원인 및 사후 대책 조사를 요청받기 전에 시급히 또 스스로 조사에 착수했다. 붕괴사고 전에 대한토목학회가 성수대교에 대하여 안전진단을 실시한 적은 없었다.[563]

서울시 의뢰로 성수대교 붕괴 이전에 시행된 서울 시내 노후 주요 구조물에 대한 대한토목학회의 안전진단 중 한강 교량에 대해서는 양화대교, 한남대교, 마포대교, 원효대교, 잠실대교, 영동대교 등 6개만 이루어졌다. 안전진단 중 한강 교량의 수중부 기초에 대한 수중조사, 즉 구조물의 외형 조사만 실시하였다. 1979년 완공된 성수대교는 완공 후 아직 20년이 지나지 않아 안전진단 대상에서 제외되었다. 대한토목학회가 분석한 성수대교 붕괴사고의 원인은 설계, 시공, 점검 및 유지관리 미비에 있었다. 삼풍백화점 붕괴와 마찬가지로 총체적 부실이 원인이었다. 직접적 원인과 건축물의 구조적 원인 외의 근본적인 원인으로 과학적 논리보다 우선하는 정치·행정 편의, 실적 위주의 논리를 꼽았다.[564]

성수대교가 붕괴하기 전에 1981년 제주도 현수교 붕괴사고를 비롯하여[565] 공사 중이던 팔당대교와 신행주대교가 무너지는 사고가 있었다. 팔당대교 시공업체는 교량 바닥판 구조물 공사를 하면서 설계를 멋대로 변경하고 설계 기준에도 못 미치는 부실 공사를 한 것으로 드러났다. 이 공사의 시행청인 경기도 공영개발사업단은 부실시공에 의한 사고인데도 불가항력에 의한 사고인 것처럼 건설부에 허위보고한 것으로 밝혀졌다.[566]

성수대교가 붕괴하기 불과 몇 년 전에 차례로 교량이 무너지는 사고가 일어났지만, 성수대교 붕괴를 막지는 못했다. 모두 부실 공사와 점검 및 관리 부실로 인해 일어난 사고였다.

그러고는 성수대교가 주저앉았고, 성수대교 붕괴 1년이 지나기 전에 삼풍백화점이 무너졌다.[567] 성수대교가 무너진 지 얼마 지나지 않은 시점에 서울 중심부의 고급 백화점이 불과 완공 5년여 만에 붕괴한 사고는 국민에게 큰 충격을 주었다. 20여 년 전의 와우아파트 붕괴사고를 연상시키는 이 끔찍한 사고는 처음부터 부실시공의 비판 속에 지어진 시민아파트가 아니라 도심의 초호화 백화점에서 일어났다는 점에서 더더욱 할 말을 잃게 했다.

붕괴사고 이틀 후인 1995년 7월 1일 서초경찰서에 출두한 회장 이준은 기자들을 향해 "여보쇼. 무너진다는 것은 다시 말해서 손님들에게도 피해가 가지만, 우리 회사의 재산도 망가지는 거야"라는 말을 내뱉었다.[568] 이준은 7년 6개월의 옥살이를 하고 만기 출소했다. 당뇨와 고혈압, 신장병으로 투병하던 그는 출소 후 6개월이 지나 노환으로 사망했다.

애초 서울시는 사고 직후 유족들에게 사고 현장에 위령탑을 마련해주겠다고 약속했다. 그러나 유족 보상금을 마련하기 위해 백화점 용지를 팔았고, 위령탑은 사고와 전혀 무관한 양재시민의숲에 세워졌다.[569]

삼풍백화점이 있던 서울 서초구 서초동 1675−3번지에서 5km 떨어진 양재시민의숲에는 502명의 희생자 이름이 새겨진 '삼풍참사위령탑'이 서 있다. 매년 6월 29일이면 유가족은 공원 남쪽 끝자락에 있는 위령탑에 들러 탑에 새겨진 그리운 이의 이름을 어루만진다.

'성수대교사고희생자위령비'는 성수대교가 멀리 보이는 서울 숲 인근에 세워졌고 위령비에는 무학여고 교사로 재직한 변세화 시인의 추모 시가 적혀 있다.

"… 이 증언의 강 언덕에

오늘 부끄러이 조촐한 돌 하나 세워 비오니

님들의 크신 희생 오랜 날 깨우침 되오리니 …[570]

성수대교 붕괴로 목숨을 잃은 어느 무학여고 학생의 학부모는 "앞으로 이런 일이 얼마든지 올 수 있어. 올 수 없다고 장담 못 해요. 미리미리 방지해 줬으면 이런 일이 없지 않냐 이거야"라고 말했다. 그는 5년 뒤에 자살을 택했다.[571]

참고
자료

1. 메모리[人] 서울프로젝트 기억수집가, 『1995년 서울, 삼풍』, 2016.04.29.

2. 서울특별시, 『삼풍백화점 붕괴사고 백서』, 1996.06.

3. 홍성태, 『사고사회 한국』, 2017.06.16.

4. 강민진, "23년 전 오늘, 멀쩡한 백화점이 무너져내렸다", 〈한겨레〉, 2018.06.29.

5. 이상렬, "삼풍백화점 붕괴-설계서 감리까지 총체적 不實", 〈중앙일보〉, 1995.07.26.

6. 심규석, "'전원 유죄'로 끝난 삼풍참사 법정소송", 〈한국경제〉, 2005.06.30.

7. 유성운, "[사회부 24시] 삼풍백화점과 그라운드제로, 그리고 세월호", 〈중앙일보〉, 2015.07.01.

8. "무학여자중학교 · 고등학교 학생들 등교길 참변", 〈KBS 뉴스9〉, 1994.10.21.

9. "성수대교 붕괴, 버스승객 등 24명 사망", 〈연합뉴스〉, 1994.10.21.

10. "성수대교 붕괴현장 스케치", 〈연합뉴스〉, 1994.10.21.

11. 김동욱, "인재가 부른 참사 '팔당대교 붕괴'", 〈중부일보〉, 2017.11.05.

12. "삼풍백화점 건물 붕괴", 〈연합뉴스〉, 1995.06.29.

13. 편집부, 1994, 성수대교 붕괴사고 원인조사의 중간결과, 대한토목학회지, 42(6), 21-23.

14. 다큐멘터리 영화 「논픽션다이어리」, 정윤석, 2013.

15. 무학여자고등학교 동창회.

16. 「한국향토문화전자대전」, 한국학중앙연구원.

21

신효순 · 심미선

대한민국을 촛불로 물들인 소녀들의 죽음

신효순·심미선
대한민국을 촛불로 물들인 소녀들의 죽음

2002년 6월 13일, 열네 살 소녀 신효순과 심미선이 미군 장갑차에 치여 숨졌다.

이날 효순과 미선의 사망 사고가 발생한 경기도 양주시(당시 양주군) 광적면 효촌2리 56번 도로는 법원읍과 광적면을 잇는 도로로, 한국군과 미군의 방어 작전 훈련에서 이동로로 사용되었고 평소에도 미 군용차가 자주 오간 곳이다.[572] 산의 급경사 사면을 깎아 만든, 인도가 따로 없는 산골길이었다.[573] 법원읍에서 넘어오는 차량은 마을 앞까지 내리막을 한참 달려야 했다. 마을 앞에서부터는 도로 사정이 바뀌어 오르막길이 시작되는데,

오른쪽 산을 끼고 길이 상당히 휘어져 있었다. 따라서 차량이 내리막길을 내려오던 가속을 그대로 유지한 채 오르막길을 오른다면 반대 차로로 내려오는 차와 커브 길에서 갑자기 마주칠 위험이 상존했다. 1개 차선의 폭이 3.3m에 불과한 왕복 2차선 도로였고 인도가 따로 설치되어 있지 않았기에 돌발상황에서 행인이 피할 곳이 마땅치 않았다.

그날의 56번 도로

2002년 6월 13일은 전국동시지방선거 날이라 효순과 미선은 학교에 가지 않았다. 두 사람은 오전 10시 45분경 '초가집'이라는 식당에 가려고 56번 도로 갓길을 따라 300m가량을 걷고 있었다. 이 갓길을 자주 이용하지는 않았다. 효순과 미선이 2학년에 재학 중인 광적면 조양중학교에 통학할 때는 마을 앞 정류장에서 버스를 탔다. 초등학생 때도 등교는 버스나 농사짓는 부모님이 태워주는 차를, 하교는 방과 후에 다닌 학원의 버스를 이용했다. 이날은 효순과 미선의 친구 다희의 생일이었고 마침 다음날이 효순의 생일이기도 했다. 그래서 친구 다섯 명이 다희의 부모님이 운영하는 초가집에서 모이기로 했다. 초가집은 버스나 부모님 차를 타고 가기에는 너무 가까운 거리에 있었다. 효순과 미선은 56번 도로 갓길을 따라 초가집까지 걸어가기로 했다.

같은 시각, 양주 무건리 훈련장에서 전술 평가 훈련을 수행한 미 제2사단 공병여단 44공병대 소속 7대의 차량이 열을 지어 56번 도로를 따라 덕도 삼거리 부근 집결지로 이동하면서 효순과 미순 쪽으로 접근 중이었다. 차량 행렬은 컨보이 차량 1대, 장갑차량 M113 APC 1대, 부교 운반용 궤도차량(AVLM) 1대, 공병 궤도차량 3대, 컨보이 차량 1대 순으로 열을 지어 이동하였다. 반대편 도로에서는 미군 M2/M3 브래들리 기갑 전투차량 5대가 정반대로 덕도 삼거리 부근 집결지에서 무건리 훈련장을 향했다. 도로의 양쪽에서 오던 두 차량 행렬은 효순과 미선이 갓길을 걷고 있던 오르막 커브길 근처에서 마주쳤다.[574]

덕도 삼거리로 이동하던 차량 행렬 3번째의 부교 운반용 궤도차량은 마주 오는 브래들리 장갑차 행렬과 충돌하지 않기 위해 중앙선을 넘지 않게 주행했다. 폭 3.65m의 부교 운반용 궤도차량이 3.3m의 도로를 주행하며 중앙선을 넘지 않으려면 갓길을 침범할 수밖에 없었고, 미군 차량은 순식간에 효순과 미선을 치고 지나갔다. 효순과 미선은 즉사했다. 효순과 미선은 사고 지점 흰색 실선을 중심으로 효순의 발과 미선의 머리가 겹쳐져 일렬로 누운 상태로 사망하였다. 시신은 미군 차량의 궤도 바퀴에 머리, 뼈와 살이 갈려 나간 처참한 상태였다.[575] 궤도차량의 운전자는 마크 워커 병장, 선임탑승자는 페르난도 니노 병장이었다.[576]

둘째 딸 효순과 막내 미선

효순과 미선은 경기도 양주시 광적면 효촌2리에서 나고 자랐다. 효촌2리는 전체 가구가 40호 정도인 작은 마을이었다. 효순과 미선이 함께 졸업한 효촌초등학교는 효촌2리에서 조금 떨어진 자그마한 시골 학교로 졸업 당시 동급생이 10명에 불과했다. 효순과 미선은 어려서부터 단짝 친구였다. 효순의 사진 앨범에는 유치원 시절부터 해마다 치른 생일잔치 사진이 가지런히 꽂혀있었고, 그 옆에는 항상 미선이 있었다.

둘째 딸 효순은 불교에서 '저승 문턱에 다다르는 날'이라는 49재에 어머니의 꿈에 나타났다. 꿈에서 효순은 어머니에게 "걱정하지 마"를 세 번이나 말하고 사라졌다. 이승을 하직하기 전 꿈속에서 효순은 그렇게 마지막 인사를 하고 떠났다. 효순의 아버지는 생일잔치라고 들뜬 모습으로 집을 나서던 효순의 마지막 모습을 잊지 못한다.

미선은 막내딸이었다.

> "미선이는 천생 여자였어요. 교복 입은 모습이 그렇게 예쁠 수가 없었어요. 아직도 아침마다 거울 앞에 서서 옷매무시를 가다듬던 모습이 눈에 선해."
> "막둥이라서 그런지 유난히 날 따랐어요. 내 팔을 베고 눕기도 좋아하고 살 부비기도 잘하고. 사고 있기 전날도 그랬죠. 그게… 고것이 떠나려고 마지막으로 내 냄새를 맡은 것 같애…."

미선의 어머니가 기억하는 막내딸의 마지막 모습이다.[577]

"피할 수 없는 사고였다"

두 학생이 사망한 날 미군 측은 바로 유감을 표하고 철저한 조사를 약속했다. 대니얼 자니니 미8군 사령관은 성명을 내고 "우리는 이번 비극적인 사고에 깊은 슬픔을 느낀다"라며 "유가족들에게 진심으로 조의를 표하며 철저한 조사를 약속한다"라고 말했다.[578] 다음 날인 6월 14일에는 맥도널드 미 제2사단 참모장 등이 분향소를 직접 방문해 문상하고, 유가족들에게 각각 위로금 100만 원을 전달하는 등 발 빠르게 사고 수습에 나섰다.[579] 사고일로부터 6일 후인 6월 19일, 미 제2사단은 한미 합동 조사 결과를 공식 발표했다.

> "대한민국 경찰, 대한민국 범죄수사대 및 미 육군 안전부서와 더불어 우리는 본 사고를 철저히 조사했습니다. 본 조사를 통해 수집된 모든 증거에 근거해 우리는 이번 사고가 고의적이거나 악의에 의해 자행되었다는 어떤 증거도 찾지 못했습니다. 우리는 본 사건이 비극적인 사고라고 확신합니다."[580]

미군 측은 사고의 우발성을 강조했다. 차량 구조상 오른쪽 시야에 사각지대가 있어 운전병이 학생들을 발견할 수 없었고, 관제병이 커브를 돌아 약 30m 전방에서 학생들을 발견하고 운전병에게 경고하려 했지만, 소음과 타 무전 교신 등에 의한 통신장애로 관제병의 경고가 제때 전달되지 못했음을 사고원인으로 설명했다. 또한, 당시 차량은 시속 8~16km의 속도로 중앙선을 넘지 않고 계속 직진 운행 중이었으며, 마주 오던 브래들리 장갑차는 서로 교행하지 않고 사고 차량과 1m 떨어진 지점에서 정차하여 대기했다고 밝혔다.[581] 고의나 과실에 의한 것이 아니라 가해 군인으로서도 '피할 수 없는' 원인에 의해 발생한 비극적인 사고라고 설명했다.

그러나 조사 결과는 애초 미군이 약속한 대로, '합동'으로 또한 '철저하게' 이루어진 것이 아니었다. 미군은 사건 발생 직후 한국 경찰을 제외하고 미군 의무관에게만 연락했다. 40분에서 1시간가량 후에 사고 지점을 지나던 차량 운전자의 제보를 받고서야 광적파출소 경찰관이 현장에 도착했다. 이마저도 미군이 가로막아 경찰관은 현장 사진 촬영 및 거리 측정 등의 기초조사만 했을 뿐, 사고 운전병에게는 접근조차 할 수 없었다. 이후에 한국 경찰이 합동 조사에 참여하거나 미진한 점을 추가 수사한 사실은 없다.

미군 측 발표에는 사고원인과 관련하여 보완조사가 필요해 보이는 부분이 많았다. 미군 측은 차량구조 상 운전병의 시야에 사각지대가 생긴다는 주장의 근거로 사고 지점 5m 이내에서 근접 촬영한 사진을 제시했다. 그러나 관제병이 효순과 미선을 발견한 시점은 굽은 길을 돌아선 30m 전방이었다. 근접한 거리에서는 사각지대가 생길 수 있지만, 30m 정도의 상당한 거리가 있을 때는 외부에 특별한 사정이 없는 한 시야가 확보되었을 가능성이 컸다. 미군의 조사 결과만으로는 운전병이 효순과 미순을 발견했는지 아닌지, 그것이 차량구조 때문인지 전방주시 의무를 이행하지 않았기 때문인지 확정할 수 없었다.

사고 차량의 소음과 타 무전 교신 등에 의한 통신장애로 관제병의 경고가 제때 운전병에게 전달되지 못했다는 설명 역시 석연치 않은 부분이 있었다. 전투상황에서 사용되는 장비가 언덕을 오르는 정도의 소음으로 무선 교신을 하지 못했다는 해명은 이해하기 어려웠다. 또한, 차량 간·부대 간 무선 교신은 주파수를 달리하고, 운전병은 선임탑승자와 교신하며 그의 지휘에 따를 뿐 다른 차량 간·부대 간 무전 교신을 담당하지 않았다. 따라서 궤도차 운행 전 탑승자 간 통신장비 이상 여부를 확인하지 않았거나 운전병이 규정을 위반하여 헬멧을 벗고 있었을 가능성에 대해 추가적인 조사가 필요해 보였다.

마주 오던 브래들리 장갑차가 교행했는지에 대해서도 미군 측은 일관되지 못한 태도를 보였다. 6월 14일 현장 조사에서 미 제2사단 측은 브래들리 장갑차가 "사고 발생 이후에 도착했다"라고 했으나, 6월 19일 한미 합동 조사 결과 발표문에서는 브래들리 장갑차가 "교행하지 않고 사고 차량으로부터 1m 떨어진 곳에 멈추었다"라고 기재했다. 같은 날 유족의 질의에는 "교행했다"라고 말하며 계속 말을 바꿨다.[582]

미군 측에서 사고원인에 대하여 명쾌한 설명을 내놓지 않자,

6월 27일 효순과 미선의 아버지 신현수와 심수보가 궤도차량 운전병과 동승 장교, 소속 부대장 등 미군 6명을 업무상과실치사 혐의로 서울지검 의정부지청에 고소했다.[583]

재판권을 포기하라

효순과 미선이 사망한 2002년 6월 13일은 2002 한·일 월드컵 한국 대표팀과 포르투갈 대표팀의 조별 예선 경기를 하루 앞둔 날이자 전국동시지방선거 날이었다. 온 나라가 월드컵 열기에 사로잡혀 있어서 효순과 미선의 죽음은 큰 주목을 받지 못했다. 이 사건이 전국적으로 알려지게 된 것은 우연한 사건을 통해서였다. 사고 발생 13일째인 6월 26일 여러 시민·사회·종교 단체는 '미군 장갑차 여중생 고 신효순·심미선 양 사망사건 범국민대책위원회(여중생 범대위)'를 결성하고 미 제2사단 앞에서 1차 범국민대회를 개최했다. 집회 도중 시위대 일부가 기지 철조망을 절단하였고, 취재를 위해 미군기지 안에 들어간 〈민중의 소리〉 기자 2명이 미군에 의해 감금, 폭행당하는 사건이 발생했다.[584]

이 사건으로 미군을 향한 국민의 비난 여론은 급속히 확산하였고, 6월 28일 미 제2사단 공보실장이 MBC 라디오 '손석희의 시선집중'에 출연하여 해명하기에 이르렀다.[585] 그러나 공보실 장은 해명을 위해 출연한 라디오 방송에서 엉뚱한 이야기를 했다. 그는 미군이 기자들을 체포·연행하지 않았고 한국 경찰이 했다며 미군에 대한 비난을 근거 없는 것이라고 반박했다.[586] 효선과 미순의 죽음에 대해서 "조사는 끝났다. 미군 관련자들은 아무 과실이 없고 영내에서 정상적으로 근무하고 있다"라고 밝혔다. 불난 여론에 기름을 붓는 격이었다.

여론이 심상치 않음을 느낀 미군 당국은 비난 여론을 잠재우기 위해 나섰다. 7월 3일 자체 조사 결과 미군 병사들의 과실이 인정됐다며 마크 워커 병장과 페르난도 니노 병장 등 미군 2명을 과실치사죄로 미군 군사법원에 기소했다. 가해 군인 두 명에 대한 한국 검찰 조사에도 협조하겠다고 했다. 7월 4일에는 라포트 주한 미군 사령관이 "미 육군이 이 비극적인 사고에 대한 전적인 책임이 있음을 인정한다"라는 내용의 사과를 전했다.

그러나 워커 병장과 니노 병장은 한국 검찰 조사에 협조적이지 않았다. 두 가해 군인은 7월 8일 예정된 검찰 조사에 '신변위협과 언론의 초상권 침해'를 이유로 출석하지 않았다. 미8군 사령부는 미군의 신변안전이 보장되는 미군 영내에서 언제든지 조사를 받겠다는 의사를 한국 검찰에 전달했다. 이에 의정부지청이 담당 검사를 직접 미 제2사단으로 보내 두 가해 군인의 영내

출석을 요청했으나, 미군 측은 니노 병장과 워커 병장의 출석 여부에 관한 답변을 주지 않았다.[587]

두 가해 군인의 신병 인도가 어려웠던 것은 주한미군지위협정(SOFA)에 따라 공무 수행 중 일어난 범죄에 대해선 미국이 1차 재판권을 가지기 때문이었다. 유족과 시민단체들은 그간 사건을 축소·은폐하려는 미군 당국의 태도로 보아 미군 측에 재판권을 맡겨서는 제대로 된 조사와 처벌을 기대하기 어렵다고 보았다.[588] 시위대를 중심으로 미군의 재판권 포기와 주한미군지위협정의 개정을 요구하는 목소리가 나오기 시작했다.

법무부는 재판권 포기요청 시한을 하루 앞둔 7월 10일, 한·미 주한미군지위협정 체결 이래 최초로 미군 측에 재판권 포기요청서를 보냈다. 그리고 워커 병장과 니노 병장은 효순과 미선의 49재 추모제를 앞두고 검찰에 출두하여 조사를 받았다. 이때 이들은 조사석에만 앉았을 뿐 CID(미군범죄수사대)에서 이미 진술했다는 이유로 사고 경위에 관한 진술을 거부했다.[589] 8월 5일에 의정부지청은 수사결과를 발표했다. "이번 사고의 주된 원인은 운전병과 관제병 사이의 통신에 장애가 있었고, 부수적으로 관제병이 여중생들을 뒤늦게 발견해 발생한 사고"라고 밝혔다. 기본적으로 미군 측 입장과 동일했다.

그로부터 이틀 후인 8월 7일 법무부의 재판권 포기요청을 미군 당국이 공식 거부했다. "검찰의 조사 결과도 기본적으로 우리 측의 조사 결과와 일치하고 있다는 것은 시사하는 바가 크다"라고 운을 뗀 뒤 "동 사고가 공무 중에 일어난 사고이고, 이제껏 미국이 제1차적 재판권을 포기한 전례가 없다"라는 이유를 들었다. 외교통상부와 국방부는 마치 기다렸다는 듯 즉시 보도자료를 내고 향후 대책을 발표했다. 9월 21일 미군은 사고 현장 인근에 추모비를 세우고 유족들에게 각각 1억 9,500만 원의 배상금을 지급했다. 미군 장병들은 성금 2만 2,000달러를 유족들에게 전달했다. 사건은 자연스레 정리되는 듯했다. 언론의 관심이 줄어들고, 국민 여론도 수그러드는 것 같았다.[590]

불평등한 한 · 미관계의 상징 SOFA 협정

6 · 25전쟁 이후 한국 정부는 북한의 군사적 위협을 방어하기 위하여 미국과 상호방위조약을 체결하였다. 이로써 미군은 1953년 7월 정전협정 체결 이후에도 계속 남한지역에 주둔하게 되었다.[591] 더불어 한국에 주둔하게 된 미군의 법적 지위에 관한 양국의 합의가 필요했다. 미국의 부정적 태도와 협상 거부로 13년 만인 1966년, 81차에 걸친 교섭 끝에 비로소 주한미군지위협

정(SOFA)이 체결될 수 있었다. SOFA는 본 협정문 외에 '합의의사록' '합의양해사항' '형사재판권에 관한 한국 외무장관과 주한미국대사 간의 교환 서한'의 세 가지 부속 문서로 구성되었다.[592]

주한미군지위협정은 본 협정문의 내용만 보면 일본과 독일과 비교해 불평등하다고 할 수 없지만, 합의의사록이나 합의양해사항 등의 부속 문서에는 독소조항들이 산재해 있다. 효순·미선 사건에서 특히나 문제가 되었던 조항은 형사재판관할권과 관련한 조항이다. 주한미군지위협정 제22조는 재판권을 규정하고 있다. 재판권은 전속적 재판관할권과 경합적 재판관할권으로 구분된다. 먼저 전속적 관할권에 관한 규정은 다음과 같다.

협정문 제22조 제2항의 (나)목을 보면 "대한민국의 법령에 따라서는 처벌할 수 있으나 미국의 법령에 의해서는 처벌할 수 없는 범죄에 대해서 대한민국이 전속적 관할권을 가진다"라고 규정하고 있다. 즉 미국 법으로는 불가능하지만 우리나라 법으로는 처벌이 가능한 범죄에 대해서만 대한민국이 전속적 재판관할권을 가진다는 의미다. 부속 문서 전반을 살펴보면, 우리나라가 전속적 재판관할권을 가질 때도 미군 당국에 양보하거나 미군의 재판관할권에 의해 대한민국의 재판관할권이 제한되고 있다.

다음으로 대부분 사건이 해당한다고 볼 수 있는 경합적 재판관할권에 관한 규정이다. 협정문은 미군 상호 간에 일어난 범죄와 미군의 공무집행 중 일어난 범죄는 미군 당국이 재판권을 가지고, 그 밖의 경우는 대한민국이 재판권을 가진다고 규정했다. 공무상 범죄에 미군이 재판관할권을 가지는 것은 군무가 가지는 은밀성과 독자성을 고려하면 충분히 수용 가능한 일이다. 문제는 공무 증명서의 발급 권한이 미군의 장성급 장교에게만 있으며, 우리 법원은 공무 판단에 관여할 여지가 없다는 것이다.

공무 증명서 발급에 대한민국 당국이 관여할 수 없다면 최소한 그 유효성 여부에 대해서 이의를 제기할 수 있어야 한다. 그러나 공무 판단에 대해서 대한민국은 미군의 입장을 수용할 수밖에 없다. 미군의 공무 판단에 대한 대한민국의 반증이나 이의가 있어도 미군과 협의를 통해 합의에 도달하지 못하면 궁극적으로 해당 공무집행 증명서의 공무 증명이 확정되기 때문이다. 효순·미선 사건도 공무상 발생한 사건이라는 점을 근거로 하여 미군이 재판권을 행사했다.

협정문 제3항 (나)목은 "미군의 미군에 대한 범죄와 공무집행 중의 범죄 외에는 대한민국이 재판권을 가진다"라고 규정하고 있다. 그러나 합의의사록에는 "합중국 군 당국의 요청이 있으면 대한민국 당국이 재판권을 행사함이 특히 중요하다고 결정하는 경우를 제외하고 대한민국의 재판관할권 포기"가 명시되어 있다. 대한민국의 재판권 행사는 사실상 불가능한 구조인 셈이다.[593]

죽은 자는 있는데, 죽인 자는 없다

미군 당국이 한국 법무부의 재판권 포기요청을 공식 거부하면서 두 가해 군인에 대한 재판은 미군에서 담당하였다. 2002년 11월 18일에서 22일까지 동두천 캠프 케이시 내 군사 법정에서 운전병 마크 워커와 관제병 페르난도 니노에 대한 미 군사재판이 진행됐다. 20일과 22일 차례로 페르난도 니노와 마크 워커에게 무죄 평결이 내려졌다. 예상된 결과였다. 두 가해 군인에 대한 법정은 재판장부터 배심원에 이르기까지 모두 현역 미군으로 구성되어 있었다. 게다가 페르난도 니노에 대한 평결 직전, 재판장이 배심원들에게 "피고인보다 중대장이나 피해자의 과실이 크다고 생각되면 무죄"라고 교육하기도 했다.[594]

무죄 평결이 발표되자 피고인석에 앉아있던 니노 병장은 웃는 얼굴로 부인과 포옹하고 변호인단과 악수하며 기뻐하는 모습을 보였다.[595] 워커 병장은 무죄 평결이 발표된 직후 "아주 행복하다. 나의 능력 범위를 벗어난 사고였다"라는 말을 남겼다. 두 미군은 무죄 평결을 받은 지 5일 만인 11월 27일, 짤막한 사죄 성명을 발표하고 유유히 한국을 떠났다. 1심 판결에 대해 원고 측이 항소할 수 없도록 하는 미 군사 법정의 규정에 따라 페르난도 니노와 마크 워커에게 더는 죄를 물을 수 없었다. 재판 결과를 계기로 SOFA의 불평등함이 다시금 도마 위에 올랐고, 그동안 사건에 무관심하던 이들까지 항의 대열에 합류하면서 그 파문은 일파만파로 커졌다.[596]

무죄 평결 항의에 대해 미군은 한·미 양국 간 법체계의 차이점을 부각했다. 미군 사법 체계에서는 형사적 책임을 묻는 것과 책임이 있는 것 사이에 차이가 있다고 재판 결과를 설명했다.[597] 니노 병장과 워커 병장의 고의나 과실에 의한 것이 아니라 피할수 없는 상황에 의해 발생한 사고이므로 이들에게 형사적 책임을 물을 수 없다는 것이었다. 항의가 잇따르자 11월 27일 주한 미국대사는 기자회견에서 부시 대통령의 간접적인 사과를 전했다.[598]

한 네티즌의 제안으로 11월 30일 광화문 교보빌딩 앞에서 촛불시위가 시작되었다. 날이 갈수록 그 수가 늘어나 12월 7일에는 약 5만여 명이 경찰의 저지선을 뚫고 미 대사관 앞에서 시위를 벌였다. 해방 이후 한 번도 자리를 양보하지 않았던 미 대사관 앞이 뚫린 것이다. 12월 14일 시청 앞 광장에서 열린 범국민대회에서도 항의의 물결은 이어졌다. 이날 10만 명에 가까운 사람들이 한자리에 모여 SOFA 개정과 부시 대통령의 사과를 요구했다.[599]

반미 여론이 전국민적으로 확산하자 한·미 당국은 12월 11일

외교·안보 당국자가 긴급히 회동했으나 SOFA 개정은 이루어지지 못했고, 조문 해석에 관해 논의하는 것에 그쳤다. 12월 13일 조지 부시 미 대통령은 김대중 대통령과의 전화 통화에서 유감을 표시하며 사과의 뜻을 전했다.[600]

열네 살이란 꽃다운 나이에 외국군의 거대한 장갑차에 깔려 목숨을 잃은 효순과 미선의 죽음은 불평등한 한·미관계에 국민이 눈뜨게 하고 촛불을 들어 SOFA 개정을 외치게 했다. 그러나 효순과 미선의 죽음은 당시 대선 정국을 달군 이후 근본적인 변화를 만들어내지 못했다.[601] 효순·미선이 세상을 떠난 뒤 달라진 것은 그들이 숨진 2차선 지방도로의 폭이 75cm 확장된 것과 붉은색 타일이 깔린 폭 1.5m짜리 인도가 생긴 것뿐이다.[602]

참고
자료

1. 박성민, 「한·미 주둔군지위협정(SOFA) 제22조 형사재판권의 형사법적 문제와 개선방안」, 『형사정책연구』, 한국형사정책연구원, 2011.

2. 이소희, 「여중생 장갑차 살인사건 2백일 보고서 : '월드컵 광장'이 '효순이, 미선이 광장'으로」, 『민족21』, 2003.

3. 김도균, 「[르포] 효순·미선 5주기, 다시 찾은 광적면」, 『월간말』, 월간말, 2007.06.

4. 강민진, "2002년 효순·미선이 '억울한 죽음' 5가지 기록", 〈한겨레〉, 2017.11.27.

5. 권숙희, ""살아있었으면 서른살 미선이… SOFA 개정 밑거름되길"", 〈연합뉴스〉, 2017.06.12.

6. 송평인, "생일파티길 두 여중생 궤도차량에 참변 전말", 〈동아일보〉, 2002.07.18.

7. 이성섭, "주한미군 "'여중생 압사' 재판 공정했다"", 〈한국경제〉, 2002.11.26.

8. 이재덕, "'미군 장갑차 사건' 일지… 14살에 숨진 효순 · 미선이, 15
   년 지나도 못 푼 원한", 〈경향신문〉, 2017.06.13.

9. 임경구, ""누구도 쇠사슬에 묶이거나 끌려가지 않았다"", 〈프레시
   안〉, 2002.06.28.

10. 진명선, "생일 친구집 300m 남기고… 소녀들은 스러졌다", 〈한겨레〉,
    2012.06.11.

11. 전홍기혜, ""여중생 압사, 미군 잘못 하나도 없다"", 〈프레시안〉,
    2002.11.20.

12. 외교부, 『알기 쉬운 SOFA 해설』, 2002.11.

13. 주한미군범죄근절운동본부, 『미군 장갑차 여중생 압사사건』.

14. 자유경제원, "효순이와 미선이… 누가 두 소녀의 죽음을 이용했나",
    2016.03.02.

15. 한국민족문화대백과사전, 『주한미군지위협정』.

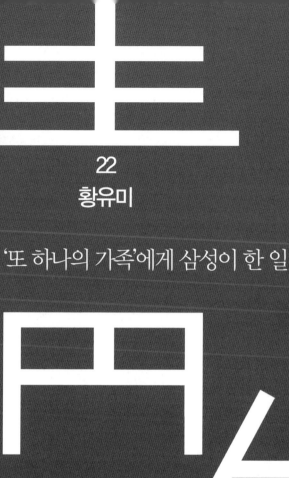

22
황유미

'또 하나의 가족'에게 삼성이 한 일

황유미
'또 하나의 가족'에게 삼성이 한 일

2007년 3월 6일, 스물세 살 황유미가 죽었다. 2차 골수 이식 수술을 앞두고 피검사를 받은 날이었다. 황유미와 가족은 경기도 수원의 대학병원에 갔다가 속초 집으로 돌아가고 있었다. 횡성을 지날 무렵 아버지 황상기가 운전하는 택시 뒷좌석에서 황유미가 가느다란 소리로 말했다.

"아, 더워."

온몸이 땀에 젖어 있었다. 창문을 조금 열고 10분쯤 갔을 때

황유미가 다시 말했다.

"아, 추워."

다시 창문을 올렸다.

잠시 후 조수석에 앉아있던 황유미의 어머니가 뒷좌석의 딸을 돌아보더니 비명을 질렀다.

"얘가 왜 이래?"

차를 영동고속도로 갓길에 세우고 뒷문을 열어보니 황유미는 이미 눈자위가 돌아간 채 숨을 몰아쉬고 있었다. 무엇을 어떻게 해야 할지 몰랐고 손쓸 겨를도 없었다. 눈에 넣어도 아프지 않을 둘째 딸은 아버지의 택시에서 숨을 거뒀다. 어머니는 눈물 젖은 손으로 딸의 눈을 감겼다.[603]

또 하나의 가족, 삼성

동해의 푸른 물결을 보고 자란 황유미는 속초상업고등학교를 졸업하며 3년 개근상을 탈 정도로 건강하고 성실한 학생이었다. 졸업을 앞둔 황유미는 어려운 집안 환경을 생각해 대학교에 진학하는 대신 취직을 결심했고, 학교 추천으로 2003년 10월 동기생 10여 명과 함께 삼성전자 반도체 기흥공장에 입사했다. 취업도 취업이지만 우리나라에서 가장 알아준다는 삼성에 입사했다는 사실만으로 황유미의 가슴은 뛰었다. 아버지 황상기는 먼 곳으로 일하러 떠나는 딸을 위해 직접 시외버스 터미널까지 나와 수원행 버스표를 끊어 주었다. 황유미는 자신이 돈을 벌어 남동생을 대학에 보내겠다는 부푼 꿈을 안고 친구들과 함께 수원으로 떠났다.

그러나 입사한 지 2년이 채 안 된 2005년 5월 말 황유미의 몸에 이상증세가 나타났다. 속초에 있는 어머니에게 전화를 걸어 구토와 어지럼증 등의 증세를 호소할 때만 해도 큰 병이라고는 생각하지 못했다. 약국에서 약을 사 먹어도 증세는 점점 심해졌다. 결국, 회사 근처의 작은 병원을 거쳐 수원에 있는 아주대병원에 가서야 '급성골수성백혈병'이라는 진단을 받았다. 삼성전자 반도체 기흥공장 3라인에서 오퍼레이터로 일한 지 1년 8개월 만이었다. 황유미는 바로 휴직하고 치료를 시작했다. 2005년 12월 6일에는 골수 이식 수술을 받고 회복에 들어갔다. 2006년 9월 휴직 기간이 끝났지만 복직할 만큼은 몸이 회복되지 않았다.

2006년 10월 초에 삼성반도체 과장이 황유미가 일하던 3라인 관리자와 함께 속초 집에 찾아왔다. 과장은 휴직 기간을 더 연장해 줄 수 없으니 사표를 써야 한다며 회사에 하고 싶은 이야기가 있는지 물었다. 아버지 황상기는 황유미의 백혈병을 산업재해로 인정해 치료받게 해달라고 말했다. 관리자는 "아버님이 이 큰 회사를 상대로 해서 이길 수 있으면 한번 이겨보세요"라고 말하며 산재 처리가 불가능하다고 말했다. 이에 황상기가 이제까지 들어간 병원비를 물어내라고 했더니 회사는 사직서를 쓰는 조건으로 치료비 4,000만 원을 모두 물어주겠다고 했다. 과장은 건넛방에 있던 황유미를 불러 백지 한 장을 꺼내 이름과 주민등록번호를 쓰게 한 뒤 '백지 사표'를 받아갔다.

회사 사람들이 돌아가고 며칠 뒤 황유미의 눈빛이 이상해져 다시 병원을 찾았다. 골수 이식 수술을 받았건만 불행히 백혈병 재발 판정을 받았다. 그렇게 입원 치료를 받던 11월의 어느 날, 두 달 전 집을 방문한 과장이 병원을 찾아왔다. 그는 황상기에게 100만 원짜리 수표 다섯 장을 주면서 "이것밖에 없으니 이것으로 끝내자"라고 말했다. 사직서를 쓰면 4,000만 원을 지급하기로 한 약속을 어긴 것이다.

2007년 1월 말에도 회사 사람들이 찾아왔다. 이번엔 차장이라는 사람이 함께 왔다. 그들은 황유미의 병이 개인 질병이라고 말했다. 황상기는 산재 처리를 해 달라며 이야기하다 도저히 말이 통하지 않아 자리를 떴다.

그로부터 한 달여, 병마를 이기지 못한 황유미는 대학병원에서 치료를 받고 집으로 돌아가던 길에 아버지가 운전하던 택시 뒷좌석에서 숨을 거뒀다. 막 새봄이 시작되던 2007년의 3월, 부부는 딸을 영원히 잃었다. 삼성에 취직해 기숙사로 향하는 딸을 기쁜 마음으로 배웅한 지 3년 5개월 만이었다. 그사이 가족은 만신창이가 되었다. 택시를 운전하던 아버지의 수입으로는 백혈병 치료비를 감당하기 벅차 평생 모아둔 재산을 고스란히 치료비로 썼다. 딸의 죽음에 망연자실한 어머니는 우울증에서 헤어나오지 못해 신경정신과 치료를 받았다.

회사 사람들은 황유미가 죽은 뒤에 장례식장에 찾아와 모든 치료비는 물론 보상금까지 지급할 테니 걱정하지 말라고 했다. 그러나 장례를 치른 뒤에는 "황유미의 죽음은 개인적 질병에 의한 것이므로 회사는 아무런 책임이 없다"라며 발을 빼기 시작했다. 황유미의 병원비로 들어간 돈은 8,000만 원 정도였다. 병이 재발하기 전에 회사로부터 4,000만 원을 받았는데, 이 돈은 회사에서 지급한 것이 아니라 직원들이 모은 성금이었다. 사직의 대가로 받기로 한 4,000만 원은 황유미가 사망하자 없던 일이 되어 버렸다.[604]

삼성이 4,000만 원을 아끼려고 했다기보다는 황유미의 죽음에 책임지지 않겠다는 의도를 보인 것으로 풀이된다.

또 하나의 약속

황유미의 아버지는 딸이 죽은 원인을 찾고자 했다. 그는 몇 가지 정황으로 미루어 보아 딸의 죽음이 직업병에 의한 산재임을 확신했다. 백혈병은 유전이 아니면 환경요인에 의해 발생하는 병이다. 황유미의 집안에는 백혈병은 물론 혈액과 관련한 질병을 앓았던 사람이 없었다. 황유미는 고등학교 3학년 때 취업해 삼성반도체 공장과 기숙사만을 왔다 갔다 했다. 백혈병이 공장에서 일하다가 얻은 병이라고 생각할 수밖에 없는 이유다. 황유미가 아주대병원에 입원했을 때 같은 공장에서 엔지니어로 일한 황민웅 또한 그 병원에서 백혈병으로 치료를 받고 있었다. 황유미와 함께 2인 1조로 일하던 오퍼레이터는 임신했다 유산하는 바람에 회사를 그만두었고, 그 자리에 새로 배치된 이숙영은 백혈병에 걸려 사망했다.[605]

2007년 11월 20일 수원 삼성전자 반도체 기흥공장 정문에서 '삼성반도체 집단 백혈병 진상 규명과 노동기본권 확보를 위한 대책위원회(이하 '대책위')가 출범했다.[606] 대책위는 오프라인과 온라인 활동을 병행하기 위해 인터넷 포털 사이트에 '반도체 노동자의 건강과 인권 지킴이, 반올림'이라는 카페를 개설했다.

삼성은 대책위가 자료를 수집하고 제보를 받아 밝힌 백혈병 피해자 현황 중 일부를 인정했다. 삼성반도체에 근무한 직원 중에 백혈병에 걸린 사람이 있으며 그로 인해 사망했다는 사실을 인정했지만, 백혈병과 업무의 연관성은 부인하였다. 또한, 백혈병 문제가 점차 사회적인 쟁점이 될 조짐을 보이자 외부에 회사 이야기가 새어나가지 않도록 직원들을 교육하였다.

삼성은 황유미가 일하던 기흥공장 3라인을 새롭게 보수했다. 3라인의 시설이 매우 오래되고 낡아서 가스 누출 등의 문제가 있었다고 알려지자 서둘러 시설을 보수함으로써 문제를 덮으려 했던 게 아닌가 하는 의심을 불러일으켰다.

대책위는 피해사례를 모아 언론에 알리는 한편 근로복지공단에 산재 신청을 함으로써 정당한 보상을 받아내기 위해 힘썼다. 반도체 사업장마다 안전 방지책을 세우도록 촉구하기도 했다. 이에 따라 노동부는 2008년 1월 31일 배포한 보도자료를 통해 '반도체 제조업체 근로자 건강실태'를 일제히 조사하겠다고 밝혔다. 그러나 노동부는 대책위의 조사 참여 요구를 거부한 데 이어 "조사 결과에 법인이나 단체 등이 보유하고 있는 생산기술 또는 영업상의 정보가 포함돼 있어 당사자의 이익을 해칠 우려가 있다"라며 조사 결과를 공개하지 않았다. 대책위는 백혈병에 걸린 사람이 몇 명인지와 반도체 제조공정에 사용되고 있는 화학물질의 목록이라도 알려 달라고 요청했지만, 노동부는 받아들이지 않았다.[607]

지난한 싸움

'반올림'은 대법원 판례에 따라 삼성반도체 노동자의 백혈병이 업무상 질병으로 인정되어야 한다며 근로복지공단에 산재 신청을 하였다. 산재 신청을 하면 보통 1~2개월 안에 판정이 내려지곤 하는데, 근로복지공단은 삼성반도체 집단 백혈병에 대해서는 이런저런 이유로 시간을 끌며 망설이는 모습을 보였다. 그러고는 역학조사를 실시해 결과를 받아본 다음 판정을 내리겠다고 말했다. 산재 신청 이후 승인 여부가 확정되지 않고 대책 없이 시간이 흘러가는 동안 치료비며 생활비 등은 피해자가 고스란히 부담해야 했다. 산재보험을 관장하는 근로복지공단은 마땅히 노동자 복지를 우선으로 해야 함에도 기업의 눈치를 보는 행태를 보였다.[608]

황유미는 기흥공장에서 디퓨전(Diffusion) 공정 및 세척(Wet Clean) 공정을 담당했다. 불화수소산(HF), 이온화수(DI), 과산화수소, 황산암모늄 등의 화학물질 혼합액이 담긴 수조 앞에서 수동으로 반도체를 담갔다 빼 세척하는 작업이었다. 일하는 동안 방독 기능이 없는 천 마스크를 착용했으며, 작업자의 얼굴 위쪽에 설치된 국소 배기장치가 공기 중의 화학물질을 흡입함에 따라 오히려 유해 물질에 노출되는 정도가 배가되었을 것이라 짐작된다. 작업이 이루어지는 클린룸(Clean Room)은 순환 공조로 인한 급속 확산 때문에 약품이 투입되면 60초 이내에 실내에 퍼지는 구조였다. 자신이 직접 취급한 화학물질 외에 다른 공정에서 사용한 화학물질 중 잠재적 백혈병 원인 물질에 황유미가 노출되었을 가능성이 충분했다.[609]

황상기는 노동 안전보건단체의 도움을 받아 2007년 6월 1일 근로복지공단 평택지사에 산재보험 유족보상을 청구했다. 근로복지공단은 황유미의 백혈병이 업무상 질병인지를 평가하기 위해 한국산업안전보건공단에 조사를 의뢰했으며, 한국산업안전보건공단은 2007년 7월부터 11월까지 역학조사를 실시했다.[610] 그러나 황유미가 휴직한 날로부터 이미 2년이 흘렀고 3라인의 시설이 그대로 보전된 상태가 아니라 정확한 조사가 이루어질 수 없었다.

황유미는 근무 중에 너무 더워서 고글 등을 가끔 벗었고 그때마다 주의를 받았다고 했다. 그러나 황상기가 2007년 9월 시행된 작업환경 측정조사에 직접 가보니 황유미가 일한 3라인의 작업환경은 쾌적했다. 그는 역학조사에 앞서 삼성이 안전조치를 강화했을 것이라 예상했다.

2007년 12월 28일 백혈병과 업무 연관성에 관한 '역학조사 평가위원회'가 열렸지만 뾰족한 결론을 내리지 못했다. 평가위원회는 이번 역학조사만으로는 업무 연관성을 판정할 수 없다며 추후 역학조사를 재실시한 후 결론을 내리기로 했다. 이에 한국산업안전보건공단은 2008년 3월부터 12월까지 6개 회사의 9개 반도체 사업장 및 그 협력업체를 대상으로 림프 조혈기계 암에 관한 역학조사를 실시했다.[611]

2008년 12월 29일 '반도체 제조공정 근로자 건강실태 역학조사 결과 발표회'가 열렸다. 한국산업안전공단 산하 산업안전보건연구원은 "삼성전자 반도체공장 노동자들을 잇달아 숨지게 했던 백혈병의 발생 사망 위험도는 통계적으로 볼 때 의미 있는 결과가 나오지 않았다"라고 밝혔다.[612]

유가족들과 '반올림'은 곧바로 "통계상 의미 없다는 내용만 모호하게 단순히 나열한 보고서를 인정할 수 없다"라고 역학조사의 문제점을 지적했다.[613] 황유미를 비롯한 다른 백혈병 피해자에 대한 개별 역학조사도 이 기간에 이루어졌다. 본인과 유족의 진술, 회사 제공 자료, 현장 방문, 과거 기록 등을 바탕으로 직업력, 작업내용, 유해 요인에 대한 과거 및 현재 노출 평가 등의 자료를 검토했다.[614] 피해자 측은 과거 작업환경에 관해 상세한 정보와 신뢰할만한 근거를 제시할 수 없었고, 따라서 한국산업안전보건공단은 회사가 제시하는 정보에 주로 의존할 수밖에 없었다. 결국, 개별 역학조사로도 황유미의 백혈병이 업무상 질병인지 아닌지를 결론지을 수 없었다.[615]

개별 역학조사 결과는 당사자에게 통보되지 않았다. '반올림'과 유가족들이 수차례에 걸쳐 결과를 공개해 달라고 요청했지만, 회사 영업기밀 등이 담겨 있다며 당사자에게 끝내 공개하지 않았다.[616]

2009년 3월 6일 한국산업안전보건공단이 개별 역학조사 평가위원회의 조사 결과를 근로복지공단으로 송부하면서 유가족들은 근로복지공단과 새로운 싸움을 시작했다. 3월 17일에 진행된 근로복지공단 평택지사(기흥공장 담당)와의 면담에서 평택지사 측은 개별 역학조사 평가위원회의 결과보고서 내용이 명확하지 않아 근로복지공단 자문의사기구(자문의사협의회)를 소집해서 다시 판단을 구해보겠다고 말했다.[617]

피해자 측은 자문의사협의회에서 최후진술을 했다. 피해자의 절규에 가까운 호소에도 불구하고 근로복지공단은 자문의사 협의회를 마지막 절차 삼아 황유미를 포함한 5명 모두에게 산재 불승인 처분을 내렸다. 피해자와 가족들 앞으로 발송된 불승인 처분 통보서에 적힌 내용은 다음과 같다.[618]

"동 질병이 업무상 질병에 해당하는지 여부를 확인하기 위해 관련 자료와 한국산업안전보건공단의 역학조사 결과보고서, 우리 지사 자문의사회의 결과, 구 산업재해보상보험법 시행규칙 제39조 1항[별표1] 등을 종합적으로 검토한 바, 재해자의 백혈병은 업무와 인과관계가 낮다고 판단되어 귀하의 최초요양급여 신청에 대하여 불승인함을 알려드립니다. 만약, 이 결정에 이의가 있을 경우에는 위 결정이 있음을 안 날로부터 90일 이내 행정법원에 행정소송을 제기할 수 있으며, 또는 우리 지사를 경유하여 우리 공단 산재심사실에 심사청구를 제기하실 수 있음을 알려드립니다."

근로복지공단은 딱딱한 행정 서식과 건조하기 짝이 없는 몇 줄의 문장으로 피해자와 가족들의 가슴에 씻을 수 없는 상처를 주었다. 동시에 노동자보다는 기업을 위해 일한다는 오명을 스스로 뒤집어썼다.[619]

'다시는' 이런 일이 없도록

근로복지공단이 산재 불승인 처분 결정을 내리자 '반올림'은 7월 21일 근로복지공단에 산업재해 심사청구를 제기했다. 더하여 2010년 1월에는 황상기를 포함한 백혈병 피해자 (유)가족 5명이 서울행정법원에 소송을 제기하며 앞으로 싸움을 이어갈 것을 분명히 했다.[620] 2010년 7월 삼성전자는 미국의 안전보건 컨설팅 회사인 인바이론에 반도체 근무환경 재조사를 의뢰했다.

2011년 6월 23일 서울행정법원은 백혈병 행정소송 1심에서 피해자들의 손을 들어줬다. 법원은 삼성 반도체공장에서 근무하던 중 백혈병 진단을 받고 숨진 황유미를 비롯한 2명의 피해자에 대해 "삼성 기흥사업장에서 유해 화학물질이 사용되고 있고 지속해서 노출된 것으로 판단된다"라며 근로복지공단의 산재 불승인을 취소했다. 황유미를 비롯한 2명에게 산업재해를 인정한 것이다.[621]

그 사이 삼성전자 의뢰로 백혈병에 걸린 직원 6명이 근무한 공장 라인을 조사한 인바이론은 재판 직후인 2011년 7월, 삼성전자 반도체 사업장의 근무환경과 백혈병 발병 사이에 연관성이 있다는 과학적 근거를 찾지 못했다고 밝혔다.[622] 이어 2011년 8월 삼성전자는 '퇴직 임직원 암 발병자 지원 제도'의 세부 방안을 확정하며 백혈병 등 총 14종의 질병에 대해 치료비 등 사망 위로금을 지원하겠다고 발표했다. 그리고 이듬해 11월 삼성전자는 DS부문 사장 김종중 명의로 피해자 측에 대화를 제의했다. 2014년 5월 삼성은 대표이사 권오현 명의로 사과문을 발표했다.

> "어려움을 겪으신 당사자, 가족 등과 상의하여 공정하고 객
> 관적인 제3의 중재 기구가 구성되도록 하고, 중재 기구에
> 서 보상기준과 대상 등 필요한 내용을 정하면 따르겠다."

8년 만에 뱉어낸 사과이자 약속이었다. 이에 따라 2014년 9월에 '반올림'과 별도로 '삼성직업병가족대책위원회(가대위)'가 출범하였고 12월에 전 대법관 김지형을 비롯한 3인의 조정위원회가 구성되어 1차 조정이 시작되었다. 7개월이 지난 2015년 7월 23일 조정위원 3명은 1차 조정권고안을 내놓았다. 조정권고안에는 삼성전자가 1,000억 원을 내놓고 독립적인 공익법인을 설립하며, 공익법인이 전문가를 통해 삼성전자 사업장을 점검하여 개선방안을 권고한다는 등의 내용이 담겼다.[623]

그러나 삼성은 조정위원회가 제시한 공익법인 설립안을 거부했다. 대신 9월에 일부 가족과 함께 독자적인 보상위원회를 구성하여 1,000억 원 규모의 기금을 마련해 자체 보상에 들어갔

다. '반올림'은 2015년 10월 삼성전자의 자체 보상을 거부하고 천막 농성에 들어갔다. 이후 새로운 조정안에 양측이 "무조건 수용"한다는 중재 합의서 서명식이 2018년 7월 24일 열리면서 1,023일 만에 천막 농성이 끝났다.[624]

2018년 11월 23일 삼성전자와 '반올림'은 서울 중구 프레스센터 20층에서 '삼성·반올림 중재안 합의이행 협약식'을 가졌다.[625] 최종 중재안에는 새로운 질병 보상 방안, '반올림' 피해자 보상안, 삼성전자 쪽의 사과, 재발 방지 및 사회공헌 등이 포함되었다.[626] 삼성전자 대표이사 김기남은 삼성 반도체·LCD 피해자들을 향해 고개를 숙였다. 백혈병 등 질환이 산업재해임을 사실상 인정한 것이다.[627]

> "삼성전자는 과거 반도체 및 LCD 사업장에서 건강유해인자에 의한 위험에 대해 충분하고 완벽하게 관리하지 못했다. 오늘 이 자리를 빌려 병으로 고통받은 직원들과 그 가족분들께 진심으로 사과드린다."[628]

김기남은 "이번 일을 계기로 삼성전자는 더욱 건강하고 안전한 일터로 거듭나겠다"라고 약속했다. 사과문을 읽은 후 그는 피해자 가족들에게 악수를 청했다. 반도체 직업병 문제는 이렇

게 황유미가 유명을 달리한 지 11년 만에 분쟁에 종지부를 찍었
다.[629]

산재 공화국 대한민국

우리나라의 산재 사망률은 OECD 국가 중 최고를 기록하고
있다. 2017년 1,957명, 2018년 2,142명, 2019년 2,020명의 노동
자가 목숨을 잃었다. 평균적으로 한 해 10만 명 정도가 산업재
해를 당하고 2,000명 정도가 사망한다.[630] 사망 사고 4건 중 하
나는 5인 미만의 사업장에서 발생한다. 2016년부터 2020년 9월
까지 산업재해자가 사망한 사업장을 분석한 결과, 전체 사망자
9,467명 중 23%를 차지하는 2,176명은 5인 미만 사업장에 속했
다.[631]

2021년 1월 26일 '중대재해 처벌 등에 관한 법률'이 제정되었
다. 해당 법률 제1조(목적)는 다음과 같이 명시한다.

> "이 법은 사업 또는 사업장, 공중이용시설 및 공중교통수단
> 을 운영하거나 인체에 해로운 원료나 제조물을 취급하면서
> 안전 · 보건 조치 의무를 위반하여 인명 피해를 발생하게

한 사업주, 경영책임자, 공무원 및 법인의 처벌 등을 규정함으로써 중대재해를 예방하고 시민과 종사자의 생명과 신체를 보호함을 목적으로 한다."

얼마 뒤인 2021년 2월 22일 국회 환경노동위원회에서는 사상 처음으로 산업재해 관련 청문회가 열렸다. 이 청문회에는 최근 2년 산업재해가 자주 발생한 포스코, 현대중공업, GS건설 등 9개 기업 대표가 참석했다. 이 회사들에서만 최근 5년간 103명의 노동자가 사망했고 그중 85명(82.5%)은 하청 노동자로 드러났다. 산업재해의 위험이 원청에서 하청으로 전가되는 '위험의 외주화'가 얼마나 심각한지 보여준다.[632]

경영진의 생각은 좀 다른 듯했다. 청문회에서 현대중공업 대표 한영석은 "사고가 일어나는 유형을 보니 실질적으로 불안전한 상태의 작업자 행동에 의해 많이 일어나더라. 불안전한 상태(환경)는 안전 투자를 통해 바꿀 수 있지만 (작업자의) 불안전한 행동은 (개선하기) 상당히 어렵다."라고 말했다.[633]

2020년 4월 21일, 황유미의 아버지 황상기는 한 통의 편지를 받았다.

"고 황유미 님과 가족분들이 오랫동안 고통받으셨는데 삼

성전자는 이를 좀 더 일찍부터 성심껏 보살펴 드리지 못했
습니다. 그 아픔을 함께 느끼고 하루빨리 해결하기 위한 노
력이 부족했습니다. (중략) 고통을 겪으신 모든 분께 깊은
사과의 말씀을 드립니다."

딸의 죽음 이후 13년 만에 삼성으로부터 받은 첫 개별 사과
편지였다. 그러나 그 어디에도 죽음의 원인이 무엇인지, 그리고
산업안전 관리 소홀 책임자 처벌은 어떻게 이루어졌는지에 관한
내용은 없었다. 편지를 받은 이 날은 황유미의 35번째 생일이었
다.[634] 살아있었다면.

1. 박일환, 『삼성반도체와 백혈병』, 2010.01.05.

2. 강재훈, "정치인과 자본가가 세상을 바꾼 적은 없잖아요", 〈한겨레〉,
   2017.03.03.

3. 최원형 · 황예랑, "반도체 조립공정 여성, 림프암 발병률 5배", 〈한
   겨레〉, 2008.12.29.

4. 고희진, "완전한 타결? 삼성전자 백혈병 8년史, 8가지 이야기",
   〈경향신문〉, 2016.01.12.

5. 정연, "인바이론 "삼성 반도체공장, 백혈병과 무관"", 〈SBS 뉴스〉,
   2011.07.14.

6. 신지수, "삼성 '반올림' 농성 천막, 1023일 만에 철거한다", 〈오마이
   뉴스〉, 2018.07.24.

7. 박다해, "반올림과 삼성의 합의, 우리에겐 '황유미법'이 필요하다",
   〈한겨레〉, 2018.07.26.

8. 이종희, "삼성 · 반올림, '반도체 백혈병' 중재안 합의 협약··· "연내
   보상 시작"", 〈중앙일보〉, 2018.11.23.

9. 신지수, "11년 만에 잘못 인정한 삼성 "사업장 위험관리 못 했다"", 〈오마이뉴스〉, 2018.11.23.

10. 성현석, "삼성, 故황유미 부친 등 피해자에 공식 사과", 〈프레시안〉, 2018.11.23.

11. 맹하경, "머리 숙인 삼성… '반도체 백혈병' 11년 논란 마침표", 〈한국일보〉, 2018.11.23.

12. 이청원, "산재 사망자 4명 중 1명, '중대재해처벌법' 미포함 '5인 미만 사업장'", 〈시사포커스〉, 2021.02.22.

13. 김동욱, "중대재해 사고 사망자 10명 중 8명 '하청 노동자'", 〈세계일보〉, 2021.02.18.

14. 김종훈, "산재가 작업자 탓? 6년 연속 산재사망 현대중공업 사장의 망언", 〈오마이뉴스〉, 2021.02.22.

15. 구본원, "백혈병 딸 떠난 지 13년 만에 삼성서 사과편지 받았지만…", 〈한겨레〉, 2020.04.24.

23

가습기살균제 사건

집 안에 숨은 살인자,
최악의 환경재해를 일으키다

가습기살균제 사건
집 안에 숨은 살인자,
최악의 환경재해를 일으키다

2011년 2월 1일 오후, 고려대학교 안산병원 응급실로 한 청년이 이송되었다. 숨이 차다고 호소한 그 환자는 33세 임부 곽현주였다. 그는 이송 3일 만에 배 속의 아이를 잃었고, 자신의 목숨도 보전하지 못했다.

둘째를 임신 중이던 그는 숨이 자주 가쁘다며 첫째 때보다 더 힘들다고 가족에게 말하곤 했다. 1월 중순 즈음 호흡곤란과 가슴 통증으로 산부인과를 방문했지만 별 이상이 없다는 진단을 받았다.[635] 그러나 약 2주 뒤인 2월 1일, 그는 갑작스러운 상태 악화로 고려대학교 안산병원 응급실에 실려 왔다. 입원하자마자

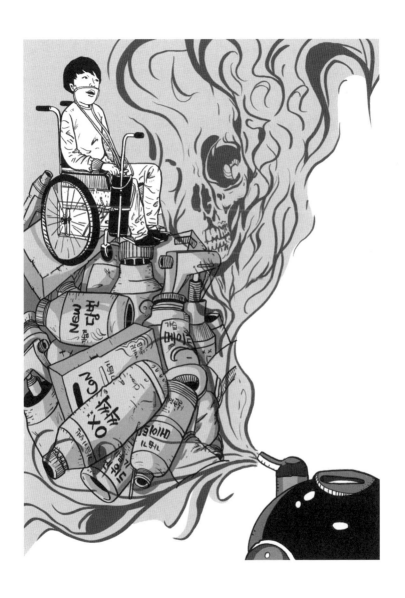

진행한 엑스레이와 심장 초음파 검사에서 별다른 문제가 발견되지 않아 곽현주는 일반 병실로 옮겨졌다. 하지만 불과 이틀 뒤인 2월 3일에 청색증과 호흡부전 증상이 나타나 중환자실로 이전되었다. 급하게 다시 찍은 엑스레이 판독 결과 심각한 폐 손상이 발견되었다. "두 달에 한 번꼴로 임신부가 이런 증세로 실려 오는데 원인을 모르겠습니다. 아무튼, 생존율은 1%도 안 됩니다." 의사는 이렇게 말했다.[636]

2월 4일 태아의 심장 박동이 희미해졌다. 급하게 제왕절개를 진행했으나 아이는 숨이 멎은 채로 세상에 나왔다.[637] 곽현주의 상태가 더욱 나빠져 강제로 산소를 혈액에 주입하는 에크모 기계를 가동해야 했다. 이 모든 과정이 진행되는 내내 그는 수면 유도제를 맞고 있어 가족과 제대로 된 말 한마디 나누지 못했다.[638] 2011년 2월 8일 곽현주의 숨이 멎었다. 병원에 들어선 지 일주일만이었다.

'원인 미상' 폐 질환

2011년 상반기 서울아산병원에는 원인 미상의 급성 폐 질환을 겪는 임신부 환자 7명이 입원했다.[639] 6월엔 이들 중 네 명이

사망한 상태였다.[640] 언론은 '원인 미상 폐 질환'을 집중적으로
보도하였고 바이러스, 방사능 등 병의 원인을 두고 추측이 난무
했다.

사스(SARS, 중증급성호흡기증후군)처럼 새로운 바이러스성
전염병이 생긴 것이 아닌지 걱정이 된 의료진은 질병관리본부에
역학조사를 요청했다. 미생물 검사에서는 특별한 원인균이나 바
이러스가 발견되지 않았다. 그러다 조사 도중 새로운 사실이 드
러났는데, 2006년에 원인 미상의 급성 간질성 폐렴을 앓는 어린
이 환자 수십 명이 병원에 입원했고 그 중 상당수가 사망했다는
내용이었다. 2008년 7월까지 급성 간질성 폐 질환으로 입원한
환자만 78명이었고 그중 36명이 사망한 사실이 새롭게 주목받
았다.[641]

어린이와 임산부 환자에게서 발견된 이 폐 질환은 공통으로
늦겨울에서 초봄에 주로 발병했다. 의료진과 질병관리본부 역학
조사관은 겨울철 실내환경 요인에 주목했다. 그 결과 유력한 병
인(病因) 용의자로 떠오른 것이 가습기살균제였다. 이어진 가습
기살균제 독성시험에서 실험대상 제품 4종류(가습기메이트, 세
퓨, 옥시싹싹, 와이즐렉)의 용량 의존적인 독성이 드러났다.[642]

2011년 8월 31일 보건복지부 질병관리본부는 역학조사 결과
가습기살균제가 '원인 미상 폐 손상'의 위험요인으로 추정된다

고 발표하고 가습기살균제 사용 자제를 권고했다.[643] 갑작스럽게 사망한 곽현주의 사인이 반년이 지나서 밝혀진 것이다. 그는 2010년 10월경부터 가습기살균제를 사용했다.[644] 대한민국을 뒤흔든 가습기살균제 사건이 수면 위로 드러난 순간이었다.

2021년 3월 현재 정부에 접수된 가습기살균제 사건 국내 피해자는 총 7,372명이며 그중 사망자는 1,647명이다.[645] 하지만 제품 판매 기간이 18여 년이었고, 정부가 규정한 피해자 기준이 엄격했으며, 가습기살균제 사용과 피해 사이의 역학관계를 피해자가 스스로 입증해야 했다는 사실[646]을 고려하면 공식적인 통계 외에 더 많은 피해자가 존재할 가능성이 크다. 사회적참사특별조사위원회와 대학 연구진의 2020년 조사 결과에 따르면 가습기살균제로 인한 실제 건강피해 경험자는 약 95만 명, 사망자는 약 2만여 명 규모일 것으로 추정된다.[647]

가습기는 미세한 물방울을 공기로 분사하는 기구로, 실내 습도를 조절하기 위해 사용하는 가전제품이다. 한국은 급속한 도시화에 따라 아파트 거주 인구가 폭발적으로 증가했다. 실내온도가 높게 유지되는 아파트 거주환경에 한국의 건조한 겨울철 기후가 겹치면서 실내 건조를 해결하기 위해 가습기를 사용하는 사람이 많아졌다. 실제로 2011년에 가구별 가습기 보유율은 33%로 653만 대에 달했다.[648] 하지만 가습기를 위생적으로 사용하기 위해서는 정기적으로 세척하고 건조해야 하는 번거로움이 있었다. 이때 등장한 것이 가습기살균제였다.

가습기살균제는 가습기에 넣는 물에 일정량을 같이 부어 쓰는 형태로 개발된 제품이다. 1994년 가장 처음으로 개발된 가습기살균제인 유공(현 SK케미칼)의 '가습기메이트'는 "가습기의 물에 첨가하면 세균을 완전히 살균해주는" 제품이라고 광고했다.[649] 제품 뒷면의 사용 방법 안내에 따르면 가습기를 따로 씻을 필요 없이 "가습기 물을 갈아줄 때 넣어주기"만 하면 효과를 볼 수 있었다. 가습기살균제는 곧 가습기 청소의 번거로움과 위생 고민을 해소해주는 획기적인 상품으로 자리 잡았다.[650]

이러한 인식에는 기업 광고와 언론 보도가 큰 영향을 미쳤다. SK케미칼(구 유공)에서 재료를 받아 애경산업이 2001년 시판한 '가습기메이트'에 대해 〈매일경제〉, 〈중앙일보〉 등에서는 "질병을 일으키는 세균을 완전히 살균해주는" 신제품이 나왔다고 보도했다.[651] 또 기사 내용에 "인체에는 전혀 해가 없는 것으로 나타났다"라는 문구를 포함하기도 했다.[652] 그 뒤에 개발된 다른 회사의 가습기살균제도 "인체에 해가 없는 안전한 제품" "피톤치드 성분으로 심리적 안정과 정신적 피로 해소에 효과"[653] "아이에게도 안심"[654]이라는 문구를 넣어 제품을 광고했다.

실제로 피해자의 상당수가 가습기를 청소하지 않으면 심각한 감염병을 일으킬 수 있다는 기업의 선전과 언론의 보도를 보고 살균제를 구매했다고 증언했다.[655] 단지 가족을 위하는 마음에서 더 열심히, 더 부지런히 살균제를 구입하고 사용했다. 감기 걸린 딸이 쐬는 가습기를 깨끗하게 유지하기 위해 가습기살균제를 구매한 어느 엄마는 그 이후 이유도 모른 채 아픈 아이를 보면서 마음을 졸여야 했다.

> "판매원이 요즘 이거 안 쓰면 엄마도 아니다, 무식한 부모다, 그랬거든요. (…) 진짜 내가 죄인인가…."[656]

어떤 부모는 미숙아로 태어난 아기를 위해 더 많이, 더 자주 가습기를 쐬면서 더 많은 살균제를 썼다. 가습기 입구에 연결한 굵은 호스를 아이 코 밑에 고정하고 세균이 생길까 두려워 가습기살균제를 열심히 넣어주었다. 아이는 발달장애 1급 판정을 받았다.[657]

단지 가족의 건강을 조금 더 신경 쓰겠다는 마음에 가습기살균제를 구매한 이들은, 사랑하는 사람을 아픔과 죽음 속으로 몰아넣은 장본인이라는 생각에 죄책감과 분노를 떨치기 힘들어한다. 이들 중 일부는 피해자 대열에 합류했다.

"기업이, 국가가, 안전하다고 했다. 헌데 사람이 죽었다.
(…) 사용자가 잘못 사용했다고 한다. 그래, 결국 내가 잘못
했다. 국가를 믿은, 기업을 믿은 내가 잘못했다."[658]

최초로 제품이 개발·판매된 1994년부터 가습기살균제의 문제가 밝혀진 2011년까지 18년간 약 40여 종류, 998만 개의 가습기살균제가 팔렸다.[659] 800만 명에 달하는 사람이 1회 이상 가습기살균제 사용 경험이 있는 것으로 분석되었다.[660] 실제 피해 규모가 정부에서 공식적으로 인정한 피해자 숫자보다 훨씬 클 것으로 예측되는 이유다.

유해 물질이 가습기 안으로

가습기살균제를 제일 처음 개발한 곳은 유공(현 SK케미칼)이다. 유공의 생물공학 연구팀은 1994년 '가습기메이트'라는 제품을 출시했다.[661] 2001년에는 애경이 SK케미칼로부터 재료를 받아 1994년 유공의 출시 제품과 동일한 이름인 '가습기메이트'로 가습기살균제를 판매하기 시작했고, 옥시레킷벤키저(이하 옥시) 등 여러 생활화학용품 기업도 이 시장에 뛰어들어 비슷한 제품

을 잇달아 내놓았다.

가장 문제가 된 것은 가습기살균제에 들어가는 화학물질의 성분이다. 2001년에 출시된 '가습기메이트'는 CMIT/MIT라는 물질을 원료로 만들어졌다. 우리나라에서 이 물질은 유독성 물질이 아닌 일반 화학물질로 고시된[662] 반면 미국과 유럽연합(EU)은 1998년에 같은 물질을 유해 물질로 지정하였다. 심지어 EU의 소비자안전과학위원회 자료에 따르면 동물을 대상으로 한 실험 결과 CMIT/MIT는 흡입의 경우 소량으로도 죽음에 이를 수 있으며 피부, 안구 등 다양한 부위에 심한 자극을 주는 것으로 나타났다.

SK케미칼이 CMIT/MIT 성분을 특허로 등록하면서, 같은 물질을 사용할 수 없게 된 경쟁사들은 더 강력한 살균력을 지닌 다른 화학물질을 원료로 상품 개발에 착수했다.[663]

그렇게 새롭게 가습기살균제 원료가 된 화학물질의 대표적 예가 PHMG와 PGH이다. 일반적으로 어떤 물질의 독성 값이 1을 넘어가면 위험한 수준이고, 그 수치가 커질수록 더욱 심각한 것으로 간주한다. 가습기살균제에 들어간 CMIT/MIT의 독성 값은 9.41, PHMG는 2500, PGH는 무려 10500였다.[664] 가습기살균제의 대표적인 원료 세 가지가 모두 높은 위험 수준을 나타낸 것이다. 이렇듯 가습기살균제를 개발한 기업들은 농업·공업용살균제로 널리 활용되거나 해외에서 유독성이 있다고 판단된 물질을 사용했다.

기업들은 물질의 유독성을 알면서도 외면하거나, 제대로 된 안전 검증 과정을 거치지 않았다. 최초로 가습기살균제를 개발한 유공은 서울대 수의과대학 이영순 교수실에 제품의 흡입 노출시험을 의뢰하여 6개월간 진행했다. 그 결과 1995년 7월 "안전성 확보를 위해 추가시험이 필요하다"라는 결론이 나왔다. 하지만 유공은 시험이 끝나기도 전인 1994년에 이미 시중에 제품을 판매하고 있었을 뿐만 아니라 추가시험을 진행하지 않았다. 유공 외에 가습기살균제를 개발한 옥시, LG생활건강, 애경산업 등 다른 기업도 제대로 된 인체 흡입독성 시험을 하지 않았다.[665]

가습기살균제 피해자들은 폐쇄적인 환경에서 이러한 화학물질이 함유된 공기에 장시간 노출되었다. 공기로 방출된 화학물질 미세입자는 폐 깊숙이 침투하여 자극을 주는데, 이러한 자극이 지속되면 폐포와 기관지에 염증이 생긴다. 염증이 반복되면 폐포가 굳는 폐 섬유화가 나타나거나 폐가 찢어지는 기흉이 발생하게 된다.[666] 이러한 질환이 생기면 폐가 정상적으로 기능하지 못해 몸에 필요한 만큼의 산소를 공급하지 못하게 된다. 특히 폐는 재생능력이 없는 조직인 만큼 한번 기능을 상실하면 치명적이다. 가습기살균제 피해자들은 숨을 쉬기 위해 목을 절개해서 산소호흡기를 삽입하고, 코에 산소 줄을 달고, 폐 이식을 기다려야 했다.[667]

기업과 학계의 불온한 담합

2011년 8월 가습기살균제에 관한 정부의 첫 발표 이후, 질병관리본부는 추가시험을 통해 옥시와 세퓨 가습기살균제가 원인 미상 폐 질환과 인과관계가 있다고 결론지었다.[668] 이 결과에 기반해 11월에 가습기살균제 수거 명령을 내렸다.

환경부의 발표 이후 옥시는 피해자 소송에 대비하기 위해 서울대 교수 조명행에게 2억 5,000만 원의 연구용역비와 1,200만 원의 자문 비용을 주고 흡입독성 시험을 의뢰했다. 시험에서 가습기살균제 성분을 쥐에게 4주간 투여한 결과, 임신한 쥐에게서 14마리의 태자(胎子)가 죽거나 기형이 되는 결과가 발생했다. 또 일반 쥐의 폐에서는 간질성 폐렴으로 의심할 수 있는 병변이 발견되었다. 중간보고서를 받은 옥시는 임신 쥐에 관한 실험은 별도로 분리하고 폐의 이상이 나타난 결과는 보고서에서 제외할 것을 요구했다.[669] 결국, 최종 보고서의 결론은 쥐에게 어떠한 이상도 나타나지 않은 것처럼 서술되었다.

비슷한 시기 옥시가 호서대 교수에게 의뢰한 가습기살균제의 공기 중 노출 실험도 의심스러운 부분이 많다. 이 실험에서는 130번 중 3번꼴로 심각한 고농도가 관찰되었다. 그런데 교수는 데이터를 분석할 때 관측된 농도들의 평균을 내서 고농도 수치가 티 나지 않게 만들어버렸다. 심지어 적합한 근거 없이 가습기살균제가 아니라 실내 곰팡이가 폐 손상의 원인일 것이라는 결론을 내렸다. 옥시가 한국건설생활환경시험연구원(KCL)에 의뢰한 실험에서는 가습기살균제를 흡입한 쥐가 사망하는 등 강한 유독성이 발견되었는데, 이 역시 옥시의 지시로 실험이 중단되었다.[670]

옥시는 이렇게 데이터를 누락하고 조작한 시험 결과들을 근거로 "가습기살균제와 폐 손상 사이의 인과관계가 증명되지 않았다"라며 "폐 손상의 원인이 가습기살균제가 아니라 곰팡이 등 미세입자에 의한 것일 수 있다"라고 주장했다.[671] 이 연구 결과들 때문에 안 그래도 스스로 피해를 입증해야 했던 많은 가습기살균제 피해자가 더욱 어려움을 겪게 되었고 기업의 압력에 눌려 터무니없는 합의를 진행했다.[672]

호서대 교수는 2017년 9월에 배임수재 등의 혐의로 1년 4개월의 실형을 선고받았다.[673] 서울대 교수 조명행도 2016년 검찰

수사로 용역연구 비리가 드러나 1심에서 징역 2년을 선고받았으나 2심에서는 일부 무죄를 선고받아 집행유예로 풀려났다.[674]

카펫 항균제를 가습기살균제로… 제도의 구멍

이렇게 위험한 제품이 대체 어떻게 허가되어 시중에 판매될 수 있었을까. 시중에 판매되는 제품의 안전성 관리는 '품질경영 및 공산품안전관리법(이하 '품공법')' '유해화학물질관리법' '약사법' 등에 따른다. 그런데 법이 있음에도 정부로부터 제대로 검사받는 제품은 얼마 안 됐다. 제품이 법에 따른 관리대상으로 지정되지 않는 이상 따로 감시하는 체계가 없었기 때문이다.

'품공법'의 안전성 검증 대상이 되려면 '안전인증 대상 공산품'에 속해야 한다. 가습기살균제 사건이 일어났을 때 안전인증 대상 공산품은 시중의 수많은 제품 중 13개 품목에 불과했고 가습기살균제는 이 품목에 포함되지 않았다. 그래서 가습기살균제 안전성 검사는 제조기업에서 '스스로' 진행하고 보고하면 완료 처리되었다. 또한, 가습기살균제는 의약외품으로 지정되지 않았기 때문에 '약사법'의 관리대상이 아니었다. 사건이 터지고 난 뒤인 2013년에야 뒤늦게 의약외품으로 지정되었다.

정부에서 가습기살균제에 대해 안전인증 품목 심사를 직접 진행한 딱 한 번의 사례는 2007년 코스트코코리아가 '가습기클린업'이라는 제품을 만들었을 때다. 기업 측에서 처음으로 가습기살균제를 '살균제'가 아니라 안전인증 대상 공산품인 '세정제' 품목으로 신고했기 때문이다. 이때 산업통상자원부는 흡입독성 시험 없이 모니터링 후 KC 인증을 해주었다.[675] 정부의 직접적인 심사대상으로 선정되었음에도, 미비한 감독으로 인해 안전인증을 받은 것이다. 이렇듯 '품공법'과 '약사법'은 생산된 가습기살균제 제품에 대해 아무런 검증 역할을 하지 못했다.

그렇다면 가습기살균제의 원료에 대한 관리와 규제는 없었을까. 당시 화학물질을 감독하는 법안은 '유해화학물질관리법'이었는데, 이 법의 세부 규정에 따르면 신규 화학물질을 제조하거나 수입할 때는 의무적으로 유해성 심사를 신청해야 했다.[676]

정부는 유해성 심사에서 감독 책무를 똑바로 수행하지 않았다. 1996년 유공은 카펫 첨가 항균제 용도로 PHMG의 유해성 심사를 신청했다. PHMG의 제조신고서에는 항균제를 "물에 20% 희석해 분무"하는 방식으로 사용한다고 적혀 있었다.[677] 또 물질에 직접 접촉을 삼가고, 흡입 시 신선한 공기를 마셔야 한다는 등 유해성을 경고하는 내용이 적혀 있었다.[678] '유해화학물질관리법' 규정에 의하면 이렇게 호흡기 노출 우려가 있는 물질은 흡입독성 시험 성적서가 필요했다. 그러나 환경부는 흡입독성 시험 자료는 물론이고, 유해성 심사에 필요한 독성자료의 제출을 요구하지 않았다.[679] PHMG는 이듬해 심사를 통과했다.

이후 논란이 되자, 환경부는 유공이 PHMG의 용도를 카펫 제조공정에 사용되는 항균제라고 했기 때문에 흡입독성 시험 자료를 요청하지 않았다고 해명했다.[680] 환경부의 논리대로라면 PHMG의 용도는 공업용으로만 한정해야 한다. 같은 물질도 노출 경로가 달라지면 인체에 미치는 독성 영향이 달라질 수 있기 때문이다.[681] 하지만 환경부는 이러한 용도 제한 없이 PHMG가 유독성 물질이 아니라고 판정했다. 이 당시에는 등록된 화학물질의 사용 용도가 달라질 때 재심사를 하는 제도가 없었다. 그런 상황에서 엄격한 심사나 제한 없이 안전성을 공인한 것은 정부의 화학물질 규제 제도의 미비를 보여준다.[682]

PGH의 심사 과정도 비슷했다. 2003년 한 업체가 PGH를 수입하면서 고무, 목재, 직물을 보존하기 위한 항균제 용도로 유해성 심사를 신청했다.[683] 심사 신청서에 스프레이 혹은 에어로졸 형태로 제품이 배출된다고 명시되었음에도 환경부는 흡입독성 시험 성적서를 제출받지 않았고, PGH를 심사에 통과시켰다.[684] 이렇게 카펫용 항균제로 등록된 PGH와 PHMG는 흡입독성 시험 없이 안전성을 인증받아 가정용 가습기살균제로 둔갑했다.

결국, 가습기살균제의 유해성을 확인할 방법은 두 가지밖에 없었다. 심사대상으로 규정된 제품과 화학물질 원료에 대해 엄격한 정부 심사를 진행하는 것, 또는 기업이 자발적으로 유해성 실험을 진행하고 양심적으로 행동하는 것. 그러나 기업들은 그렇게 하지 않았고 정부도 관리 감독의 의무를 소홀히 했다.

가습기살균제 사건을 계기로 이러한 제도의 구멍이 드러나면서 새로운 법안이 만들어졌다. '유해화학물질관리법'을 개선한 '화학물질의 등록 및 평가 등에 관한 법률(화평법)'과 '화학물질관리법(화관법)'이 2013년 5월 제정된 것이다. 두 법은 대기업 생산 제품의 주요 성분을 표시하도록 한 것은 물론 기존 화학물질의 유해성 자료 제출을 의무화하고, 생산공장의 안전관리를 강화했다.[685] 2018년에는 '생활화학제품 및 살생물제의 안전관리에 관한 법률(살생물제 관리법)'이 추가로 만들어져 가정뿐 아니라 사무실과 다중이용시설에 사용되는 생활화학용품까지 관리하고 있다.[686]

지난한 싸움, 미흡한 배상

2021년 3월까지 가습기살균제 피해의 정부 지원 대상자로 산정된 이들은 4,168명이다. 이들 중 실질적으로 배상을 받은 사람은 650명에 불과하다.[687] 누적된 피해 신청자가 7,300명가량인 것을 생각하면 터무니없이 적은 숫자다.

이 정도의 피해보상조차 오랜 기다림의 결과였다. 2011년 8월 정부에서 처음으로 가습기살균제를 피해 원인으로 꼽았을 때 가습기살균제 제조사들은 그저 입을 다물고 있었다. 수거 명령이 발표된 2011년 11월에도, 가습기살균제 정책 설명회가 열린 2012년에도, 기업들은 어떠한 사과나 배상 계획도 발표하지 않았다.[688] 2013년에 국정감사가 열리고 나서야 옥시와 홈플러스 대표가 피해자들에게 사과하고 인도적 기금 조성을 약속했다.[689] 그러나 옥시는 사과 발언 이후에 피해자를 상대로 진행 중인 소송을 중단하기는커녕 김앤장과 같은 대형 로펌을 대동하여 회사의 무죄를 주장하는 이중 행보를 보였다.

이들에 맞서는 피해자는 어떠한 도움도 받지 못했다. 이들이 배상을 받는 방법은 직접 기업에 손해배상청구 소송을 걸거나, 언제 해줄지 모르는 보상을 기다리는 것밖에 없었다. 피해자의 위급한 경제적 어려움을 해결하기 위해 국가가 나서야 한다는 지적이 나왔다. 시민단체의 끈질긴 요구 끝에 2013년 피해구제에 관한 국회 결의안이 통과되었으나, 예산 문제로 무용지물이 되었다. 이듬해인 2014년 4월 2일에야 정부는 환경법 내의 시행

령을 근거로 피해자들에게 피해 정도에 따라 의료비와 장례비를 지급할 것이라고 발표했다.[690]

　정부의 가습기살균제 피해자 지원책은 전향적 조치이지만 여러 문제를 안고 있었다. 우선 피해를 인정하는 기준이 매우 협소했다. 기본적으로 정부 지원은 '폐손상조사위원회'의 판정을 따랐다. 1등급인 '거의 확실함'과 2등급인 '가능성 높음'은 정부의 지원을 받을 수 있었다. 하지만 3등급 '가능성 낮음'이나 4등급 '가능성 없음', 또는 등급 외 '판정 불가'로 분류된 피해자는 거의 지원을 받지 못했다. 2013년 6월까지 진행한 1차 피해조사에서는 조사대상 361명 중 절반 정도인 168명만이 1·2등급 판정을 받았다.[691]

　3·4등급이라고 해서 피해가 가벼운 수준인 것은 아니었다. 만성질환이 있거나 폐 질환에 앞서 다른 수술을 받았다면, 그리고 폐가 아닌 다른 신체 부위에 피해가 생겼다면 대부분 지원대상에서 배제되었다. 피해자 박 씨는 가습기살균제로 인해 만성 폐쇄성폐질환을 선고받았다. 폐의 기능이 15%밖에 남지 않아 인공호흡기에 의지하면서 24시간 간호가 필요했는데도 3등급을 받았다.[692] 폐 손상 환자가 택하는 마지막 수단인 폐 이식 수술을 받거나 권고받은 3·4등급 피해자도 여럿이었다.[693]

　피해자 지원에 이렇게 엄격한 기준이 적용된 이유는 정부가 기업에 구상권을 청구하는 방식으로 지원금을 마련했기 때문이다.[694] 정부가 먼저 지원금을 지출한 후, 가습기살균제 제조업체에 소송을 청구해서 금액을 회수하는 방식이다. 이 때문에 인과관계가 명확하지 않아 소송에서 불리한 피해자는 지원대상에서 제외됐다.[695]

시간이 흐르면서 점차 피해 인정 범위가 늘어나 2021년 현재까지 정부에서 공식적으로 인정한 가습기살균제 피해 질환은 폐질환, 간질성 폐 질환, 천식, 기관지염, 태아 피해, 독성간염 등이다.[696] 그러나 가습기살균제 노출자를 조사한 결과 정부가 인정하는 피해 질환 외에 안과 질환, 아토피 등 피부 질환, 내분비계 질환, 신장 질환, 심혈관계 질환, 알레르기, 두통, 그리고 정신적 트라우마 등의 진단이 빈번했다.[697] '공식적' 피해로 인정받지 못한 이러한 질병에 대한 배상은 개별 소송에서 승소하는 길밖에 없지만 당장 치료비 마련에 급한 피해자들은 소송에 참여하는 것조차 버겁다.[698]

정부의 행정 처리 또한 문제로 지적됐다. 예를 들어 피해 신청을 하려면 피해자가 직접 진료기록, CT 사진, 가습기살균제 구매 기록 등 피해를 입증할 수 있는 자료를 준비해야 했다. 그렇게 피해 접수를 하고 나서도 조사위가 판정을 내리기까지 하염없이 기다려야 했다. 2016년 4월에 피해 신청을 한 김 씨는 조사위 검사가 2018년 초까지 밀릴 수 있다는 통보를 받았다.[699] 판정 업무를 수행하는 곳이 서울아산병원 한 곳밖에 없던 탓이었다. 같은 해 6월이 되어서야 정부는 피해조사·판정 병원을 8개 더 늘렸다. 입원 치료 때 흔히 맞는 수액도 가습기살균제와 직접적 관련이 없다는 이유로 피해자가 자비 부담하는 것으로 처리되었다.[700]

어렵게 피해 판정을 받아 지원 대상자가 되어도 실제 지원금은 피해자가 정상적으로 치료받고 생활하기엔 미흡한 수준이었다. 2014년 첫 의료비 지원에는 간병비와 생계수당이 포함되지 않았다. 2016년 발표된 '가습기살균제 피해자 추가 지원 대책'에 처음으로 간병비와 생활비 지원 내용이 담겼으나, 기준이 까다로워 실제로 지원받은 사람은 14명에 불과했다.[701]

오랜 기다림 끝에 '가습기살균제 피해구제법(이하 '피해구제법')'이 2017년 1월 국회 본회의를 통과했다. 이 법에 따라 그동안 아무런 지원을 받지 못했던 3·4등급 피해자는 가습기살균제 제조기업에 부과되는 분담금을 통해 특별구제를 받을 수 있게 되었다.[702] 2021년 3월 현재 가습기살균제 피해의 정부 지원 대상자로 선정된 4,168명은 '피해구제법'과 그 시행령에 따른 것이다. 앞서 밝힌 대로 이들 중 실질적으로 배상을 받은 사람은 650명에 불과하다.[703]

누구보다 많은 책임을 져야 할 가습기살균제 제조·판매 기업은 배상에 대부분 침묵했다. 몇몇 기업은 2016년 검찰의 소환 조사를 앞둔 시점에 급하게 대국민 사과를 발표했다. 옥시, 롯데마트, 홈플러스는 이후 개별 배상을 진행하기도 했다. 그러나 과연 이들이 진정성 있는, 그리고 충분한 배상을 했는지는 의문이다. 롯데마트는 100억 원의 자금으로 피해보상을 진행하겠다고 발표한 지 얼마 되지 않아 피해자들과의 민사소송에서 합의금이 많다는 이유로 이의신청서를 제출했다.[704] 기업들은 정부가 판정한 1·2등급 피해자에 대해서만 배상을 진행했으며, 정부가 청구한 구상권에 따른 벌금이나 기업 분담금을 거부하는 곳도 있었다.[705] 아직도 몇몇 피해자는 이들에 대한 손해배상청구소송을 진행 중이다.

가습기살균제 사건은 아직 종결되지 않았다

2018년 1월 25일 대법원은 신현우 전 옥시 대표 및 제조·판매업자 14명과 홈플러스 법인에 업무상과실 혐의로 유죄를 선고했다. 가습기살균제를 제조하고 판매한 기업에 대해 최종적으로 내린 유죄 판결이었다.[706]

반면 몇 달 뒤인 2021년 1월 12일 서울중앙지법은 SK케미칼, 애경산업, 이마트 등을 비롯한 가습기살균제 제조·판매사 임직원 17명에게 1심 무죄를 선고했다.[707] 재판부는 "권장사용량의 833배에 달하는 가혹한 동물 실험에서도 폐나 코의 변화가 없었고, 연구 책임자들 역시 해당 성분이 폐 질환이나 천식을 일으킨다고 확신하진 못했다"라며 무죄선고 이유를 밝혔다. 이 기업들의 가습기살균제 성분인 CMIT/MIT의 인체 유해성이 입증되지 않았기 때문이라는 뜻으로 "지금까지의 증거만으론 무죄로 판단할 수밖에 없다"라고 밝혔다. 재판 결과가 발표되고 한 피해자는 이렇게 말했다.

> "내 몸에서 일어나는 일이 다 증거인데 왜 그 증거조차 인정하지 못하나요?"[708]

재판에 참여한 과학계 전문가들조차 피해자 측에 유리한 증언과 자료는 배제·누락된 것 같다고 발언할 정도였다.[709] 과거 독일에서 임부의 입덧방지제로 출시된 '탈리도마이드'제로 인해 1만 명의 아이가 기형아로 태어난 사건이 있었다. 출시 전 동물 실험에서 아무런 부작용이 드러나지 않았지만, 약이 시중에 유통된 후 엄청난 피해를 일으켰다.[710] CMIT/MIT 성분의 가습기살균제로 인한 피해자는 전체 가습기살균제 피해자의 10% 정도다.

무죄 판결 몇 달 전인 2020년 8월, 가습기살균제 피해자 박영숙이 13년의 투병 끝에 숨을 거두었다.[711] 그는 SK케미칼과 애경이 제조한 CMIT/MIT 성분의 이마트 가습기살균제를 사용했다. 곽현주, 박영숙을 비롯한 가습기살균제 피해자들의 죽음, 그리고 수없이 많은 피해자의 망가진 몸보다 더 명백한 증거는 어디 있을까. 이들은 언제까지 합당한 도움 없이 하루하루 고통스럽게 살아가야 할까. 책임을 져야 할 가해자 대신 피해자가 수십 년째 외로운 투쟁과 힘겨운 삶을 이어가는 중이다. 그들 중 일부는 그사이에 죽었고, 죽어가고 있다.

참고
자료

1. 이경무 외, 「가습기살균제 노출 실태와 피해규모 추산」, 『한국환경보건학회지』 46권 4호, 한국환경보건학회, 2020, 457-469.

2. 홍수종 외, 「급성 간질성 폐렴의 전국적 현황 조사」, 『대한소아과학회지』 52권 3호, 대한소아과학회, 2009, 324-329.

3. 안종주, 『빼앗긴 숨』, 한울, 2016.

4. 이규연 외, 『가습기살균제 리포트』, 중앙books, 2016.

5. 보건복지부 질병관리본부 폐손상조사위원회, 『가습기살균제 건강피해 백서』, 보건복지부, 2014.

6. "유공, 가습기살균제 시판", 〈중앙일보〉, 1994.11.16.

7. 강윤중, "'피해자의 단계'라는 게, 우리를 더 숨차게 한다", 〈경향신문〉, 2019.07.12.

8. 강진아, "'가습기살균제' 신현우 등 15명 무더기 유죄… 존 리는 무죄", 〈뉴시스〉, 2018.01.25.

9. 강홍구, "가습기살균제 피해자가 한정애 장관을 호명한 이유", 〈오마이뉴스〉, 2021.03.02.

10. 고희진, "가습기살균제 피해로 폐이식 수술만 31명", 〈경향신문〉, 2019.06.18.

11. 김기범 외, "사용 후 '1급 발달장애' 12살 우경이", 〈경향신문〉, 2016.07.26.

12. 김새봄, "서울대 '옥시 보고서' 조작 사건의 전말", 〈뉴스타파〉, 2016.09.02.

13. 김원진, "옥시 가습기살균제 연구부정 의혹 교수, 서울대는 징계 4년 7개월째 손 놔", 〈경향신문〉, 2020.12.20.

14. 김윤주, ""내 몸이 증거인데…" 가습기살균제 '무죄'에 울분", 〈한겨레〉, 2021.01.12.

15. 김은경, "가습기살균제 기업들, 보상 제대로 하고 있나", 〈연합뉴스〉, 2017.06.21.

16. 김형선, "가습기살균제 국가책임 밝히기 '새 국면'", 〈내일신문〉, 2016.05.23.

17. 김형선·장승주, "가습기살균제 참사… 국가책임 도마 위에 올랐다", 〈내일신문〉, 2016.05.18.

18. 남빛나라, "아내와 아기를 잃은 이 남자, "살인자는 바로…"", 〈프레시안〉, 2016.05.02.

19. 남빛나라, "144명 죽고 2년 만에 "50억 원 내겠다"… 이게 사과?", 〈프레시안〉, 2013.11.01.

20. 〈뉴스타파〉목격자들, "가습기살균제 피해자의 자격", 2017.12.22.

21. 박병현, "대국민 사과 옥시, 합의문에선 법적 책임 '모르쇠'", 〈JTBC〉, 2016.04.23.

22. 배문규, "'가습기살균제 피해구제법' 사고발생 6년 만에 통과", 〈경향신문〉, 2017.01.20.

23. 서지희, "옥시, 가습기살균제 '유해물질'인 것 알고도 제조", 〈이투데이〉, 2013.10.15.

24. 송윤경, "사람 잡은 가습기살균제 제조사, 사과도 없다", 〈경향신문〉, 2013.04.23.

25. 오제일, "'가습기살균제 실험 조작' 호서대 교수 실형 확정", 〈뉴시스〉, 2017.09.26.

26. 오종탁, "정부, 가습기살균제 피해자 생활비·간병비도 지원한다", 〈아시아경제〉, 2016.06.13.

27. 오혁진, "SK케미칼 전신 유공, 가습기살균제 "흡입독성 인지"하고 판매했다", 〈투데이코리아〉, 2020.11.18.

28. 유은영, "환경부, 가습기살균제 사망 사태 예방할 수 있었다", 〈그린포스트코리아〉, 2016.08.16.

29. 윤지로, "'가습기특별법' 1년… 구제기금 집행률 고작 7.4%", 〈세계일보〉, 2018.08.16.

30. 윤지원, "SK케미칼 "PHMG로 바꾸자"… 옥시 이어 애경에도 제

안했다", 〈경향신문〉, 2020.01.07.

31. 이경민, "환경부 "화평법은 국민 안전과 환경 고려한 안전장치"", 〈전자신문〉, 2020.10.18.

32. 이영혜, "가습기살균제 '무죄 판결' 둘러싼 과학적 쟁점들", 〈동아 사이언스〉, 2021.03.06.

33. 이은지, "가습기살균제 참사 4년 "잊혀졌을 뿐 달라진 건 없다"", 〈뉴스원〉, 2015.08.27.

34. 이한형, "가습기살균제 '무죄'에 연구자들 "재판 대상은 '과학의 한계'가 아냐"", 〈노컷뉴스〉, 2021.01.19.

35. 이희경, "가습기살균제 피해자 울리는 엉터리 지원", 〈세계일보〉, 2019.06.26.

36. 임미나, "가습기살균제 유해성 심사 잘못한 국가에도 책임", 〈연 합뉴스〉, 2016.04.20.

37. 장규석, "가습기살균제 피해 신청했더니… "2018년에 오세요"", 〈노컷뉴스〉, 2016.04.20.

38. 정은주, "살균제를 벌컥벌컥 들이마시고 싶은 심정", 〈한겨레21〉, 2014.04.16.

39. 조현미, "원인미상 폐질환 임산부·아들에서 발생", 〈아주경제〉, 2011.06.14.

40. 천권필, "가습기살균제 피해 범위 확대된다… 입증책임도 완화",

〈중앙일보〉, 2020.03.23.

41. 천승현, "원인미상 급성폐렴, 집단 전염성 질환 아니다", 〈이데일리〉, 2011.05.11.

42. 최순웅, "검찰, 옥시 가습기살균제 "인체에 무해" 허위 · 과장 광고 관여한 연구소장 구속영장 청구", 〈조선일보〉, 2016.05.26.

43. 최예용, "겨울 끝자락 어느 엄마와 아기를 위한 진혼제", 〈월간 함께사는길〉, 2013.04.01.

44. "가습기 피해자, 환경부 관계자 고발… 업무 과실 책임은?", 〈한국경제〉, 2016.05.23.

45. "가습기살균제, 원인미상 폐손상 위험요인 추정", 〈보건복지부 보도자료〉, 2011.08.31.

46. 환경보건시민센터 웹사이트, "가습기살균제 참사 주요일지".

47. 사회적참사특별조사위원회 웹사이트, "가습기살균제로 인한 건강피해".

48. 사회적참사특별조사위원회 온라인 전시관, "가습기살균제 참사의 진실—빼앗긴 숨".

49. 뉴스투데이, ""내 몸이 증거다"… '가습기살균제' 피해자들 오열", 〈MBC〉, 2021.01.13. 방영.

50. 사회적참사특별조사위원회 블로그, "이걸 안 쓰면 엄마도 아니라고 했어요".

51. "[피해사례 4, 안성우] 어느 엄마와 아기를 위한 진혼제", 환경보건시민센터 웹사이트 가습기살균제 참사 추모기록관.

52. 연합인포맥스, "〈리걸인사이트〉 살생물관리법 제정 및 화평법 개정", 〈리걸인사이트〉, 2018.05.08.

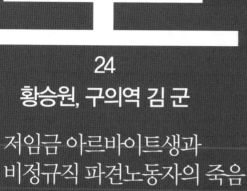

24

황승원, 구의역 김 군
저임금 아르바이트생과
비정규직 파견노동자의 죽음

2011년 7월 2일 황승원이 죽었다. 평소에는 사람들로 북적이지만, 낮과는 대조적으로 쥐 죽은 듯 조용한 쇼핑센터의 새벽에 지하실에서 숨졌다.

여름이었다. 뜨거운 계절에도 고객이 원활하게 쇼핑할 수 있게 다른 쇼핑센터처럼 이마트 탄현점은 실내온도를 쾌적한 수준으로 유지하는 데 신경썼다. 냉방설비에 이상이 감지됐다. 에어컨이 멈추면 큰일이었다. 이마트는 고객의 쇼핑을 방해하지 않기 위해 토요일 새벽 시간에 사람을 불러 보수작업을 시켰다.

야간작업을 하러 간다며 집을 나간 황승원은 아침이 돼도 돌

아오지 않았다. 그의 어머니는 아들이 고생하고 있겠구나, 생각했다. 날이 밝고 한참이 지나서야 자신의 휴대전화에 아들의 번호가 떴다.

"너, 안 들어오고 뭐 해, 어디야?"

걱정 반, 반가움 반인 어머니의 목소리에 답한 건 아들이 아닌 경찰이었다. 어머니는 몸을 벌벌 떨며 전화기를 떨궜다.[712]

"승원이가 죽었대"

황승원은 이날 경기도 고양시 이마트 탄현점 지하 기계실에서 냉동기 점검·보수 작업을 하던 중 동료 작업자 3명과 함께 숨졌다. 스물두 살이었다. 이마트 탄현점은 지하 기계실 냉동기에서 이상 소음이 발생하자 냉동기 설치회사인 트레인코리아에 수리를 요청했다. 트레인코리아는 다시 자그마한 냉동기 수리업체 오륜이엔지에 하청을 줬다. 황승원은 오륜이엔지에 소속된 아르바이트생이었다.

국립과학수사연구원은 죽은 4명의 노동자를 부검한 뒤 사인을 "산소 결핍에 의한 질식사"라고 확인했다. 산업안전보건공단과 가스안전공사의 조사 결과도 "환기가 안 된 상태에서 작업자들이 다량의 냉매 유출로 질식사한 것으로 추정된다"라는 내용으로, 국과수의 결론과 거의 같다.[713] 죽은 4명은 트레인코리아 직원 1명, 트레인코리아의 하청 업체인 오륜이엔지 사장과 직원 1명, 그리고 황승원이었다. 지하 기계실의 출입문은 죽은 황승원이 발견된 지점으로부터 겨우 열 걸음 거리였다.[714]

어려서부터 공부를 잘했던 황승원은 중학생 때 아버지가 사업에 잇따라 실패하고 집을 나가면서 고등학교 진학을 포기했다. 그러나 가난은 그의 꿈을 막지 못했다. 주말마다 대학생인 사촌 형을 찾아다니며 영어와 수학을 배웠다. 학원 하나 다니지 않고 독학으로 대입 검정고시를 치렀고 2009년 서울시립대학교 경제학부에 입학했다. 안간힘을 다해 대학에 진학했지만 한 학기 수백만 원의 등록금은 황승원에게 높은 벽이었다. 식당과 공장을 오가며 한 달 100만 원을 벌어 자신과 여동생을 뒷바라지한 어머니에게 등록금을 기댈 형편이 아니었다. 등록금은 온전히 스스로 감당해야 했다.[715]

그 때문에 친구를 거의 사귀지 않았다. 돈이 들까 봐 동아리 활동도 접었다. 모꼬지나 축제에 참석하지 않았다.[716] 등록금과 생활비 걱정 때문에 수업이 끝나면 부리나케 집으로 향했기에 서울시립대 학생 중에 황승원을 기억하는 이는 거의 없다.

그나마 그런 대학 생활도 겨우 6개월 만에 중단했다. 황승원은 한 학기를 마친 뒤 휴학하고 의무경찰에 입대했다. 1학년 1학기 입학금과 등록금은 어머니가 모은 돈으로 해결했지만, 2학기 등록금을 낼 형편이 못 돼 군에 입대한 것이다. 게다가 2008년 세종대에 입학해서 1년을 다니다가 다시 수능을 보고 2009년 서울시립대에 입학한 황승원에겐 세종대 다닐 때 생긴 학자금 대출 약 800만 원이 있었다.

그는 군 복무 중에 월급 5만 원을 집으로 부쳤고 휴가를 나와서는 인력사무소를 찾아 아르바이트를 했다. 어머니가 건넨 용돈 3만 원을 책상 위에 그대로 남겨두고 부대로 복귀하는 속 깊은 아들이었다.[717] 하루는 어머니의 표정이 좋지 않은 걸 보고서 "엄마 돈 필요해? 돈 줄까? 나는 다른 아이들처럼 담배도 안 피우니 군대에서 돈을 좀 모았어"라며 군대에서 모은 적금을 깨 선뜻 건넸다.

황승원은 전역 직후에도 분주했다. 온라인 구인·구직 사이트를 살펴보다가 동네에 있는 냉동기 수리업체에 지원했다. 어머니는 아들이 걱정되어, 아르바이트하더라도 며칠 쉬었다가 시작하라고 했다. 황승원은 노는 것보다 일하는 게 편하다며 어머니를 안심시켰다.[718]

면접에 합격하자 황승원은 월급이 150만 원이나 된다고 기뻐했다. 2011년 5월 18일이 첫 출근일이었다. 처음 며칠은 온몸이 아프다며 끙끙댔다. 어머니와 여동생이 걱정하면 월급 150만 원 벌 수 있는 데가 흔하지 않다며, 복학할 때까지 넉 달 동안 일하면 학자금 대출을 일부 갚고 등록금도 낼 수 있을 거라고 했다. 첫 월급을 받아 여동생에게 용돈으로 5만 원을 건넸다.[719]

아르바이트는 머리보다 몸을 쓰는 일이었다. 오륜이엔지는 직원이 다섯 명밖에 되지 않는 영세한 회사였다. 주로 하청을 받아 설비 고치는 일을 했다. 일손이 부족하다 보니 일을 시작한 지 얼마 되지 않은 황승원이 이곳저곳 현장에 투입됐다. 선임자를 따라 나사를 조이고 망치질을 했다.[720] 그러다 냉동기 보수작업을 위해 투입된 곳이 이마트 탄현점이었다. 황승원과 동료 작업자 3명은 냉동기의 이물질을 제거하기 위해 냉매 가스를 빼내는 작업을 하다가 가스가 유출되면서 참변을 당했다. 방독면 등 제대로 된 안전 장비를 착용하지 않은 상태였다.[721]

죽어서도…

제대하자마자 아르바이트에 나설 만큼 절박했던 황승원의 시련은 죽어서도 계속되었다. 원청 업체인 트레인코리아와 이마트는 서로 책임을 떠넘기기에 급급했다. 이마트는 "우리는 냉방설비를 구입했을 뿐이고, 고장이 나서 애프터서비스를 신청했을 뿐"이라는 입장이었다. 트레인코리아는 미국 본사의 지시를 기다리는 한편 숨진 노동자 중 이마트 직원이 포함되었다며 이마트에 보상책임의 일정 부분을 넘기려 했다. 또한, 사고가 작업 중 과실로 일어났다며 하청 업체 오륜이엔지에도 책임을 전가했다.[722]

그사이 황승원의 장례는 40여 일이나 지연됐다. 사고의 책임 소재를 가려줄 경찰 수사가 지지부진한 가운데 유족, 이마트, 트레인코리아 사이에 보상 문제가 해결되지 않은 탓이었다.[723] 사고의 진상 규명과 이마트 등 관련 기업의 제대로 된 보상을 요구하며 발인을 미룬 유족들은 결국 기다리다 못해 장례를 치렀다. 대학생들이 시위에 나서고 국회의원들이 진상 규명과 책임 보상을 요구하는 기자회견을 열었지만 바뀌는 것은 없었다.

시간을 오래 끈 경찰은 보잘것없는 결론을 내놓았다. 사건을 담당한 경기도 일산경찰서는 황승원의 발인이 있기 3일 전, 트레인코리아의 안전관리자를 업무상과실치사 혐의로 입건하고 사건을 검찰에 송치했다. 경찰은 "수사결과 현장의 작업환경 관리 책임은 트레인코리아에 있는 것으로 밝혀졌다"라며 "하청 업체이자 황 씨가 소속돼 있던 냉동설비 보수업체 오륜이엔지도 업무상과실치사 혐의가 적용되지만, 대표가 사망해 공소권이 없다"라고 밝혔다. 기계실 작업환경이 열악한 부분에 대해서조차 이마트에 책임을 묻지 않았다. 환기 시설이 제대로 되어 있었다면, 창문만이라도 활짝 열 수 있었다면 인부들이 질식사하지 않지 않았겠냐는 의문에는 답이 없었다.[724]

이마트는 처벌을 피해 갔다. 다만 고용노동부가 이마트에 특별감독을 실시해 다른 '산업안전보건법' 위반 혐의로 탄현점장과 이마트 법인에 각각 100만 원의 벌금을 부과한 게 전부다.[725]

황승원이 죽고 1주일이 지나지 않은 2011년 7월 8일 서울시립대는 황승원에게 명예 졸업장을 수여했다. 죽어서야 그렇게 원하던 대학 졸업장을 품에 안았다. 아마 황승원은 대학만 졸업하면 괜찮은 직장을 얻어 어머니를 호강시키고 여동생을 넉넉하게 공부시킬 수 있다고 생각했을 터다. 날마다 지하실 작업장으로 내려가면서 그런 희망을 품었을 터다. 그는 어머니에게 "나이를 먹으면 자식이 자존심"이라며 5년만 기다려달라고 했다. 스물두 살 황승원에게는 그 5년이 허락되지 않았다.

구의역에서 진 또 하나의 청춘

황승원이 죽고 5년이 지난 2016년 5월 28일 또 다른 비정규직(파견노동) 청년 노동자 김 군이 죽었다. 이날 오후 4시 58분에 지하철 2호선 구의역의 스크린도어가 오작동했다. 1분 뒤 서울메트로 본부에 있는 전자운영실이 외주업체인 은성PSD에 수리를 요청했다. 김 군은 스크린도어 유지보수 업체인 은성PSD 소속 비정규직 근로자였다. 연락을 받은 김 군은 오후 5시 52분 승강장에 도착했다. 그는 스크린도어를 열고 작업을 시작했다. 이때 차단벽의 선로 쪽 좁은 공간에서 작업하는 김 군을 보지 못한 듯 열차가 그대로 승강장으로 진입했다. 김 군은 들어오는 열차와 차단벽 사이에 끼여 숨졌다. 그의 나이 열아홉 살이었다.[726]

김 군은 그의 만 20세 생일 하루 전날 사망했다. 가족이 모여 생일을 축하해주기로 했다. 그는 특성화고등학교 3학년에 재학 중이던 2015년 10월 은성PSD에 실습생 신분으로 취직했고 이듬해 봄에 직원이 되었다. 가정에 보탬이 되고 싶었다. 친구들보다 취직이 늦어 마음고생을 하다가 마침내 입사가 결정되자 기뻐한 평범한 청년이었다.

고등학교 졸업 후 바로 취업 전선에 뛰어들었지만, 대학에 진학하겠다는 꿈을 놓지 않았다. 그는 대학 졸업장이 있어야 대접받고 살 수 있다는 담임선생님의 말을 듣고 한 달에 100만 원을 적금에 쏟았다. 144만 원의 월급에서 적금과 기본 생활비를 빼면 남는 돈은 30만 원 안팎이었다. 하고 싶은 것도, 사고 싶은 것도 많을 나이였지만 김 군은 많지 않은 용돈 중 일부를 동생에게 건네는 책임감 강한 맏이였다.[727]

김 군은 늘 '파김치'가 되어 퇴근했다. 먹는 것보다 자는 게 낫겠다며 먼지 범벅이 된 채 씻지도 못하고 잠에 빠졌다. 퇴근길에 편의점에서 사 온 빵과 우유는 비닐봉지에 든 그대로 잠든 김 군 근처에 놓여 있기 일쑤였다. 일을 시작하고 얼마 지나지 않아 김 군은 어머니에게 물었다.

"엄마, 직장생활은 원래 다 힘든 거지? 3개월 지나면 더 괜찮아지고, 1년 지나면 더 괜찮아지는 거지?"

어머니는 괜찮아질 거라고 대답한 걸 후회했다.[728]

5월 28일도 여느 때와 다름없이 고된 날이었다. 서울메트로와 은성PSD가 맺은 계약에 따르면 은성PSD는 고장 신고 접수 1시간 이내에 사고 현장에 도착해야 했다. 1시간 안에 도착해서 해당 역무원에게 '작업확인서 사인'을 받지 못하면 회사가 배상금을 물었다.[729] 따라서 은성PSD 직원은 오후 5시 58분까지 구의역 현장에 도착해야 했다. 당시 작업이 가능한 정비직원은 김 군뿐이었다. 작업지시를 받은 김 군은 혼자서 고장 현장에 출동했다.[730]

그사이 오후 5시 20분, 을지로4가역에서 또 다른 스크린도어 고장 신고가 들어왔다. 김 군은 구의역 수리를 마친 후에, 시간 제한 규정에 따라 6시 20분까지 을지로4가역에 도착해야 했다. 안전수칙에 따르면 스크린도어 수리 작업은 2인 1조로 진행해야 한다. 그러나 구의역에서 을지로4가역까지 지하철로 약 20분이 걸리는 점을 감안하면 다른 직원을 기다렸다 작업할 시간 여유가 없었다.[731] 결국, 김 군은 혼자 수리를 진행했다.

5시 54분에 김 군은 9-4 지점 스크린도어를 수동 개방한 다음 장애물 검지 센서 청소작업을 하였다.[732] 당시 장애물 검지 센서는 적외선 센서로, 스크린도어 뒤쪽 양옆 차단벽에 달려있었다. 따라서 고장이 나면 스크린도어를 개방한 다음 승강장에서 선로 쪽으로 몸을 내밀고 수리해야 했다.[733] 김 군이 그렇게 수리 작업을 하고 있을 때 제2350 열차가 구의역에 진입했다. 55분, 김 군은 진입하던 열차와 스크린도어 옆의 차단벽 사이에 끼여 숨졌다.[734]

수리하던 구의역 9-4 지점 스크린도어 뒤쪽에서 김 군이 꼼

짝없이 생을 마감하고, 그 앞에는 김 군의 공구 가방이 덜렁 남겨졌다. 가방 안에는 기름때 묻은 장갑과 마스크, 스패너와 드라이버 따위의 공구 등과 포장을 뜯지 않은 농심 육개장 사발면 한 개와 나무젓가락이 들어있었다.[735] 짬이 날 때 먹으려고 공구 가방 안에 넣어둔 육개장 사발면은 포장을 뜯지 못한 채로 그대로 김 군의 유품이 되었다. 김 군의 어머니는 "컵라면(육개장 사발면)이라도 배불리 먹고 갔으면 한이라도 없지"라며 통곡했다.

열아홉 살 청년에게 떠넘겨진 위험

지하철 1~4호선을 운영하는 서울메트로는 스크린도어 유지·보수 업무를 외주업체 두 곳에 맡겼다. 그중 은성PSD는 전체 121개 역 중 97곳을 관리했다. 사고가 일어난 5월 28일, 김 군이 속한 은성PSD 강북지사 주간반(오후 1시~밤 10시)의 직원 11명 중 출근자는 6명이었다. 교대로 쉬어야 하는 휴무자가 5명이었기 때문이다. 상황실 상주 인원 1명과 대기 인원 1명을 빼고 4명이 강북지사 담당 49개 역을 전부 맡아야 했다. 한 사람당 12개 역을 맡은 셈이었다. 이날 은성PSD는 강북지사 가용 인력 4명을 1~4호선에 한 명씩 투입했다. 인력이 배치된 순간부터 2인

1조 작업은 불가능했다.[736]

위험한 현장에 김 군 등이 홀로 내몰린 이유는 비용 절감 때문이었다. 서울메트로는 비용 절감 등의 이유로 구조조정 과정에서 특정 업무를 외주화했다. 승강장 스크린도어 유지·보수라는 안전 업무를 외주화하면서 은성PSD가 설립되었다. 서울메트로는 퇴직자를 은성PSD에 내려보내 고용을 보장해 주었다. 은성PSD의 임직원 143명 중 정비 관련 자격증을 보유한 직원은 전체의 41%인 59명이고, 자격증이 없는 나머지 84명 중 상당수가 서울메트로 퇴직자였다.[737] 이들은 다수가 대표이사·상무·감사 등 관리직이었고, 현장직이어도 임금과 기타 근로조건에서 특혜를 받았다.[738] 또한, 서울메트로에서 받은 임금의 60~80%를 확보해주었다. 서울메트로 퇴직자가 은성PSD의 임직원으로 들어가 받는 급여는 서울메트로 정규직보다는 적었지만, 그럼에도 은성PSD 노동자의 두세 배에 해당하는 상대적으로 큰 액수였다.[739]

서울메트로 출신 임직원이 월급으로 약 434만 원을 받는 동안, 목숨을 걸고 정비 업무를 수행한 김 군 같은 비정규직 노동자는 월급 144만 원을 받았으며, 김 군과 동일한 업무를 하는 정규직 노동자는 180~220만 원을 받았다. 실제 위험에 노출되지 않는 서울메트로 퇴직자 출신 임직원은 상대적 고임금을 보장받고 스크린도어 정비에 나선 김 군과 같은 현장 노동자는 저임금을 받으며 열악한 노동환경에 내몰리는 구조가 만들어졌다.[740] 가장 큰 문제는, 임직원의 급여를 우선적으로 보장한 반면 최저입찰가로 이루어지는 서울메트로의 용역을 따내려고 파견노동자의 인건비를 최소로 책정했다는 점이다.[741] 현재 인력의 인건비를 쥐어 짜내는 형편에 인력 충원은 고려사항이 아니었다.

스크린도어 유지·보수 업무를 외주화하면서 생긴 문제는 더 있다. 서울메트로의 용역업체 관리·감독은 최소화·형식화하였고, 사전 승인 없는 '선로 측(스크린도어 안쪽)' 작업 등 안전 매뉴얼 미준수는 일상이었다. 서울메트로는 작업통제 측면에서 제기된 여러 방침을 지키지 않고 사실상 방치하였으며 심지어 스크린도어 외부위탁 관리업무에 대해서 현장 확인을 한 번도 하지 않고 제출서류로만 확인했다. 또한, 용역업체에서 제출한 수행 내역 서류를 검토하면서 2인 1조 작업의 준수 여부나 허위 작성 여부는 확인 또는 검토한 바가 없었다. 안전교육(안전문 안전수칙 교육, 신규자 특별교육), 매월 교육 결과 수합 관리, 비상 복구 훈련, 승강장 스크린도어 안전수칙 교육, 교육실시 결과 현장 실제 점검 등이 제대로 이루어지지 않았음은 물론이다.[742]

외주화 권장하는 중앙정부의 공공기관 정책

그렇다면 과연 서울메트로와 외주업체만의 책임일까. 서울메트로의 안전 업무 외주화는 정부와 서울시의 공공부문 경영 효율화 정책에 따라 추진된 결과였다. 중앙정부와 지방자치단체, 교육기관, 공공기관에서는 IMF 외환위기를 배경으로 1998년부터 구조개혁 등 다양한 명분을 내세우며 '경영혁신'을 본격적으로 진행하였다. 여기에는 인력감축, 조직체계 개편과 더불어 주요 업무 · 기능의 민간위탁 또는 외주화가 포함되었다. 정부가 공식적으로 밝힌 경영혁신 추진 명분은 기능축소 · 기관 통폐합 등을 통한 핵심 업무와 주변 업무의 선별, 핵심 업무의 인력감축, 주변 업무의 외주화 등이었다.

서울시는 중앙정부의 공기업 경영혁신방침에 부응하여 「서울시 투자 · 출연 기관 경영혁신 추진계획」(2007년 6월 4일)을 통해 "자율적으로 경영진단을 실시하고 이에 따른 조직 · 인력 개편을 추진하며, 아웃소싱 확대로 조직 슬림화를 추진하고 단순반복 업무, 비핵심 업무 중심의 아웃소싱뿐만 아니라 모든 업무를 Zero-base에서 검토할 것"을 천명했다.

이런 기조에 따라 서울시 산하 4개 투자기관(서울메트로, 서울도시철도공사, 농수산식품공사, SH공사)에서 외주화 추진 방침을 수립해 실행하였다. 특히 서울메트로에서는 2008년 당시 사장 김상돈이 서울시 방침에 발맞추어 인력감축을 중심으로 한 조직 슬림화를 '창의·혁신 구조조정'이라고 부르며 업무 분사를 통해 외주화를 진행했다. 모범사용자로서 역할을 해야 할 정부와 서울시가 안전 업무 외주화를 정책적으로 독려하고 확산해 그 외주화 업무를 수행하는 간접고용의 비정규직 노동자를 양산한 데서 김 군 죽음의 원인(遠因)이 찾아진다.[743]

그 누구도 책임지지 않는 죽음

서울메트로는 김 군의 사망 직후 "2인 1조 원칙을 지키지 않아 발생한 일"이라며 사고의 원인을 안전수칙을 지키지 않은 개인의 부주의로 돌렸다. 이후 스크린도어 유지·보수 인력의 부족 사실이 드러나면서 서울메트로는, 지키지 못할 매뉴얼을 만들어놓고 책임을 회피한다며 여론의 뭇매를 맞았다. 그러자 사고 발생 3일 만에 "고인의 잘못이 아닌 관리와 시스템의 문제가 주원인"이라는 사과문을 발표했다.[744]

김 군이 떠난 지 5년이 되어 가지만 그의 죽음에 책임 있는 자들에 대한 처벌은 제대로 이뤄지지 않았다. 2019년 8월 서울동부지법 형사항소1부(재판장 유남근)는 업무상과실치사 등 혐의로 기소된 스크린도어 정비용역업체 은성PSD 대표에게 징역 1년, 집행유예 2년을 선고했다. 같은 혐의로 기소된 서울메트로전 대표 이정원은 대법원에서 벌금 1,000만 원이 확정되었다. 김 군의 죽음에 책임이 있는 사람 중 실형을 받은 이는 없다.[745]

사고 이후 '위험의 외주화' 비판과 함께 생명 안전 업무를 직영화하라는 요구가 거셌지만, 정규직화는 쉽지 않은 과정이었다. 긴 투쟁 끝에 직영화와 완전 정규직화가 이뤄진 것은 2018년 3월, 김 군이 숨지고 1년 9개월이 지나서였다.[746]

두 청년은 어디에나 있다

황승원과 구의역 김 군은 모두 비정규직 청년 노동자였다. 비용 절감을 내세워 벌어지는 무분별한 비정규직화, 외주화, 다단계 하청 구조 속에서 책임과 안전에는 공백이 생겼다. 하청·파견노동자는 산업재해 위험에 무방비하게 노출되고 사고 발생 이후 책임 주체가 특정되지 않아 배상에 어려움을 겪는다. 두 청년 노동자는 이 구조의 희생양이었다. 위험하다고 판단되는 일을 거부할 수 없던 하청 업체 노동자 황승원은 방독면 하나 요구하지 못했고, 김 군은 혼자서 선로에 들어섰다.

　누군가는 여전히 황승원으로, 김 군으로 대한민국 어딘가에 존재한다. 2018년 12월 충남 태안화력발전소 협력업체의 비정규직 노동자 김용균이 운송설비 점검을 하다가 컨베이어벨트에 끼여 숨졌다. 2019년 4월에는 수원의 건설 현장에서 일용직 노동자 김태규가 화물용 승강기 5층에서 떨어져 숨졌다. 알려진 이름 외에 수많은 청년이, 수많은 노동자가 목숨을 보전하기 위해 목숨을 내놓았다. 에어컨 실외기를 점검하다가, 제련소를 정비하다가, 음식을 배달하다가 수없이 다치고 죽었다. 반복되는 사고는 더는 '사고'가 아니다.

참고
자료

1. 이수원, 「구의역 PSD 사고는 메피아만의 책임인가?: 안전한 도시
   철도경영을 위해서」, 『전문경영인연구』 53, 한국전문경영인학회,
   2018.

2. 임지선, 『현시창(대한민국은 청춘을 위로할 자격이 없다)』, 알마,
   2012.

3. 양정호, 『하청사회, 지속가능한 갑질의 조건』, 생각비행, 2017.

4. 박태우 · 임지선, "오빠 숨막히게 한 학자금대출 1천만원", 〈한겨레〉,
   2011.07.17.

5. 박태우 · 임지선, "갑갑한 현실같은 기계실 출입문서 불과 열걸
   음… 22살 청춘은 질식했다", 〈한겨레〉, 2011.07.17.

6. 박경만, "일산 탄현 이마트서 냉동기 점검 중 사망 제대 뒤 바로 일
   터로 '등록금 알바생' 비극", 〈한겨레〉, 2011.07.03.

7. 이상호, "20대 알바 대학생의 죽음", 〈경향신문〉, 2011.07.03.

8. 김소연, "하청노동자 숨겨도 기껏 벌금뿐 원청업체 사업주 '솜방망이'
   처벌", 〈한겨레〉, 2013.03.17.

9. 심희정·허경구, "스크린도어 또… 똑같은 사고 3번째, 바뀐 게 없었다", 〈국민일보〉, 2016.05.30.

10. 박현정, "구의역 김군을 죽음으로 몰아넣은 10가지 배후", 〈한겨레〉, 2016.08.03.

11. 이효석, "'구의역 김씨' 대학 가려고 월급 144만원서 100만원씩 적금", 〈연합뉴스〉, 2016.06.03.

12. 홍석재, "19살 청년에게 홀로 떠넘겨진 위험", 〈한겨레21〉, 2016.06.06.

13. 송지혜, "엄마, 직장생활은 원래 다 힘든 거지?", 〈시사인〉, 2016.06.13.

14. 조원일, "구의역 스크린도어 사고 3년, 우리가 찾았던 '악당'", 〈한국일보〉, 2019.05.26.

15. 탁지영, "오늘도 세워진 '추모의 벽'이 묻는다 "우리는 왜 날마다 명복을 비는가"", 〈경향신문〉, 2020.05.28.

16. 전광준, "'구의역 김군' 4주기… "책임자 중 실형받은 이 없어"", 〈한겨레〉, 2020.05.23.

17. 정성조, "'구의역 김군' 동료들 "정규직 되니 일터가 안전해졌다"", 〈연합뉴스〉, 2020.05.27.

18. 이지윤, "[취재휘] 스크린도어 고장 30%는 '센서고장'… 모호한 표준규격", 〈KBS〉, 2017.03.07.

19. 박은하, "진짜 문제는 '메피아' 품은 '외주화'", 〈경향신문〉, 2016.06.04.

20. 구의역사고진상규명위원회, 『구의역 사고 조사보고서 총설(叢 說)』, 2016.

신승희·박지영·최덕하·최혜정… 세월호 참사
세상에서 가장 긴 수학여행

"안녕~ 오늘 제주도로 가는 승희예요. 내가 수학여행 가는
것 땜에 일주일간 예민하게 굴어서 미안합니다. 그래도 승
희 비위 맞추려고 애쓰고 챙겨줘서 정말정말 고마워요….
재밌게 놀다 올 테니 혹시나 전화 없다고 걱정하거나 서운
해하지 마~♡ 3박 4일 재밌게 놀다 올게! 그리고 갔다 오
면 열공빡공 해야지. 나 없을 동안 셋이 재밌게 보내.
사랑해. 승희가 (2014년 4월 15일)"[747]

단원고 2학년 3반 고 신승희는 평소 부모에게 편지 쓰기를 좋

아했다.[748] 신승희는 수학여행을 떠나는 날에도 부모에게 편지한 통을 남기고 나왔다. 그는 편지에 "나 없는 동안 셋이 재밌게 보내"라고 썼다. 신승희의 어머니는 이 편지를 읽을 때 "승희 없는 동안"이 이렇게 길어질 줄 꿈에도 몰랐다.

세월호 기울다

2014년 4월 15일, 325명[749]의 안산 단원고 2학년 학생들은 설레는 마음을 가득 안고 인천항에 도착했다. 이날은 고교 시절 단한 번뿐인 수학여행을 떠나는 날이었다. 이들이 타기로 한 여객선 세월호는 당초 오후 6시 30분[750] 제주도를 향해 출항하기로 돼 있었지만, 안개가 심해 계속 출항이 지연됐다. 오후 9시께 짙은 안개에도 불구하고 세월호는 인천항을 떠났다.[751]

세월호에는 단원고 학생과 교사 외에 일반 여행객과 승무원 등 총 476명[752]이 탔다. 단원고 학생은 오전 수업을 마치고 온 탓에 교복 차림이 많았다. 배가 출항하자 학생들은 편한 옷으로 갈아입었다. 옷을 갈아입은 학생들은 배 이곳저곳을 돌아다니며 구경하고 사진을 찍었다. 밤 10시 무렵에는 불꽃놀이가 시작됐다. 사람들은 옥상 갑판으로 올라가 조용한 밤하늘을 수놓는 불꽃을

올려다보며 학업과 일상에 지친 마음을 잠시나마 달랬다.[753]

4월 16일 아침이 밝았다. 학생들은 오전 7시 30분부터 아침 식사를 한 뒤 간만의 자유를 만끽했다. 평소라면 학교에서 한창 수업을 듣고 있을 시간이었다. 아이들은 편의점에서 간식을 사 먹으며 수다를 떨었고, 모자란 잠을 더 청하기도 했다.

세월호가 전남 진도군 조도면 맹골도와 거차도 사이에 있는, 우리나라에서 물살이 거센 곳으로 손꼽히는 맹골수도를 빠져나간 뒤 항해사가 변침을 시도했을 때였다. 8시 49분, 갑자기 배가 왼쪽으로 기울기 시작했다. "쾅!" 하며 무언가끼리 부딪치는 소리도 났다. 갑작스럽게 배가 쏠린 탓에 별안간 배 안은 아수라장이 됐다. 객실에서 짐과 사람이 함께 왼쪽으로 굴렀다. 소파, 자판기, 냉장고 등 큰 물건이 쓰러지며 그 밑에 사람이 깔렸다. 이 과정에서 무언가에 부딪혀 피를 흘리거나 골절상을 입은 사람도 있었다.[754]

'우왕좌왕' 골든타임 허비

사고 소식이 처음 전남소방본부에 전달된 것은 8시 52분이었다.[755] 단원고 2학년 6반 고 최덕하의 신고 전화에 의해서다. 최덕하가 119에 전화해 처음으로 한 말은 "살려 주세요!"였다. 이어 그는 배가 침몰하는 것 같고, 배 이름은 세월호라는 것까지 소방본부에 전달했다. 대충 상황을 파악한 소방본부는 목포해경을 전화에 연결해 삼자 통화를 시도했다.[756]

소방본부 : 신고자분, 지금 해양경찰 나왔습니다. 바로 지금 통화 좀 하세요.

해경 : 여보세요. 목포해양경찰입니다. 위치 말해주세요.

최덕하 : 네?

해경 : 위치. 경·위도(경도와 위도) 말해주세요.

최덕하 : 네?

소방본부 : 경·위도는 아니고요. 배 탑승하신 분. 배 탑승하신 분.

최덕하 : 핸드폰이요?

해경 : 여보세요. 여기 목포해경 상황실입니다. 지금 침몰 중이라는데 배 위치 말해주세요. 배 위치. 지금 배가 어디 있습니까?

최덕하 : 위치는 잘 모르겠어요. 지금 이곳….

해경 : 위치를 모르신다고요? 거기 GPS 경·위도 안 나오나요. 경도하고 위도!

최덕하 : 여기 섬이 이렇게 보이긴 하는데.

해경 : 네?

최덕하 : 그걸 잘 모르겠어요.[757]

소방본부가 신고자의 신원이 탑승자라고 말해줬음에도 불구하고 해경은 신고자를 선원으로 전제한 듯 최덕하를 상대로 경도와 위도를 묻는 말을 반복했다. 최덕하는 가장 먼저 사고를 알려 구조 작업 착수에 도움을 줬지만, 정작 자신은 구출되지 못하고 4월 23일 세월호 4층 선미 부분에서 주검으로 발견됐다.[758]

최덕하의 첫 신고로부터 3분여가 지난 8시 55분 세월호도 제주VTS(제주해상교통관제센터)로 첫 구조 요청 신호를 보냈다. 당시 세월호가 멈춘 지점의 관할은 진도VTS였으나, 일등항해사 강원식은 당황하여, 더 멀리 떨어진 제주VTS에 연락했다. 이로 인해 가장 먼저 사고를 파악하고 해경 등에 구조 요청을 취해야 했을 진도VTS는 12분이 지난 9시 7분이 돼서야 세월호와 첫 교신을 시작했다.[759] 이때는 이미 목포해경 소속 경비정인 123정이 사고 지점을 향해 출동한 뒤였다. 곧이어 9시 10분 항공구조사 2명을 태운 목포 헬기(B-511)가 출발했다.[760]

9시 30분경 123정과 헬기 모두 세월호 근처에 도착했다.[761] 사고 현장에 도착한 구조대는 당황할 수밖에 없었다. 40~45도가량 기울어진 세월호를 보며 당연히 승객들이 바다로 뛰어내리거나 갑판에서 구조를 기다리며 대기하고 있을 것으로 예상했지만, 외관에서 보이는 사람이 거의 없었기 때문이다.

> "저희가 생각할 때 당연히 밖에 사람이 있을 거라고 생각했습니다. 밖에 나와서 저희가 오기 전에 구조를 요하는 자세를 취할 것으로 생각했는데, 도착했을 때 전혀 그런 장면이 없어 당황했습니다."
> "만약 선내에 다수 승객이 있다는 것을 알았더라면 분명히 어떤 수단과 방법을 가리지 않고 선내 진입을 시도하려고 했을 것입니다."
> – B-511 항공구조사 박훈식(선원 재판 8차, 증인 신문, 2014.08.13.)

> "승객들이 모두 구명조끼를 입고 퇴선 위치에 집결해 있거나 구명벌을 투하해서 해상에 다 내려와 있을 것이라고 가상하고 갔는데 현장에 도착하고 나서 너무 당황했습니다.… 저희들이 퇴선 방송을 했어야 되는데 퇴선 방송을 하지 못했습니다."
> – 123정 정장 김경일(선원 재판 8차, 증인 신문,

2014.08.13.)

"해상 사고가 발생하면 특히 이렇게 많은 인원이 승선해 있는 배이고 배가 저 정도로 기울었다면 기다리지 못하고 탈출을 하거나, 구명벌을 이용해서라도 해상에 뛰어들거나, 외부 갑판에 탈출 준비를 하고 있을 것으로 알았습니다."

– 123정 해경 경사 이형래(선원 재판 10차, 증인 신문, 2014.08.20.)[762]

구조대가 '출동'에만 몰두한 결과 생긴 폐단이었다. 이들은 침몰이 어디까지 진행됐는지는 물론이고 선내에 승객이 있는지조차 모른 채 출동했다. 관련 정보가 없으니 상황에 맞는 구조 계획 또한 신속히 세울 수 없었을 테다. 구조 인력이 사고 현장에 도착하는 20~30분의 시간 동안 세월호, 진도VTS, 해경 상황실, 구조대 간 의사소통이 모두 원활하지 못했음을 의미한다. 구조대는 바다에 뛰어들거나 우현 갑판으로 나오는 등 밖으로 탈출한 사람들만 구조하는 데 그쳤다. 모두가 우왕좌왕하며 당황한 사이 9시 54분 세월호는 64도 이상 기울며 좌현이 완전히 침수됐다.[763]

"가만히 대기하라"

신승희가 선내에서 나오지 못한 이유가 있다. 움직이면 위험하니 가만히 대기하라는 내용의 안내방송 때문이었다. 움직이지 말라는 선내 방송은 사고가 발생한 지 한 시간가량 지난 9시 50분[764]까지도 반복됐다.

> 아빠 : 승희야 밖에 난간에 있어야 하는 거 아냐? 안에는
>   위험해
> 신승희 : 안 돼. 너무 심하게 기울어서 움직일 수가 없어.
>   더 위험해 움직이면
> 아빠 : 구조 중인 거 알지만 가능하면 밖으로 나와서
> 신승희 : 아니 아빠 지금 걸어갈 수 없어. 복도에 애들 다
>   있어서 그리고 너무 기울어져서
> 아빠 : 가능하면 빨리 구조돼야 해. 가라앉기 시작하면 급
>   속도로 내려간다고
> 신승희 : 구조될 거야 꼭. 지금은 한 명 움직이면 다 움직여
>   서 절대 안 돼[765]

10시 무렵 신승희가 아버지와 주고받은 문자에 따르면 신승

희는 가만히 있어야 안전하다는 안내방송을 철석같이 믿었다.

'오를 승'에 '기쁠 희'. 부모는 승희의 삶에 기쁘고 즐거운 일들이 많길 바라는 마음을 담아 이렇게 이름 지었다. 사고가 있기 전까지 승희 삶은 꼭 그랬다. 한 살 많은 언니가 있는 막내딸 신승희는 늘 활기찬 아이였다. 단원고에서 전교 1, 2등을 다툴 정도로 공부를 잘했다. 나중에 세무 공무원이 되는 게 꿈인 신승희는 부모에게 참 착한 아이였다. 그는 안산시에서 한 학교에 한 명씩 주는 성적우수 장학금으로 수학여행 며칠 전 부모의 결혼 기념 여행을 보내드렸다.[766] 안내방송을 충실히 따른 신승희는 4월 22일[767] 주검으로 부모 품에 돌아왔다.

선장은 무얼 했나

사고 발생 후 3층 안내 데스크로 승객들의 문의가 빗발쳤다. 하지만 안내 데스크의 여객부 승무원들도 무슨 일이 벌어지고 있는지 알지 못했다. 조타실에서 아무런 연락이 없었기 때문이다. 승무원 고 박지영이 계속해서 조타실로 무전을 쳤지만, 조타실은 응답이 없었다. 그러자 또 다른 승무원 강혜성은 승객들을 안심시키기 위해 뭐라도 해야겠다 싶어 "위험하니 가만히 대기"

하라는 안내방송을 시작했다. 조타실로부터 계속 지시가 없어 이들은 기다리라는 안내방송을 반복할 뿐이었다.[768]

승객 대부분이 구명조끼를 입은 채 안내방송에 착실히 따랐다. 단원고 학생들은 대부분 4층에 머물고 있었다. 학생들은 구명조끼를 입고 4층 선실과 통로에 앉아서 다음 지시를 기다렸다. 배가 자꾸 기울어져 갔지만, 아이들은 어른을 믿었다. 이렇게 아까운 시간이 흘러갈 때 선장 이준석을 비롯한 선원들은 승객을 어떻게 탈출시킬지는 염두에 두지 않고 배가 기울어 움직일 수가 없다는 내용의 구조 요청만 반복했다. 9시 24~25분께 근처에 있던 유조선 둘라에이스호의 구조 기회도 놓쳐버렸다.

세월호 : 예, 저기 본선에 승객들을 탈출시키면 옆에서 구
      조를 할 수 있겠습니까?

둘라에이스호 : 라이프링이라도, 그저 하여간 착용을 시켜
      서 탈출시키십시오.

세월호 : 지금 탈출을 시키면 구조가 바로 되겠습니까?

둘라에이스호 : 맨몸으로 하지 마시고, 라이프링이라도 그
      하여간 착용을 시켜서 탈출을 시키십시오. 빨리!

진도VTS : 세월호, 진도연안VTS입니다. 지금 저희가 그쪽
      상황을 모르기 때문에 저 선장님께서, 세월호 선

장님께서 최종적으로 판단을 하셔 갖고 지금 승
객 탈출을 시킬지 최대한 지금 빨리 결정을 해주
십시오.

세월호 : 그게 아니고, 지금 탈출하면 바로 구조를 할 수 있
느냐고 물었습니다.

인근 선박이 구조에 도움을 주겠다는데도 세월호(조타수 중
한 명인 박경남)는 탈출하면 바로 구조가 되느냐는 똑같은 질문
만 반복했다. 진도VTS는 선장이 결정하라며 책임을 회피하려는
듯한 모습을 보였다. 둘라에이스호 선장 문예식에 따르면 당시
둘라에이스호에는 세월호에 탄 인원 전부를 수용할 수 있는 공
간이 있었다.[769] 어쩌면 많은 승객을 구할 수 있었던 순간에 누
구도 아무런 결정을 내리지 않았다.

정작 선원들은 구조대가 도착하자 재빠르게 탈출했다. 9시
38분경 기관부 선원 7명이 승객을 내버려 둔 채 123정을 타고
세월호를 탈출했다. 지켜보던 조타실 선원들과 선장 이준석도
곧이어 9시 49분경 세월호를 탈출했다.[770]

"너희들 다 구하고 나갈게"

도망간 선원과 달리 죽음을 눈앞에 두고도 끝까지 남을 먼저 생각한 사람들이 있다. 세월호 4층까지 물이 들이닥치자 여객부 승무원 박지영은 학생들에게 구명조끼를 입혀 배 밖으로 대피시키기 시작했다. 박지영은 수영할 줄 모르면서도 학생들을 챙기느라 구명조끼를 입지 못했다.

당시 구조된 한 학생의 증언에 따르면 어느 학생이 박지영에게 "언니는요?"라고 묻자 박지영은 "너희들 다 구하고 나중에 나갈게. 선원이 마지막이야"라고 답했다고 한다.[771] 하지만 박지영은 빠져나오지 못했다. 당시 박지영은 고작 스물두 살의 대학생이었다. 대학에 다니던 중 아버지의 사망으로 가족의 생계가 어려워지자 휴학하고 세월호에서 일을 시작했다가 사고를 당했다.[772]

단원고 교사들도 학생들을 구하기 위해 필사적으로 노력했다. 2학년 9반 담임교사 최혜정은 침몰 당시 탈출하기 가장 쉬운 5층 객실에 있었지만, 아이들을 구하기 위해 4층으로 뛰어내려갔다.[773] 2학년 1반 담임교사 유니나도 마찬가지로 5층에 있었지만 3층에 아이들이 남아 있다는 말을 듣고 밑으로 몸을 던졌다.[774] 구명조끼를 입지 않은 채였다. 두 교사를 비롯해 세월호에서 숨진 단원고 교사는 11명이다.[775] 이들은 한 명의 학생이라도 더 탈출시키기 위해 망설임 없이 죽음으로 걸어 들어갔다.

친구를 위해 맨몸으로 바다에 뛰어든 학생도 있다. 2학년 4반 정차웅은 배가 침몰하는 순간 자신의 구명조끼를 벗어 친구에게 건넨 뒤 또 다른 친구를 구하기 위해 바다에 뛰어들었다. 정차웅은 당일 발견돼 곧바로 심폐소생술을 받았지만 끝내 숨졌다.[776] 단원고 학생 가운데 발생한 첫 희생자였다.

10시 17분, 세월호는 108도로 전복됐다.[777] 곧이어 우현까지 물에 잠기려는 찰나 우현 쪽 난간에서 40여 명이 우르르 뛰어내렸다. 마지막 탈출이었다. 이들이 탈출한 뒤 세월호는 순식간에 침몰했다.[778] 10시 30분경[779] 아직 300여 명의 승객이 남아 있는 채로 세월호는 선수만 남기고 완전히 가라앉았다.

세월호 참사, 그 이후

세월호 침몰로 총 탑승 인원 476명 가운데 304명이 실종·사망했다. 가장 많은 인원이 탑승한 단원고 학생 325명 중 250명이 목숨을 잃었다.[780] 희생자 가운데 특별히 어린 학생이 많았다는 사실에 전 국민이 애통해했다. 배를 버리고 탈출한 선장, 선원의 무책임한 행동과 해경 등 구조대의 미온적인 대처는 공분을 샀다.

참사 이후 검경합동수사본부는 청해진해운, 진도·제주 VTS, 해경 상황실을 압수 수색하는 등 침몰 원인과 책임 규명 등 진상조사에 착수했다. 2014년 5월 선장 이준석 등 선원 15명이 재판에 넘겨졌다.[781] 대법원은 2015년 11월 12일 이준석에 대해 "승객들이 익사할 수밖에 없다는 것을 예견하면서도 퇴선 조치를 하지 않고 탈출한 건 살인 행위와 같다"라며 무기징역을,[782] 나머지 선원 14명의 유기치사죄 등 혐의에 대해서도 징역 1년 6개월~12년을 확정했다. 같은 달 28일 부실 구조 혐의로 기소된 123정 정장 김경일도 징역 3년을 확정받았다.[783]

2015년 특별조사위원회, 2017년 선체조사위원회, 2018년 4·16세월호참사특별조사위원회가 침몰 원인, 구조 방기 등 여러 의혹에 대한 규명 활동을 이어나갔다. 2019년 11월에는 검찰 특별수사단이 꾸려져 세월호 의혹을 전면 재수사하기도 했다.[784] 하지만 약 7년에 걸친 수차례의 진상 규명 활동에도 여전히 풀리지 않는 게 있다. 소중한 이를 어처구니없게 잃은 유가족의 억울한 마음이다.

2014년 7월 어느 뜨거운 여름날 당시 고등학교 1학년생이던 이혜원(본서 필진)은 단원고 희생자 유가족들의 도보 순례에 동참한 적이 있다. 고 김웅기의 아버지 김학일은 십자가를 짊어지고 뜨거운 아스팔트 위를 하염없이 걸었다. 햇볕에 검게 그을린 얼굴 위로 땀을 쏟으며 묵묵히 걸어가던 그 아버지 모습이 아직 가슴 속 깊이 남아 있다. 아마 그가 평생 그 십자가를 내려놓지 못할 것이라고, 이혜원은 그때 생각했다.

참고
자료

1. 오준호, 『세월호를 기록하다 침몰·구조·출항·선원, 150일간의 세월호 재판기록』, 미지북스, 2015.
2. 이진순, "세월호 유가족 전민주 "왜들 그러시죠? 정말 화가 나요"", 〈한겨레〉, 2015.05.22.
3. 이대희, "[여객선 침몰] '운명의 14시간' 세월호 출항부터 침몰까지", 〈노컷뉴스〉, 2014.04.16.
4. 박상현, "[단독] 세월호 출항 자체가 '규정 위반'", 〈KBS〉, 2014.04.26.
5. 최경준, ""살려주세요" 최초 신고 학생에 "위도·경도 말하라" 다그친 해경", 〈오마이뉴스〉, 2014.04.22.
6. 최경준, "학생 최초 신고로 구조정 왔지만 선원들만 탈출, 학생은 주검으로", 〈오마이뉴스〉, 2014.04.24.
7. 백종훈, "가까운 진도 놔두고 제주에 구조 요청… 귀한 12분 허비", 〈JTBC〉, 2014.04.20.

8. 허재현, "50여 명을 살린 '생명의 다리'", 〈한겨레〉, 2014.05.02.

9. "[세월호 참사] 승무원 박지영 씨 등 3명 의사자 인정", 〈조선일보〉, 2014.05.12.

10. 김일우·김기성, "선생님, 우리 애들 거기서도 말씀 잘 듣고 있죠?", 〈한겨레〉, 2014.07.16.

11. 김지숙, "1076일… 잊을 수 없는 '세월호 영웅들'을 다시 불러봅니다", 〈한겨레〉, 2017.03.27.

12. 이왕구, "[세월호 참사] 10시 20분 무렵 난간까지 나온 이들만 '구사일생'", 〈한국일보〉, 2014.04.29.

13. 손상원, "〈세월호 참사〉 이준석 선장 등 선원 4명 살인혐의 적용", 〈연합뉴스〉, 2014.05.15.

14. 김지훈, "대법, 세월호 이준석 선장 살인죄 유죄… 무기징역 확정", 〈한겨레〉, 2015.11.12.

15. 김성수, "세월호 특수단 수사가 남긴 것… '풀지 못한 모순'과 '사참위 낙제 성적표'", 〈뉴스타파〉, 2021.01.21.

16. 4·16세월호참사가족협의회, "1월 11일 생일인 3반 신승희를 기억합니다", 2021.01.11.

17. 안산시청 4·16세월호참사 현황.

18. 〈오마이뉴스〉 [특집] 4월 16일, 세월호 죽은 자의 기록 산 자의 증언.

19. 세월호 아카이브—그날의 목소리.

20. daum 세월호 72시간의 기록.

21. 4 · 16세월호참사가족협의회, "12월 6일 생일인 4반 정차웅을 기억합니다", 2016.12.22.

22. 4 · 16세월호참사, 네이버 지식백과, 박문각.

26
강남역 살인사건

"운이 좋아서 살아남은" 여성들의 목소리

강남역 살인사건
"운이 좋아서 살아남은" 여성들의 목소리

2016년 5월 17일 새벽 서울 강남역 10번 출구 인근 상가 건물 1층과 2층 사이의 남녀공용 화장실에서 22세 여성이 숨진 채 발견되었다. 가해자 김성민(34세)은 인근 식당 종업원으로 사건 발생 9시간 만에 검거되었으며 검거 당시 오른쪽 주머니에 32.5cm의 흉기를 소지하고 있었다.[785] 그는 16일 저녁 식당 주방에서 흉기를 갖고 나와 배회하다가 밤 11시 40분쯤 범행이 일어난 상가 건물에 들어갔다. 피해 여성은 건물 1층 음식점에서 지인들과 술을 마시던 중 화장실에 들렀다가 변을 당했다.[786]

일상의 삶 한가운데서 일어난 황망한 죽음

공개된 CCTV에 따르면 김성민은 밤 11시 40분쯤 화장실 앞에 나타나 이후 그곳에서 50여 분 동안 1층 상가 입구 쪽을 바라보며 서성였다. 그러는 동안 6명의 여성과 9명의 남성이 이 화장실을 이용했다. 가해자가 화장실 안에 들어간 시각은 밤 12시 33분. 김성민이 화장실에 들어가고 나서 6명의 남성이 무사히 화장실을 이용하고 나왔다. 그러나 일곱 번째 이용자이자 첫 번째 여성 이용자인 피해자는 화장실에 들어갔다가 10여 차례 칼에 찔렸다.[787]

가해자는 남자 용변 칸의 양변기 위에 앉아있다가 여자 용변 칸에서 피해자가 물을 내리는 소리를 듣고 자신이 있던 용변 칸에서 나와 피해자를 기다렸다. 피해자가 문을 열고 나오려 하자 피해자를 용변 칸으로 밀어 넣고 왼쪽 가슴, 어깨, 팔 부위 등을 준비한 칼로 찔렀다. 피해자는 심장과 폐동맥 등에 치명상을 입고 그 자리에서 숨졌다.[788] 자리를 비운 피해자가 오래도록 돌아오지 않자 걱정이 된 대학 선배가 피해자를 찾으러 나섰다. 그가 피해자를 발견한 시각은 오전 1시 25분이었다.[789]

언론 보도에 따르면 사건을 저지른 김성민은 "피해자와는 모르는 사이이며, 여성들로부터 무시를 당해서 범행을 저질렀다"

라고 진술했다.[790] 또한, 사건 담당 형사는 가해자가 범죄 대상을 정확히 여성이라고 특정했다고 밝혔다.

가해자는 조현병(정신분열증) 환자로 밝혀졌다. 그는 2003년부터 노이로제 증세로 병원 치료를 받았고 2009년 8월경 조현병 진단을 받았다. 2016년 1월 이후 약을 끊었고 범행을 저지르기 두 달 전인 3월에 가출했다.[791] 서초경찰서는 권일용 프로파일러 등 5명의 프로파일러를 투입해 심리 분석을 진행했다. 프로파일러 권일용은 가해자가 왜곡된 망상에 대한 뚜렷한 자기 확신이 있으며 범행의 원인이 피해자에게 있는 것으로 믿고 있다고 밝혔다.[792] 프로파일링을 담당한 전문가들은 가해자가 범행을 실행하려는 의지를 갖고 있었고, 범행이 쉽도록 범행 대상을 약자로 선택했다고 보았다. 또한, 가해자는 행위에 대한 죄책감을 느끼지 못하고 있으며 자기 합리화를 하기 위해 여성들이 자신을 비하했다고 발언한 것으로 분석했다.

김성민은 현장 검증에서 재판까지 모든 과정에서 태연한 태도를 보였다. 그는 여상스럽게 자신의 범행을 재연했고 기자들이 심경을 묻자 "그냥 뭐 담담하다"라고 말했다. 범행을 후회하는지에 대해서는 "잘 모르겠다"라고 했고, 법정에서 "제가 만약에 이런 일이 일어나지 않았으면 강남에서 터를 잡고 잘 살 수 있었을 것 같은데, 어쨌든 뭐 자연스럽게 이어진 거니까 지금은 뭐 만족하고 있다"라고 했고, 재판 직후에는 "세상에서 많이 일어나는 일이라고 생각한다"라고 말했다. 검사는 김성민에게 무기징역을 구형했으나 법원은 가해자의 정신병력을 고려해야 한다고 보아 30년형을 선고했다.[793]

"운이 좋아서 살아남았다"

사건 바로 다음 날부터 강남역 10번 출구에는 피해자를 추모하는 쪽지들이 붙기 시작했다. 며칠 사이 강남역 10번 출구는 메모지로 뒤덮였다. 5월 18일부터 7월 15일까지 약 4만 장이 넘는 포스트잇이 붙었다. 특정 단체가 주도한 집단적 움직임이 아니었다. 한 네티즌으로부터 시작된 움직임이었다.[794] 사람들은 자발적으로 추모의 공간을 찾았다. 다음은 당시 10번 출구에 붙은 쪽지 내용이다.

> "안녕. 나랑 동갑인 친구야. 너는 고작 그 자리에 네가 있었다는 이유로 끔찍한 일을 당하고. 나는 살아남았다. 미안해 (…) 하늘에서 꼭 지켜봐 줘."[795]

강남역 살인사건으로 한국 사회의 페미니즘은 과거와 달리 행동주의라는 새로운 의미를 창출하였다.[796] 온라인상에서 여성혐오에 문제를 제기한 것은 꾸준히 있었지만, 오프라인에서 강남역 살인사건 추모 같은 집단적 움직임이 일어난 것은 처음 있는 일이었다.[797] 추모의 시작은 SNS였다. 각종 SNS에 추모 페이지가 만들어졌다. 피해자에 대한 추모와 본인이 겪은 차별을 나누는 것에서 시작하여, 오프라인에서의 추모와 연대로 이어졌다. 강남역 10번 출구에서 시작된 추모는 부산, 대구, 울산 등 전국 각지로 확산하였다. 추모의 공간이라는 개방된 공간에서 같은 두려움을 공유하는 여성들의 연대가 이루어졌다. 여성들이 유독 이 사건에 크게 분노한 이유가 무엇이었을까.

"소식을 접한 후 온종일 깊은 무력감과 좌절감에 빠져 있었어요. 밥을 먹고 잠을 자고 회사에 다니는 등 내가 생존을 위해 하는 일들이 다 부질없이 느껴졌었거든요. 이렇게 열심히 살다가도 여자라는 이유 하나만으로 길을 가다가 살해당할 수 있는 세상, 살해가 아니더라도 여자이기에 언제든 누군가에게 맞거나 강간당할 수 있는 세상이라는 생각때문에."[798]

사건을 대하는 가장 즉각적인 반응에서 압도적이었던 부분은 두려움과 무력감, 공포와 슬픔의 표출이었다. "주말이나 오랜만에 친구를 만나러 오던 곳" "몇 시가 되어도 사람이 바글거려서 안전할 줄 알았던" 바로 그 강남역 10번 출구 인근에서 피해자가 '여성'이라는 이유로 죽었다는 사실은 잠재된 위협의 정체를 자각케 했다. 그래서 많은 추모자는 "너무나 충격적이고 공포스러웠다"라고, "내가 죽은 것 같은 그런 기분이 들어서 너무 억울하고 아프고 서러워 눈물이 계속 났다"라고 고백한다.

수많은 쪽지 중에 가장 많이 발견된 문구는 "운이 좋아서 살아남았다"라는 것이었다. 자신에게 '죽음이 너무 가까이에' 있다는 것을 깨달은 여성들에게 추모의 공간은 미래에 닥칠 죽음이 현실화한 공간이었다. '강남역 살인사건'이 수많은 여성의 몸에 내재한 공포와 분노, 두려움과 슬픔, 울분과 무력함 등을 불러일으킨 이유는 바로 여기에 있다.[799]

추모공간에 참여한 이들은 남성 중심적인 사회 속에서 '평범한 20대 여성'이라는 자신의 생애 서사가 모순적으로 존재할 수밖에 없음을 깨닫고, 피해자의 죽음을 낯선 타자의 개별적 죽음이 아니라 성차별적 구조 속에 위치한 '여성 됨'의 집합적 경험 및 삶의 조건과 연결했다. 또한, 지속되는 여성혐오와 성폭력 문화에 대한 인식은 추모의 장에 접속한 여성들을 공통의 감각으로 연결하는 기제가 되었으며, 여성들이 사건에 관한 감정을 공유하는 것에서 나아가 정치적 삶을 재구성하는 비판적 동력으로 작동했다. 결국, 추모 행동에 참여한 여성들은 특정 사건을 통한 일시적이고 감정적인 연결됨을 넘어, 우리 사회의 구조적인 성차별에 대한 근본적 문제 제기로 나아가고, 이를 통해 페미니스트로 정치화한 인식과 대항적 주체 형성의 가능성을 보여주었다.[800]

성균관대학교 교수 천정환은 강남역 살인사건 추모공간의 설치와 여성들의 거리 행진을 '포스트잇 민주주의'로 명명하며, 여성들의 새로운 공론장이라고 하였다.

여성으로 살아가는 것

2021년 3월 3일 런던에서는 '영국판 강남역 살인사건'이라고 불리는 사건이 발생했다. 평범한 33세 여성 세라 에버라드는 저녁 9시에 집으로 돌아가기 위해 친구 집을 나섰다. 이후 그는 일주일 만에 시신으로 발견됐다.[801] 범인은 영국의 현직 경찰인 남성 웨인 쿠전스(48세)였다. 런던 경찰은 사건 브리핑 과정에서 "여성들은 밤늦게 혼자 다니지 말아야 한다"라고 경고했다가 역풍을 맞았다.[802] 여성들의 분노가 터져 나왔다. 영국 여성들은 여성을 보호하라는 요구를 하며 런던 클래팜 커먼 공원에서 추모 집회를 열었다.[803]

집회에서 "I am Sarah(내가 세라다)"라는 문구를 곳곳에서 볼 수 있었다. 추모객들은 "How many women? How many more?(얼마나 많은 여성이 희생되어야 하는가? 얼마나 더?)"라는 구호를 외쳤다. 온라인에서는 '#shewaswalkinghome'이라는 해시태그를 붙이며 추모의 뜻을 전했다.

> "학교 주변에서 알바를 하는 중에 진상 손님이 온 적이 있어요. 제게 막말을 하는 것은 물론이고 신체적 폭력까지 가하려고 할 때 남자 직원이 나와서 겨우 저지했어요. 지금은 멕시코에 있는데 길을 가면서 운전자가 차를 멈추고 말을 걸거나 지나가면서 클락션을 울리는 것도 일상입니다. 여행지에서도 신체적 접촉을 시도하는 일도 항상 일어납니다."

> "밤에 혼자 집에 갈 때 뒤에 누가 따라오면 핸드폰을 꺼내서 누구랑 통화하는 척해. 혼자 갈 수 있는데 왜 데리러 나왔냐고, 핸드폰에 대고 혼자 말해. 내 남동생한테 밤길에

여자가 혼자 가면 뒤에 따라가지 말고 얼른 지나쳐 주든지 아니면 멀리 떨어져서 걸어주든지 하면 그 사람이 속으로 많이 고마워할 거라고 가르쳐줬어."

"남자친구랑 자주 싸우는데 서로 감정이 격해지다가도 나는 어느 순간 멈춰야 해. 얘가 더 화나면 이성을 잃고 나를 때리거나 죽이지 않을까 겁이 나는 순간이 생겨. 나는 얘를 죽이고 싶을 만큼 화가 나도 죽일 수 없지만 얘는 마음을 먹으면 나를 죽일 수 있잖아. 나도 화가 나는데. 그런 생각이 들면 모든 걸 멈추게 돼."

현재 한국 사회를 살아가는 20대 여성들이 한 말이다. 남성이라면 겪기 어려운 경험이자 느끼기 힘든 감정임은 분명하다. 2021년 3월 23일 서울 노원구에서는 어머니와 두 딸이 집에서 살해당했다. 가해자는 23세 남성 김태현이다. 그는 자신이 스토킹한 여성의 집에 들어가 스토킹한 여성의 동생을 먼저 살해했다. 뒤이어 나중에 귀가한 스토킹 대상과 자매의 어머니를 차례로 죽였고, 체포되기 전까지 세 모녀의 시신이 있는 집에 머물며 냉장고에서 맥주를 꺼내 마시기도 하였다. 그는 추적을 피하려고 범행 도구를 구매하지 않고 훔쳤다. 휴대폰으로는 '급소' '사람 빨리 죽이는 법'을 검색했다. 가해자는 피해자 자매 중 언니를 수개월 스토킹했다. 그러다 교제를 거부당하자 당사자와 그의 어머니, 동생까지 살해하였다.[804]

2019년 대한민국에서 일어난 살인, 강도, 방화, 성폭력과 같은 흉악 범죄는 3만 5,066건. 이 가운데 남성 피해자는 3,527건으로 전체의 10% 정도에 그친 반면 피해자가 여성인 사건은 2만 9,304건으로 전체의 80%를 웃돌았다. 6.4%는 피해자의 성별이 확인되지 않았다.

데이트 폭력은 연간 7,000건씩 발생한다. 경찰청의 2011~2015년 통계에 따르면 데이트 폭력(가해자가 연인이거나 헤어진 연인)으로 살해당한 사람은 645명이다.[805] 여성들은 길에서 스쳐 가는 사람이 무섭다는 말을 흔히 하고 더러 남자친구도 무섭다고 이야기한다.

여성에게 일상이 된 공포와 여성이 보호받지 못하는 현실은 우리 사회가 여성혐오 사회임을 방증한다. '여성이 안전할 수 없다'라는 메시지는 여성의 행동반경을 제약한다. 그렇다고 범죄를 모면하기 위해 여성이라는 속성을 바꾸는 것은 현실적으로 불가능하다. 여성이라는 이유만으로 범죄에 쉽게 노출되고, 안전해지기 위해 할 수 있는 것이 달리 없다는 상황에서 여성은 무력감을 느낀다. 여성을 대상으로 한 강력범죄는, 세라 에버라드

사건에 관한 런던 경찰의 브리핑에서 단적으로 드러났듯 '다음은 네 차례가 될 수도 있어'라는 공포의 메시지를 사회적으로 산출한다.[806] 여성을 무력화하고 여성의 종속적인 위치를 재확인함으로써 여성혐오에 기반한 가부장제는 자신을 스스로 지켜내게 된다.

1. 김상민, "강남역 살인사건, '여자들이 날 무시했다' 여성혐오 범죄", 〈서울신문〉, 2016.05.18.

2. 서상범, "강남역 살인, '묻지마 범죄'가 아닌 여성 노린 '계획범죄'였다", 〈헤럴드경제〉, 2016.05.20.

3. 조유경, "강남역 '묻지마 살인사건', 조현병 환자도 계획범죄 가능", 〈동아일보〉, 2016.05.23.

4. 이가영, "'강남역 묻지마 살인사건' 범인 징역 30년 확정", 〈중앙일보〉, 2017.04.13.

5. 연규욱, "'강남역 살인' 수사에 프로파일러 추가 투입… 추모 열기 이어져", 〈매일경제〉, 2016.05.21.

6. 허민숙, 「젠더폭력과 혐오범죄」, 『한국여성학 제33권』, 2015.

7. 천정환, 「강남역 살인사건부터 메갈리아 논쟁까지-페미니즘 봉기와 한국 남성성의 위기」, 『역사비평』, 2016.

8. "강남역 '묻지마 살인', 분노. 애도", 〈MBC 이브닝이슈〉, 2016.05.19.

9. "죄없는 여성이 살해당했다, 영국판 '강남역 살인사건'", 〈조선일보〉, 2021.03.14.

10. "英, 귀가 중 경찰에 살해된 여성 추모 집회 강제해산에 비난 빗발쳐", 〈아시아투데이〉, 2021.03.15.

11. "'여성은 밤늦게 다니지 말아야' 귀가 여성 살해 경찰에 들끓는 영국", 〈YTN news〉, 2021.03.15.

12. "범행 방법 사전 검색… 택배 사진으로 주소 알아내", 〈SBS〉, 2021.04.05.

13. "'헤어지자'는 말에 살해, 유기… '데이트 폭력' 연간 7천건", 〈JTBC〉, 2017.06.30.

14. 서울중앙지방법원 2016.10.14. 선고 2016고합673 판결.

27
자이분 프레용

'기계의 도시'를 떠도는 이방인들

자이분 프레용
'기계의 도시'를 떠도는 이방인들

2019년 11월 13일 한 청년이 죽었다. 태국에서 온 청년은 서른세 살의 자이분 프레용이었다. 그는 태국에서 4년제 대학을 졸업한, 영어에 능통한 꿈 많은 청년이었다. 그러나 가족의 빚과 병원비를 해결하기 위해 한국에서 일하는 것을 택했고, 2018년 여름 한국 땅을 밟았다. 경기도 양주시의 한 공장에서 자이분 프레용이 맡은 업무는 안전장치도, 안전 통로도 확보되지 않은 거대한 컨베이어벨트에 건축 폐기물을 올리는 일이었다. 최저임금에 못 미치는 월급 140만 원을 받기 위해 아침 7시부터 오후 6시까지, 잔업이 있는 날은 밤 9시까지 주 6일간 일했다. 동료 넷과

나눠 쓰는 좁은 방 한 칸이 숙소였다. 관광비자로 입국해 일하는 것이 단속에 걸릴까 봐 함부로 밖에 나가지 못했다. 자이분 프레용은 그저 돈을 벌어 귀국해 고향에서 카페를 차리겠다는 소박한 꿈으로 하루하루 버텼다. 그 청년은 어느 날 아침 순식간에 컨베이어벨트 기계 속으로 빨려 들어갔다.

> "흩어져서 계속 일해! 핸드폰 하지 마! 빨리빨리, 빨리빨리!"

비명을 듣고 모여든 노동자들에게 관리소장은 이렇게 소리쳤다.[807] 작업반장이 뒤늦게 기계 스위치를 끄고 119를 불렀지만, 이미 자이분 프레용은 숨진 뒤였다.[808]

이주노동자 착취의 역사

그를 사망에 이르게 한 컨베이어벨트는 불과 2주 만에 다시 가동되었다.[809] 회사에서는 제대로 된 사망 원인 규명 없이 장례비만 지급하였고, 민사배상금 3,000만 원으로 산업재해 협상을 마무리하려고 했다. 최저임금 규정에 따른다면 회사가 그동안

주지 않은 임금만 해도 1,300만 원, 그의 유족이 적법하게 받을 수 있는 산업재해 보상금은 2억 1,000만 원이었다.[810]

"내 아들은 죽었어요. 아들은 개가 아니라 사람입니다."

자이분 프레용의 아버지 자이분 분미는 '자이분 프레용 산재 사망사건 대책위원회'와 함께 회사에 대항해 50일 넘게 끈질긴 싸움을 이어갔다. 회사 측은 1억 5,000만 원의 민사배상금을 지급하는 데 동의했다.[811] 가족을 그리워하며 타지에서 힘든 노동을 견뎌왔던 청년은 1년 6개월 만에 유골이 되어 아버지와 함께 고향으로 돌아갔다.

2019년 9월 10일 경북 영덕군의 오징어 가공업체에서 태국인 이주노동자 세 명과 베트남인 이주노동자 한 명이 탱크 속에서 질식해 사망했다. 이들은 마스크 없이 폐기물 탱크를 청소하다가 치사량을 훨씬 넘는 농도의 유독가스에 노출되었다.[812] 2020년 1월 31일 나이지리아 출신 이주노동자가 경기도 양주시에 위치한 가죽공장 폭발 사고로 숨졌다. 유족은 126일이나 시신을 인도받지 못했다.[813] 2021년 3월 6일엔 우즈베키스탄 출신 이주노동자가 사망했다. 그는 작업하다가 위에서 떨어진 700kg 정도의 기계에 맞아 숨졌다.[814] 언론에 조명된 사례 외에 더 많은 이주노동자가 한국에 일하러 와서 다치거나 죽었다.

2015~2020년 이주노동자 가운데서 연평균 6,000~7,000 명이 산업재해 피해를 보았다. 이 중 산재 사망자는 563명이었다.[815] 이들의 산업재해 발생률은 내국인 노동자보다 약 30% 높았다. 1만 명당 사고 사망자 비율은 0.86명으로 내국인(0.49명)보다 75%가량 높게 나타났다.[816] 정부 통계가 합법적인 체류자격을 갖춘 이주노동자 사례만 포함한다는 사실을 감안한다면 산업재해를 당하는 이주노동자의 수는 훨씬 더 많을 것으로 추정된다.

노동현장에서 이주노동자는 산업재해 외에 임금 체불, 저임금·장시간 노동에 끊임없이 시달린다.[817] 이주노동자가 처음 한국 땅에 들어온 1980년대 이후 지금까지 계속되는 문제다.

1980년대 초반까지만 해도 한국은 서독 광부와 간호사, 중동 건설업 노동자 등 이주노동자를 수출하는 국가였다. 상황이 바뀌기 시작한 것은 1980년대 중반이었다. 이때까지 연평균 10%대를 기록한 한국의 고도성장은 저임금으로 장시간 노동을 버티는 노동력에 의해 가능했다.[818] 1987년 노동자대투쟁이 일어나고 대기업 노동자의 임금이 빠르게 상승하는 등 노동환경의 변화가 이루어지기 시작했다. 사람들의 인식이 변화하면서 힘들고 어려운 건설업·광업·제조업 분야의 취업 기피 현상이 생겨났

다. 저임금 노동력에 의존한 중소기업에서는 이러한 현상이 더욱 치명적이었다.[819]

이때 이주노동자가 인력 공백을 메웠다. 1991년 10월 정부는 최초로 공식적인 이주노동자 제도를 도입했는데, 해외에 투자한 기업들이 산업연수생을 국내에 데려올 수 있게 한 것이다. 1993년 11월에는 '외국인 산업기술 연수제도(이하 '산업연수제')'를 도입해서 국내 중소기업이 해외 인력을 활용할 수 있게 했다.[820] 또 원칙적으로는 불법이었으나, 노동자 부족을 해소하기 위해 불법체류 상태의 외국인에게 비정기적으로 체류를 연장해 주었다. 이 때문에 관광비자로 일할 수 있다는 소문이 돌면서 여러 아시아 국가에서 한국행 붐이 일어났다. 국내 이주노동자는 1991년 4만 5,000여 명에서 1995년 14만 명으로 빠르게 증가했다.[821]

'산업연수제'는 해외 인력을 '연수생' 자격으로 입국시키는 제도였다. 연수생이란 자격 조항 때문에 일반 노동자처럼 일해도 '근로기준법', '산업재해보상보험법', 최저임금제 등 법의 보호를 받지 못했다. 거기에 더해 일터를 옮기는 데 제한이 따라붙었다. 배정받은 사업장에서 해고당하거나 공장이 휴업·폐업했을 때만 다른 사업장으로 갈 수 있었다.[822] 임금이 밀리는 것은 예사였고 폭행을 당하거나 여권을 빼앗기는 등 인권유린이 빈번하게

발생했다.[823]

　1998년 조사에 따르면 이주노동자는 주로 하루 10시간, 주 56시간을 일하는 근로계약을 맺었다. 당시 '근로기준법'이 주당 44시간 노동을 규정한 것과 비교했을 때 10시간 이상 차이가 났다. 그런 데다 많은 사업주가 계약보다 더 많은 노동을 요구했다. 주당 12시간 이상 초과 근무를 시키는 것은 기본이었고, 하루 15시간의 근무를 요구하는 곳도 있었다.

　장시간 노동의 대가로 받는 임금은 쥐꼬리만 했다. 1997년에 정부가 정한 최저임금은 월 33만 5,000원 정도였는데, 이때 연수생을 고용한 한 섬유회사에서는 월 18만 원을 월급으로 지급했다. 구미에 있는 다른 전자 회사는 월 12만 원을 지급했다.[824] 연수생들은 평균적으로 한국인 노동자가 받는 임금의 65.9%를 받았다.[825] 이들이 법정 근로시간 또는 내국인 노동자의 노동시간보다 훨씬 길게 일한다는 사실을 생각해본다면 턱없이 적은 금액이었다.

　한국 음식을 먹지 못한다는 이유로 해고 협박을 당하기도 했다. 고용허가제 시행 이전 연수생 신분으로 2004년 입국한 파키스탄 출신 일군의 이주노동자는 김포에 있는 금속회사에 배정을 받았다. 이들은 일단 공항에 도착하자마자 여권을 빼앗겼고 곧바로 노동에 투입되었다. 여기에다 회사에서 주는 한식이 몸에 맞지 않아 한 달 넘게 복통과 설사에 시달렸다. 연수생들은 파키스탄 음식을 먹게 해 달라고 부탁했지만, 회사 측에서는 단칼에 거절했고, 이로 인한 갈등이 계속되자 회사는 이들을 해고하겠다고 겁을 주었다.[826]

해고 협박에 연수생들이 제대로 대응하지 못한 이유는 첫 번째로 황당하게도 단체로 항의할 수 있는 권리 자체가 없었기 때문이다. 연수생의 태업, 파업, 쟁의, 노조 활동은 신분을 벗어난 행위라는 명목으로 금지되었다. 노동삼권인 단결권, 단체교섭권, 단체행동권이 전부 박탈되었다.[827]

두 번째 이유는 이들을 담당하는 중소기업협동조합중앙회의 전횡 때문이었다. 정부는 연수생 모집·송출·관리를 전부 민간 기관인 중앙회에 맡겼다. 중앙회가 지정한 관리업체들은 연수생이 임금체불, 산업재해, 사업장 내 폭행 등을 신고하면 오히려 이들을 강제로 출국시키겠다고 협박했다. 노동조건에 항의하는 이주노동자들에 대해 사업장을 이탈했다고 관리업체가 거짓으로 신고해서 강제로 출국시키거나 미등록자로 만든 사례가 실제로 종종 있었다.[828]

이뿐만이 아니었다. 중앙회는 연수생 모집 업무를 독점적으로 맡으면서 수수료 비리를 저질렀다. 국가에서 정한 적정 취업 수수료는 연수생의 출신 국가마다 차이는 있지만 약 100만 원이었다. 중앙회는 적게는 2,000~3,000달러, 많게는 9,000달러까지로 부풀려 폭리를 취했다. 연수생들은 빚을 내어 수수료를 마련하곤 했다.

1995년 1월 네팔 연수생들이 명동성당에서 농성을 벌였다. 취업 알선 당시 약속받은 금액의 절반에 못 미치는 월급을 받고 초과 근무를 강제당한 연수생들은 관리업체로 가서 불만을 제기했다. 관리업체는 문제의 해결은커녕 이들에게 수갑을 채우고 폭행까지 가했다.[829] 연수생들은 시위할 수 없다는 법을 무릅쓰고 명동성당으로 향했다.

산업연수제의 문제점이 연이어 불거지자 정부는 1995년 산업연수제에 관련한 추가 지침을 제정했다. 폭행 및 강제노동 금지, 수당 직접 지불, 법정 근로시간 준수, 최저임금 보장, 산업재해보험과 의료보험 혜택 제공 등 노동자로 보장받아야 할 기본 권리를 뒤늦게 포함하였다.[830] 그러나 지침은 명목상의 규정에 불과했다. 아무런 강제 조항이 없어 산재보험과 의료보험을 적용하는 사업장이 거의 없었다. 그동안 무료로 제공한 식대를 임금에서 공제한 탓에 임금이 줄어들기까지 했다.[831] 노동현장은 아무런 변화 없이 열악했다. 이런 이유로 산업연수제는 '현대판 노예제도'라고 불렸다. 2007년까지 한국은 산업연수생이라는 명목으로 이주노동자 착취를 이어갔다.

'불법체류자'의 눈물

1998년 6월 방글라데시 출신 연수생 무띠가 한국에 입국했다. 그는 1년 뒤 사업장을 이탈해 미등록 이주노동자가 되었다. 취업 수수료로 낸 1,000만 원을 갚기엔 중앙회에서 지정해 준 공장의 월급 31만 원이 턱없이 부족했기 때문이다. 그는 70만 원을 월급으로 주는 다른 공장으로 가기 위해 배정된 사업장을 이탈했다.[832]

무띠처럼 억압적 대우와 낮은 임금을 피해 정해진 사업장을 이탈하는 연수생이 나날이 증가했다. 1996년에는 입국한 뒤 무단이탈한 연수생의 비율이 30%에 달할 정도였다.[833] 이렇게 사업장에서 무단이탈하거나 정해진 체류 기간을 넘겨 일하여, 비합법적으로 국내에 체류하는 미등록 이주노동자를 많은 이들이 '불법체류자'라고 부른다.

국내 미등록 이주노동자 비율은 계속 증가해서 2001년과 2002년엔 거의 40%를 기록했다.[834] 정부는 이주노동자 제도를 바꿔 2004년 고용허가제를 시행하였다. 당시 중앙회는 "연월차 수당, 퇴직금 등 법정수당을 의무적으로 지급하게 되면 중소기업에 부담을 지운다"라는 이유로 제도 변경에 반대했다.[835] 역설적으로 그때까지 이주노동자가 얼마나 열악한 환경에서 일했는지, 그리고 왜 사업장 이탈을 택하게 되었는지를 보여준 셈이다.

고용허가제를 도입하면서 정부는 미등록 이주노동자를 줄이겠다는 취지로 추가적인 정책을 시행했다. 먼저 고용허가제가 국회를 통과한 2003년 11월 15일 기준으로 한국에서 4년 미만 체류한 18만여 명의 미등록 이주노동자를 모두 합법화했다. 동시에 4년 이상 체류 중인 미등록 이주노동자에 대한 자진 출국과 단속 후 추방 정책을 실시했다.[836]

"내가 7년이나 돈 벌었는데 그 돈 다 어디 갔는지 모르겠네…."

방글라데시에서 온 이주노동자 비꾸는 단속 조치를 앞두고 동료들에게 허탈함을 표했다. 한국에 오고 처음 몇 년 번 돈은 고스란히 브로커 수수료를 갚는 데 쓰였다. 그 이후 번 돈은 가족에게 전부 송금했고, 동생을 한국에 데려오느라 다시 1,000만 원의 빚을 더 졌다. 이 상황에서 단속·추방의 위협을 마주하게 된 그는 얼마 뒤 스스로 목숨을 끊었다.

한국에 오기 위해서는 중앙회와 브로커에게 많은 돈을 주어야 했다. 집과 땅을 팔고 빚을 내어 한국에 온 이주노동자는 적게는 1년, 많게는 2년 치 임금을 모아야 간신히 그 돈을 갚을 수 있었다.[837] 그리고 나서야 자신과 가족을 위한 돈을 벌 수 있었다. 오랫동안 한국에 미등록 이주노동자로 머물러도 이들은 구조적으로 가난할 수밖에 없었다. 이들이 불법의 길을 택한 이유는 조금이라도 노동조건이 더 나은 곳을 찾아서였고, 한국에 들어오려고 선지급한 어마어마한 브로커비와 취업 수수료를 감당하기엔 합법적 체류 기간이 부족해서였다.

고용허가제 전후로 몇 년간 정부는 강력하게 단속과 강제 추방을 실시했다. 막다른 길에 몰린 이주노동자 중 어떤 이는 조사실과 보호실에서 뛰어내려 죽음을 택했고 단속반을 피하다 추락해서 사망했다.[838] 비구처럼 단속 전 자살을 택한 이들도 있었다. 단속반은 이주노동자에게 가스총, 그물총, 곤봉을 사용하는 등 심각한 인권침해를 저질렀다.[839]

노동과 죽음의 외주화, 고용허가제

2003년 겨울, 정부는 고용허가제를 국회에서 통과시켰고 이듬해 8월 고용허가제가 시행되었다. 산업연수제는 고용허가제 이후로 몇 년간 유지되다가 2007년에 폐지되었다.

고용허가제는 산업연수제의 연장선상에서 만들어진 제도로,

인력난을 겪고 있는 사업장이 이주노동자를 합법적으로 고용할 수 있도록 한다.[840] 사업주가 필요한 인원을 신청하면 정부는 고용허가제로 입국을 신청한 이주노동자 명단을 제공하고, 이후 사업주가 그중에서 원하는 사람을 뽑는 방식이다.[841] 뽑힌 노동자는 사업주와 계약을 맺고 한국에 들어와 3년간 일할 수 있는데 이 기간이 종료되면 재계약을 해야 1년 10개월 더 머무를 수 있다.[842] 만약 이렇게 근로 기한을 꽉 채워서 일하고 난 뒤에 '성실근로자'로 인정된다면 고국에 갔다가 한국에 재입국해서 같은 방식으로 4년 10개월을 더 일할 수 있다.[843] 이주노동자가 한국에서 보낼 수 있는 시간은 최대 9년 8개월인 셈이다.

정부는 고용허가제를 "다른 나라의 모범사례가 될 만한 성공적인 이주 관리 시스템"이라고 홍보한다. 그러나 ILO(국제노동기구)와 UN 등 국제기구, 국가인권위원회와 이주노동자 관련 단체들의 평가는 전혀 다르다. 사실상 '현대판 노예 허가제'로 불렸던 이전의 산업연수생제도만큼 노동자에게 불리한 제도라는 것이다.[844]

고용허가제는 말 그대로 기업의 '고용'을 '허가'하는 제도다. 방점이 노동자들의 '노동' 보장이 아니라 고용에 있다. 고용허가제의 대표적 문제점은 이주노동자의 사업장 변경 권리 제한이다. 이주노동자는 지정된 근무처에서만 일해야 하며,[845] 근무처를 변경하려면 사업주의 동의를 받아야 한다.

사업주의 동의 없이 사업장을 변경하려면 이주노동자가 직접 자기 책임이 아니라 '정당한 사유'가 있음을 입증해야 한다. 법적으로 인정되는 사유는 사업장의 휴업·폐업, 고용주의 성폭력이나 폭행, 임금 체불 등 이미 피해를 심하게 입은 경우에 한했다.[846] 사업장 환경이 위험해도 정당한 사유에 포함되지 않았다. 노동자가 자주 다치는 '산재 다발 사업장'이라고 해도 직접 다치지 않는 이상 직장을 떠날 수 없었다.[847]

사업장 변경은 근로 기간 동안 세 번만 가능했다.[848] 스리랑카에서 온 카말은 회사 도산, 고용주의 폭행, 월급 밀림 등 사유에 따라 세 번 직장을 옮겼다. 그러나 네 번째로 일하게 된 공장에서 또 폭행을 당했다.[849] 카말처럼 사업장 변경 횟수를 모두 사용했다면, 아무리 힘들고 열악한 환경이더라도 절대로 일자리를 바꿀 수 없다. 회사에 일이 없어 강제로 무급으로 대기해야 하는 상태였는데도 법에 규정된 사유가 아니라서 사업장을 변경하지 않고 몇 달을 참은 사례도 있다. 그 노동자는 결국 일방적으로 해고되었다.[850]

비슷한 맥락에서 제기된 고용허가제의 또 다른 문제는 고용과 해고가 모두 사업주에 달려있기에 노동권 침해에 취약하다는 것이다. 2019년 10월 20일 서울 중구 서울파이낸스센터 앞에서 열린 전국이주노동자대회에서 네팔 출신 우다야 라이 이주노조위원장은 "고용부터 퇴직까지 이주노동자에 대한 모든 권한이 사장한테 있기 때문에 이주노동자들은 사업주의 노예가 될 수밖에 없다"라며 "지시를 어기면 부당 징계, 임금 안 주기, 사업장에서 왕따 시키기, 본국 송환 협박 등을 당한다"라고 호소했다.[851] 실제로 이주노동자 대상 실태조사에서 사업주가 재고용 계약을 빌미로 협박하면서 무리한 잔업, 특근, 산재보험 미적용, 임금 삭감, 기숙사비 부과 등을 강제한 사례가 빈번하다는 것이 드러났다.[852] 고용노동부 통계에 의하면 이주노동자가 받지 못한 임금은 2020년 기준 1,500억 원을 넘겼다.[853]

절대적인 '을'의 위치에 있는 이주노동자가 사업주에게 당당하게 권리를 요구하기란 어렵다. 말을 꺼내 봐도, 사업주는 불만이 있는 사람을 자르고 새 사람을 고용하면 그만이기 때문이다. 임금교섭권도 이들에겐 꿈같은 이야기다. 파키스탄에서 온 아밀은 오랜 근무 후 동료들과 함께 기본급 인상을 사업주에게 요청했지만 "너희 나라로 가든지, 다른 공장으로 가라"라는 싸늘한 답변만 돌아왔다. 그와 동료들은 모두 곧바로 계약 해지 통보를 받았다.[854]

무언가를 요구하지 않아도 사장의 심기를 거스른다면 일자리가 위태롭다. 스리랑카에서 온 프레얀타 말알은 어느 날 절도죄

혐의로 체포되었다. 공장에서 생산하고 남은 불량품이 기숙사에서 발견되었다는 혐의였다. 발견된 물건은 원래 회사 공장장과 이사에게서 허락을 받고 고향으로 보내기 위해 기숙사에 따로 챙겨둔 것이었다. 추석 연휴에 한국인처럼 일주일을 쉬지 말고 3일만 쉬다가 일하라고 지시했는데 프레얀타 말알 등이 따르지 않자 사장은 "스리랑카 놈들을 가만두지 않겠다"라고 별렀다. 순식간에 절도범으로 몰린 프레얀타 말알은 재판을 받았다.[855]

네팔에서 온 한 노동자는 기계 오작동으로 다쳐 왼팔에 장애가 생겼다. 하지만 그는 "사장님 진짜 마음이 좋아요"라고 말했다. 고장 난 기계를 고쳐 달라고 몇 차례 말했는데도 무시하고, 위험할 게 뻔히 보이는 기계 앞으로 그를 내몬 이가 사업주인데도 그렇게 말했다. 사업주가 산업재해 신청을 해주었다는 이유에서다. 모든 노동자라면 당연히 보장받아야 할 산업재해에 따른 치료이지만 이들에게는 사업주가 규정대로만 해주어도 '고마운 일'이다.

"산재 신청도 해주고 치료받게 해줬어요. 네팔 친구들 일하는 다른 공장, 산재 신청 안 해줘요…".[856]

애초에 위험한 사업장을 피해서 계약을 맺으면 안 되는 걸까.

한국으로 오기 위한 그들끼리의 경쟁은 본국을 떠나기 전부터 무척 치열하다. 최초 노동 신청부터 입국하기까지는 평균적으로 1년 이상 걸린다. 한국어 시험 점수를 따고 송출 비용을 마련하는 등 상당한 시간과 돈을 투자해서 이주노동을 준비한다.

고용허가제에 따르면 사업주가 노동자를 선택해서 계약해야만 한국에 들어올 수 있다. 사업장 배치에만 8개월이 걸릴 정도로 한국에 이주노동을 하러 가고 싶어 하는 사람이 많은 만큼, 마음에 드는 계약이 들어올 때까지 기다리거나 고용계약서를 꼼꼼히 따져보고 일자리를 고르는 것은 거의 불가능하다. 사장이 자신을 뽑았을 때 바로 계약을 맺는 것이 유일한 선택지다. "아무 회사라도 빨리 한국에 입국하고 싶어서" 첫 회사를 선택했다는 이주노동자가 많다.[857]

이들이 마주한 한국의 현실은 주지하듯 폭언, 폭행, 임금 체불, 협박, 열악하고 위험한 근무환경이다. 특히 네팔처럼 한국 이주노동 경쟁률이 높은 나라일수록 한국에 입국한 후 겪는 심리적 어려움이 크다. 2010년부터 2017년까지 자살을 택한 네팔 이주노동자는 무려 40명에 달한다.[858]

"우린 일하다 죽고 싶지 않다"[859]… 노동력은 취하고 싶고, 이주는 막고 싶고

고용허가제 외에 다른 제도적 미비점이 이주노동자를 위험으로 내몬다. 많은 이주노동자가 제조업 등 기계를 사용하는 공장과 계약하여 일하는데도 제대로 된 안전교육을 받지 못한다. 고용허가제로 입국하는 이주노동자는 출국 전 45시간, 출국 후 16시간 취업 교육을 받는다. 안전교육에 배정된 시간은 모두 합해 4시간 30분밖에 되지 않는다.[860] 이 형식적인 교육이 정부 차원에서 모든 이주노동자에게 실시하는 안전교육의 거의 전부이며, 사업장에서의 교육은 사업주의 재량에 달려있다.

사업주조차 제대로 된 안전교육을 받지 않았거나 '근로기준법' '산업안전보건법' '출입국관리법' 등 이주노동자의 근무환경과 직결된 법에 대해 무지한 경우가 많다. 규정에 따르면 외국인 취업 교육기관은 사업주에게 근로자를 인도하면서 이러한 필수적인 법 내용을 '알려야' 하지만, 구체적으로 어떻게 해야 하는지에 대해선 정해져 있지 않다. 말 그대로 한 번 알리기만 하면 규정에 저촉되지 않는 것이다. 그마저도 서비스업, 50인 미만 어업, 5인 미만 사업장은 아예 '산업안전보건법' 제31조(안전보건교육)의 적용에서 제외되어 있다.[861]

앞서 살펴본 2019년 경북 영덕 사례에서 오징어 가공업체 사업주는 유독가스가 나오는 밀폐된 공간에서 작업 시의 질식 위험성을 모르고 있었던 것으로 드러났다.[862] 판단기준은 산업 안전보건 규정이 아니라 자신의 경험이었다. 자신이 몇 차례 탱크에 들어갔을 때 괜찮았다는 것이다. 2020년 양주 가죽공장 폭발 사고에서는 사업주가 안전관리사가 필요하다는 것을 알고도 전문인력을 채용하지 않았다.[863]

처벌은 미미하다. 고용노동부 자료에 따르면 이주노동자 고용 사업장 중 법을 위반한 사업장은 2019년에 1,672곳이나 되고, 위반 건수는 6,895건이다. 이 중 사법 처리가 된 것은 1건, 과태료 부과는 181건밖에 없었다.[864] 법을 지키는 게 오히려 신기한 상황이다.

사업주를 조금이나마 통제할 수 있는 것은 이주노동자 인력 배정에 영향을 주는 사업장 '점수'이다. 점수 규정에서 산업재해로 인한 부상은 아무런 감점 사항이 되지 않는다. 산업재해로 인한 사망에만 점수를 깎는 것이다. 한 플라스틱 제조업체는 5년 동안 8명의 부상자가 나왔는데 아무런 감점이 없었다. 오히려 이주노동자가 필수적으로 가입해야 하는 귀국비용보험과 상해보험에 전원 가입시켰다는 이유로 가점 1점을 받았다.[865]

"사실 우리가 비자는 없지만, 열심히 일했잖아요. 한국 사
람들 싫어하는 일, 우리가 다 했잖아요. 그런데 우리를 짐
승보다도 못하게 생각하고 있는 거 아닌가요."[866]

2003년 불법체류자 단속 반대 농성에 참여한 한 이주노동자
의 말은 계속되는 이주노동자 정책의 모순을 정확하게 짚었다.
사실 한국이 계속해서 이주노동자 인력을 들여온 이유는 그만큼
그들의 노동력이 필요하기 때문이다. 고용허가제 규정에서 지정
하는 고용허용 업종 또한 제조업, 건설업, 어업, 서비스업 등 3D
분야에 속하는 업종이다.[867]

"냄새나고, 덥고, 시끄럽고, 밤에도 일해야 하는데 누가 하
겠어요. 요즘은 다 대학 나오고 그러는데, (한국인) 사무
직 1명 뽑으면 30명 오고, 현장직 30명 뽑으면 3명 옵니다.
(…) 외국인 아니면 단가 맞추기도 힘듭니다."[868]

어느 공장 관리자의 말처럼 이주노동자가 채우는 빈자리는
한국인이 기피하는 일자리다. 가구공단에 있는 한 관리자는 "페
인트와 화학물질에 온몸이 노출되고, 안전·위생·통풍 시설
이 제대로 갖춰지지 않은 조건을 저임금으로 참고 일하는 한국

인 노동자는 적다"라고 말한다.[869] 공공·민간 조사에서 사업주들은 대부분 더 오래, 더 많이 이주노동자를 고용하고 싶어 했다.[870] 이들은 합법적 체류자격을 갖춘 노동자가 아니라 작업 환경과 임금 조건 개선 없이 일할 노동력을 구했다.[871] 그래서 한국어가 능숙하고 업무에 숙달된 장기 미등록 노동자를 선호한다.[872] 이렇게 이주노동자의 유입으로 생겨난 경제적 효과는 2018년 기준으로 86조 7,000억 원으로 추정됐다.[873]

이주노동자의 노동을 착취해 이익을 얻으면서도 한국은 이들이 자국에 오래 있기를 원하지 않는다. 국제법상 5년 이상 한 국가에 거주하면 영주권이나 귀화권을 주어야 하는데, 고용허가제에서 허락하는 연속적 체류 기간이 최대 4년 10개월인 것은 이주노동자의 정주화 방지를 위해서다.[874] 구조적 문제의 해결 대신 강력한 단속 정책으로 조금 줄어들었던 미등록 이주노동자는 2016년을 기점으로 다시 계속 늘어나기 시작하여 2018년 말에는 35만여 명에 이르렀다. 고용허가제 대신 단기 비자로 입국해 잠시 일하고 떠나는 불법적인 노동자도 늘고 있다.[875]

슈퍼 기계의 한탄

"당신 기계의 족쇄를 차고 / 슈퍼 기계가 되어 움직이고 있
어요 /(…)/ 이제 내 땀을 무시하지 마세요 / 이제 내 자존
심에 상처를 주지 마세요 / 왜냐하면 나도 그렇잖아요 / 이
지구상에서 / 당신처럼 감각을 가진 사람이잖아요.'[876]

– 니르거라즈 라이, '슈퍼 기계의 한탄'

네팔에서 온 이주노동자들이 함께 발간한 시집 『여기는 기계
의 도시란다』에 수록된 시다. 화자를 비롯한 이주노동자는 자신
들을 동등한 사람이자 노동자로, 인권과 노동권을 마땅히 보장
받아야 할 사람으로 생각해 달라고 말한다.

2020년 12월 20일 경기도 포천에서 31세의 이주노동자 누
언 속헹이 사망했다. 영하 18.6도까지 내려가 한파 경보가 울린
날 그는 난방 시설이 고장 난 비닐하우스 기숙사에서 잠을 청했
다.[877] 경기도에서만 이주노동자가 숙식하는 이런 비닐하우스
기숙사가 거의 700곳에 육박한다.[878] 농축산어업에 종사하는 이
주노동자 열 명 중 여섯 명은 이런 불법 임시주거시설이나 작업
장 부속 공간에 기숙사비를 내며 산다. 지금에야 잠깐 언론의 주
목을 받을 뿐이다.

2021년 2월 2일 또 다른 이주노동자 한 명이 경기도 여주의 채소농장 비닐하우스 숙소에서 숨진 채 발견되었다.[879] 속헹의 죽음 이후 경기도가 이주노동자 숙소 조사를 실시하겠다고 공표한 지 채 한 달도 되지 않은 시점이었다.

참고
자료

1. 김달성, 『파랑 검정 빨강』, 밥북, 2020.

2. 뻐라짓 뽀무 외, 『여기는 기계의 도시란다』, 삶창, 2020.

3. 샬롬의집, 『우린 잘 있어요, 마석』, 클, 2013.

4. 윤인진, 『한국인의 이주노동자와 다문화사회에 대한 인식』, 이담 Books, 2010.

5. 이란주, 『아빠, 제발 잡히지 마』, 삶이 보이는 창, 2009.

6. 이세기, 『이주, 그 먼 길』, 후마니타스, 2012.

7. 허창수, 『외국인 노동자: 환영받지 못한 손님』, 분도, 1998.

8. 김민옥, 「자본축적으로서의 이주노동자 정책, 고용허가제」, 『사회 과학연구』 32, 경상대학교 사회과학연구원, 2014, 147-167.

9. 김철효, 「외국인 '비합법' 노동시장에 대한 이론적 검토」, 『노동리뷰』 4월호, 한국노동연구원, 2020, 7-29.

10. 박진우, 「이주노동자 탄압과 무권리로 얼룩진 고용허가제 10년」, 『노동사회』 제178호, 한국노동사회연구소, 2014, 74-81.

11. 윤자호, 「한국 이주노동자 실태와 고용허가제의 현황」, 『이슈페이

퍼』 제142호, 한국노동사회연구소, 2021.

12. 이규용, 「외국인 비합법 체류 및 고용실태」, 『노동리뷰』 4월호, 한국노동연구원, 2020, 30-49.

13. 주수인, 「외국인 비합법 노동시장의 형성과 유형」, 『노동리뷰』 4월 호, 한국노동연구원, 2020, 50-62.

14. 한정훈, 「이주노동자의 안전보건 불평등에 관한 연구」, 『사회과학 연구』 제58호, 강원대학교 사회과학연구원, 2019, 123-159.

15. 강진구, "'4명 사망' 영덕 오징어업체 업주 엄중처벌 촉구", 〈뉴시스〉, 2019.09.17.

16. 고아름, "한쪽 팔 못 쓰게 됐는데⋯ "공장 사장님, 고마워요"", 〈KBS〉, 2020.11.19.

17. 권동희, "이주노동자에 대한 산업재해 특별대책을", 〈경향신문〉, 2019.12.30.

18. 권선미, "이주노동자 산재사망 5년간 60% 증가⋯ "일터 옮길 자유 달라"", 〈연합뉴스〉, 2019.10.20.

19. 김다혜, "산재 사망자 10% 이주노동자⋯ "일하다 죽으러 오지 않 았다"", 〈연합뉴스〉, 2019.12.15.

20. 김완, "바다 건너온 타이 청년의 끝은 '죽음의 컨베이어벨트'였다", 〈한겨레〉, 2019.12.26.

21. 김완, "컨베이어벨트에서 일하다 죽은 타이 청년, 산재 협상 타결",

〈한겨레〉, 2020.01.08.

22. 김지환, "컨베이어벨트 방호조치만 됐다면 태국 청년 죽음 막을 수 있었는데…", 〈경향신문〉, 2019.12.29.

23. 박경만, "경기도 이주노동자 10명 중 4명 비닐하우스에 산다", 〈한겨레〉, 2021.02.26.

24. 배혜정, "출국 전 '30분 안전 동영상' 보고 한국땅 밟는 이주노동 자들", 〈매일노동뉴스〉, 2019.12.10.

25. 손광모, "이주노동자의 노동권, 한국 노동권의 안전판", 〈참여와 혁신〉, 2021.03.10.

26. 양상현, "지난 1월 사망한 이주노동자 오케추크 "이제는 고국으로 돌아간다"", 〈뉴스케이프〉, 2020.06.17.

27. 연윤정, "노동부 국감서 도마 오른 이주노동자 '피·땀·눈물'", 〈매일노동뉴스〉, 2020.10.12.

28. 오연서, ""물 말아서라도 밥 꾸역꾸역 드세요"… '바다 건너온 김용균' 아버지 위로한 김미숙씨", 〈한겨레〉, 2019.12.30.

29. 유청희, "과수원에서 일하다 허리뼈 부러졌는데 보상 안 된대요", 〈오마이뉴스〉, 2020.11.10.

30. 윤지원, "'한파경보에 난방 고장' 비닐하우스 숙소서 이주노동자 숨져", 〈경향신문〉, 2020.12.23.

31. 윤지원·전현진, "국가가 묵인한 '비닐하우스 기숙사'에서 죽어갔다",

〈경향신문〉, 2020.12.23.

32. 은진, "외국인 근로자, 우리나라에 기여한 것 없다?", 〈시사위크〉,
    2019.06.21.

33. 이상서, "이주노동자 임금체불액 1천500억원… 안전망 시급",
    〈연합뉴스〉, 2020.10.13.

34. 정희상, "쇠사슬에 묶인 외국인 노동자 인권", 〈시사저널〉,
    1996.06.27.

35. 조호진 · 전민성, "'실패한 이주노동 정책', 단속 추방으로 해결될
    까", 〈오마이뉴스〉, 2004.02.25.

36. 지윤수, "이주노동자 또 사망… "정부가 전면조사해야"", 〈MBC〉,
    2021.02.10.

37. 대한민국 정책브리핑, "외국인근로자, 취업활동기간 중 3회까지
    사업주 승인 · 동의 없이 이직 가능", 2020.06.10.

38. 통계청, "2020년 이민자 체류 실태 및 고용조사 결과", 2020.12.21.

39. 한국산업인력공단, "외국인근로자를 위한 고용허가제 안내".

40. 한국민족문화대백과사전, "외국인노동자".

28
변희수

사회적 타살, 국가가 죽인 군인

28

변희수
사회적 타살, 국가가 죽인 군인

"죽기에는 우리 둘 다 너무 어리잖아요? 꼭 살아남아서 이 사회가 바뀌는 것을 같이 보았으면 좋겠습니다."[880]

편지를 통해 이 문장을 남긴 스물세 살 청년은 그 편지를 쓰고 1년이 지난 2021년 3월 3일 자택에서 숨진 채 발견됐다. 4년을 충성한 군에서 성 정체성을 이유로 쫓겨나고 사회에서 거부당한 청년 변희수. 대한민국은 그에게 죽음이라는 선택지만을 제시했다.

트랜스젠더와 젠더 디스포리아

흔히 '성별 불쾌감'으로 번역되는 '젠더 디스포리아(gender dysphoria)[881]는 신체적 성별과 개인의 성 정체성인 젠더가 불일치하는 상태를 말하며 소아기, 청소년기, 성인기에 따라 차이가 존재한다. '트랜스젠더(transgender)'는 성별 불쾌감을 겪는 사람이다. 2020년 진행된 한 연구에 따르면 약 70%의 트랜스젠더는 젠더 디스포리아를 7세 경에 처음 느낀다고 한다.[882] 국내에서는 아직 충분한 연구가 이뤄지지 않았지만, 세계적으로 가장 광범위하게 사용되는 의학 정보 및 참고자료인 'MSD 매뉴얼'에 따르면[883] 다음과 같은 상태와 그 외 의사의 평가에 기반해 젠더 디스포리아 진단을 내린다.

1. 자신의 해부학적인 성별이 자신의 성 정체성과 일치하지 않는다고 생각하고 이렇게 생각한 기간이 6개월 이상임.
2. 이러한 생각 때문에 심하게 고통스러워하거나 정상적인 기능을 할 수 없음.

2016년 육군 하사로 입대한 변희수 역시 어린 시절부터 젠더 디스포리아 상태를 겪었다고 기자회견에서 밝혔다.[884] 변희수는 '신께서 내 몸을 만들 때 실수한 건 아닐까, 아니면 전생에 어떤 잘못을 했길래 이런 일들이 생긴 걸까' 등의 생각에 시달리며 정체성 혼란을 겪었다. 초등학생 때는 아파트 옥상을 올려다보며 뛰어내리고 싶은 충동이 매일 들 정도였다.[885] 어느 날 변희수는 이런 몸으로 태어난 자신을 의미 있는 일에 희생하고 싶다고 생각했다.

이런 열망을 시작으로 중학생 때는 독도와 관련한 일본 규탄 집회에 참여하는 등 청소년 사회단체 활동을 하며 꿈을 하나씩 구체화하였다. 여느 또래 청소년과 마찬가지로 진로를 고민하던 중학생 변희수는 여러 활동을 통해 애국심을 키웠고, 어느새 나라를 위해 일하는 군인이 되고 싶다는 확고한 진로 희망이 생겼다. 변희수의 중학교 생활기록부 장래 희망란에는 '군인'이 적혀 있다.

> "그러다 어느 순간이 되고 나니 이런 생각이 들었어요. 이왕 이렇게 태어난 내 몸, 기왕이면 의미 있는 곳에 이 한 몸 희생할 수 있으면 좋지 않을까 하고요. 그런 고민 끝에 나의 조국 우리 대한민국을 위해 일을 하자는 결심이 섰습니다. 그렇게 군인이라는 꿈을 가지게 되었습니다."[886]

꿈을 이루기 위해 변희수는 부사관 특성화고등학교에 진학했다. 이렇게 남들보다 이르게 군인의 꿈을 키운 건 그의 성 정체성 혼란과 연관이 있었다. 변희수는 "군대라는 집단에 속하게 된다면 집단적 규율 속에서 허튼 생각이 들지 않을 것"이라 생각했다.[887] 그에게 군대는 꿈을 실현하는 곳일 뿐 아니라, '올바른' 성 정체성을 확립할 수 있다고 믿은 공간이었다.

여전한 정체성 혼란 속에서 스무 살 변희수는 2017년, 40:1의 경쟁률을 뚫고 육군 부사관으로 임관했다.[888] 그러나 변희수의 믿음과 달리, 그는 군대에서도 지속해서 성별 불쾌감을 느끼며 정체성 혼란을 겪었고 그런 자신으로부터 도피하고 싶은 마음이 커져만 갔다. 결국, 우울증 증세가 점점 심각해져 오랜 꿈이었던 군 복무를 더 할 수 없겠다는 생각까지 하게 됐다.

MSD 매뉴얼에 따르면 성별 불쾌감은 불안, 우울증, 과민성 등을 동반할 수 있다. 이러한 정서적 고통이 동반되는 원인을 사회적 낙인과 사회의 부당한 대우로 판단한다. MSD 매뉴얼과 미국 심리학회는 성별 불쾌감에 따른 부정적 감정의 치료법으로 심리 상담, 호르몬 치료, 성별 정정 과정 등을 제시한다.[889]

날이 갈수록 심각해지는 우울증 증세로 변희수는 국군수도병원 정신건강의학과에서 진료를 받았고 2019년 6월 같은 병원에서 젠더 디스포리아 진단을 받았다. 변희수는 군 생활 중 커밍아

웃을 할 생각이 없었으나, 그의 담당 간호장교는 소속 부대에 성정체성을 밝힐 것을 권유했다. 우울증이 심화하여 국군수도병원 폐쇄 병동에 입실했을 때였다.

성별 불쾌감 진단을 받은 지 두 달 후인 같은 해 8월, 변희수는 폐쇄 병동에서 퇴원하기 직전에 면회 온 소속 부대 간부들에게 커밍아웃했다. 우려와 달리 그의 소속 부대는 현역복무부적합심의를 진행하기보다 군인으로서 뛰어난 능력을 갖춘 변희수의 결정을 응원해주었다.

> "제 주특기인 전차 조종에서도 기량이 늘어 19년도 초반 소속 대대 하사 중 유일하게 '전차 조종' A 성적을 받을 수 있었습니다. 보직이 참모부서 담당으로 변경된 후에도 참모 업무를 성실히 수행하였고, 공군참모총장 상장을 받는 성과도 이루어낼 수 있었습니다."
>
> – 변희수의 기자회견 中[890]

폐쇄 병동 퇴원 후 변희수는 성별 불쾌감을 동반한 우울증을 치료하기 위해 수도병원에서 정신과 상담과 호르몬 요법을 병행했다. 하지만 이런 치료 요법에 한계를 느낀 그는 성별 정정 수술을 고민하기 시작했다. 트랜스젠더는 심리적 성별 정정과 신체적 성별 정정을 할 수 있다. 심리적 성별 정정은 커밍아웃하거나 이름을 바꾸는 등으로 정체화를 하는 것이고, 신체적 성별 정정은 '성 확정(성전환)' 수술을 받는 것이다. 신체적 성별 정정을 받은 트랜스젠더를 '트랜스섹슈얼(transsexual)'이라고 부른다.

변희수의 소속 대대는 신체적 성별 정정 결정을 응원해주었고, 2019년 10월 8일 성 확정 수술을 위한 국외여행 허가를 승인해주었다. 2019년 11월 26일 군의 승인 아래 태국으로 떠난 변희수는 3일 후 11월 29일 성 확정 수술을 받았고, 12월 20일에 정상 복귀하여 한국군 최초의 트랜스젠더 부사관이 되었다.[891]

군은 알고 있었다

변희수는 소속 부대의 지지를 받으며 성 확정 수술을 성공적으로 받고 2019년 12월 23일부터 국군수도병원에서 치료를 받았다. 절차에 따라 국군수도병원은 변희수의 심신장애 정도를 조사하고 판정하기 위한 의무조사를 진행했다. 의무조사는 현역으로 복무 중인 군인의 신체에 변화가 있을 때 자동으로 실시되며, 이후 전역심사위원회에서 해당 군인이 군 복무를 수행할 수 있는지 추가로 심사한다.

국군수도병원은 변희수에게 남성의 심신장애 기준을 적용하여 '양측성 고환 결손', '완전 귀두부 상실 및 음성발기력을 완전히 상실한 경우'에 해당한다는 조사 결과를 육군본부에 보고했다. 조사 결과를 보고받은 육군본부는 '군인사법' 시행규칙 제53조 제1항의 2호에 따라 변희수를 전역심사위원회에 회부했고, 심사일은 2020년 1월 22일로 결정됐다.

2019년 12월 26일 청주지방법원에 성별 정정 허가를 신청한 변희수는 2020년 1월 16일 육군참모총장에게 해당 지방법원의 등록부 정정 허가 신청의 결정이 내려질 때까지 전역심사위원회 심사일을 연기해줄 것을 신청했다. 육군은 1월 20일 연기 신청을 반려하며 심사일을 유지한다고 답변했다.[892]

변희수는 답변을 받은 그 날 국가인권위원회(인권위)에 진정서와 함께 부당한 전역 심사를 중지할 것을 요청하는 긴급구제 신청을 제기했다. 진정의 취지는 "성 확정 수술을 받았음에도 불구하고 성별 정정 신청이 확정되지 않았다는 이유로 남성 군인을 대상으로 하는 심신장애 기준을 적용하여 본인의 의사에 반한 전역 심사를 진행하는 것은 명백한 인권침해"라는 것이었다.

당시 인권위는 사안의 긴급성을 인정하여 이례적으로 하루 만에 긴급구제 결정을 내리고 1월 21일 "전역심사위원회 개최를 3개월 연기할 것과 성별 정정 신청이 확정되지 않은 시점에 변희수 하사를 남성으로 규정하여 심신장애로 전역시키는 것은 부당하다"라고 육군본부에 권고했다. 그러나 육군은 예정대로 1월 22일 전역 심사를 강행했다.[893]

이런 사태에도 변희수는 군에 복무할 수 있다는 희망을 잃지 않았다. 담당 군의관이 자신에게 성 확정 수술을 권유한 순간부터 그는 모든 사안을 부대에 보고해서 승인받았기 때문이다. 여단장에게 수술과 치료 일정이 명시된 사적 국외여행 계획을 보고해서 군단장의 승인을 받았고, 군단장은 변희수와 관련된 상황을 육군참모총장에게 대면보고까지 했다. 모든 보고가 승인되었고, 변희수는 아무 문제 없이 수술을 받으러 출국했다.[894]

성전환 수술 후에 변희수의 소속 대대는 그의 (계속) 복무를 상급 부대인 군단에 권유했고 군단에서도 역시 육군본부에 같은 의견을 제출했다. 즉 육군은 변희수가 성별 정정을 고민하는 상황을 알았고 그의 성별 정정 과정 전반을 승인했다. 변희수의 소속 부대 또한 그가 수술 이후 복무하기를 희망했다.

그러나 대한민국 군대는 2020년 1월 22일 변희수를 강제로 전역 처분했다. 전역 일자는 같은 날(22일) 24시였다. 변희수는 다음 날인 23일 입원 중인 국군수도병원에서 퇴원할 예정이었다. 전역 처분일부터 최대 3개월까지 여유를 두고 전역 일자를 정하는 상례와 달리 군은, 소속 부대 전우들과 마지막으로 인사

할 시간도 주지 않고 변희수를 병원 퇴원과 동시에 집으로 가도
록 조치했다.

전역처분 이유는 '군인사법' 제37조 제1항 1호에 의거하여, 성
전환 수술을 한 변희수가 음경·고환 결손의 심신장애 3급에 해
당하므로 현역 복무가 부적합한 자라는 판단이었다. 징병신체검
사등검사규칙에 따르면, '음경 훼손'과 '고환 적출'은 각각 5급 장
애이고, 5급 장애가 두 개면 심신장애 3등급으로 분류된다.[895]
세계보건기구(WHO)는 국제질병분류에서 성 확정 수술 여부와
무관하게 "트랜스젠더는 정신장애가 아니라는 점이 명백하다"라
고 명시하고 있지만, 대한민국 군은 비수술 트랜스젠더에 관한
인식이 없을뿐더러 변희수처럼 수술을 택한 트랜스젠더(트랜스
섹슈얼)에 대해서 '고의로 심신장애를 초래한 자[896]로 판단한다.

변희수는 전역심사위로 출발할 때, 성전환 수술의 모든 단계
에서 승인을 받았기 때문에 그저 형식상의 절차일 것으로 생각
하며 "육군을 믿었다." 또한 '군인사법' 시행규칙 제53조에 따르
면 군인은 국군수도병원에 의해 심신장애가 있다고 판정된다 해
도 무조건 전역하지 않는다. 해당 법규에 따르면 군인이 심신장
애에도 불구하고 현역 복무를 원할 경우, 전역심사위원회의 추
가 심사 단계에서 규칙이 정한 예외를 제외하고는 건강 상태 등
을 심의하여 현역으로 복무하게 할 수 있다.[897] 군인권센터 방혜

린 팀장은 "전역심사위원회는 국군수도병원의 진단뿐만 아니라 주변 사람들의 증언 및 본인의 의사 등을 고려하여 전역 판정을 내려야 하지만 변희수의 경우 이러한 과정이 충분히 진행되지 않았고 전역심사위원회는 단지 '심신장애'만을 이유로 전역 처분 했다"라고 말했다.

변희수는 전역처분을 당한 1월 22일 오후 4시 30분 기자회견을 열어 이름과 얼굴을 밝히며 군 복무를 이어가고 싶다는 의지를 밝혔다. 성별 정체성을 떠나 나라를 지키는 훌륭한 군인이 될 수 있다는 것을 보여주겠다며 기회를 달라고 호소했다. 동시에 "모든 성 소수자 군인이 차별받지 않는 환경에서 임무를 수행할 수 있는 선례가 될 수 있도록 육군에 돌아갈 그 날까지 싸울 것"이라 말했다. 함께 근무한 동기들을 비롯한 선후배들의 안타까움이 담긴 위로와 격려의 연락은 변희수에게 큰 힘이 되었다.[898]

> "나 하나가 희생된다면…. 60만 군인 중 저와 같은 소수자
> 들이 국가를 지키고 싶은 그 마음 하나만 있으면 복무할 수
> 있는 세상을 만들 수 있으면 좋지 않나 하는 생각이었다."
> – 변희수의 기자회견 中[899]

2월 10일 변희수는 법적 성별을 남성에서 여성으로 정정했

다. 법률 관계상 변희수를 남성으로 근거해서 내린 1월 22일 전역처분은 위법하고 더는 효력이 없다는 판단에 따라 2월 18일 변희수는 육군본부에 전역 결정을 다시 심사해달라고 군인사소청심사위원회에 인사소청을 냈다. 인사소청은 전역 등의 처분이 부당할 때 심사를 청구하는 제도다. '군인사법' 시행령은 소청장을 접수한 날로부터 특별한 사유가 없으면 30일 이내에 결정을 내려야 한다고 규정하고 있다.[900]

그러나 육군은 약 다섯 달 가까이 시간을 끌다가 7월 3일 변희수가 제기한 '전역처분 취소 신청'을 기각했다. 육군본부는 "군인사소청심사위원회가 전역처분의 위법성 여부를 면밀히 심의했지만 2020년 1월의 '전역처분'은 현행 군인사법에 규정된 의무 심사 기준 및 전역 심사 절차에 따라 적법하게 이루어졌으므로 전역처분의 위법성이 확인되지 않았다"라고 밝혔다.[901]

인사소청을 끝으로 변희수는 군에서 자신이 할 수 있는 모든 시도를 다 했다. 그는 군이 아닌 민간사회를 통해 피해를 구제받기 위해 같은 해 8월 11일 법원에 행정소송을 제기했다.

"제가 사랑하는 군은 계속하여 인권을 존중하는 군대로 진보해나가고 있습니다"[902]라는 변희수의 믿음을 군은 마지막까지 저버렸다.

성 소수자의 거부된 일상

변희수가 강제 전역처분을 받은 직후인 2020년 1월 30일 숙명여대는 당시 스물세 살 트랜스젠더 A 씨가 2020년 입학전형을 통해 법과대학에 최종합격했다고 밝혔다. A 씨는 일부 구성원의 극심한 반대로 2월 7일 입학을 포기했다. 비슷한 시기에 트랜스젠더라는 이유로 꿈을 거부당한 두 명의 스물세 살 청년은 편지를 주고받으며 서로의 고통을 달랬다.

> "만약 이러한 일을 벌이지 않았더라면, 하는 가정은 저에겐 아무 의미가 없습니다. 저희 둘이 한 일은, 평범한 일상을 살고자 하는 자연스러운 일이었고, 아직 사회는 저희의 평범한 일상을 허락해주지 않았습니다. 슬프고 힘든 일이지만 지금이 아니었다면 미래에 누군가 겪었을 일이고, 또 똑같이 상처받았을 일입니다. 힘들지만, 그래도 미래에 다른 분들이 저희의 평범한 일상을 돌려받을 수 있는 목소리를 계속 내주시기를 희망하면서 용기를 내서 앞으로 나아가야 겠습니다."[903]
>
> – 법학도 지망생 A 씨의 편지 中

2017년 장준규 육군참모총장의 동성애자 군인 색출 지시와 2019년 해군 헌병대의 동성애자 색출 수사 등의 사건에서 성 소수자를 대하는 군대와 한국 사회 전반의 태도를 엿볼 수 있다. 당시 문제시된 '군형법' 제92조 6항은 여전히 폐지되지 않았다. "군인·군무원·사관생도 등에 대해 항문성교 및 그 밖의 추행을 한 사람은 2년 이하의 징역에 처한다"라는 내용을 담은 이 '군형법'은 성 소수자 군인을 성범죄자와 동일선상에 놓은 구시대적 법안이다.

2008년 입대한 시각예술 활동가 강제람은 BBC와 한 인터뷰에서 "군 내에서 아우팅을 당한 후 퀴어라는 이유로 관심병사를 표시하는 노란색 스마일 라벨을 군복에 붙여야 했다"라고 말했다. 결국, 군 정신병원에 입원한 제람은 '히스테리성 인격장애 및 자아 이질적 동성애로 인한 병역 부적합'이라는 사유로 조기 전역당했다.

2006년 트랜스젠더 남성에 대한 징병검사 과정에서 하체 상태를 직접 봐야 한다며 바지를 내리게 한 인권침해 사건은 군의 폭력적인 대처를 보여준다. 인권위는 이 사건의 인격권 침해를 인정하며 구제를 권고했다.[904] 많은 소송 후에야 병무청은, 정신과 진단과 6개월 이상의 호르몬 요법을 받으면 현역으로 복무하지 않도록 규정을 바꿨다. 트랜스젠더의 군 생활을 철저히 금지한 대한민국 군대는 군 내에서 정체화하거나 성 확정 수술을 한 이들에 관한 규정을 마련조차 하지 않았다.

인사소청 결과에 불복한 변희수는 군이 아닌 민간사회를 통해 피해를 구제받기 위해 2020년 8월 11일 법원에 행정소송을 제기했다. '트랜스젠더 군인 변희수의 복직을 위한 공동대책위원회(23개 단체)'와 '트랜스젠더 군인 변희수의 복직을 위한 공동변호인단(29인)'은 열린사회재단(OSF)의 공익 지원을 통해 행정소송을 진행했다.[905]

유엔은 대한민국 정부 앞으로 보낸 변희수에 관한 서한을 2020년 9월 27일 공개했다. 서한은 대한민국 육군이 변희수 하사의 남성 성기 제거를 장애로 고려하였다는 점에 우려를 표하였고, 성 다양성을 병리로 구분하는 것이 '국제질병분류(International Classification of Diseases) 제11판'에 배치된다는 내용을 담고 있다. 또한, 변희수 하사의 전역처분이 국제인권법에 위반된다는 점을 지적하며 소송이 장기화할 때 변희수의 직업 안정성뿐만 아니라 생계가 위험에 빠진다는 우려를 전했다. 유엔은 "대한민국 정부에 60일 이내로 답변을 요구했지만, 답변이 확인되지 않아 이 서한을 공개했다"라며 대한민국 정부에 변희수 하사의 부당한 전역 조치의 즉각 중단, 재발 방지를 위한 잠정 조치, 책임 있는 이들에 대한 조치를 강력히 촉구했다.[906]

서한 공개 후 한국 정부는 "변 하사의 전역은 법률에 의거한 적법 처분이며 트랜스젠더 군인의 복무는 사회적 합의가 필요한 문제"라며 "변 하사의 군 복무가 허용된다면 한국군의 작전, 임무 수행이 혼란을 겪게 될 것"이라고 밝혔다. 조 바이든 미국 대통령이 취임 후 "트랜스젠더의 군 복무를 허용하는 것이 군대에 어떤 유의미한 부정적 영향을 미친다는 아무런 증거도 없다"라며 트랜스젠더 군 복무 및 입대를 허용한 것과 대비된다.[907]

2020년 12월 14일 인권위는 제20차 전원위원회에서 변희수에 대한 육군의 강제 전역처분이 인권침해가 맞는다는 결정을 내렸지만, 육군은 문제 될 것이 없다는 방침을 고수했다.

해를 넘기고 행정소송을 제기한 지 7개월이 지난 2021년 2월 10일 대전지법은 4월 15일에 첫 변론을 진행한다고 발표했다.[908] 2021년 2월 28일은 변희수가 강제 전역을 당하지 않았더라면 마주했을 정상 전역일이다. 변희수는 이날을 끝으로 세상과 연락을 끊었다.[909] 2021년 3월 3일 군인으로 살고자 한 스물네 살 청년 변희수는 자택에서 숨진 채 발견됐다.

살아내지 않고 함께 살아가기 위해

변희수 죽음 당일 군은 '민간인'의 죽음이라 관련이 없다는 입장을 냈다. 인권단체들은 부당한 강제 전역은 따를 필요가 없으니 변희수가 군인이라고 맞섰다. 유가족은 변희수를 군인으로 복직시키는 행정소송을 이어갈 예정이다.

미국 샌디에이고주립대학교의 연구에 따르면 성 소수자의 4분의 1은 자살을 시도하며, 성 소수자 차별이 심한 지역에 사는 성 소수자의 수명은 그렇지 않은 지역에 비해 12년이나 짧다.[910] 한국에는 아직 성 정체성에 관한 국가 설문조사나 성인 인구 중 트랜스젠더 비중에 관한 조사와 같은 국가 단위 성 소수자 통계조차 없다.[911]

2021년 2월 18일 열린 서울시장 후보 단일화 토론에서 어느 서울시장 예비 후보는 '퀴어 축제를 거부할 권리'를 운운했다. 며칠 뒤 성 소수자 운동 활동가 김기홍(38세)이 자택에서 숨진 채 발견됐다. 변희수의 사망 열흘 전의 일이다. 김기홍이 남긴 마지막 글은 "너무 지쳤어요. 삶도, 겪는 혐오도, 나를 향한 미움도"였다. 그는 자살 1년 전인 2020년 2월 변희수와 법학도 A 씨에게 다음과 같은 내용의 편지를 보냈다.

"숙명여대 법학과 합격자 A 님, 변희수 하사님, 함께 살아 갑시다. 살아내지 않고 그냥 살아갈 수 있을 겁니다. 저는 작년에 두 친구를 떠나보냈고, 또 다른 여러 친구가 고생하는 모습을 보았습니다. 그중 한 친구가 '성 소수자랑 장애인 취업 못 하지 않게' 노력해달라는 말을 남기고 떠났습니다. 저는 그 소원을 들어주고 싶습니다. 그 소원을 들어주고 제 다른 친구들도 지키려면 많은 분이 일상을 지켜야 합니다. 그래서 저는 두 분도 지키고 싶습니다."[912]

---

1. 변희수, 법학도 지망생 A 씨, "[전문] 변희수 하사와 숙대 합격생이 서로에게 쓴 손편지", 〈한겨레〉, 2020.03.17.

2. Maurice Garcia, Most Gender Dysphoria Established by Age 7, Study Finds, 〈Cedars Sinai〉, 2020.06.16.

3. George R. Brown, 성 주체성 불쾌증과 성전환증, MSD 매뉴얼 일반인용, 2019.08.19.

4. 임태훈, 17-500589, 트랜스젠더 A 하사는 포기하지 않을 것이다(당사자 발언문 포함), 군인권센터, 2020.

5. Jack Turban, What Is Gender Dysphoria?, American Psychiatry Association, 2020.11.

6. 군인권센터, 2020.01.20., 진정서.

7. 트랜스젠더 군인 변희수의 복직을 위한 공동대책위원회, 국가가 인정한 인권침해, 트랜스젠더 강제 전역, 참여연대, 2021.02.01.

8. 트랜스젠더 군인 변희수의 복직을 위한 공동대책위원회, 변희수는 반드시 군으로 돌아갈 것이다, 군인권센터, 2020.01.22.

9. 손희정, "[지금, 여기] A 하사와 함께 질문하자", 〈경향신문〉, 2020.01.19.

10. 박선우, ""변희수 前하사, 고의로 심신장애 초래" vs "전역처분, 구속력 없어"", 〈시사인〉, 2021.04.15.

11. 〈KBS〉, [김경래의 최강시사] 임태훈 "변희수 하사 강제 전역, 행정법원에서 다툴 것", 2020.01.23.

12. 김민제, "'성전환' 변희수 하사, 육군에 인사소청…"강제 전역 부당"", 〈한겨레〉, 2020.02.19.

13. 트랜스젠더 군인 변희수의 복직을 위한 공동대책위원회(이하 21개 단체)/공동변호인단 (24인), 트랜스젠더 군인 변희수의 부당 전역, 사법부가 바로잡아야 한다, 2020.08.11.

14. 박한희, 군과 트랜스젠더 인권−군은 다름을 받아들일 준비가 되어있는가, 국가인권위원회 인권, 2020.02.

15. 트랜스젠더 군인 변희수의 복직을 위한 공동대책위원회, 유엔, '트랜스젠더 군인 변희수 하사 강제 전역은 국제인권법 위반', 군인권센터, 2020.09.29.

16. 이재림, "변희수 전 하사 '성전환 전역 취소 소송' 4월 첫 변론", 〈연합뉴스〉, 2021.02.10.

17. 김기홍, "변희수 하사와 숙명여대 합격생 A에게 보내는 연대 편지 "살고자 하는 모습으로 살아주세요"", 〈경향신문〉, 2020.02.06.

18. 박태훈 · 임태훈, "故 변희수 세상 뜬 2월 28일은 전역 예정일… 정상적이었다면", 〈뉴스1〉, 2021.03.08.

19. 고승우, "성 소수자 차별이 그들을 죽인다", 〈프레시안〉, 2018.04.30.

20. 양지혜, "[팩트체크] 성 소수자 자살률에 대한 국내 통계는 없다", 〈스냅타임〉, 2021.03.15.

29

청년 자살률

청년에게 더는 죽음을 강요하지 말라

청년 자살률
청년에게 더는 죽음을 강요하지 말라

"미안하다. 먼저 간다."

"열정이 사라졌다. 정체된 느낌."

"가족들에게 미안하다. 이렇게 좋은 가정은 없을 거야. 엄마, 아버지, 동생 사랑한다."[913]

2012년 4월 17일 오전 5시 40분경 또 한 명의 청년이 우리 곁을 떠났다. 자신의 방 벽에 유서 형식의 포스트잇 두 장을 남기고 떠난 김철수(22세 · 가명)는 카이스트(KAIST, 한국과학기술원) 4학년생이었다. 2007년에 입학한 전산학과 학생으로, 대학

측에 따르면 외견상 자살할 만한 이유는 발견되지 않았다. 학교는 그가 "졸업을 앞두고 학업이나 진로에 의욕을 잃고 극단적인 선택을 한 것으로 추정된다"라고 전했다.[914]

카이스트에서 스스로 생을 마감한 이는 김철수가 처음이 아니다. 학생 네 명이 먼저 세상을 떠난 지 막 1년이 지나던 참이었다. 2011년 1월 초 '로봇 영재'라 불리던 조 아무개(19세)가 자살한 이후 학부 재학생 3명과 교수 1명이 잇달아 자살했다. '카이스트 사태'라 불린 그들의 연이은 죽음은 많은 이들에게 충격을 안겼다.

'잘하는 공부' 대신 '하고 싶은 공부'를 할 자유

카이스트는 이공계 연구중심의 특수대학이다. 2010년 7월 카이스트 최초로 총장직 연임에 성공한 총장 서남표는 '카이스트 사태' 당시 두 번째 임기를 3년가량 남기고 있었다. 서남표가 총장으로 부임한 이후 카이스트는 성공적으로 운영되는 것처럼 보였다. 2008년 세계대학평가 공학-IT 분야 순위에서 34위였던 것과 비교해 이듬해에 13위나 오른 21위를 차지한 것이 대표적이다.[915] 언론은 카이스트가 내보인 결과에 환호했고, 공은 총장에게 돌아갔다. 일부 언론은 그가 추진한 차등 수업료(등록금), 100% 영어 강의 제도를 대학 개혁의 모범이라 치켜세웠다.

카이스트 학생은 '대한민국의 이공계 인재 양성'이라는 국가 목표하에 수업료와 기숙사 비용을 전액 지원받았다. 그러나 2006년 서남표가 총장으로 취임하면서 연간 220만 원이던 학부 등록금이 1,575만 원으로 대폭 인상되었고[916], 그가 실시한 '대학 개혁'으로 인해 성적이 낮으면 수업료를 지원받지 못하게 되었다. 학생들은 징벌적 제도에 따라 학점이 3.0 이상 3.3 미만이면 기성회비 157만 5,000원을 내고, 3.0 미만이면 0.01학점당 6만 3,000원을 내야 했다. 학점이 2.0 이하가 되면 한 학기에 787만 5,000원이나 하는 등록금을 전액 학생이 냈다.[917]

언론은 카이스트 학생들의 죽음이 차등 수업료 제도로 인한 과도한 경쟁과 스트레스 때문이라고 진단했다. 연쇄적인 자살은 과도한 경쟁 스트레스를 유발한 서남표식 '개혁'의 부작용이라는 지적이었다.

카이스트 재학생들의 생각은 언론과 제삼자의 의견과는 결이 달랐다. 수업료와 영어 강의 자체에서 오는 스트레스보다 더 중요한 문제가 있었다. '하고 싶은' 공부가 아닌 '잘하는' 공부를 할 것을 간접적으로 강요당했다는 점이다. 학점이 수업료와 직결되면서 호기심만으로 수강과목을 선택하는 것은 현실적으로 불가능했다. 학생들은 듣고 싶은 과목 대신 성적이 잘 나올 만한 과목을 수강했다. 100% 영어 강의도 상황 악화를 거들었다. 강의가 영어로 진행되자 학생들은 기초지식이 있는 전공과목을 주로 듣고 생소한 인문학 교양과목은 피했다. 그렇게 '공부하고 싶은 것을 공부할 자유'를 박탈당했다.

성적에 따른 차등 수업료 제도는 수업료를 면제받지 못한 학생에게 패배자, 낙오자라는 낙인을 찍었다. 학생들 사이에서 '장학금 잘림'이라는 뜻의 '장짤'이라는 신조어가 생겼다. "'장짤' 당하면 낙오자가 된 것 같아 친구들에게 말도 꺼내지 않는다"라는 당시 재학생의 고백에서 유추할 수 있듯이, 학점에만 몰두해야 하는 시스템은 교우 관계를 삭막하게 만들었을 뿐 아니라 동아리 등 다양한 교내 활동을 활성화하는 데 걸림돌로 작용했다. 당시 인터뷰 결과 학생들은 두 제도의 장점은 어느 정도 인정하면서도 끊임없이 개선을 원했다. 학구열을 높이기 위해서는 경쟁이 어느 정도 불가피하다면서도 너무 지나치다는 의견이 많았다.[918]

서남표식 '개혁'에 대한 학생과 교수의 부정적인 평가는 서남표의 총장 연임이 확정되기 전부터 계속되고 있었다. 교수협의회 또한 총장의 개혁이 '단기적이고 외형적인 팽창에만 주목'하는 형식이라며 비판했다.[919]

대학교는 사회에 나가기 전 준비단계에 있는 청년을 돕는 울타리다. 서남표의 카이스트가 그런 역할을 제대로 수행했는지는 여전히 의문이다. 보여주기식의 대학 개혁으로 청년들을 낭떠러지로 내몰았다는 평가에서 벗어나지 못한다. 2011년 비극적인 '카이스트 사태' 이후 기존 학사제도의 폐해가 드러나며 폐지 논란이 불거졌다. 결국, 학교 측은 차등 수업료 제도와 100% 영어 강의 제도를 완화했다. 그러나 이듬해에도 김철수가 스스로 생을 마감했다. 자신의 삶을 스스로 개척할 자유를 박탈당한 채 좋은 성적 내기만을 강요받은 학생들이 벼랑 끝에 내몰린 듯한 절망을 느낀 것은 당연한 일이 아니었을까.

자살공화국 코리아, 심각해진 청년 자살 문제

우리나라의 자살 사망률은 OECD 국가 중 1위다. 2003년부터 2019년까지 한 해를 제외한 16년간 자살률 1위를 차지했다.[920] 2019년 자살 사망률은 인구 10만 명 당 26.9명으로, 전년 대비 0.3명이 증가했다. OECD 평균은 11.3명이었다. 자살 사망자는 1만 3,799명이었다.

'자살 사망률 1위' 고착과 함께 주목할 부분은 청년 자살 문제다. 2019년 자살률이 70대와 '80세 이상' 연령대에서 각각 5.6%, 3.4% 감소했지만 10대와 20대의 자살률은 각각 2.7%, 9.6% 증가했다. 10대~30대의 사망 원인 1위는 자살이었다. 청년층의 자해 시도 비율 또한 전 연령에서 가장 높았다. 다른 연령대의 자해 시도 비율이 3~16%인 데 비해 19~29세의 자해 시도 비율은 42.5%로 가장 높았고 29~39세가 21.5%로 뒤를 이었다.[921] 그뿐만 아니라 지난 20여 년간 OECD 회원국의 25~34세 자살률이 감소세에 접어든 반면 한국의 25~34세 자살률은 매우 빠른 속도로 증가했다.[922]

청년의 자살은 더는 개인의 문제가 아니다. 심각한 사회문제다. 우리 사회는 자살 문제에 꾸준히 관심을 기울였지만, 상대적으로 청년의 죽음에 대해서는 관심이 덜했던 것은 아닐까.

청년을 벼랑 끝으로 내모는 사회는

자살은 한순간의 충동적인 선택이 아니다. 오히려 자살관념으로 시작해 자살 시도, 자살 사망으로 연결되는 연속적인 '자살성(suicidality)' 개념으로 인식하는 것이 더 적절하다.[923] 따라서 자살과 관련한 행동으로 이루어진 일련의 과정에서 자살을 유발한 원인이 하나만 존재하는 것은 불가능하다. 자살관념을 생성하는 요인부터 강화·지속 원인, 약화 요인이 존재하며 서로 다른 이유로 끝내 자살을 선택할 수도, 혹은 극복하고 삶의 의미를 재구성할 수도 있다.[924] 청년의 자살관념 또한 개인에 따라 생성과 강화·약화 요인이 모두 제각각이다. 그러나 특정한 인구 집단으로서 청년층이 공유하는 어려움은 분명히 존재한다.

1) 안전장치의 부재와 불확실한 미래

청년은 사회적인 불안전성 속에서 미래에 대한 불안과 함께 진로 선택의 부담을 경험한다. 연령 특성상 진로와 직업, 장래 희망의 불확실성은 거의 모든 청년이 경험하는 삶의 요소다. 특히 자신의 적성과 흥미에 맞게 진로를 설정하고 미래를 개척하는 일은 청년기의 가장 중요한 과업 중 하나다. 그 과정에서 정체성을 확립한다. 그런데 청년은 그가 속한 공동체의 지지나 도움을 받지 못하고 정체성을 확립하는 데 어려움을 느끼면 자살 충동을 느끼기 쉽다. '카이스트 사태'가 대표적인 예시다.

미래에 대한 불안은 당연하다. 따라서 사회는 그들이 정체성을 탐색할 자유를 침해받지 않도록 역할을 다해야 한다. 청년이라면 누구든 사회가 그들을 위해 마련한 제도적 안전장치하에서 안정감을 느낄 수 있어야 한다. 그러나 현재를 살아가는 청년들은 사회로부터 보호받고 있다는 심리적 안정보다 벼랑 끝에 내몰린 듯한 불안에 더 자주 노출된다. 사회에 대한 불신, 회복되지 않는 피로 속에서 느끼는 좌절감과 두려움은 그들의 불안을 훨씬 가중했다.[925]

2) 고용 불안정과 외적 요소로 인한 연이은 구직실패

청년층은 취업을 준비하는 인구 집단인 만큼 구직 과정에서 겪는 스트레스가 심각하다. 취업 시장이 '동맥경화'에 걸린 채 나아질 기미가 없는 상황에서는 더더욱 그렇다. 자살관념은 자신의 힘으로 통제할 수 없는 외적 요소 때문에 좌절감이나 무기력을 느낄 때 주로 생성된다. 연구에 따르면 취업자, 미취업자 모두 각각의 자살충동집단에서 구직 횟수와 최종면접 횟수가 비(非)자살충동집단과 비교해 월등히 많았다. 자살충동집단은 구직에 실패한 원인을 인맥 및 배경, 나이와 같이 노력으로 해결할 수 없는 외적 요소로 해석하는 경향을 보였다.[926] 이렇게 외적 요소에 부딪혀 구직실패를 경험할수록 자율감을 잃고 무기력을 경험하게 되며, 결과적으로 자살관념이 강화하는 데 큰 영향을 받았다.

취업준비생인 청년이 구직에 실패할 가능성은 고용이 불안정한 사회일수록 더욱 높아진다. 한국 사회는 IMF 사태 이후 '노동시장 유연성'을 명분으로 비정규직 노동자를 대폭 늘렸고, 이로 인해 고용 안정성이 낮아졌다. 임금노동자 10명 중 3~4명이 비정규직으로 고용되는 상황[927]에서 청년들은 더는 '안정적인 직장'을 기대할 수 없다. 연구에 따르면 OECD 국가에서 고용 불안정 정도가 높은 국가일수록 청년(25~34세) 자살률이 높게 나타났다. 고용 불안정 정도는 실업률과 고용 보호 법제(EPL) 지수를 바탕으로 측정됐는데, EPL 지수의 값이 작을수록 고용 안정에 관한 정책적 조치와 법률이 덜 갖추어졌음을 의미한다. 다른 OECD 국가들과 비교했을 때 한국에서 고용 불안정 변수(실업률, EPL)의 효과가 특히 두드러졌다. 즉 한국은 고용 불안정과 자살률의 상관관계가 다른 OECD 국가보다 훨씬 강했다.[928]

3) 노동시장 이중구조의 견고화

청년의 취업 불안은 노동시장 이중구조와 밀접하게 닿아 있다. 노동시장 이중구조란 노동시장이 임금, 일자리 안정성 등 노동조건에서 질적 차이가 있는 두 개의 시장으로 나뉘어 있는 것을 의미한다.[929] 노동시장은 대부분이 선호하는 대기업 정규직, 공무원 등을 포함한 1차 노동시장과 중소·영세 기업, 비정규직 일자리로 구성된 2차 노동시장으로 나뉜다. 1·2차 노동시장 간 노동자 평균 임금이나 안정성의 격차가 뚜렷하다 보니 소득 불

평등 문제는 더욱 심화할 수밖에 없다.[930]

한국 노동시장은 시장 간 이동이 자유롭지 못하고 노력이나 능력과 무관하게 자신이 속한 노동시장에 따라 보상이 확연하게 다르다는 특성을 보인다. 청년들은 2차 시장보다 1차 시장에 속하기 위해 고군분투한다. 노동시장 이중구조는 1차 시장 취업을 준비하는 청년 비율을 늘리는 데 일조하고, 결국 청년 실업 문제 또한 심해진다.

무엇보다 현재 상황에서는 2차 시장에 속한 청년이 1차 시장으로 이동하는 것이 거의 불가능에 가깝다. 결국, 소득 불평등 문제는 심화하고 상대적 빈곤을 체감케 만들어 또 다른 자살관념 강화 요인으로 작용한다.

사회는 끊임없이 중소·영세 기업에 대한 청년 인식을 바꿔 실업 문제를 해결하려 하지만, 열악한 노동조건이 개선되지 않는 상황에서는 근본적인 해결책이 될 수 없다.

4) 개천에서 용 난다는 옛말

2021년 한국에 사는 우리는 더는 개천에서 난 용을 찾아볼 수 없다. 청년은 '수저계급론'에 따라 자신을 금수저, 은수저, 동수저, 흙수저로 나누고 평가한다. 동그라미 개수가 많을수록 흙수저에 가깝다는 '흙수저 빙고 게임'까지 나왔다. 최근에는 금수저를 뛰어넘는 이들을 지칭하는 신조어 '다이아몬드 수저'가 등장했다. 수저계급론은, 노력해도 바뀌는 게 없다는 자조가 깊게 깔린 20~30대의 주관적 계층의식으로서 가구의 소득이나 자산이 사회 계층을 결정한다는 인식을 포함한다.

한국에서 개인이 평생 혹은 그의 자녀 세대에서 현재보다 높은 사회적 지위를 가질 수 있다고 보는 사회적 이동 가능성에 관한 인식은 부정적이었다. 통계로 확인된다. 세대 내, 세대 간 이동 가능성에 대한 긍정적 인식 비율이 2009년 각각 35.7%, 48.4%에서 2019년 23.1%, 29.4%로 하락했다. 특히 30세 미만 연령집단은 세대 내 사회이동 가능성을 낙관적으로 인식한 정도가 최근 10년간 모든 연령층 가운데 가장 낮았다.[931] 이들은 한번 노동시장에 진입해 경제활동을 시작하면 계층이동 가능성은 더욱 낮아진다고 평가했다.[932]

가구 소득이 높을수록 자녀에게 양질의 교육을 제공해서 질 좋은 취업으로 이어지지만, 가구 소득이 낮으면 자녀의 교육과 취업에 부정적 영향을 미쳐 높은 삶의 질을 보장받을 수 없게 된다는 인식이다. 자신의 노력 여하와 무관한 외적 원인, 즉 가구의 사회·문화 자원과 경제적 자원에 따라 사회 계층이 이미 정해진 구조는 청년이 현재 상태를 개선하고자 하는 동기를 찾기 힘들게 한다.[933] '사다리 걷어차기'가 실현된 상황에서 희망

과 의지를 갖고 미래를 향해 능동적으로 움직이기는 불가능해
보인다.

20대 여성에게 가혹한 사회, "겨우겨우 살아요"

고용불안과 노동시장 이중구조로 인한 취업 스트레스, 불확
실한 미래에 대한 걱정은 이 시대의 모든 청년에게 해당한다. 그
러나 청년이 전반적으로 경험하는 삶의 어려움은 여성에게서 도
드라진다. 서울대학교 인류학과 교수 이현정은 "20대 여성을 정
신질환 여부나 자해, 자살 기도 여부와 상관없이 무작위로 모집
해 인터뷰해도 기본적으로 우울, 강박, 공황장애 등 정신질환 경
험 비율이 굉장히 높다. 이들은 지금 사회에 디스토피아적 관점
을 갖고 있다. 삶의 의미를 찾지 못하고 겨우겨우 살아가는 모습
이 발견된다"라고 말했다.[934]

우리나라 자살 사망률은 인구 10만 명 당 남성 38.0명, 여성
15.8명으로 남성이 2.4배 높게 나타난다. 따라서 한국 사회는 그
동안 남성의 자살 문제를 더 심각하게 받아들였다. 그러나 최근
젊은 여성층의 자살이 크게 늘어 주목된다. 2019년 남성의 자살
률은 전년 대비 1.4% 감소했지만, 여성의 자살률은 6.7% 증가했

다.[935] 같은 해 응급실에 내원한 전체 자살시도자의 16%가 20대 여성이었으며, 이듬해인 2020년에는 20.4%로 높아졌다.[936]

왜 점점 더 많은 20대 여성이 자살을 결심하게 될까? 그 이유로 20대 여성이 경험하는 사회·경제적 좌절을 들 수 있다. 이들은 막 취업 시장에 뛰어들어 기본적으로 삶의 기반이 취약한 상황이다. 개인적 자원의 부족은 청년 대부분이 경험하지만, 이 문제는 청년 여성에게서 특히 심각하게 나타난다.

20대 여성의 노동시장 참여 형태를 보면 알 수 있다. 여성 교육이 확대되고 사회 진출이 늘어나면서 노동시장에서 성차별이 과거보다 많이 개선됐다는 인식이 있다. 그러나 교육 확대와 높아진 대학 진학률이 노동시장의 지위를 포함한 사회적인 지위로 이전되지 않는 경우가 많다.[937] 노동시장에서 여성 노동자는 남성 노동자와 동등한 참여자로 인정받는 대신, 여성이라는 이유만으로 '설명되지 않는 차별'을 받고 있다.[938]

20대 여성 다수가 서비스, 단순 노무 성격의 업무에 비정규직 노동자로 종사하고 있다. 성별에 따른 비정규직 노동자 비율을 보면 남성은 전체의 29% 정도가 비정규직 종사자인 데 반해, 여성은 이미 10년 전에 40%를 훌쩍 넘어섰으며 남성보다 1.5배가량 비정규직 비율이 높았다.[939] 비정규직에도 취직하지 못하는 등 비자발적 원인으로 생계형 아르바이트를 전전하는 여성도 많다. 비정규직보다 더욱 열악한 일자리에 속하는 아르바이트는 더는 대학생이 용돈벌이를 목적으로 하는 일이 아니다. 20대 대학교 졸업자나 고등학교 졸업자가 다른 활동과 병행하기보다 생활비 등 당장 수입이 필요해서 불안정한 아르바이트에 종사하고 있다.[940] 아르바이트에 종사하는 여성 비율은 약 65%로, 비정규직의 여성 비율보다 훨씬 높은 상황이며 증가 속도 또한 매우 빠르다. 아르바이트 노동자의 89% 정도가 고용계약 기간이 정해지지 않은 채 일하고 있으며, 생계유지를 위해 단순노무, 판매 및 서비스업 직종에서 단시간 시간제로 노동한다.[941]

정규직은 어떨까. 정규직 분야별 성별 분포 비교자료에 따르면 여성 노동자는 단순노무직과 서비스판매직에서 일하는 비율이 가장 높았다. 정규직에서 여성 노동자 비율의 평균이 24%인 가운데 단순노무직과 서비스판매직의 비율은 각각 65.5%와 31.7%였다.[942] 반면 남성 노동자 비율은 단순노무직을 제외한 사무관리직, 연구기술직, 서비스판매직, 생산기능직 모두 60%를 훌쩍 넘겼고, 특히 연구기술직에선 81.5%에 달했다.[943] 여성 노동자 분포 비율을 보면 여성에게는 육체적이거나 보조 업무 성격의 일을 많이 주며 여성이 노동시장에서 양질의 일자리에서 밀려나 있음을 알 수 있다.

여전히 한국 노동시장에서 여성의 노동력은 잉여 인력으로 인식되곤 한다.[944] 남녀임금 격차 실태조사 결과 여성 노동자의 31%가 "여성은 주로 지원부서에 배치되기 때문에" 우등 고과를 받는 것이 어렵다고 말했다.[945] 능력 부족 때문이 아니라 '여성이라서' 설명할 수 없는 차별을 받는다고 생각한다. 자신이 속한 지위의 한계가 사회적으로 구조화한 외적 요소 때문이어서 절망하게 되고, 나아가 노력과 의지에도 앞으로 미래가 달라지지 않을 것이라는 무망감(hopelessness)에 빠지게 된다. 여성 청년 자살률이 상승하는 이유 중 분명히 설명되는 하나다.

자살은 사회적 타살이자 강제된 죽음

한국 사회는 오랜 시간 자살에 관해 연구하며 예방책을 고민했다. 그러나 그동안의 정책은 단순히 자살 '행위'를 막고 다시 살아갈 수 있도록 하는 표면적인 대안에 그쳤다. 자살관념을 약화하는 요인은 한 생명을 살리는 중요한 역할을 하지만 생각보다 거창한 것이 아니다. 직업 생활이나 자원봉사 등 사회참여, 가족의 존재, 전문가 상담 같은 것들이 누군가의 자살 충동을 막는 핵심 요소가 될 수 있다.

2018년 보건복지부 조사에 따르면 자살관념에 "저지 요인이 있는 것 같다"라고 답한 비율이 가장 높은 34.2%였다.[946] 일본의 자살 예방 전문가인 다카하시 요시토모는 자신의 저서 『자살 예방』에서 "자살은 결코 자유의사로 선택한 죽음이 아니라 오히려 대부분은 여러 가지 문제를 안고 있는 결과로 '강제된 죽음'"이라 밝혔다.[947] 그는 "정신과 의사로 25년을 일했지만 내 앞에 나타났던 자살 위험성이 높았던 사람 중에서 죽겠다는 의지가 100% 굳은 상태였던 사람은 단 한 명도 없었습니다"라고 말했다.[948]

청년이 가족 또는 주변인과 나누는 깊은 대화로, 심리 상담이나 다양한 활동으로, 다시 살아갈 힘을 얻는 것은 매우 중요하다. 그러나 자살 '행위'를 막는 것에만 초점을 맞춘다면 변함없는 현실이 언제든 그들을 다시 벼랑 끝으로 몰아갈 수 있다. 더욱 근본적인 해결책이 필요하다.

결국, 단단한 사회안전망의 마련이 답이다. 지금 우리 사회에는 개인이 홀로 감당해야 할 문제를 국가의 도움으로 해결할 수 있다는 믿음이 필요하다. 그러한 믿음이 사회 전반에 퍼지고 단단해질 때 사람들은 비로소 여유를 갖게 된다. 다른 사람들을 돌아볼 여유, 함께 살아갈 여유가 생긴다. 반대로 사회안전망이 빈약할수록 개인의 삶을 살아가는 것만으로도 버거워 타인의 괴로움에 공감하고 이해하며 도울 여유가 없다. '혼자'라는 생각은 자살관념을 강화하는 주된 요인이다. 반대로 '가족' '사회적 활동'은 자살 충동을 크게 낮춘다.[949] 우리는 혼자이기보다 함께일 때 어려움을 이겨낼 힘을 얻게 되지만, 함께하기 위해서는 개인 삶에 대한 기본적인 보장이 필요하다. 그것은 국가의 몫이다.

참고
자료

1. 박건형, "1년 만에 또… KAIST 학생 자살", 〈서울신문〉, 2012.04.18.

2. ed_news, "KAIST Ranks 95th among World Universities", 〈KAIST NEWS-people〉, 2008.10.14.

3. 이은지, "카이스트 숨막히는 공부경쟁제도에 숨통 트이길", 〈사이언스온〉, 2011.05.11.

4. 허환주, "자살 또 자살, '공짜' 없는 카이스트는 지금… [대학주식회사의 그늘⑤] 카이스트 괴담, 그들에게 '경쟁'이란", 〈프레시안〉, 2011.04.08.

5. 허환주, "'서남표식 개혁?' 알고 보면 '카이스트판 MB식 전횡' 학생들을 자살로 몰고 간 서남표 총장, 그는 누구인가", 〈프레시안〉, 2011.04.10.

6. 장근호, "노동시장 이중구조, 왜 문제가 되나요", 〈동아일보〉, 2019.09.03.

7. 이주빈, "20대 여성의 고통은 사회적이라는 데서 출발해야 한다",

〈한겨레〉, 2020.12.03.

8. 신윤재, 자살률 OECD 1위 한국 VS G7 1위 일본… 같은 듯 다른 실상, 〈매경프리미엄〉, 2020.07.18.

9. 박찬형, "[소득격차 확대]⑦ 비정규직, 20년간 바뀐 건 더 벌어진 임금 격차", 〈KBS News〉, 2019.04.18.

10. 임재우, "'조용한 학살', 20대 여성들은 왜 점점 더 많이 목숨을 끊나", 〈한겨레〉, 2020.11.13.

11. 이민우, "등록금 언제부터 이렇게", 〈카이스트 신문〉, 2010.04.21.

12. 김선린, "등록금 제도 마침내 개선, 학우 부담 크게 줄어든다", 〈카이스트신문〉, 2010.11.23.

13. 김방현, "'공짜는 없다' 서남표식 개혁 5년", 〈중앙일보〉, 2011.04.09.

14. 임재우, "댓글로 이어가는 이야기… '우리 같이 열심히 살아남아요'", 〈한겨레〉, 2020.12.02.

15. 안의식, "[삶에 사표 던지는 아버지들] 삶의 포기는 '선택' 아닌 '강제된 죽음'", 〈서울경제〉, 2019.03.04.

16. 임재우, "응급실서 확인한 '조용한 학살'… 20대 여성 자살 시도 34% 늘었다", 〈한겨레〉, 2021.05.04.

17. 안용민, 「제1 세부 과제: 자살에 대한 국민태도조사」, 『2018 자살 실태조사(National Survey on Suicide) 보건복지부 연구용역사업 보고서』, 보건복지부, 2019.

29 청년 자살률 617

18. 위대한, 「제2 세부 과제: 의료기관 방문 자살시도자 실태조사」, 『2018 자살 실태조사(2018 National Survey on Suicide) 보건복지부 연구용역사업 보고서』, 보건복지부, 2019.

19. 강준혁·이근무·이혁구, 「자살관념 극복에 관한 연구: 자살 고위험집단을 중심으로」, 『보건사회연구』 35(3), 한국보건사회연구원, 2019.

20. 임윤서, 「대학생의 시선을 통해 본 청년 세대의 불안 경험-포토보이스를 활용한 탐색적 연구」, 『민주주의와 인권』 18(1), 전남대학교 5·18 연구소, 2018.

21. 남윤영, 「한국사회의 자살 : 정신의학적 측면에서의 이해와 대처」, 『생명연구』 제 11권, 서강대학교 생명문화연구소, 2009.

22. 박은미·정태연, 「청년층 자살사고의 결정요인에 대한 실증분석」, 『고용패널조사 학술대회』, 한국고용정보원, 2017.

23. 장근호, 「우리나라 고용구조의 특징과 과제」, 『한국은행 경제연구원「經濟分析」』 25(1), 한국은행, 2019.

24. 김청아, 「고용 불안정이 OECD 국가들의 청년층(25~34세) 자살에 미치는 영향」, 『서울대학교 보건대학원 석사학위논문』, 서울대학교 보건대학원, 2014.

25. 이용관, 「청년층의 주관적 계층 인식과 계층이동 가능성 영향요인 변화 분석」, 『한국노동경제학회 보건사회연구』 38(4), 한국노

동경제학회, 2018.

26. 통계청, 「2019 사망원인통계 결과」, 2019.

27. 통계청, 「성별 및 연령집단별 비정규직근로자비율」, 『경제활동인 구조사 근로형태별 부가조사』, 국가지표체계 2009-2020.

28. 국가발전지표, 「사회이동가능성인식」, 2020.

29. 오선정, 『아르바이트 노동의 개념과 특성』, 한국노동연구원, 2018.

30. 김난주, 「남녀 임금격차 실태조사 결과 및 정책과제」, 『남녀 임금 차별, 어떻게 할 것인가?』 임금격차 실태와 정책토론회 발제문, 국가인권위원회, 2018.05.17.

31. 고용노동부·통계청, 「단순노무 종사자」, 『최저임금 100% 적용 단 순노무 종사자 한국표준직업분류』, 고용노동부 근로기준정책과, 2018.

나비 날갯짓 같은 작은 외침일지라도

해방부터 현재까지의 한국 사회를 청년의 죽음을 통해 조명한 이 책의 집필에는 문제의식을 공유한 15명이 참여했다. 두 명에서 다섯 명의 필자가 한 주제를 맡아 〈오마이뉴스〉에 '청죽통한사(청년의 죽음으로 통찰하는 대한민국 현대사)', 〈르몽드디플로마티크〉 한국판에 '청년의 죽음, 역사의 눈물'이란 제목으로 2020년 11월부터 2021년 5월까지 각각의 기획물로 연재했다. 준비 기간까지 합하면 1년 반이 걸린 기획물을 마치며 취재 및 원고작성에 참여한 필진이 모여 방담을 나누었다. 개인 사정으로 빠진 박서윤(이화여대), 한지수(경희대)

를 제외한 청년 강우정(고려대), 김민주(경희대), 김유라(가톨릭대 졸업), 노수빈(고려대), 박수빈(서강대), 박수연(이화여대), 송하은(이화여대), 송휘수(서강대), 신다임(숙명여대 졸업), 이혜원(숙명여대), 최예지(고려대), 황경서(고려대)와 유일한 기성세대 안치용(ESG연구소장)이 참석했다.

방담회는 2021년 5월 8일 오후 서울 신촌의 '파랑고래'에서 안치용의 사회로 진행됐다.

안치용_ 우리가 꽤 많은 인물을 다뤘고, 정도의 차이가 있지만, 언론에 보도된 매회 큰 화제를 모았다. 이한열 편은 특정 포털에서만

100만 뷰가 넘는 조회 수를 기록했다. 내가 유일한 글쓰기의 프로이다 보니 여러분에게 엄격한 원칙을 적용했다. 확인하고 또 확인하는 과정을 거쳤고 그러다 보니 정말 많은 공을 들여 원고를 산출했다. 감사드린다.

황경서_ '청년의 죽음'이라는 주제로 기사를 쓰고 책을 발행하는 기회가 흔치 않다. 곧 졸업인데 이런 활동을 하면서 대학 생활을 마무리할 수 있어서 의미 있고 좋았다. 내 원고를 쓸 때도 그랬지만, 다른 사람의 기사를 교열을 겸해 앉아 읽으면서 많이 울컥했다. 알지 못한 죽음이 훨씬 많아서 계속 울컥했다. 이러한 기회가 있지 않았다면 몰랐을 죽음을 알게 되었고, 또 이걸 기억할 수 있고 기사로 다른 사람들에게 알릴 수 있어서 굉장히 뜻깊었다.

박수빈_ 경서가 말한 것처럼 시리즈의 기사들을 읽어보면서, 전에 들어봤거나 대충 알았던 사건인데 내막을 몰랐던 사건이 많았다. 이 작업에 참여하지 않았다면 내용을 제대로 알지 못했을 것이라고 생각했다. 다른 사람이 쓴 기사를 보면서 많이 배웠고, 이 작업에 참여할 수 있어서 영광스러웠다.

최예지_ 내가 쓴 '효순·미선 사건'이 어떤 사건인지 잘 몰랐다. 자료를 찾으면 찾을수록 그 사건에 정치적 이해관계가 포함되어 있음을 느꼈다. 유족들이 사건 초반에는 정치적으로 참여도 많이 하고 투쟁도 하면서 사건을 널리 알리려는 모습을 보였는데 시간이 갈수록 이 사건을 기사화해서 다

시 상기시키는 걸 원치 않는 모습을 인터뷰에서 확인할 수 있었다. 어떻게 정치적으로 중립적이고 객관적으로 쓸 수 있을지, 어떻게 해야 효순·미선의 죽음을 최대한 대상화하지 않고 글을 쓸 수 있을지 고민되었다. 조언도 많이 받아서인지 최대한 제가 가고자 했던 길, 즉 객관적으로 감정을 빼고 쓸 수 있었던 것 같아서 감사한 마음이다.

안치용_ 엄밀하게 말해 정치적 중립이란 없는 것 아닌가. 올바른 정치적 입장을 갖느냐가 중요하다. 정치적 중립이란 말은 대부분 특정한 정치적 입장을 표명하는 수단으로 활용된다. '정치적 중립'을 객관적인 입장이라고 기계적으로 받아들이면 역사를 똑바로 못 보게 되는 일이 발생할 수

있다. 특정한 역사적 사건이 벌어졌을 때 사건 이해관계자들의 입장
이 더는 중요하지 않고, 그 해석이 역사와 사회에 맡겨지게 된다. 사
적 사건이 아니기 때문에, 사회가 해석하고 사회가 풀어나가는 문제
가 된다. 물론 당연히 예의를 지켜야 하지만, 사적인 영역에서 벗어나
있음은 분명히 해야 한다.

박수연_ 글을 쓰고 글 속의 현장에 다녀왔다.
박영진 열사 원고가 가장 기억에 남는다. 밤을 새
워 초고를 완성하고 교열하고 넘겼을 때가 오전 8
시여서 이미 잠이 다 달아난 상태였다. 박영진 열
사는 기념사업회도 없어서 자료 찾기가 매우 어려
웠고 사진을 구하기도 힘들었다. 차라리 직접 자
료사진을 찍으러 가기로 했다. 2시간 걸려 남양주시의 모란공원에 도
착했다. 몹시 추운 2월 어느 날이었다. 모란공원 언덕에 올라가면 미
술관이 있고 미술관을 지나 묘역이 있다. 묘역에 가는 길에 꽃집에 들
렀다. 꽃집 사장님이 제가 국화를 사려 하니, 묘역 열사 후손이나 친
지냐고 물었다. 열사와 관련된 기사를 썼고, 한 달 걸쳐 쓴 6~7쪽의
기사를 마무리하는 의미에서 헌화하려 한다고 대답했다. 꽃집을 나
와 공원 앞에 있는 민주열사 묘역 지도를 보고, 이정표 솟대를 따라
굽이굽이 길을 걸었다. 아무것도 없이 황량했다. 주말 아침이기도 했

지만, 아무도 없고, 까마귀 울고, 헌화 후에 나무 벤치에 혼자 앉아서 묵념하고 있으니, 이렇게 많은 묘역에 많은 열사가 묻혀있고, 많은 죽음이 있다는 것 때문인지 기분이 굉장히 이상했다. 근처의 전태일 열사 묘역도 둘러봤다. 열사들이 어떤 일을 하셨는지, 노동권을 위해 어떻게 투쟁했는지 적혀 있어서 한 분씩 천천히 읽어보았다. 그곳이 잊힌 곳이라는 느낌이 강하게 들었다. 나라도 기억하고, 또 내가 쓴 글이 앞으로 기사가 되면 더 많은 분이 읽을 것이고, 책으로 출간되면 많은 분이 구입해서 더 많은 사람이 청년의 죽음에 대해 알 수 있었으면 좋겠다고 생각했다.

김유라_ 박수연이 말한 내용을 나는 전태일 열사 편을 쓰면서 느꼈던 것 같다. 평소에 생각하기 힘든, 우리가 지금 영위하는 삶을 위해 죽어간 청년들을 돌아보는 일은 굉장히 뜻깊다. 그 원고를 쓸 때, 나는 마침 난생처음으로 최저임금을 받는 아르바이트를 시작했다. 당시 아르바이트 계약서

나 월급명세서에 씌어 있는 최저임금, 주휴수당 같은 것들은 내게 자연스럽게 느껴졌고 안 지키면 '나쁘다'라고 단순하게 생각했다. 그런데 '이 당연한 것을 위해서 전태일이, 누군가가 죽었구나'라는 생각을 하기 시작하니 원고가 더 절실하게 다가왔다. 많은 청년이 이 책을 보고

나처럼 다양한 깨달음을 얻어가면 좋겠다.

송하은_ 강남역 살인사건 편을 썼다. 글을 쓰
는 것이 재미없던 적이 없었는데 글쓰기도 재미없
었다. 심적으로 너무 힘들었다. 매일매일 관련 기
사와 자료를 찾아보았다. 너무 많이 찾아보다 보니
유튜브 알고리즘이 아예 비슷한 주제의 영상으로
바뀔 정도였다. 원래도 주변이 안전하다고 생각하
고 살진 않았지만, 너무 무서워서 독서실 화장실을 못 가기도 했다. '길
가다가 칼 맞기 싫다는 것이 많은 걸 바라는 것인가?' 하면서 많이 힘들
었다. 하지만 직시해야 하는 현실인 것을 알게 되었다. 이제는 한층 성
장한 느낌이다. 화장실도 잘 간다. 프로젝트 형식으로 글을 쓴 것이 거
의 처음인데, 2~3개월에 걸친 기사 쓰기를 끝내고 과제를 하면서 정말
행복했다. 과제는 정말 별것도 아니라는 생각이 들었다. 이런 생각을
하게 된 것이 바로 성장했다는 뜻이겠다.

안치용_ 힘들었을 거다. 중요한 것은 당사자성과 팩트 파인딩 사
이의 균형이다. 글을 쓴다는 것은 사관(史官)처럼 객관적인 입장을 취
해야 한다는 것인데, 그것은 정치적 입장의 배제라기보다 올바름에
관한 객관성을 의미하는 것이다. 사건 발생 직후, 정보가 부족한 상

황에서 강남역 살인사건을 두고 대학생들과 토론한 적이 있다. 여성 혐오의 맥락에 대해선 기본적으로 동의하지만, 내가 가진 정보를 가지고는 그 사건을 혐오범죄라고 판단하기 힘든데 누군가는 계속 혐오범죄라고 얘기했다. "팩트에 대해선 우리가 아직 모르지 않느냐"라는 내 입장을 마치 내가 혐오 문제가 아니라고 말하는 것으로 받아들이는 사람들이 있었다. 당시에 나는 판단할 수 없었다. 이번에 강남역 살인사건 원고를 완성하며 판결문 등을 보고 오히려 이 사건 자체는 혐오범죄를 구성하지 않는다고 개인적으로 판단하게 됐다. 청년의 죽음을 통해서 죽음 자체가 의미를 발휘할 때가 있고 죽음을 계기로 새로운 의미가 발휘될 때가 있다. 강남역 살인사건이 혐오범죄가 아니라고 해서 우리 사회에 여성혐오가 없거나 여성혐오 사회가 아니라는 게 아니다. 강남역 살인사건이 혐오범죄가 아니라고 해서 그 뒤에 일어난 강남역을 중심으로 한 페미니즘 리부트라고 할 수 있는 운동이 헛수고인 것은 아니다. 강남역 살인사건이 그 자체로 혐오범죄를 구성하기 어렵다고 하여도 그것을 계기로 여성들이 새롭게 페미니즘을 각성한 것은 의미 있는 일이고, 그 가치를 부인할 수 없다. 글을 쓰면서 '사실' 앞에 겸손해야 한다고 믿는다.

김민주_ 이러한 프로젝트에 필진으로 참여하

거나 개인적으로 이런 기사를 쓴 경험이 많이 없어서 객관적인 자료 조사를 하는 것이 어려웠다. 표면적으로 알고 있던 일들을 하나하나씩 살펴보면서 내가 태어나기 전에 일어났던 일이 지금도 여전히 일어나고 있는 것을 보고 더는 반복되면 안 되겠다고 생각했다.

노수빈_ 어제부터 지금까지 떨린다. 기분이 싱숭생숭하다. 필진이 조금씩 바뀌고 확대되었는데 나는 처음부터 참여한 멤버였다. 한참 논의가 진행되다가 술만 마시고 흐지부지되는 것 같았는데, 안치용 소장이 갑자기 다음 주부터 발행한다고 해서 당황했다. (웃음) 안 소장의 놀라운 추진력 덕  분에 지금 여기까지 온 것 같다. 내 이야기를 하는 게 아니라 타인의 삶을 이야기하는 것이라 필연적인 한계가 있다고 생각했다. 우리가 한 일이 개개인의 미시사에서 거시사를 끌어내는 거니까, 그 과정에서 착취나 폭력이 나오지 않을까 걱정이 됐다. 개인의 삶을 거시적인 차원으로 끌어 쓰는 데에 있어서 개인 삶의 구체적인 맥락을 생략하거나 일반화하는 것에 고민이 많았다. 그런데 글을 낼 때마다 반응이 있어서 '내가 너무 작은 것에 집착하고 있었나?' 등 여러 생각이 들었다. 정리하면, 이 프로젝트를 하면서 타인의 삶을 쓰는 것에 관한 개인적인 고민이 있었다. 일이 힘들긴 했지만 1차 교열자 역할이 굉장히 재밌었다. 물론 죽음을 다룬 글, 사회적인 것이 얽힌 글이어서 심적으로 힘들었지만, 글을 다루는 것에 있어서 건축물 하나를 설계도부터 쌓아 올려 완성한 느낌을 받았다. 안치용 소장과 밀접하게 일하면서 글이라는 하나의 건축물을 지을 때 어떤 태도, 어떤 균형을 취해야 하는지 배울 수 있어서 굉장히 감사한 시간이었다. 각기 다른 스타일의 글을 보는 것이 재밌었다. 우리가 쓴 글과 우리가 낸 책이 단순한 소비로 끝나지 않고 누군가에게는 진심으로 다가갔으면 한다.

신다임_ 훌륭한 글로 잘 탄생시켜주신 안치용 소장에게 감사한다. 노수빈과 함께 1차 교열자 역할을 했지만 완벽한 글을 산출하기란 불가능하지 않은가. 내가 교열을 본 글을 안 소장이 마지막으로 봐주고 항상 좋은 글을 만들어주어서 감사했다. 필자들에게 마감을 많이 재촉했는데, 아무도

불평 안 하고 글을 잘 써주어서 고맙다. 저임금 아르바이트생 황승원과 비정규직 파견노동자 구의역 김 군 기사를 후원해 주신 분(닉네임 '감사함')이 "나비 날갯짓 같은 작은 외침이지만 꾸준히 무언가를 이룰 그래서 힘없는 사람들도 잘 사는 나라가 되도록, 계속해서 적극적으로 소리 내어 주시길 바랍니다"라는 댓글을 남겨주었는데 기획 의도와 맞는다고 생각했다. 청년의 사망, 이런 기사를 쓴다고 세상이 하

루아침에 나아지진 않겠지만 지속적으로 이렇게 노출하는 사람이 있어야 한다고 믿는다. 지나가다 우연히 글을 읽는 사람에게도 '남의 일이 아니고 빈번하게 일어나는 일이구나' 느낄 수 있게 해야 한다. 우리의 기획 의도에 맞게 읽어주는 분들이 계신다는 것이 좋았다. 누군가가 우리 글을 읽으면서 죽음에 대해 생각하고 '내가 무엇을 할 수 있을까?' 깊이 고민하는 시간이 되었으면 좋겠다. 그러기 위해서 우리도 날갯짓을 멈추지 말아야 한다. 오랜 시간 고생이 많았지만 끝나려니 아쉽기도 하다.

이혜원_ 나는 1980년대 민주화운동을 다뤘다. 1980년대 민주화운동에 관해 쓰면서 공부를 굉장히 많이 했는데 공부를 통해 86세대를 이해하게 되어서 좋았다. 세월호를 쓸 때는 그건 정말 아주 달랐다. 내가 경험한 것과 아닌 것을 쓰는 것은 매우 달랐다. 예를 들어 김귀정 등은 공부와 조사  로 글을 썼다면 세월호는 나의 경험과 함께 흘러가며 쓰는 느낌이 컸다. 세월호와 관련한 기억이 개인적으로 많이 있어서 울면서 글을 썼다. 빨리 끝내려고 공공도서관에서 집중하며 썼는데, 마스크를 벗지 못한 채 일주일을 많이 울면서 썼다. 원고를 마친 다음엔 격한 감정을 나누기 위해 신다임한테 글을 보내며 짧은 편지를 함께 보냈다.

안치용_ 이혜원은 필자 중 유일하게 글에 자신이 등장한다. 자신의 경험과 글을 쓰는 경험은 아주 다르지 않은가?

이혜원_ 그때 고등학생이었다. 세월호 사건이 일어나고 몇 개월이 지난 2014년 7월 어느 날이었다. 단원고 희생자 아버지 두 분이 십자가를 메고 진도까지 간 일이 있었는데, 전주를 지나가는 시점에 전주에 살았던 내가 그분들과 함께 온종일 걸었던 적이 있다. 마음이 아팠고 내가 그 사건의 희생자가 됐을 수도 있었겠다는 생각이 들었다. 죄책감이 있었다. 내가 단원고 사고 학생들보다 한 학년 아래였는데, 사건 당일 국어 수업시간에 모든 학생을 포함해 전원 구조됐다는 소식을 듣고 담임교사와 농담을 했다. "얘네는 수학여행 가는 날 구명조끼까지 입어보고…. 찐한 추억이네." 그런데 다음 날 그 소식이 오보였다는 것을 알게 되어 개인적으로 죄책감이 들었다. 광주민주화운동 편을 썼는데, 요즘 미얀마 사태를 보면서 광주가 떠올랐고, 역사를 배우는 게 중요하다고 생각했다.

안치용_ 여러분은 아무래도 세월호에 제일 공감이 되나 보다.

송휘수_ 필진을 모집했을 때 처음엔 지원하지

않았는데, 고등학교 때 근현대사 수업을 들으며 너무 힘들고 피로감이 컸던 기억이 있어서였다. 필요한 만큼은 충분히 알고 있다고 생각했지만 그렇지 않다는 걸 이 프로젝트 글을 쓰면서 많이 느꼈다. 윤금이 편은 내 첫 글이었는데 기사를 쓰기 전까지 그 사건을 아예 몰랐다. 잊히는 것이 많다는 생각이 들었다. 가습기살균제 사건과 이주노동자 사건을 쓰고 나서는 이 시점에서 당연히 해결됐어야 하는 문제들이 아직도 남아 있다는 데 충격을 받았고, 직시해야 할 것들을 핑계를 대며 외면했던 나 자신을 반성했다. 기사가 나가고 나서 서너 명의 친구로부터 연락이 왔다. 자신이 몰랐던 것에 대해 잘 알 수 있었다, 고맙다, 다른 글을 더 읽고 싶다는 말들을 해줘서 이 일의 의의를 느꼈다. 글쓰기와 관련해서는 대학생에게 요구되는 수준과는 차원이 다른 경험을 해보았다. 교열 도중 안치용 소장이 내가 논문에서 인용한 정보가 정확한 것인지를 물어보았을 때 선뜻 대답하지 못했다. '이것까지 지적을 받는구나'라고 생각하면서도 그 이후에는 무엇인가 자료를 찾으면 공신력 있는 원출처를 찾는 습관이 생겼다. 지금은 훨씬 책임감 있는 글쓰기를 하는 것 같다.

안치용_ 송휘수는 자료를 잘 모았고 주석량이 제일 많았다. 신뢰할 만한 많은 주석을 찾은 것이 칭찬할 만하다.

강우정_ 윤동주 편을 쓰면서 느꼈던 것은, 내가 알고 있는 것보다 연구가 많이 되어있다는 것이었다. 교과서나 역사서에서 배우는 것보다 입체적으로 배울 수 있었다. 예를 들면 윤동주가 실제로 독립운동을 한 것은 사람들이 잘 모르고 있다.

안치용_ 윤동주는 시만 썼다는 시각 같은 것?

강우정_ 많은 사람이 윤동주를 시로만 독립운동한 사람이라고 알고 있지만, 실천적이었고, 판사 앞에서도 기죽지 않고 열사다운 모습을 보인 게 많아서 놀랐다. 실미도나 민청학련 사건은 자료가 거의 없었다. 군사정권에서 자료를 폐기했기 때문에, 노무현 대통령 때의 '진실·화해를 위한 보고서'가 실미도의 유일한 자료다. 경북대 학생운동가 여정남 등 우리가 응당 기억해야 할 사람들의 죽음을 너무 모르고 있는 것 같아 슬펐다. 독자들이 우리 글을 읽으면서 과거에만 머무는 게 아니라 지금 우리 주변에 어떤 죽음이 있고 사회에 어떤 문제가 있는지 고민하는 시간이 되었으면 좋겠다.

박수연_ 모란공원뿐 아니라 삼풍백화점 붕괴사건 위령탑이 있는 양재시민의숲을 다녀왔다. 거기에 국화를 놓고 서 있는데 옆에서 강아지를 산책시키는 사람들이 지나가고 아이들이 놀고 있었다. 지나가는 사람이 보기에는 그냥 조형물인가 싶을 정도로 위령탑이 예쁘게 생겼다. 자세히 보면 삼풍 사건에서 사망한 사람 이름이 다 적혀 있다. 나만 이 탑과 함께 외롭게 분리된 듯한 이상한 느낌이 들었다. 소외되었다고 할 수는 없고, 잊힌 것을 나만 보고 있는 느낌, 이 공간만 멈춰있고 그것을 나만 보는 느낌, 기묘한 경험이었다. 지금 삼풍백화점 터에 세워진 주상복합 아파트에도 위령탑에서 버스를 타고 가봤다. 기억되어야 할 사람과 사건장소가 떨어져 있다는 게 이상했다. 성수대교 위령탑은 아예 접근조차 할 수 없어서 서울숲에서 멀찍이 '저기 있겠거니' 짐작이나 하고 말았다.

안치용_ 기억하는 방법에 관한 좋은 지적이다.

노수빈_ 사실 처음부터 어떤 회의감이 있었다. 눈물 짜내는 영화 한 편을 제작하고 마는 사업 같은 느낌을 지울 수 없었다. 글을 교열하는 과정에서도 어떤 노동자, 어떤 여자가 죽었다. 많은 사건이 일어난 후 시간이 지나갔지만 현실은 똑같고, 전태일의 죽음과 황승원의 죽음이 다르지 않았다. 뭔가 무기력한 기분이 들었다. 나는 송휘수가 피로감을 많이 느꼈다는 이야기를 듣고 감동을 받았다. 그의 글 두 편을 교열할 때, 다른 분들이 그러한 것처럼, 송휘수가 사건 자체를 존중하려 한다는 느낌을 많이 받았다. 자료조사를 많이 해주어서 그만큼 해주었다는 태도에 많이 감사하고 많이 배웠다. 본인이 피로감을 느껴서 안 하려고 했다면서, 고민하면서도 끝까지 찾아서 했다는 것이 특히 감동이었다. 내가 피했다고 보면, 송휘수는 계속 찾아서 이만큼 찾은 것에서 힘을 얻었다. 무슨 의미가 있을까 했는데 송휘수 글 몇 편을 읽으면서 기록하는 것 자체의 의미, 말하는 것 자체의 의미를 찾을 수 있었다.

안치용_ 그렇다. 기록하고 말하는 것 자체가 커다란 실천이다.

황경서_ 우리는 평범한 일상을 살 수 있는데 청년의 죽음을 쓰게 됨으로써 그 죽음으로 인해 울고 분노하고 그러지 않았나. 굳이 이걸 선택해서 글을 쓴 것인데 이것이 변화의 불씨, 밑거름이 되는 것으로 의미 있다고 생각했다. 가족한테 많이 자랑했다. 아버지가 "의미 있는 일을 하고 있으니 느꼈던 것들을 평생 가지고 살았으면 좋겠다"라고 말해주었다.

김유라_ 누군가의 죽음을 들여다보는 것이 얼마나 힘든지 체감했다. 모두가 순간순간 용기를 냈기에 이 책이 완성될 수 있었던 것 같다.

박수연_ 황유미 편을 쓰면서 조금 주변을 돌아보게 되었다. 우리는 제삼자 입장에서 사건을 보고 이런 것에 관해 이야기를 쓰는 반면 나에게는 실제로 생산 라인에서 일하는 친구들이 있다. 안부를 전하고 싶었지만 그러지 못했다. 우리가 잊고 있는 것들에 대해 사회의 일원으로서 둘러보는 경험이 되었던 것 같다. 가까이에 있는 이야기라는 걸 체감했으면 좋겠다.

신다임_ 우리가 글을 쓴다고 세상이 바뀔 것이라고 생각하지는 않았다. 잊힌 죽음 속의 청년 하나하나를 되새겨보자는 의미였는데 생각보다 주변에서 이것을 따라주는 독자들이 많았다. 계속 읽어주는 사람들이 계시니까 우리가 한 일이 결코 아무것도 아닌 것은 아니었다고 말해주고 싶다. 우리 주변에도 우리처럼 정의감을 가지고 읽으면서 응원을 보내고 세상을 바꾸고자 하는 사람이 생각보다 많이 있다는 사실을 이야기하고 싶다.

주석

1   윤병석, 「한인(조선인)의 간도 이주 개척과 간도개척사」, 『백산학보』 79, 백산학회, 2008, 315쪽.

2   홍용희·유재원, 「분열의식과 탈식민성」, 『한국시학연구』 39, 한국시학회, 2014, 255쪽.

3   송우혜, 『윤동주 평전』, 푸른역사, 2004, 39~46쪽.

4   유성호, 「윤동주의 시의 근원적 표상으로서 북간도」, 『서정시학』 제28권 제2호, 2018, 262쪽.

5   김응교, 「만주, 디아스포라 윤동주의 고향」, 『한민족문화연구』 39, 한민족문화학회, 2012, 113쪽.

6   김치성, 「윤동주 시의 발생론적 시원 연구」, 『우리말글』 69, 우리말글학회, 2016, 190쪽.

7   김신재, 「일제강점기 조선총독부의 지배정책과 동화정책」, 『동국사학』 60, 동국사학회, 2016, 212p.

8   송우혜(2004), 위의 책, 219p.

9   이수경, 「윤동주와 송몽규의 재판 판결문과 『문우』(1941.03.)지 고찰」, 『한국문학논총』 61, 한국문학회, 2012, pp. 411~417.

10   강유인화, 「식민지 조선과 병역 의무의 정치학」, 『사회와 역사』 109, 한국사회사학회, 2016.

11   이수경, 위의 논문, pp. 411~417.

12 송우혜, 「윤동주 시인이 꿈꾼 세상」, 『계간 서정시학』 25, 2015, 249.

13 제주4·3사건진상규명및희생자명예회복위원회, 『제주4·3사건진상조사보고서』, 2003, 107쪽.

14 제주4·3사건진상규명및희생자명예회복위원회, 『제주4·3사건진상조사보고서』 2003, 109–112쪽.

15 JEJU 4·3 평화재단.

16 제주4·3사건진상규명및희생자명예회복위원회, 위의 글, 133쪽.

17 제주4·3사건진상규명및희생자명예회복위원회, 위의 글, 146–150쪽.

18 제주4·3사건진상규명및희생자명예회복위원회, 위의 글, 167쪽.

19 JEJU 4·3 평화재단.

20 JEJU 4·3 평화재단.

21 제주4·3사건진상규명및희생자명예회복위원회, 위의 글, 199쪽.

22 제주4·3사건진상규명및희생자명예회복위원회, 위의 글, 207쪽.

23 JEJU 4·3 평화재단.

24 제주4·3사건진상규명및희생자명예회복위원회, 위의 글, 209쪽.

25 제주4·3사건진상규명및희생자명예회복위원회, 위의 글, 211쪽.

26 양정심, 「제주4·3항쟁 연구(濟州4·3抗爭 硏究)」, 성균관대학교 박사학위 논문, 2006, 114쪽.

27 2018 JEJU 4·3 평화재단.

28 제주4·3사건진상규명및희생자명예회복위원회, 위의 글, 241쪽.

29 양정심, 위의 논문, 124쪽.

30 양정심, 위의 논문, 378쪽.

31 양정심, 위의 논문, 387쪽.

32 양정심, 위의 논문, 391쪽.

33 양정심, 위의 논문, 396쪽.

34 양정심, 위의 논문, 413쪽.

35   JEJU 4 · 3 평화재단.

36   제주4 · 3사건진상규명및희생자명예회복위원회, 위의 글, 413쪽.

37   제주4 · 3사건진상규명및희생자명예회복위원회, 위의 글, 413쪽.

38   제주4 · 3사건진상규명및희생자명예회복위원회, 위의 글, 458–460쪽.

39   제주4 · 3사건진상규명및희생자명예회복위원회, 위의 글, 333쪽.

40   제주4 · 3사건진상규명및희생자명예회복위원회, 위의 글, 356쪽.

41   제주4 · 3사건진상규명및희생자명예회복위원회, 위의 글, 496쪽.

42   JEJU 4 · 3 평화재단.

43   제주 4 · 3 평화기념관.

44   제주 4 · 3사건진상규명및희생자명예회복위원회, 위의 글, 518쪽.

45   양정심, 위의 논문, 180쪽.

46   "반민족행위특별조사위원회", 한국민족문화대백과, 2020.10.26.

47   민주화운동기념사업회, "사료로 배우는 민주화운동–사료로 보는 반민
      특위".

48   민주화운동기념사업회, "사료로 배우는 민주화운동–사료로 보는 반민
      특위".

49   민주화운동기념사업회, "사료로 배우는 민주화운동–사료로 보는 반민
      특위".

50   이주영, "기록 위해 30년 뛰었지만⋯ 끝내지 못한 '반민특위'", 〈오마이
      뉴스〉, 2017.09.07.

51   이주영, "기록 위해 30년 뛰었지만⋯ 끝내지 못한 '반민특위'", 〈오마이
      뉴스〉, 2017.09.07.

52   허종, 「반민특위 경상남도 조사부의 조직과 활동」, 『한국근현대사연구』,
      한국근현대사학회, 2003, 570쪽.

53   김지형, 「[나의 아버지 반민특위 조사관 김철호] 친일파 잡던 아버지,
      친일파의 역공에 당하신 게 사실이라면」, 『민족21』, 제28호, 민족21,

2003.07., 134–135쪽.

54 허종, 위의 논문, 564–572쪽.

55 허종, 위의 논문, 573쪽.

56 허종, 위의 논문, 573쪽.

57 민주화운동기념사업회, 위의 글.

58 서희경, 「이승만의 정치 리더십 연구—반민법 제정과 반민특위 활동을 중심으로」, 『한국정치학회보』, 제45집, 한국정치학회보, 2011, 62쪽.

59 서희경, 「이승만의 정치 리더십 연구—반민법 제정과 반민특위 활동을 중심으로」, 『한국정치학회보』, 제45집, 한국정치학회보, 2011, 63쪽.

60 서희경, 「이승만의 정치 리더십 연구—반민법 제정과 반민특위 활동을 중심으로」, 『한국정치학회보』, 제45집, 한국정치학회보, 2011, 63쪽.

61 서희경, 「이승만의 정치 리더십 연구—반민법 제정과 반민특위 활동을 중심으로」, 『한국정치학회보』, 제45집, 한국정치학회보, 2011, 63쪽.

62 민주화운동기념사업회, 위의 글.

63 민주화운동기념사업회, 위의 글.

64 허종, 위의 논문, 574쪽.

65 민주화운동기념사업회, 위의 글.

66 허종, 위의 논문, 574–578쪽.

67 민주화운동기념사업회, 위의 글.

68 민주화운동기념사업회, 위의 글.

69 민주화운동기념사업회, 위의 글.

70 민주화운동기념사업회, 위의 글.

71 김지형, 「[못다 한 이야기 나의 아버지 김상덕 반민특위 위원장] 김상덕 반민특위 위원장 아들 김정욱 선생: 이승만, 한밤중에 아버지 찾아와 담판 깨진 후 반민특위 습격사건 터져」, 『민족21』, 제22호, 민족21, 106쪽.

72   민주화운동기념사업회, 위의 글.

73   허종, 위의 논문, 578쪽.

74   민주화운동기념사업회, 위의 글.

75   김지형, 위의 글, 2003.07., 134–135쪽.

76   김지형, 위의 글, 2003.01., 104–107쪽.

77   김지형, 위의 글, 2003.07., 134–135쪽.

78   서희경, 위의 논문, 57–62쪽.

79   서희경, 위의 논문, 57–62쪽.

80   민주화운동기념사업회, 위의 글.

81   민주화운동기념사업회, 위의 글.

82   서희경, 위의 논문, 61쪽.

83   민주화운동기념사업회, 위의 글.

84   장슬기, "'살살 하자' 말 안 들으니 총 들고 찾아와 감투 제안", 〈미디어
      오늘〉, 2016.08.15.

85   장슬기, "'살살 하자' 말 안 들으니 총 들고 찾아와 감투 제안", 〈미디어
      오늘〉, 2016.08.15.

86   민주화운동기념사업회, 위의 글.

87   민주화운동기념사업회, 위의 글.

88   김지형, 위의 글, 2003.07., 134–135쪽.

89   김지형, 위의 글, 2003.01., 107쪽.

90   이윤갑, 「해방 후 경상도 성주지역의 건국운동과 국민보도연맹」, 『한국
      학논집』, 제42집, 계명대학교 한국학연구원, 2011, 308쪽.

91   진실·화해를위한과거사정리위원회, 『2009년 하반기조사보고서』, 7
      권, 2009, 596–597쪽.

92   〈이제는 말할 수 있다〉 29회 '보도연맹1–잊혀진 대학살'.

93   〈이제는 말할 수 있다〉 29회 '보도연맹1–잊혀진 대학살'.

94 이윤상, "아버지는 어디 계세요? 묻자 어머니는 눈물만…", 〈노컷뉴스〉, 2020.02.04.

95 진실 · 화해를위한과거사정리위원회, 위의 글, 592–593쪽.

96 진실 · 화해를위한과거사정리위원회, 위의 글, 585쪽.

97 진실 · 화해를위한과거사정리위원회, 위의 글, 596쪽.

98 진실 · 화해를위한과거사정리위원회, 위의 글, 303쪽.

99 김태우, 「제노사이드의 단계적 메커니즘과 국민보도연맹사건: 대한민국 공산주의자들의 절멸 과정에 관한 일고찰」, 『동북아연구』, 제30권 1호, 조선대학교 동북아연구소, 2015, 173쪽.

100 김태우, 위의 논문, 190쪽.

101 진실 · 화해를위한과거사정리위원회, 위의 글, 335쪽.

102 김태우, 위의 논문, 191쪽.

103 진실 · 화해를위한과거사정리위원회, 위의 글, 389쪽.

104 김태우, 위의 논문, 192쪽.

105 진실 · 화해를위한과거사정리위원회, 위의 글, 346–348쪽.

106 진실 · 화해를위한과거사정리위원회, 위의 글, 390쪽.

107 진실 · 화해를위한과거사정리위원회, 위의 글, 350쪽.

108 김태우, 위의 논문, 193쪽.

109 진실 · 화해를위한과거사정리위원회, 위의 글, 390쪽.

110 백윤철, 「보도연맹사건에 관한 연구」, 『세계헌법연구』, 제15권 2호, 세계헌법학회 한국학회, 2009, 342쪽.

111 진실 · 화해를위한과거사정리위원회, 위의 글, 374–379쪽.

112 진실 · 화해를위한과거사정리위원회, 위의 글, 346쪽.

113 진실 · 화해를위한과거사정리위원회, 위의 글, 371쪽.

114 진실 · 화해를위한과거사정리위원회, 위의 글, 360쪽.

115 진실 · 화해를위한과거사정리위원회, 위의 글, 518쪽.

116 진실 · 화해를위한과거사정리위원회, 위의 글, 467쪽.

117 진실 · 화해를위한과거사정리위원회, 위의 글, 552쪽.

118 김태우, 위의 논문, 202쪽.

119 〈이제는 말할 수 있다〉 29회 '보도연맹1–잊혀진 대학살'.

120 조운찬, "1960년 5월 8일 김주열 어머니의 편지", 〈경향신문〉, 2014.04.17.

121 김수자, 「대한민국 제1공화국의 지배와 저항담론의 불협화음」, 『한국민족운동사연구』 64, 한국민족운동사학회, 2010, 11쪽.

122 김수자, 「대한민국 제1공화국의 지배와 저항담론의 불협화음」, 『한국민족운동사연구』 64, 한국민족운동사학회, 2010, 110쪽.

123 배규성, 「대구 2 · 28민주운동: 지역적 의미와 계승」, 『영남국제정치학회보』 14, 동아시아국제정치학회, 2011, 108쪽.

124 유명철, 「2 · 28민주운동, 3 · 15 1차 마산의거와 4 · 11–13 2차 마산의거, 4 · 19혁명 : 그 '연관성'에 대한 내용 지도의 필요성」, 『사회과교육』 57, 한국사회과교육연구학회, 2018, 39쪽.

125 배규성, 위의 논문, 109쪽.

126 정주신, 「마산의 민주화운동 비교 분석: 1960년 3 · 15의거와 1979년 10 · 18부마항쟁」, 『한국과 국제사회』 3, 한국정치사회연구소, 2019, 31쪽.

127 유명철, 위의 논문, 42쪽.

128 유명철, 위의 논문, 42쪽.

129 정주신, 위의 논문, 33쪽.

130 3 · 15의거기념사업회, 『3 · 15의거사』, 2004, 298–302쪽.

131 이완범, 「4 · 19 전조(前兆)로서의 1960년 초봄 지역 시민운동 : '4 · 19'의 '대학생–서울' 중심사관을 넘어서」, 『한국정치외교사논총』 34, 한국정치외교사학회, 2013, 59쪽.

132 60쪽.

133 한상권, 「4월혁명과 여성 참여–2 · 28대구학생시위로부터 4 · 11민주항쟁까지를 중심으로–」, 『여성과 역사』 33, 한국여성사학회, 2020, 105쪽.

134 유명철, 위의 논문, 44쪽.

135 민주화운동기념사업회.

136 한상권, 위의 논문, 106쪽.

137 민주화운동기념사업회.

138 한상권, 위의 논문, 107쪽.

139 민주화운동기념사업회.

140 민주화운동기념사업회.

141 홍석률, 「4월혁명의 다양성」, 『지식의 지평』 28, 대우재단, 2020, 3쪽.

142 4쪽.

143 "가짜鑛夫(광부)수두룩 西獨(서독)파견모집서 드러나", 〈경향신문〉, 1963.09.13., 7면.

144 "西獨鑛夫遺骸(서독광부유해) 無言(무언)의 歸國(귀국)", 〈경향신문〉, 1965.01.26., 3면.

145 재독한인글뤼아우프회, 『파독광부 45년사 : 1963~2008』, 재독한인글뤼아우프회, 2009.

146 권이종, 『교수가 된 광부』, 이채, 2004.

147 이수길, 『개천에서 나온 용』, 북큐브, 2014.

148 간호 학생은 아직 간호학교를 졸업하지 않아 정식 간호 자격이 없는 사람이다.

149 간호보조원은 지금의 간호조무사다.

150 조경애, 『파독(派獨) 간호사로부터 온 편지』, 가람출판사, 2012.

151 정재욱, "그 고생을 우리 세대가 겪어서 다행", 〈미래 한국〉, 2016.07.11.

152 김홍현, 『나는 왜 독일을 선택했나』, 가람기획, 2005.

153 장우성, "사실을, 진실을 보도해주십시오", 〈한국기자협회〉, 2006.11.07.

154 박주희, "'동백림사건' 이수길씨 국가상대로 피해배상 청구", 〈한겨레〉, 2006.11.06.

155 박현영, "병원장이 된 파독 간호사 출신 의사 미라 박", 〈중앙일보〉, 2010.09.18.

156 이길보라(감독/제작), 〈기억의 전쟁〉, [영화], 서울: 영화사 고래, 2020.

157 박태균, 『베트남전쟁: 잊혀진 전쟁, 반쪽의 기억』, 한겨레출판, 2015, 153–160쪽.

158 윤충로, 『베트남전쟁의 한국 사회사』, 푸른역사, 2015, 141쪽.

159 김영두, 『안케패스 대혈전』, 북코리아, 2018, 42–47쪽.

160 박태균, "돈이 고립된 장병들의 목숨보다 더 중요했나", 〈한겨레〉, 2014.10.31.

161 김영두, 위의 책, 200–202쪽.

162 박태균, 위의 기사.

163 이길보라, 위의 영화.

164 고경태, 『1968년 2월 12일 : 베트남 퐁니·퐁넛 학살 그리고 세계』, 한겨레출판, 2015, 224–226쪽.

165 지요하, "나는 고엽제 피해자⋯ 이렇게 될 줄 몰랐다", 〈오마이뉴스〉, 2011.05.23.

166 신종태, 「월남전 참전 고엽제 환자와 보훈정책 발전방향」, 『군사발전연구』, 제7권 2호, 2013, 152쪽.

167 장두성, "월남전 고엽제 후유증 심각", 〈중앙일보〉, 1984.05.14.

168 대한민국고엽제전우회 웹사이트.

169 "고엽제 후유증 派越장병 신병비관 목매자살", 〈동아일보〉, 1992.08.01., 23면.

170 대한민국고엽제전우회 웹사이트.

171 지요하, 위의 기사.

172 최영기, "[최영기 변호사의 알쓸신軍] 고엽제후유증 환자의 자살, 국가
유공자에 해당할까", 〈스포츠경향〉, 2020.06.22.

173 박태균, 위의 책, 53–60쪽.

174 윤충로, 위의 책, 159쪽.

175 조영래 『전태일평전』, 전태일재단, 2009.04.15., 61쪽.

176 임송자, 「전태일 분신과 1970년대 노동·학생운동」, 한국민족운동사연
구 65, 2010, 327쪽.

177 조영래, 위의 책, 152쪽.

178 임송자, 위의 논문, 324쪽.

179 김일성, 인민군대의 간부화와 군종 병종의 발전 전망에 대하여, 남조
선 혁명과 조국 통일에 대하여, 조선로동당출판사, 1969, 119쪽 : 이명
례, 「1968年 1·21事態 背景에 關한 研究 : 1960年代 北韓의 南韓政勢
認識과 南朝鮮革命戰略을 中心으로」 숙명여자대학교 석사학위, 1993,
10쪽에서 재인용.

180 이명례, 위의 글, 9–16쪽.

181 이명례, 위의 글, 33쪽.

182 김일성, 『김일성 저작선집』, 조선로동당 출판사, 1968, 340쪽 : 이명례,
「1968年 1·21事態 背景에 關한 研究 : 1960年代 北韓의 南韓政勢認
識과 南朝鮮革命戰略을 中心으로」 숙명여자대학교 석사학위, 1993,
35쪽에서 재인용.

183 국방부 과거사진상규명위원회, 『과거사진상규명위원회 종합보고서』
제2권, 216–217쪽.

184 국방부 과거사진상규명위원회, 『과거사진상규명위원회 종합보고서』
제2권, 220–221쪽.

185 국방부 과거사진상규명위원회, 『과거사진상규명위원회 종합보고서』
제2권, 228쪽.

186 장준갑, 「닉슨 행정부의 아시아 데탕트와 한미관계」, 『역사와 경계』 70, 부산경남사학회, 2009, 200쪽.

187 장준갑, 위의 글, 215쪽.

188 국방부 과거사진상규명위원회, 위의 글, 227-278쪽.

189 국방부 과거사진상규명위원회, 위의 글,291쪽.

190 김원, 『박정희 시대의 유령들기억, 사건 그리고 정치』, 현실문화연구, 2011.05.31., 349쪽.

191 김원, 『박정희 시대의 유령들기억, 사건 그리고 정치』, 현실문화연구, 2011.05.31.,346쪽.

192 김원, 『박정희 시대의 유령들기억, 사건 그리고 정치』, 현실문화연구, 2011.05.31.,347쪽.

193 김원, 『박정희 시대의 유령들기억, 사건 그리고 정치』, 현실문화연구, 2011.05.31.,347-349쪽.

194 김원, 『박정희 시대의 유령들기억, 사건 그리고 정치』, 현실문화연구, 2011.05.31.,349-350쪽.

195 김원, 『박정희 시대의 유령들기억, 사건 그리고 정치』, 현실문화연구, 2011.05.31.,350쪽.

196 김원, 『박정희 시대의 유령들기억, 사건 그리고 정치』, 현실문화연구, 2011.05.31.,340-341쪽.

197 유경남, 「1970-80년대 무등산 개발사업과 그 내파(內破)」, 『지방사와 지방문화』, 제16권 제1호, 역사문화학회, 2013.05., 244쪽.

198 김원, 위의 책, 341쪽.

199 김원, 위의 책, 342쪽.

200 김원, 위의 책, 343-345쪽.

201 김원, 위의 책, 345-346쪽.

202 김원, 위의 책, 346-347쪽.

203 김원, 위의 책, 348쪽.

204 김원, 위의 책, 348쪽.

205 김원, 위의 책, 352쪽.

206 김원, 위의 책, 352쪽.

207 박홍근, 「1960년대 후반 서울 도시근대화의 성격도시빈민의 추방과 중산층 도시로의 공간재편」, 『민주주의와 인권』, 제15권 2호, 전남대학교 5 18연구소, 2015.08., 242–244쪽.

208 김원, 위의 책, 353쪽.

209 박홍근, 위의 논문, 242–243쪽.

210 김원, 위의 책, 353쪽.

211 박홍근, 위의 논문, 243쪽.

212 김원, 위의 책, 354쪽.

213 박홍근, 위의 논문, 256–257쪽.

214 김원, 위의 책, 354쪽.

215 "연내 아파트 81동 건립", 〈조선일보〉, 1971.02.25.

216 박홍근, 위의 논문, 257쪽.

217 박홍근, 위의 논문, 260쪽. / 김원, 위의 책, 354쪽.

218 박홍근, 위의 논문, 261–262쪽.

219 김동춘, 「1971년 8 · 10 광주대단지 주민항거의 배경과 성격」, 『공간과 사회』, 제21권 4호, 한국공간환경학회, 2011.12., 30쪽.

220 김동춘, 「1971년 8 · 10 광주대단지 주민항거의 배경과 성격」, 『공간과 사회』, 제21권 4호, 한국공간환경학회, 2011.12., 16쪽.

221 유경남, 위의 논문, 243쪽.

222 김원, 위의 책, 360쪽.

223 이정환, "우리가 무엇 때문에 나라를 위해 싸우는가–박흥숙 자필 최후 진술 전문", 〈오마이뉴스〉, 2016.02.05.

224 김원, 위의 책, 361쪽.

225 박홍근, 위의 논문, 238쪽.

226 박홍근, 위의 논문, 252쪽.

227 박홍근, 위의 논문, 254쪽.

228 이정환, "우리가 무엇 때문에 나라를 위해 싸우는가—박흥숙 자필 최후 진술 전문", 〈오마이뉴스〉, 2016.02.05.

229 이정환, "우리가 무엇 때문에 나라를 위해 싸우는가—박흥숙 자필 최후 진술 전문", 〈오마이뉴스〉, 2016.02.05.

230 이정환, "우리가 무엇 때문에 나라를 위해 싸우는가—박흥숙 자필 최후 진술 전문", 〈오마이뉴스〉, 2016.02.05.

231 이정환, "우리가 무엇 때문에 나라를 위해 싸우는가—박흥숙 자필 최후 진술 전문", 〈오마이뉴스〉, 2016.02.05.

232 이정환, "우리가 무엇 때문에 나라를 위해 싸우는가—박흥숙 자필 최후 진술 전문", 〈오마이뉴스〉, 2016.02.05.

233 이정환, "우리가 무엇 때문에 나라를 위해 싸우는가—박흥숙 자필 최후 진술 전문", 〈오마이뉴스〉, 2016.02.05.

234 김원, 위의 책, 342쪽.

235 이정환, 위의 기사.

236 김원, 위의 책, 378–381쪽.

237 정용일, "사형 언도한 독재자 전율케 한 최후진술 '영광입니다' 유신독재에 맞선 투쟁의 선봉장 여정남". 민족21, 2008년 4월호, 118쪽.

238 정용일, 위의 책, 117–118쪽.

239 김진균 외, 『김진균 교수 저작집』, 문화과학사, 586–587쪽.

240 김형태, 「인혁당 재건위 사건의 경과와 의미」, 『과거청산 포럼자료집』, 포럼진실과정의, 2007, 5–6쪽.

241 김형욱 박사월, 『김형욱 회고록 II』, 아침, 1979, 135–136쪽.

242 김형욱 박사월, 『김형욱 회고록 II』, 아침, 1979, 119쪽.

243 유리라, 『유신체제하 학생운동 연구』, 석사학위논문, 목포대학교, 2007, 10쪽.

244 유리라, 『유신체제하 학생운동 연구』, 석사학위논문, 목포대학교, 2007, 11–13쪽.

245 정용일, "사형 언도한 독재자 전율케 한 최후진술 '영광입니다' 유신독재에 맞선 투쟁의 선봉장 여정남" 민족21, 2008년 4월호, 119쪽.

246 권혜령, 「유신 헌법상 긴급조치권과 그에 근거한 긴급조치의 불법성」, 『이화여자대학교 법학논집』제14권, 이화여자대학교 법학연구소, 2009, 185쪽.

247 김형태, 「인혁당 재건위 사건의 경과와 의미」, 『과거청산 포럼자료집』, 포럼진실과정이, 2007, 16쪽.

248 김형태, 「인혁당 재건위 사건의 경과와 의미」, 『과거청산 포럼사료집』, 포럼진실과정의, 20–21쪽.

249 김진균 외 저, 위의 책, 589쪽.

250 한국기독교교회협의회 인권위원회, 『1970년대 민주화운동 I–IV』, 1987, 449쪽.

251 오승용, 「국가폭력과 가족의 피해–'인혁당 재건위' 사건을 중심으로」, 『담론 201』 10권, 한국사회역사학회, 2008, 214–215쪽.

252 오승용, 「국가폭력과 가족의 피해–'인혁당 재건위' 사건을 중심으로」, 『담론 201』 10권, 한국사회역사학회, 2008, 218–219쪽.

253 박종인, "[박종인의 논픽션 스토리 大韓國人, 우리들의 이야기] 하루 18시간, 승강구서 졸며 '오라이~' 그렇게 산업화시대 滿員버스를 굴렸다", 〈조선일보〉, 2015.03.27.

254 김정화, 「[특집] 1960년대 여성노동식모와 버스안내양을 중심으로」, 『역사연구』, 제11호, 역사학연구소, 2002, 97쪽.

255 박종인, 위의 기사.

256 김정환, 위의 논문, 87쪽.

257 유인경, "[100년을 엿보다](19) 버스차장", 〈경향신문〉, 2010.03.07.

258 김이정민, "사라진 '버스안내양'", 〈일다〉, 2005.04.05.

259 김정환, 위의 논문, 102쪽.

260 손귀례 김희용, 「일부 대도시 버스안내양들의 요통 발생에 관한 조사
     연구」, 『군진간호연구』, 제4권, 국군간호사관학교 군건강정책연구소,
     1983, 127–128쪽.

261 임미리, "버스안내양, 가혹한 노동과 외로운 저항", 〈에큐메니안〉,
     2015.07.07.

262 임미리, "버스안내양, 가혹한 노동과 외로운 저항", 〈에큐메니안〉,
     2015.07.07.

263 정일선, "[여성칼럼] 버스안내양의 귀환", 〈영남일보〉, 2018.12.20.

264 박종인, 위의 기사.

265 "여차장 투신자살", 〈중앙일보〉, 1966.10.22.

266 "몸수색 비관 안내양 자살", 〈중앙일보〉, 1978.10.20.

267 김정환, 위의 논문, 102쪽.

268 박종인, 위의 기사.

269 "여차장들 새벽시위", 〈조선일보〉, 1964.01.17.

270 "여차장들 태업소동", 〈조선일보〉, 1966.07.06.

271 홍성원, 『흔들리는 땅』, 문학과지성사, 1978, 287–188쪽.

272 권경미, 「1970년대 버스안내양의 재현 방식 연구―소설, 영화, 수기를
     중심으로」, 『어문론집』, 제53집, 중앙어문학회, 2013, 289쪽.

273 이명화, 「YWCA 근로여성 생활수기 특등―희롱의 굴욕도 참으며」, 『여
     성동아』, 2월호, 1975, 185–188쪽.

274 "여차장들 태업소동", 〈조선일보〉, 1966.07.06.

275 권경미, 위의 논문, 293쪽.

276 김정화, 위의 논문, 104쪽.

277 박영희, 『김경숙』, 민주화운동기념사업회, 2003.12.29., 182쪽.

278 정영훈, "세상이 다 알았던 죽음 그러나 아무도 몰랐던 죽음김경숙 일기", 민주화운동기념사업회 오픈아카이브, 2017.11.02.

279 안재성, "YH사건—여공들, 민주주의의 봄을 부르다", 민주화운동기념사업회 오픈아카이브, 2016.01.19.

280 정영훈, 위의 글.

281 안재성, 위의 글.

282 안재성, 위의 글.

283 "YH노조 간부 김경숙씨 10주기 맞아 추모비 건립", 〈한겨레〉, 1989.08.27.

284 안재성, 위의 글.

285 정영훈, 위의 글.

286 정영훈, 위의 글.

287 정영훈, 위의 글.

288 박영희, 위의 책, 109쪽.

289 박영희, 위의 책, 126–127쪽.

290 박영희, 위의 책, 127–128쪽.

291 박영희, 위의 책, 127–132쪽.

292 정영훈, 위의 글.

293 박영희, 위의 책, 136–139쪽.

294 안재성, 위의 글.

295 정영훈, 위의 글.

296 박영희, 위의 책, 162–166쪽.

297 박영희, 위의 책, 166–170쪽.

298 박영희, 위의 책, 171–172쪽.

299 박영희, 위의 책, 176–181쪽.

300 박영희, 위의 책, 182쪽.

301 박혜영, 박금식, 「산업시대의 여성 그 많던 여공들은 모두 어디로 갔는 가?」, 『젠더와 문화』, 제8권 제1호, 계명대학교 여성학연구소, 2015.06., 95쪽.

302 박혜영, 박금식, 위의 논문, 89쪽. / 김문정, 「1970년대 한국 여성 노동 자 수기와 그녀들의 '이름 찾기'」, 『한국학연구』, 제49집, 인하대학교 한국학연구소, 2018.05., 308쪽.

303 박혜영, 박금식, 위의 논문, 95쪽. / 김문정, 위의 논문, 308쪽.

304 김문정, 위의 논문, 308–309쪽.

305 김원, 『여공 1970그녀들의 反역사』, 이매진, 2005.09.30., 279쪽.

306 함세웅, 「열아홉 살 여성 노동자 김경숙의 일기장」, 『희망세상』, 민주화 운동기념사업회, 2005.10.01., 25쪽.

307 함세웅, 「열아홉 살 여성 노동자 김경숙의 일기장」, 『희망세상』, 민주화 운동기념사업회, 2005.10.01., 25쪽.

308 정영훈, 위의 글.

309 정영훈, 위의 글.

310 김원, 위의 책, 372–373쪽.

311 김원, 위의 책, 375쪽.

312 안지영, 「여공의 대표 (불)가능성과 민주주의의 임계점1970, 1980년 대 여성–노동자들의 수기를 중심으로」, 『상허학보』, 제55권, 상허학회, 2019.02., 392–393쪽.

313 안지영, 「여공의 대표 (불)가능성과 민주주의의 임계점1970, 1980년 대 여성–노동자들의 수기를 중심으로」, 『상허학보』, 제55권, 상허학회, 2019.02., 401쪽.

314   김원, 위의 책, 399~406쪽.

315   안재성, 위의 글.

316   안재성, 위의 글.

317   박노해, "광주 무장봉기의 지도자 윤상원 평전", 〈노동해방문학〉, 1989.05.

318   임낙평, "윤상원 열사의 삶과 투쟁", 〈월간말〉 35, 1989.05., 96~103쪽.

319   윤석진, "윤상원을 통해 본 광주항쟁", 〈월간중앙〉, 1989.05., 374~391쪽.

320   임낙평, 위의 글, 96~103쪽.

321   윤석진, 위의 글, 374~391쪽.

322   윤석진, 위의 글, 374~391쪽.

323   윤석진, 위의 글, 374~391쪽.

324   민주화운동기념사업회 오픈아카이브, "고(故) 이세종, 전주의 5 · 18희생자", 2018.05.16.

325   노영기, 「총을 든 시민들, 시민군」, 『역사비평』 107, 역사비평사, 2014, 257쪽.

326   5 · 18민주화운동기록관 전자자료총서 제18권, "아, 광주여! 오월이여!", 〈인권선교 20년사〉, 1996.08., 383쪽.

327   전남대학교 5 · 18연구소, "[증언 자료] 의무전경으로 시위진압에 나서", 2007.05.23.

328   전남대학교 5 · 18연구소, "[증언 자료] 말 못 하는 아들이 무슨 죄가 있다고", 2007.05.29.

329   윤석진, 위의 글, 374~391쪽.

330   임낙평, 위의 글, 96~103쪽.

331   노영기, 「총을 든 시민들, 시민군」, 『역사비평』 107, 역사비평사, 2014, 259쪽.

332 광주광역시 5 · 18기념문화센터.

333 노영기, 「1980년 5월 21일 계엄군의 발포와 희생」, 『민주주의와 인권』 15(3), 전남대학교 5 · 18연구소, 2015, 20쪽.

334 김정한, 「광주 학살의 내재성–쿠데타, 베트남전쟁, 내전」, 『역사비평』 131, 역사비평사, 2020, 68–69쪽.

335 KOSIS 국가통계포털.

336 노영기, 「1980년 5월 21일 계엄군의 발포와 희생」, 『민주주의와 인권』 15(3), 전남대학교 5 · 18연구소, 2015, 30쪽.

337 노영기, 「1980년 5월 21일 계엄군의 발포와 희생」, 『민주주의와 인권』 15(3), 전남대학교 5 · 18연구소, 2015, 30쪽.

338 광주광역시 5 · 18기념문화센터.

339 윤석진, 위의 글, 374–391쪽.

340 노영기, 「5 · 18항쟁의 배경과 참여세력」, 『역사와 현실』 89, 한국역사연구회, 2013, 361쪽.

341 임낙평, 위의 글, 96–103쪽.

342 김정한, 위의 논문, 70쪽.

343 노영기, 「5 · 18항쟁의 배경과 참여세력」, 『역사와 현실』 89, 한국역사연구회, 2013, 362쪽.

344 노영기, 「총을 든 시민들, 시민군」, 『역사비평』 107, 역사비평사, 2014, 260쪽.

345 정희상, "윤상원 열사가 죽어간 곳에서 동생은 발길을 돌렸다", 〈시사인〉, 2019.06.14.

346 노영기, 「5 · 18항쟁의 배경과 참여세력」, 『역사와 현실』 89, 한국역사연구회, 2013, 367쪽.

347 노영기, 「상무충정작전(尚武忠正作戰)의 입안과 실행–1980년 5월 27일 최후의 진압작전을 중심으로—」, 『사림』 52, 수선사학회, 2015, 273쪽.

348 5·18민주화운동기록관 전자자료총서 제18권, "아, 광주여! 오월이여!", 〈인권선교 20년사〉, 1996.08., 386쪽.

349 노영기, 「5·18항쟁의 배경과 참여세력」, 『역사와 현실』 89, 한국역사연구회, 2013, 366–367쪽.

350 임낙평, 위의 글, 96–103쪽.

351 노영기, 「총을 든 시민들, 시민군」, 『역사비평』 107, 역사비평사, 2014, 273쪽.

352 김영태, "'5·18 사망자 606명'… 통계자료 발표", 〈노컷뉴스〉, 2005.05.13.

353 노영기, 「1980년 5월 21일 계엄군의 발포와 희생」, 『민주주의와 인권』 15(3), 전남대학교 5 18연구소, 2015, 9쪽.

354 김철원, "33년 전 오늘 리포트10─죽음을 앞두고…", 〈광주MBC〉, 2013.05.26.

355 이인휘, 『박영진』, 민주화운동기념사업회, 2003.12.29., 160쪽.

356 이인휘, 『박영진』, 민주화운동기념사업회, 2003.12.29., 1188쪽.

357 이인휘, 『박영진』, 민주화운동기념사업회, 2003.12.29., 149쪽.

358 이인휘, 『박영진』, 민주화운동기념사업회, 2003.12.29., 150쪽.

359 이인휘, 『박영진』, 민주화운동기념사업회, 2003.12.29., 154쪽.

360 이인휘, 『박영진』, 민주화운동기념사업회, 2003.12.29., 154쪽.

361 이인휘, 『박영진』, 민주화운동기념사업회, 2003.12.29., 156쪽.

362 이인휘, 『박영진』, 민주화운동기념사업회, 2003.12.29., 158쪽.

363 이인휘, 『박영진』, 민주화운동기념사업회, 2003.12.29., 159쪽.

364 이인휘, 『박영진』, 민주화운동기념사업회, 2003.12.29., 167쪽.

365 이인휘, 『박영진』, 민주화운동기념사업회, 2003.12.29., 170쪽.

366 이인휘, 『박영진』, 민주화운동기념사업회, 2003.12.29., 176쪽.

367 이인휘, 『박영진』, 민주화운동기념사업회, 2003.12.29., 181쪽.

368 이인휘, 『박영진』, 민주화운동기념사업회, 2003.12.29., 198쪽.

369 이인휘, 『박영진』, 민주화운동기념사업회, 2003.12.29., 1100쪽.

370 이인휘, 『박영진』, 민주화운동기념사업회, 2003.12.29., 1107쪽.

371 이인휘, 『박영진』, 민주화운동기념사업회, 2003.12.29., 1113쪽.

372 (사)전태일을따르는민주노동연구소, 「박영진 열사의 생애와 투쟁사」.

373 이인휘, 위의 책, 123쪽.

374 이인휘, 위의 책, 128쪽.

375 이인휘, 위의 책, 133쪽.

376 이인휘, 위의 책, 134쪽.

377 이인휘, 위의 책, 136쪽.

378 이인휘, 위의 책, 152쪽.

379 이인휘, 위의 책, 153쪽.

380 이인휘, 위의 책, 154쪽.

381 이인휘, 위의 책, 155쪽.

382 이인휘, 위의 책, 155쪽.

383 이인휘, 위의 책, 155쪽.

384 이인휘, 위의 책, 156쪽.

385 이인휘, 위의 책, 156쪽.

386 이인휘, 위의 책, 156쪽.

387 이인휘, 위의 책, 157쪽.

388 이인휘, 위의 책, 157쪽.

389 이인휘, 위의 책, 158쪽.

390 이인휘, 위의 책, 158쪽.

391 이인휘, 위의 책, 160쪽.

392 (사)전태일을따르는민주노동연구소, 「박영진 열사여, 그대 이 어둠 속의 한줄기 강렬한 햇살이여!」.

393 (사)전태일을따르는민주노동연구소, 위의 글.

394 이인휘, 위의 책, 32쪽.

395 이인휘, 위의 책, 160쪽.

396 "32명 연행조사 九老工團(구로공단)앞 세곳 百(백)20명시위 농성", 〈동아일보〉, 1986.03.20.

397 "2개 大學生(대학생) 1백여명 九老工團(구로공단)서 가두시위", 〈동아일보〉, 1986.04.06.

398 "32명 연행조사 九老工團(구로공단)앞 세곳 百(백)20명시위 농성", 〈동아일보〉, 1986.03.20.

399 "全泰壹館(전태일관)서 농성 근로자 69명 연행", 〈조선일보〉, 1986.03.26.

400 "焚身(분신)자살 근로자 朴永鎭(박영진)씨 장례식", 〈동아일보〉, 1986.04.28.

401 이인휘, 위의 책, 174쪽.

402 박경만, "'민주열사 묘역 초라해 눈물 나'", 〈한겨레〉, 2012.10.03.

403 「마석 모란공원 민주열사 묘역」, 민주화운동기념사업회.

404 오수미, "'광주 비디오' 설명했더니 비웃어" 감독이 전한 뒷얘기", 〈오마이뉴스〉, 2020.07.01.

405 이민우의 조사, 이한열 장례식 실황 녹음, 〈이한열기념사업회〉.

406 이한열, 유고 〈1987년 분단 42년 피맺힌 2월〉.

407 이민우의 조사, 위의 글.

408 서서란, 『이한열 시대의 불꽃 15』, 민주화운동기념사업회, 2005.

409 민주화운동기념사업회, "이한열, 6월의 거점–만화사랑의 의미–", 〈6월민주항쟁〉.

410 이경란, 『그날의 이한열, 오늘의 우리』, 이한열기념관, 2020.

411 이경란, 『이한열, 열의 걸음』, 이한열기념관, 2019.

412   정진우, ""경찰, 큰일" 말에 3시간을… 87년생 기자가 만난 '1987 기자'", 〈중앙일보〉, 2018.01.08.

413   경찰서 대학생 쇼크사 검찰, 진상 규명 나서, 〈경향신문〉, 1987.01.16.

414   수사경관 2명 소환방침, 〈동아일보〉, 1987.01.17., 7면.

415   강민진, "전두환은 끝내 '박종철 고문치사'를 반성하지 않았다", 〈한겨레〉, 2018.01.15.

416   한국민족문화대백과사전, "사일삼호헌조치(4·13護憲措置)".

417   민주화운동기념사업회, "1987.05.18. '성명서—박종철 군 고문치사 사건의 진상이 조작되었다', 천주교정의구현전국사제단", 〈6월민주항쟁〉.

418   민주화운동기념사업회, "박종철 고문치사 은폐조작 사건 진상조사 활동과 규탄대회", 〈6월민주항쟁〉.

419   이경란, 위의 글.

420   김정희, 『1987 이한열』, 사회평론, 2017.

421   서성란, 위의 글.

422   구슬희, "22살 한열이의 유월", 〈뉴스타파〉, 2016.06.24.

423   손숙의 아주 특별한 인터뷰, "산 자들의 잔치 아닌 죽은 자들을 먼저 기려야", 〈노컷뉴스〉, 2007.06.09.

424   서성란, 위의 글.

425   경향신문 민주화운동기념사업회, "([실록민주화운동](82). 6월항쟁의 서막", 〈경향신문〉, 2004.12.19.

426   서성란, 위의 글.

427   김덕련, "전두환도 두 손 들게 만든 명동성당 농성 투쟁", 〈프레시안〉, 2017.02.20.

428   서성란, 위의 글.

429   한국민족문화대백과, "6·29민주화선언"

430   "전두환대통령 특별담화 발표, 노태우 대표 시국수습안 전폭 수용",

〈MBC〉, 1987.07.01.

431 이금옥(Keum—Ok Lee), 2018, 현행 헌법의 제왕적 대통령제와 권력구
조 개편 방안, 헌법학연구, 24(3): 197–228.

432 이상훈, "세계 첫 공해병 미나마타병의 시작과 경과", 〈우리문화신문〉,
2018.12.19.

433 문송면은 호적에 1973년생으로 돼 있지만 그의 형 문근면은 호적 신고
가 늦어서 그런 것으로 실제로는 71년생이라고 말했다. 문송면 사건이
개인사의 범위를 벗어나고 공식서류 등을 통한 다툼이 있었던 만큼 이
글에서는 문송면의 사회적 나이를 나이로 채택했다.

434 남종영, "원진레이온의 자살행렬은 끝나지 않았다", 〈한겨레〉,
2013.06.28.

435 산업재해 피해자 문송면 사건 관련 기록, 1989 [데이터 세트], 고 문송
면 산업재해 노동자 장례위원회 [연구수행기관], 한국사회과학자료원
(KOSSDA) [자료제공기관], 2010–03–02, B1–1989–0001, V 1.0.

436 이지홍, "생명의 반딧불이, 산업재해 피해자 문송면 군", 〈민주화운동
기념사업회〉, 2008.12.03.

437 산업재해 피해자 문송면 사건 관련 기록, 위의 글.

438 최규진, "2016년 메탄올 중독 사건을 보며 1988년 문송면을 복기하다",
〈뉴스민〉, 2016.05.10.

439 이정환, "17살 내 동생의 붉은 소변, 회사는 협박하고 나라는 외면했
다", 〈오마이뉴스〉, 2018.07.22.

440 문송면 · 원진노동자 산재사망 25주기 추모조직위원회, 『문송면 · 원진
노동자 산재사망 25주기 합동추모제 자료집』, 2013.06.30.

441 산업재해 피해자 문송면 사건 관련 기록, 위의 글.

442 이정환, "17살 내 동생의 붉은 소변, 회사는 협박하고 나라는 외면했
다", 〈오마이뉴스〉, 2018.07.22.

443 이현정, "꽃다운 나이에 죽은 '문송면'을 아십니까?", 〈오마이뉴스〉, 2012.06.29.

444 이지홍, "생명의 반딧불이, 산업재해 피해자 문송면 군", 〈민주화운동기념사업회〉, 2008.12.03.

445 이정환, "17살 내 동생의 붉은 소변, 회사는 협박하고 나라는 외면했다", 〈오마이뉴스〉, 2018.07.22.

446 산업재해 피해자 문송면 사건 관련 기록, 위의 글.

447 산업재해 피해자 문송면 사건 관련 기록, 위의 글.

448 이지홍, "생명의 반딧불이, 산업재해 피해자 문송면 군", 〈민주화운동기념사업회〉, 2008.12.03.

449 이지홍, "생명의 반딧불이, 산업재해 피해자 문송면 군", 〈민주화운동기념사업회〉, 2008.12.03.

450 산업재해 피해자 문송면 사건 관련 기록, 위의 글.

451 이지홍, 위의 글.

452 산업재해 피해자 문송면 사건 관련 기록, 위의 글.

453 민주화운동기념사업회 오픈아카이브, "귀정이는 죽지 않았다:김귀정 열사의 삶과 투쟁", 1991.05.26.

454 민주화운동기념사업회 역사 정보

455 민주화운동기념사업회 오픈아카이브, "귀정이는 죽지 않았다:김귀정 열사의 삶과 투쟁", 1991.05.26.

456 민주화운동기념사업회 오픈아카이브, "귀정이는 죽지 않았다:김귀정 열사의 삶과 투쟁", 1991.05.26.

457 민주화운동기념사업회 오픈아카이브, "귀정이는 죽지 않았다:김귀정 열사의 삶과 투쟁", 1991.05.26.

458 민주화운동기념사업회 오픈아카이브, "귀정이는 죽지 않았다:김귀정 열사의 삶과 투쟁", 1991.05.26.

459 민주화운동기념사업회 오픈아카이브, "귀정이는 죽지 않았다:김귀정 열사의 삶과 투쟁", 1991.05.26.

460 민주화운동기념사업회 오픈아카이브, "귀정이는 죽지 않았다:김귀정 열사의 삶과 투쟁", 1991.05.26.

461 김서정, "백골단에 빼앗긴 김귀정의 스물다섯 살", 〈월간말〉, 1991.07., 202–205쪽.

462 김서정, "백골단에 빼앗긴 김귀정의 스물다섯 살", 〈월간말〉, 1991.07., 202–205쪽.

463 김서정, "백골단에 빼앗긴 김귀정의 스물다섯 살", 〈월간말〉, 1991.07., 202–205쪽.

464 박선규, "강경대 군 구타 치사 사건 수사결과", 〈KBS〉, 1991.04.27.

465 민주화운동기념사업회 오픈아카이브

466 임미리, "잊힌 열사들의 시대, 응답하라 1991", 〈한겨레21〉, 2017.12.15.

467 강정인, 「특별기고―정치.죽음.진실―1991년 5월투쟁을 중심으로」, 『계간 사상』, 사회과학원, 2002, 190쪽.

468 강정인, 「특별기고―정치.죽음.진실―1991년 5월투쟁을 중심으로」, 『계간 사상』, 사회과학원, 2002, 189쪽.

469 민주화운동기념사업회 오픈아카이브, "귀정이는 죽지 않았다:김귀정 열사의 삶과 투쟁", 1991.05.26.

470 민주화운동기념사업회 오픈아카이브, "5·26기자회견―김귀정양 사망에 대하여, 민주화운동", 1991.05.26.

471 민주화운동기념사업회 오픈아카이브, "귀정이는 죽지 않았다:김귀정 열사의 삶과 투쟁", 1991.05.26.

472 김당·오민수, "시위… 진압… 끝없는 소모전", 〈시사저널〉, 1991.06.13.

473 민주화운동기념사업회 오픈아카이브, "5·26기자회견―김귀정양 사망에 대하여, 민주화운동", 1991.05.26.

474   "성대 여학생 시위중 사망/퇴계로서/사복체포조에 쫓겨 달아나다",
        〈중앙일보〉 15면, 1991.05.26.

475   김서정, 위의 글, 202–205쪽.

476   민병래, "내 이름은 김종분, 91년에 죽은 성대 김귀정이 엄마여", 〈오마
        이뉴스〉, 2019.04.19.

477   김서정, 위의 글, 202–205쪽.

478   "성대 여학생 시위중 사망/퇴계로서/사복체포조에 쫓겨 달아나다",
        〈중앙일보〉 15면, 1991.05.26.

479   "성대 김귀정양 사인놓고 논란", 〈한국경제〉, 1991.05.27.

480   신성범, "시위도중 사망 김귀정 양 부검 논란", 〈KBS〉, 1991.05.29.

481   김의철, "김귀정 성균관대학생 부검실시 외 2건", 〈KBS〉, 1991.06.07.

482   최일구, "김귀정양 부검 끝나고 백병원 주변 정상회복", 〈MBC〉,
        1991.06.08.

483   조현철·박영흠 "'용산 진압' 법원에선 면죄부 힘들듯", 〈경향신문〉,
        2009.02.11.

484   민주화운동기념사업회 오픈아카이브

485   민주화운동기념사업회 오픈아카이브, "귀정이는 죽지 않았다:김귀정
        열사의 삶과 투쟁", 1991.05.26.

486   최육상, "10년 후 나는 또 어떤 모습일까", 〈오마이뉴스〉, 2005.05.28.

487   오연호, "주한미군의 윤금이 살해와 국교생 3명 추행사건", 〈월간말〉,
        1992.12., 97쪽.

488   정희진, 『한국 여성인권운동사』, 한울아카데미, 1999, 327쪽.

489   정희진, 『한국 여성인권운동사』, 한울아카데미, 1999, 306–307쪽.

490   김현선, 『미군 위안부 기지촌의 숨겨진 진실』, 한울아카데미, 2013, 121쪽.

491   정희진, 위의 책, 334쪽.

492   김현선, 위의 책, 75쪽.

493 정희진, 위의 책, 317쪽.

494 김현선, 위의 책, 121쪽.

495 김은경, 「미군 '위안부'의 약물 중독과 우울, 그리고 자살」, 『역사문제연구』, 22권 2호, 역사문제연구소, 2018, 141–143쪽.

496 김현선, 위의 책, 70쪽.

497 위의 논문, 139–142쪽.

498 김현선, 위의 책, 105쪽.

499 오연호, "주한미군의 윤금이 살해와 국교생 3명 추행사건", 〈월간말〉, 1992.12., 98쪽.

500 허재현, "인신매매 당한 뒤 매일 밤 울면서 미군을 받았다", 〈한겨레〉, 2014.07.04.

501 정희진, 위의 책, 307쪽.

502 정희진, 위의 책, 315쪽.

503 정희진, 위의 책, 39쪽.

504 박정미, 「한국 기지촌 성매매정책의 역사사회학」, 『한국사회학』, 49권 2호, 한국사회학회, 2015, 9쪽.

505 박정미, 「한국 기지촌 성매매정책의 역사사회학」, 『한국사회학』, 49권 2호, 한국사회학회, 2015, 12쪽.

506 박정미, 「한국 기지촌 성매매정책의 역사사회학」, 『한국사회학』, 49권 2호, 한국사회학회, 2015, 16쪽.

507 정희진, 위의 책, 308쪽.

508 김현선, 위의 책, 27쪽.

509 이나영, 「기지촌의 공고화 과정에 관한 연구」, 『한국여성학』 23(4), 한국여성학회, 2007, 28–33쪽.

510 정희진, 위의 책, 311쪽.

511 김현선, 위의 책, 151쪽.

512   김현선, 위의 책, 156쪽.

513   박정미, 「건강한 병사(와 '위안부') 만들기」, 『사회와 역사』 124집, 한국
      사회사학회, 2019, 292쪽.

514   정희진, 위의 책, 308쪽.

515   정희진, 위의 책, 161쪽.

516   김연자, 『아메리카 타운 왕언니, 죽기 오분 전까지 악을 쓰다』, 삼인,
      2005, 123쪽.

517   우순덕, 「기지촌 여성의 삶과 국가의 책임」, 『월간 복지동향』 244, 월간
      복지동향, 2019, 66쪽.

518   오연호, "주한미군의 윤금이 살해와 국교생 3명 추행사건", 〈월간말〉,
      1992.12., 98쪽.

519   김현선, 위의 책, 324쪽.

520   김현선, 위의 책, 252쪽.

521   김현선, 위의 책, 246쪽.

522   박정미, 「한국 기지촌 성매매정책의 역사사회학」, 『한국사회학』 49권
      2호, 한국사회학회, 2015, 20쪽.

523   김현선, 위의 책, 246쪽.

524   박정미, 위의 논문, 22쪽.

525   김현선, 위의 책, 146쪽.

526   정희진, 위의 책, 311쪽.

527   박정미, 「한국 기지촌 성매매정책의 역사사회학」, 『한국사회학』 49권
      2호, 한국사회학회, 2015, 2쪽.

528   정희진, 위의 책, 348쪽.

529   정유진, 「'민족'의 이름으로 순결해진 딸들?: 주한 미군 범죄와 여성」,
      『당대비평』11, 생각의 나무, 2000, 223쪽.

530   정희진, 위의 책, 342쪽.

531 이나영, 위의 논문, 17쪽.

532 정희진, 위의 책, 341쪽.

533 김연자, 『아메리카 타운 왕언니, 죽기 오분 전까지 악을 쓰다』, 삼인, 2005, 253쪽.

534 우순덕, 「기지촌 여성(미군 위안부)의 삶과 국가의 책임」, 『월간 복지동향』 244, 월간 복지동향, 2019, 64쪽.

535 메모리[人]서울프로젝트 기억수집가, 『1995년 서울, 삼풍』, 2016.04.29., 10쪽.

536 메모리[人]서울프로젝트 기억수집가, 『1995년 서울, 삼풍』, 2016.04.29., 201쪽.

537 메모리[人]서울프로젝트 기억수집가, 『1995년 서울, 삼풍』, 2016.04.29., 112쪽.

538 서울특별시, 『삼풍백화점 붕괴사고 백서』, 1996.06., 78쪽.

539 서울특별시, 『삼풍백화점 붕괴사고 백서』, 1996.06., 81쪽.

540 서울특별시, 『삼풍백화점 붕괴사고 백서』, 1996.06., 80쪽.

541 메모리[人] 서울프로젝트 기억수집가, 위의 책, 13쪽.

542 서울특별시, 위의 글, 82쪽.

543 서울특별시, 위의 글, 83쪽.

544 메모리[人] 서울프로젝트 기억수집가, 위의 책, 25쪽.

545 서울특별시, 위의 글, 83쪽.

546 메모리[人] 서울프로젝트 기억수집가, 위의 책, 72쪽.

547 홍성태, 『사고사회 한국』, 2017.06.16., 114쪽.

548 강민진, "23년 전 오늘, 멀쩡한 백화점이 무너져내렸다", 〈한겨레〉, 2018.06.29.

549 서울특별시, 위의 글, 87쪽.

550 서울특별시, 위의 글, 89쪽.

551 이상렬, "삼풍백화점 붕괴─설계서 감리까지 총체적 不實", 〈중앙일보〉, 1995.07.26.

552 서울특별시, 위의 글, 72쪽.

553 홍성태, 위의 책, 115쪽.

554 홍성태, 위의 책, 116쪽.

555 메모리[人] 서울프로젝트 기억수집가, 위의 책, 100쪽.

556 메모리[人] 서울프로젝트 기억수집가, 위의 책, 98쪽.

557 심규석, "'전원 유죄'로 끝난 삼풍참사 법정소송", 〈한국경제〉, 2005.06.30.

558 편집부, 1994, 성수대교 붕괴사고 원인조사의 중간결과, 대한토목학회지, 42(6), 21쪽.

559 "무학여자중학교 · 고등학교 학생들 등교길 참변", 〈KBS뉴스9〉, 1994.10.21.

560 무학여자고등학교 동창회 참고.

561 "성수대교 붕괴, 버스승객 등 24명 사망", 〈연합뉴스〉, 1994.10.21.

562 "성수대교 붕괴현장 스케치", 〈연합뉴스〉, 1994.10.21.

563 편집부, 1994, 성수대교 붕괴사고 원인조사의 중간결과, 대한토목학회지, 42(6), 21~22쪽.

564 편집부, 1994, 성수대교 붕괴사고 원인조사의 중간결과, 대한토목학회지, 42(6), 21~22쪽.

565 한국향토문화전자대전, 한국학중앙연구원.

566 김동욱, "인재가 부른 참사 팔당대교 붕괴", 〈중부일보〉, 2017.11.05.

567 "삼풍백화점 건물 붕괴", 〈연합뉴스〉, 1995.06.29.

568 강민진, 위의 기사.

569 유성운, "[사회부 24시] 삼풍백화점과 그라운드제로 그리고 세월호", 〈중앙일보〉, 2015.07.01.

570 이아림, "더 가까워야 잘 기억할 텐데: 서울에 있는 사회적 참사 추모 공간", 〈서울문화재단〉, 2020.06.10.

571 다큐멘터리영화 「논픽션다이어리」, 정윤석, 2013.

572 송평인, "생일파티길 두 여중생 궤도차량에 참변 전말", 〈동아일보〉, 2002.07.18.

573 CFE 자유경제원.

574 송평인, 위의 기사.

575 전홍기혜, "고 신효순·심미선 양 사망사건의 진상", 〈프레시안〉, 2002.07.03.

576 이재덕, "'미군 장갑차 사건' 일지… 14살에 숨진 효순·미선이, 15년 지나도 못 푼 원한", 〈경향신문〉, 2017.06.13.

577 긴지은, 권우성, ""SOFA도, 부모의 아픔도 그대로" 효촌리에서 다시 만난 '효순, 미선'", 〈오마이뉴스〉, 2003.06.08.

578 이재덕, 위의 기사.

579 이소희, 「여중생 장갑차 살인사건 2백일 보고서 : '월드컵 광장'이 '효순이·미선이 광장'으로」, 『민족21』, 민족21, 2003.01., 82-83쪽.

580 강민진, "2002년 효순·미선이 '억울한 죽음' 5가지 기록", 〈한겨레〉, 2017.11.27.

581 주한미군범죄근절운동본부.

582 전홍기혜, 위의 기사.

583 이재덕, 위의 기사.

584 이소희, 위의 논문, 82-83쪽.

585 임경구, "누구도 쇠사슬에 묶이거나 끌려가지 않았다", 〈프레시안〉, 2002.06.28.

586 이소희, 위의 논문, 82-83쪽.

587 이재덕, 위의 기사.

588 이소희, 위의 논문, 84쪽.

589 이재덕, 위의 기사.

590 이소희, 위의 논문, 84쪽.

591 외교부.

592 한국민족문화대백과사전.

593 박성민, 「한미주둔군지위협정(SOFA) 제22조 형사재판권의 형사법적 문제와 개선방안」, 『형사정책연구』, 한국형사정책연구원, 2011.12., 191–217쪽.

594 이소희, 위의 논문, 84–85쪽.

595 전홍기혜, 위의 기사.

596 이소희, 위의 논문, 84–85쪽.

597 이성섭, "주한미군 '여중생 압사' 재판 공정했다", 〈한국경제〉, 2002.11.26.

598 이재덕, 위의 기사.

599 이소희, 위의 논문, 84–85쪽.

600 이재덕, 위의 기사.

601 권숙희, ""살아있었으면 서른 살 미선이… SOFA 개정 밑거름되길"", 〈연합뉴스〉, 2017.06.12.

602 김도균, 「[르포] 효순·미선 5주기, 다시 찾은 광적면」, 『월간말』, 월간말, 2007.06., 33쪽.

603 강재훈, "정치인과 자본가가 세상을 바꾼 적은 없잖아요", 〈한겨레〉, 2017.03.03.

604 박일환, 『삼성반도체와 백혈병』, 2010.01.05., 16–19쪽.

605 박일환, 『삼성반도체와 백혈병』, 2010.01.05., 23쪽.

606 박일환, 『삼성반도체와 백혈병』, 2010.01.05., 47쪽.

607 박일환, 『삼성반도체와 백혈병』, 2010.01.05., 52–54쪽.

608 박일환, 『삼성반도체와 백혈병』, 2010.01.05., 59–60쪽.

609   박일환, 『삼성반도체와 백혈병』, 2010.01.05., 24쪽.

610   박일환, 『삼성반도체와 백혈병』, 2010.01.05., 66쪽.

611   박일환, 『삼성반도체와 백혈병』, 2010.01.05., 67쪽.

612   최원형 · 황예랑, "반도체 조립공정 여성, 림프암 발병률 5배", 〈한겨레〉, 2008.12.29.

613   박일환, 위의 책, 73쪽.

614   박일환, 위의 책, 80쪽.

615   박일환, 위의 책, 82쪽.

616   박일환, 위의 책, 85쪽.

617   박일환, 위의 책, 88쪽.

618   박일환, 위의 책, 94쪽.

619   박일환, 위의 책, 94쪽.

620   박일환, 위의 책, 107쪽.

621   고희진, "완전한 타결? 삼성전자 백혈병 8년史, 8가지 이야기", 〈경향신문〉, 2016.01.12.

622   정연, "인바이론 "삼성 반도체공장, 백혈병과 무관"", 〈SBS뉴스〉, 2011.07.14.

623   고희진, "완전한 타결? 삼성전자 백혈병 8년史, 8가지 이야기", 〈경향신문〉, 2016.01.12.

624   신지수, "삼성 '반올림' 농성 천막, 1023일 만에 철거한다", 〈오마이뉴스〉, 2018.07.24.

625   이종희, "삼성 · 반올림, '반도체 백혈병' 중재안 합의 협약…"연내 보상 시작"", 〈중앙일보〉, 2018.11.23.

626   박다해, "반올림과 삼성의 합의, 우리에겐 '황유미법'이 필요하다", 〈한겨레〉, 2018.07.26.

627   신지수, "11년 만에 잘못 인정한 삼성 "사업장 위험관리 못 했다"",

〈오마이뉴스〉, 2018.11.23.

628 성현석, "삼성, 故황유미 부친 등 피해자에 공식 사과", 〈프레시안〉, 2018.11.23.

629 맹하경, "머리 숙인 삼성… '반도체 백혈병' 11년 논란 마침표", 〈한국일보〉, 2018.11.23.

630 이종오, "이재갑 장관님, '산업재해 현황' 정보부터 공개하세요!", 〈프레시안〉, 2021.02.17.

631 이청원, "산재 사망자 4명 중 1명, '중대재해처벌법' 미포함 '5인미만 사업장'", 〈시사포커스〉, 2021.02.22.

632 김동욱, "중대재해 사고 사망자 10명 중 8명 '하청 노동자'", 〈세계일보〉, 2021.02.18.

633 김종훈, "산재가 작업자 탓? 6년 연속 산재사망 현대중공업 사장의 망언", 〈오마이뉴스〉, 2021.02.22.

634 구본원, "백혈병 딸 떠난 지 13년만에 삼성서 사과편지 받았지만…", 〈한겨레〉, 2020.04.24.

635 최예용, "겨울 끝자락 어느 엄마와 아기를 위한 진혼제", 〈월간 함께사는길〉, 2013.04.01.

636 남빛나라, "아내와 아기를 잃은 이 남자, "살인자는 바로…"", 〈프레시안〉, 2016.05.02.

637 최예용, 위의 기사.

638 남빛나라, 위의 기사.

639 천승현, "원인미상 급성폐렴, 집단 전염성 질환 아니다", 〈이데일리〉, 2011.05.11.

640 조현미, "원인미상 폐질환 임산부·아들에서 발생", 〈아주경제〉, 2011.06.14.

641 홍수종 외, 「급성 간질성 폐렴의 전국적 현황 조사」, 『대한소아과학회지』

52권 3호, 대한소아과학회, 2009, 326쪽.

642 보건복지부 질병관리본부 폐손상조사위원회, 『가습기살균제 건강피해 백서』, 보건복지부, 2014, 37쪽.

643 보건복지부, "가습기살균제, 원인미상 폐손상 위험요인 추정", 〈보건복지부 보도자료〉, 2011.08.31.

644 남빛나라, 위의 기사.

645 한국환경산업기술원, 가습기살균제 피해지원 종합포털.

646 천권필, "가습기살균제 피해 범위 확대된다… 입증책임도 완화", 〈중앙일보〉, 2020.03.23.

647 이경무 외, 「가습기살균제 노출 실태와 피해 규모 추산」, 『한국환경보건학회지』 46권 4호, 한국환경보건학회, 2020, 467쪽.

648 보건복지부 질병관리본부 폐손상조사위원회, 위의 책, 23쪽.

649 안종주, 『빼앗긴 숨』, 한울, 2016, 92쪽.

650 이경무 외, 위의 논문, 458쪽.

651 안종주, 위의 책, 92쪽.

652 "유공, 가습기살균제 시판", 〈중앙일보〉, 1994.11.16.

653 환경보건시민센터, "가습기살균제 참사 주요일지".

654 최순웅, "검찰, 옥시 가습기살균제 "인체에 무해" 허위·과장 광고 관여한 연구소장 구속영장 청구", 〈조선일보〉, 2016.05.26.

655 보건복지부 질병관리본부 폐손상조사위원회, 위의 책, 179쪽.

656 사회적참사특별조사위원회 웹진 vol.12.

657 김기범 외, "사용 후 '1급 발달장애' 12살 우경이", 〈경향신문〉, 2016.07.26.

658 환경보건시민센터 추모기록관.

659 이경무 외, 위의 논문, 458쪽.

660 보건복지부 질병관리본부 폐손상조사위원회, 위의 책, 176쪽.

661 보건복지부 질병관리본부 폐손상조사위원회, 위의 책, 172쪽.

662 이규연 외, 『가습기살균제 리포트』, 중앙북스, 2016, 58–59쪽.

663 안종주, 위의 책, 96쪽.

664 윤지원, "SK케미칼 "PHMG로 바꾸자"… 옥시 이어 애경에도 제안했다", 〈경향신문〉, 2020.01.07.

665 오혁진, "SK케미칼 전신 유공, 가습기살균제 "흡입독성 인지"하고 판매했다", 〈투데이코리아〉, 2020.11.18.

666 보건복지부 질병관리본부 폐손상조사위원회, 위의 책, 76쪽.

667 김종관, "가습기살균제 피해자의 자격", 〈뉴스타파〉, 2017.12.22.

668 보건복지부 질병관리본부 폐손상조사위원회, 위의 책, 60쪽.

669 김새봄, "서울대 '옥시 보고서' 조작 사건의 전말", 〈뉴스타파〉, 2016.09.02.

670 이규연 외, 위의 책, 174쪽.

671 남빛나라, "144명 죽고 2년 만에 "50억 원 내겠다"… 이게 사과?", 〈프레시안〉, 2013.11.01.

672 김새봄, "서울대 '옥시 보고서' 조작 사건의 전말", 〈뉴스타파〉, 2016.09.02.

673 오제일, "'가습기살균제 실험 조작' 호서대 교수 실형 확정", 〈뉴시스〉, 2017.09.26.

674 김원진, "옥시 가습기살균제 연구부정 의혹 교수, 서울대는 징계 4년 7개월째 손 놔", 〈경향신문〉, 2020.12.20.

675 이규연 외, 위의 책, 84쪽.

676 이규연 외, 위의 책, 60쪽.

677 유은영, "환경부, 가습기살균제 사망 사태 예방할 수 있었다", 〈그린포스트코리아〉, 2016.08.16.

678 임미나, "가습기살균제 유해성 심사 잘못한 국가에도 책임", 〈연합뉴스〉, 2016.04.20.

679 한국경제, "가습기 피해자, 환경부 관계자 고발… 업무 과실 책임은?", 〈한국경제〉, 2016.05.23.

680 김형선, 장승주, "가습기살균제 참사… 국가책임 도마 위에 올랐다", 〈내일신문〉, 2016.05.18.

681 김형선, "가습기살균제 국가책임 밝히기 '새 국면'", 〈내일신문〉, 2016.05.23.

682 김형선, 장승주, 위의 기사.

683 〈한국경제〉, 위의 기사.

684 김형선, 장승주, 위의 기사.

685 이경민, "환경부 "화평법은 국민 안전과 환경 고려한 안전장치"", 〈전자신문〉, 2020.10.18.

686 연합인포맥스, "〈리걸이사이트〉 살생물관리법 제정 및 화평법 개정", 〈리걸인사이트〉, 2018.05.08.

687 강홍구, "가습기살균제 피해자가 한정애 장관을 호명한 이유", 〈오마이뉴스〉, 2021.03.02.

688 송윤경, "사람 잡은 가습기살균제 제조사, 사과도 없다", 〈경향신문〉, 2013.04.23.

689 서지희, "옥시, 가습기살균제 '유해 물질'인 것 알고도 제조", 〈이투데이〉, 2013.10.15.

690 보건복지부 질병관리본부 폐손상조사위원회, 위의 책, 165쪽.

691 정은주, "살균제를 벌컥벌컥 들이마시고 싶은 심정", 〈한겨레21〉, 2014.04.16.

692 이희경, "가습기살균제 피해자 울리는 엉터리 지원", 2019.06.26.

693 고희진, "가습기살균제 피해로 폐이식 수술만 31명", 〈경향신문〉, 2019.06.18.

694 보건복지부 질병관리본부 폐손상조사위원회, 위의 책, 141쪽.

695 정은주, "살균제를 벌컥벌컥 들이마시고 싶은 심정", 〈한겨레21〉, 2014.04.16.

696 가습기살균제참사 온라인전시관.

697 사회적참사특별조사위원회.

698 이은지, "가습기살균제 참사 4년 "잊혀졌을 뿐 달라진 건 없다"", 〈뉴스원〉, 2015.08.27.

699 장규석, "가습기살균제 피해 신청했더니… "2018년에 오세요"", 〈노컷뉴스〉, 2016.04.20.

700 이희경, "가습기살균제 피해자 울리는 엉터리 지원", 〈세계일보〉, 2019.06.26.

701 오종탁, "정부, 가습기살균제 피해자 생활비 간병비도 지원한다", 〈아시아경제〉, 2016.06.13.

702 배문규, "'가습기살균제 피해구제법' 사고발생 6년 만에 통과", 〈경향신문〉, 2017.01.20.

703 강홍구, "가습기살균제 피해자가 한정애 장관을 호명한 이유", 〈오마이뉴스〉, 2021.03.02.

704 박병현, "대국민 사과 옥시, 합의문에선 법적 책임 '모르쇠'", 〈JTBC〉, 2016.04.23.

705 김은경, "가습기살균제 기업들, 보상 제대로 하고 있나", 〈연합뉴스〉, 2017.06.21.

706 강진아, "'가습기살균제' 신현우 등 15명 무더기 유죄… 존 리는 무죄", 〈뉴시스〉, 2018.01.25.

707 김윤주, ""내 몸이 증거인데…" 가습기살균제 '무죄'에 울분", 〈한겨레〉, 2021.01.12.

708 이재민, "내 몸이 증거다…'가습기살균제' 피해자들 오열", 〈MBC뉴스투데이〉, 2021.01.13.

709 이한형, "가습기살균제 '무죄'에 연구자들 "재판 대상은 '과학의 한계' 가 아냐"", 〈노컷뉴스〉, 2021.01.19.

710 이영혜, "가습기살균제 '무죄 판결' 둘러싼 과학적 쟁점들", 〈동아사이 언스〉, 2021.03.06.

711 이재민, "내 몸이 증거다… '가습기살균제' 피해자들 오열", 〈MBC뉴스 투데이〉, 2021.01.13.

712 임지선, 『현시창(대한민국은 청춘을 위로할 자격이 없다)』, 알마, 2012, 7-8쪽.

713 임지선, "질식사 '등록금 알바생' 끝나지 않은 시련", 〈한겨레〉, 2011.08.03.

714 박태우, 임지선, "갑갑한 현실같은 기계실 출입문서 불과 열걸음… 22 살 청춘은 질식했다", 〈한겨레〉, 2011.07.17.

715 박경만, "일산 탄현 이마트서 냉동기 점검중 사망 제대뒤 바로 일터로 '등록금 알바생' 비극", 〈한겨레〉, 2011.07.03.

716 임지선, 위의 책, 10쪽.

717 박태우 · 임지선, "오빠 숨막히게 한 학자금대출 1천만원", 〈한겨레〉, 2011.07.17.

718 이상호, "20대 알바 대학생의 죽음", 〈경향신문〉, 2011.07.03.

719 박태우, 임지선, "오빠 숨막히게 한 학자금대출 1천만원", 〈한겨레〉, 2011.07.17.

720 임지선, 위의 책, 10쪽.

721 박경만, 위의 기사.

722 임지선, 위의 책, 8-9쪽.

723 임지선, 위의 기사.

724 임지선, 위의 책, 9쪽.

725 김소연, "하청노동자 숨져도 기껏 벌금뿐 원청업체 사업주 '솜방망이'

처벌", 〈한겨레〉, 2013.03.17.

726 심희정·허경구, "스크린도어 또… 똑같은 사고 3번째, 바뀐 게 없었다", 〈국민일보〉, 2016.05.30.

727 이효석, "'구의역 김씨' 대학 가려고 월급 144만원서 100만원씩 적금", 〈연합뉴스〉, 2016.06.03.

728 송지혜, "엄마, 직장생활은 원래 다 힘든 거지!?", 〈시사인〉, 2016.06.13.

729 홍석재, "19살 청년에게 홀로 떠넘겨진 위험", 〈한겨레21〉, 2016.06.06.

730 구의역사고진상 규명위원회, 『구의역 사고 조사보고서 총설(叢說)』, 2016, 4쪽.

731 이수원, 「구의역 PSD사고는 메피아만의 책임인가?: 안전한 도시철도 경영을 위해서」, 『전문경영인연구』 53, 한국전문경영인학회, 2018, 251쪽.

732 구의역사고진상규명위원회, 위의 글, 4쪽.

733 이지윤, "[취재후] 스크린도어 고장 30%는 '센서고장'… 모호한 표준규격", 〈KBS〉, 2017.03.07.

734 구의역사고진상규명위원회, 위의 글, 4쪽.

735 조원일, "구의역 스크린도어 사고 3년, 우리가 찾았던 '악당'", 〈한국일보〉, 2019.05.26.

736 송지혜, 위의 기사.

737 박은하, "진짜 문제는 '메피아' 품은 '외주화'", 〈경향신문〉, 2016.06.04.

738 구의역사고진상규명위원회, 위의 글, 38쪽.

739 양정호, 『하청사회: 지속가능한 갑질의 조건』, 생각비행, 2017, 17쪽.

740 이수원, 위의 논문, 253쪽.

741 양정호, 위의 책, 17쪽.

742 구의역사고진상규명위원회, 위의 글, 23쪽.

743 구의역사고진상규명위원회, 위의 글, 26–27쪽.

744 탁지영, "오늘도 세워진 '추모의 벽'이 묻는다 "우리는 왜 날마다 명복을 비는가"", 〈경향신문〉, 2020.05.28.

745 전광준, "'구의역 김군' 4주기… 책임자 중 실형받은 이 없어", 〈한겨레〉, 2020.05.23.

746 정성조, "'구의역 김군' 동료들 "정규직 되니 일터가 안전해졌다"", 〈연합뉴스〉, 2020.05.27.

747 이진순, "세월호 유가족 전민주 "왜들 그러시죠? 정말 화가 나요"", 〈한겨레〉, 2015.05.22.

748 4·16세월호참사가족협의회, "1월 11일 생일인 3반 신승희를 기억합니다", 2021.01.11.

749 안산시청 4 16 세월호 참사 현황

750 이대희, "[여객선 침몰] '운명의 14시간' 세월호 출항부터 침몰까지", 〈노컷뉴스〉, 2014.04.16.

751 박상현, "[단독] 세월호 출항 자체가 '규정 위반'", 〈KBS〉, 2014.04.26.

752 안산시청 4·16 세월호 참사 현황

753 오준호, 『세월호를 기록하다 침몰·구조·출항·선원, 150일간의 세월호 재판 기록』, 미지북스, 2015, 49–50쪽.

754 오준호, 『세월호를 기록하다 침몰·구조·출항·선원, 150일간의 세월호 재판 기록』, 미지북스, 2015, 61쪽.

755 〈오마이뉴스〉 [특집] 4월 16일, 세월호 죽은 자의 기록 산 자의 증언

756 세월호 아카이브–그날의 목소리

757 최경준, ""살려주세요" 최초 신고 학생에 "위도·경도 말하라" 다그친 해경", 〈오마이뉴스〉, 2014.04.22.

758 최경준, "학생 최초 신고로 구조정 왔지만 선원들만 탈출, 학생은 주검으로", 〈오마이뉴스〉, 2014.04.24.

759 백종훈, "가까운 진도 놔두고 제주에 구조 요청… 귀한 12분 허비",

〈JTBC〉, 2014.04.20.

760 오준호, 위의 책, 137쪽.

761 〈오마이뉴스〉 [특집] 4월 16일, 세월호 죽은 자의 기록 산 자의 증언

762 오준호, 위의 책, 139–155쪽.

763 daum 세월호 72시간의 기록

764 오준호, 위의 책, 78쪽.

765 이진순, 위의 기사.

766 4·16세월호참사가족협의회, "1월 11일 생일인 3반 신승희를 기억합니다",
     2021.01.11.

767 이진순, 위의 기사.

768 오준호, 위의 책, 78–82쪽.

769 오준호, 위의 책, 128–134쪽.

770 오준호, 위의 책, 94쪽.

771 허재현, "50여 명을 살린 '생명의 다리'", 〈한겨레〉, 2014.05.02.

772 "[세월호 참사] 승무원 박지영씨 등 3명 의사자 인정", 〈조선일보〉,
     2014.05.12.

773 김일우·김기성, "선생님, 우리 애들 거기서도 말씀 잘 듣고 있죠?",
     〈한겨레〉, 2014.07.16.

774 오준호, 위의 책, 98쪽.

775 김지숙, "1076일… 잊을 수 없는 '세월호 영웅들'을 다시 불러봅니다",
     〈한겨레〉, 2017.03.27.

776 4·16세월호참사가족협의회, "12월 6일 생일인 4반 정차웅을 기억합니
     다", 2016.12.22.

777 오준호, 위의 책, 104쪽.

778 이왕구, "[세월호 참사] 10시 20분 무렵 난간까지 나온 이들만 '구사일
     생'", 〈한국일보〉, 2014.04.29.

779   〈오마이뉴스〉 [특집] 4월 16일, 세월호 죽은 자의 기록 산 자의 증언

780   안산시청 4·16 세월호 참사 현황

781   손상원, "〈세월호 참사〉 이준석 선장 등 선원 4명 살인혐의 적용", 〈연합뉴스〉, 2014.05.15.

782   김지훈, "대법, 세월호 이준석 선장 살인죄 유죄… 무기징역 확정", 〈한겨레〉, 2015.11.12.

783   4·16 세월호 참사, 네이버 지식백과, 박문각

784   김성호, "세월호 특수단 수사가 남긴 것… '풀지 못한 모순'과 '사참위 낙제 성적표'", 〈뉴스타파〉, 2021.01.21.

785   김상민, "강남역 살인사건, '여자들이 날 무시했다' 여성혐오 범죄", 〈서울신문〉, 2016.05.18.

786   이하나, "30대 남성, 강남 한복판서 '여성혐오 살인'… 여성이라는 이유로 범죄 표적", 〈여성신문〉, 2016.05.18.

787   김상민, "강남역 살인사건, '여자들이 날 무시했다' 여성혐오 범죄, 〈서울신문〉, 2016.05.18. / 서상범, "강남역 살인, '묻지마 범죄'가 아닌 여성 노린 '계획범죄'였다", 〈헤럴드경제〉, 2016.05.20.

788   서울중앙지방법원 2016.10.14. 선고 2016고합673 판결.

789   서울중앙지방법원 2016.10.14. 선고 2016고합673 판결.

790   "강남역 '묻지마 살인', 분노, 애도", 〈MBC이브닝이슈〉, 2016.05.19.

791   서울중앙지방법원 2016.10.14. 선고 2016고합673 판결.

792   조유경, "강남역 '묻지마 살인사건', 조현병 환자도 계획범죄 가능", 〈동아일보〉, 2016.05.23.

793   이가영, "강남역 '묻지마 살인사건' 범인 징역 30년 확정", 〈중앙일보〉, 2017.04.13.

794   연규욱, "'강남역 살인' 수사에 프로파일러 추가 투입… 추모 열기 이어져", 〈매일경제〉, 2016.05.21.

795 허민숙, 「젠더폭력과 혐오범죄」, 『한국여성학 제33권』, 2015, 183쪽.

796 천정환, 「강남역 살인사건부터 메갈리아 논쟁까지—페미니즘 봉기와 한국 남성성의 위기」, 『역사비평』, 2016, 355쪽.

797 연규욱, 위의 기사.

798 허민숙, 위의 논문, 202쪽.

799 정용림·이나영, 위의 논문, 198–199쪽.

800 정용림·이나영, 위의 논문, 217–218쪽.

801 손진석, "죄없는 여성이 살해당했다, 영국판 '강남역 살인사건'", 〈조선일보〉, 2021.03.14.

802 "英, 귀가 중 경찰에 살해된 여성 추모 집회 강제해산에 비난 빗발쳐", 〈아시아투데이〉, 2021.03.15.

803 "'여성은 밤늦게 다니지 말아야' 귀가 여성 살해 경찰에 들끓는 영국", 〈YTN news〉, 2021.03.15.

804 "범행 방법 사전 검색… 택배 사진으로 주소 알아내", 〈SBS〉, 2021.04.05.

805 "'헤어지자'는 말에 살해, 유기… '데이트 폭력' 연간 7천건", 〈JTBC〉, 2017.06.30.

806 허민숙, 위의 논문, 82쪽.

807 김완, "바다 건너온 타이 청년의 끝은 '죽음의 컨베이어벨트'였다", 〈한겨레〉, 2019.12.26.

808 김지환, "컨베이어벨트 방호조치만 됐다면 태국 청년 죽음 막을 수 있었는데…", 〈경향신문〉, 2019.12.29.

809 오연서, "'물 말아서라도 밥 꾸역꾸역 드세요'… '바다 건너온 김용균' 아버지 위로한 김미숙씨", 〈한겨레〉, 2019.12.30.

810 김달성, 『파랑 검정 빨강』, 밥북, 2020, 305쪽.

811 김완, "컨베이어벨트에서 일하다 죽은 타이 청년, 산재 협상 타결", 〈한

겨레〉, 2020.01.08.

812　강진구, "'4명 사망' 영덕 오징어업체 업주 엄중처벌 촉구", 〈뉴시스〉, 2019.09.17.

813　양상현, "지난 1월 사망한 이주노동자 오케추크 "이제는 고국으로 돌아간다"", 〈뉴스케이프〉, 2020.06.17.

814　이창언, "창원 DL모터스서 이주노동자 사망", 〈경남도민일보〉, 2021.03.12.

815　연윤정, "노동부 국감서 도마 오른 이주노동자 '피 땀 눈물'", 〈매일노동뉴스〉, 2020.10.12.

816　한정훈, 「이주노동자의 안전보건 불평등에 관한 연구」, 『사회과학연구』 제58호, 강원대학교 사회과학연구원, 2019, 150쪽.

817　윤자호, 「한국 이주노동자 실태와 고용허가제의 현황」, 『이슈페이퍼』 제142호, 한국노동사회연구소, 2021, 7쪽.

818　허창수, 『외국인 노동자: 환영받지 못한 손님』, 분도, 1998, 84-85쪽.

819　윤인진, 『한국인의 이주노동자와 다문화사회에 대한 인식』, 이담 Books, 2010, 15쪽.

820　이세기, 『이주, 그 먼 길』, 후마니타스, 2012, 294-295쪽.

821　윤인진, 위의 책, 15쪽.

822　이란주, 『아빠, 제발 잡히지 마』, 삶이 보이는 창, 2009, 67쪽.

823　김민옥, 「자본축적으로서의 이주노동자 정책, 고용허가제」, 『사회과학연구』 32, 경상대학교 사회과학연구원, 2014, 147쪽.

824　허창수, 『외국인 노동자: 환영받지 못한 손님』, 분도, 1998, 21-23쪽.

825　한국민족문화대백과사전, "외국인노동자".

826　이란주, 『아빠, 제발 잡히지 마』, 삶이 보이는 창, 2009, 67쪽.

827　허창수, 위의 책, 25쪽.

828　이세기, 위의 책, 82쪽.

829 허창수, 위의 책, 12–13쪽.

830 허창수, 위의 책, 16쪽.

831 정희상, "쇠사슬에 묶인 외국인 노동자 인권", 〈시사저널〉, 1996.06.27.

832 샬롬의집, 『우린 잘 있어요, 마석』, 클, 2013, 224쪽.

833 허창수, 위의 책, 92쪽.

834 이규용, 「외국인 비합법 체류 및 고용실태」, 『노동리뷰』 4월호, 한국노동연구원, 2020, 30–49쪽.

835 허창수, 위의 책, 32쪽.

836 조호진, 전민성 "'실패한 이주노동 정책', 단속 추방으로 해결될까", 〈오마이뉴스〉, 2004.02.25.

837 이란주, 위의 책, 167–168쪽.

838 이란주, 위의 책, 193쪽.

839 이란주, 위의 책, 127쪽.

840 윤자호, 위의 논문, 9쪽.

841 윤인진, 위의 책, 152쪽.

842 윤자호, 위의 논문, 10쪽.

843 손광모, "이주노동자의 노동권, 한국 노동권의 안전판", 〈참여와 혁신〉, 2021.03.10.

844 박진우, 「이주노동자 탄압과 무권리로 얼룩진 고용허가제 10년」, 『노동사회』 제178호, 한국노동사회연구소, 2014, 75–76쪽.

845 윤자호, 위의 논문, 10쪽.

846 고용노동부, "외국인근로자, 취업활동기간 중 3회까지 사업주 승인 동의없이 이직 가능", 〈대한민국 정책브리핑〉, 2020.06.10.

847 고아름, "한쪽 팔 못 쓰게 됐는데… "공장 사장님, 고마워요"", 〈KBS〉, 2020.11.19.

848 고용노동부, 위의 기사.

849 이세기, 위의 책, 86쪽.

850 이세기, 위의 책, 90쪽.

851 권선미, "이주노동자 산재사망 5년간 60% 증가… 일터 옮길 자유 달라", 〈연합뉴스〉, 2019.10.20.

852 윤인진, 위의 책, 159쪽.

853 이상서, "이주노동자 임금체불액 1천500억원… 안전망 시급", 〈연합뉴스〉, 2020.10.13.

854 이세기, 위의 책, 78쪽.

855 이세기, 위의 책, 148쪽.

856 고아름, 위의 기사.

857 김민옥, 위의 논문, 150쪽.

858 손광모, 위의 기사.

859 김다혜, "산재 사망자 10% 이주노동자…"일하다 죽으러 오지 않았다"", 〈연합뉴스〉, 2019.12.15.

860 배혜정, "출국 전 '30분 안전 동영상' 보고 한국땅 밟는 이주노동자들", 〈매일노동뉴스〉, 2019.12.10.

861 권동희, "이주노동자에 대한 산업재해 특별대책을", 〈경향신문〉, 2019.12.30.

862 배혜정, 위의 기사.

863 유청희, "과수원에서 일하다 허리뼈 부러졌는데 보상 안 된대요", 〈오마이뉴스〉, 2020.11.10.

864 연윤정, 위의 기사.

865 고아름, "한쪽 팔 못 쓰게 됐는데…"공장 사장님, 고마워요"", 〈KBS〉, 2020.11.19.

866 이란주, 위의 책, 171쪽.

867 윤자호, 위의 논문, 9쪽.

868 김민옥, 위의 논문, 158쪽.

869 샬롬의집, 위의 책, 45쪽.

870 김민옥, 위의 논문, 157쪽.

871 김철효, 「외국인 '비합법' 노동시장에 대한 이론적 검토」, 『노동리뷰』 4월호, 한국노동연구원, 2020, 7–29, 24쪽.

872 주수인, 「외국인 비합법 노동시장의 형성과 유형」, 『노동리뷰』 4월호, 한국노동연구원, 2020, 50–62, 60쪽.

873 은진, "외국인 근로자, 우리나라에 기여한 것 없다?", 〈시사위크〉, 2019.06.21.

874 김철효, 위의 논문, 20쪽.

875 김철효, 위의 논문, 14쪽.

876 빠라짓 뽀무 외, 『여기는 기계의 도시란다』, 삶창, 2020, 72쪽.

877 윤지원, "'한파경보에 난방 고장' 비닐하우스 숙소서 이주노동자 숨져", 〈경향신문〉, 2020.12.23.

878 박경만, "경기도 이주노동자 10명 중 4명 비닐하우스에 산다", 〈한겨레〉, 2021.02.26.

879 지윤수, "이주노동자 또 사망… 정부가 전면 조사해야", 〈MBC〉, 2021.02.10.

880 변희수, 법학도 지망생 A씨, "[전문] 변희수 하사와 숙대 합격생이 서로에게 쓴 손편지", 〈한겨레〉, 2020.03.17.

881 지금까지 젠더디스포리아는 질병으로 분류되어왔지만 2018년 WHO에서 트랜스젠더를 '정신, 행동, 신경발달 장애'에서 '성 건강 관련 상태'로 바꿔 규정하면서 상황이 달라졌다. WHO는 트랜스젠더를 '개인이 경험하는 성별과 지정된 성별 간의 지속적인 불일치'로 규정하며 '질병'이 아닌 '상태'로 파악하였다. 미국 정신의학회(APA) 역시 디스포리아가 장애가 아닌 상태라고 간주한다. 우리나라는 통계청이 5년마다

고시하는 '한국표준질병사인분류'(8차, 2020년 고시)에서 여전히 '성주체성 장애'라는 용어를 사용하고 있다. 변희수 사건으로 국방부는 2021년 2월 1일 병역판정 신체검사 등 검사규칙을 개정해 '성주체성 장애'를 '성별 불일치'로 정정 표기했다.

882 Maurice Garcia, Most Gender Dysphoria Established by Age 7, Study Finds, 〈Cedars Sinai〉, 2020.06.16.

883 George R. Brown, 성 주체성 불쾌증과 성전환증, MSD 매뉴얼 일반인용, 2019.08.19.

884 임태훈, 17-500589, 트랜스젠더 A하사는 포기하지 않을 것이다(당사자 발언문 포함), 군인권센터, 2020.

885 변희수, 법학도 지망생 A씨, "[전문] 변희수 하사와 숙대 합격생이 서로에게 쓴 손편지" 〈한겨레〉, 2020.03.17.

886 변희수, 법학도 지망생 A씨, "[전문] 변희수 하사와 숙대 합격생이 서로에게 쓴 손편지", 〈한겨레〉, 2020.03.17.

887 변희수, 법학도 지망생 A씨, "[전문] 변희수 하사와 숙대 합격생이 서로에게 쓴 손편지", 〈한겨레〉, 2020.03.17.

888 임태훈, 위의 자료.

889 Jack Turban, What Is Gender Dysphoria?, 〈American Psychiatry Association〉, 2020.11.

890 임태훈, 위의 자료.

891 임태훈, 위의 자료.

892 군인권센터, 2020.01.20., 진정서.

893 트랜스젠더 군인 변희수의 복직을 위한 공동대책위원회, "국가가 인정한 인권침해, 트랜스젠더 강제 전역", 참여연대, 2021.02.01.

894 트랜스젠더 군인 변희수의 복직을 위한 공동대책위원회, "변희수는 반드시 군으로 돌아갈 것이다", 군인권센터, 2020.01.22.

895 손희정, "[지금, 여기] A하사와 함께 질문하자, 〈경향신문〉, 2020.01.19.

896 박선우, "변희수 前하사, 고의로 심신장애 초래" vs "전역처분, 구속력 없어", 〈시사인〉, 2021.04.15.

897 트랜스젠더 군인 변희수의 복직을 위한 공동대책위원회, 위의 자료.

898 〈KBS〉, [김경래의 최강시사] 임태훈 "변희수 하사 강제전역, 행정법원에서 다툴 것", 2020.01.23.

899 트랜스젠더 군인 변희수의 복직을 위한 공동대책위원회, 위의 자료.

900 김민제, "성전환 변희수 하사, 육군에 인사소청… "강제전역 부당"", 〈한겨레〉, 2020.02.19.

901 트랜스젠더 군인 변희수의 복직을 위한 공동대책위원회(이하 21개 단체) / 공동변호인단(24인), "트랜스젠더 군인 변희수의 부당 전역, 사법부가 바로잡아야 한다", 2020.08.11.

902 트랜스젠더 군인 변희수의 복직을 위한 공동대책위원회, 위의 자료.

903 변희수, 위의 기사.

904 박한희, "군과 트랜스젠더 인권―군은 다름을 받아들일 준비가 되어있는가", 국가인권위원회 '인권', 2020.02.

905 트랜스젠더 군인 변희수의 복직을 위한 공동대책위원회(이하 21개 단체) / 공동변호인단(24인), 위의 자료.

906 트랜스젠더 군인 변희수의 복직을 위한 공동대책위원회, "유엔, '트랜스젠더 군인 변희수 하사 강제 전역은 국제인권법 위반'", 군인권센터, 2020.09.29.

907 트랜스젠더 군인 변희수의 복직을 위한 공동대책위원회, 위의 자료.

908 이재림, "변희수 전 하사 '성전환 전역 취소 소송' 4월 첫 변론", 〈연합뉴스〉, 2021.02.10.

909 박태훈, "임태훈 "故 변희수 세상 뜬 2월 28일은 전역 예정일… 정상적이었다면"", 〈뉴스1〉, 2021.03.08.

910 고승우, "성소수자 차별이 그들을 죽인다", 〈프레시안〉, 2018.04.30.

911 양지혜, "[팩트체크] 성소수자 자살률에 대한 국내 통계는 없다." 〈스냅타임〉, 2021.03.15.

912 김기홍, "변희수 하사와 숙명여대 합격생 A에게 보내는 연대 편지 "살고자 하는 모습으로 살아주세요"", 〈경향신문〉, 2020.02.06.

913 박건형, "1년만에 또⋯ KAIST 학생 자살", 〈서울신문〉, 2012.04.18.

914 박건형, "1년만에 또⋯ KAIST 학생 자살", 〈서울신문〉, 2012.04.18.

915 ed_news, "KAIST Ranks 95th among World Universities", 〈KAIST NEWS-people〉, 2008.10.14.

916 이민우, "등록금 언제부터 이렇게", 〈카이스트 신문〉, 2010.04.21.

917 김선린, "등록금 제도 마침내 개선, 학우 부담 크게 줄어든다", 〈카이스트신문〉, 2010.11.23.

918 김방현, ""공짜는 없다" 서남표식 개혁 5년, 〈중앙일보〉, 2011.04.09.

919 허환주, ""서남표식 개혁'? 알고 보면 '카이스트판 MB식 전횡' 학생들을 자살로 몰고 간 서남표 총장, 그는 누구인가", 〈프레시안〉, 2011.04.10.

920 대한민국의 자살률은 2003년 10만 명 당 22.7명을 기록한 이후 꾸준히 상승하다 2009년 급증해 2011년까지 31명대를 유지했다. 이후 자살사 망률은 점차 낮아지는 것으로 보였으나, 2016년 25.6명을 기록한 이후 다시 상승하고 있다.

921 통계청, 「2019 사망원인통계 결과」, 2019, 20쪽.

922 김청아, 「고용 불안정이 OECD 국가들의 청년층(25-34세) 자살에 미치는 영향」, 『서울대학교 보건대학원 석사학위논문』, 서울대학교 보건대학원, 2014, 1쪽.

923 남윤영, 「한국사회의 자살 : 정신의학적 측면에서의 이해와 대처」, 『생명연구』 제11권, 서강대학교 생명문화연구소, 2000, 43쪽.

924 강준혁 · 이근무 · 이혁구, 「자살관념 극복에 관한 연구: 자살 고위험

집단을 중심으로」, 『보건사회연구』 35(3), 한국보건사회연구원, 2019, 103–134쪽.

925 임윤서, 「대학생의 시선을 통해 본 청년 세대의 불안경험–포토보이스를 활용한 탐색적 연구」, 『민주주의와 인권』 18(1), 전남대학교 5 · 18연구소, 2018, 105–152쪽.

926 박은미 · 정태연, 「청년층 자살사고의 결정요인에 대한 실증분석」, 『고용패널조사 학술대회』, 한국고용정보원, 2017, 243쪽.

927 박찬형, "[소득격차 확대]⑦ 비정규직, 20년간 바뀐 건 더 벌어진 임금격차", 〈KBS News〉, 2019.04.18.

928 김청아, 위의 논문, 30–35쪽.

929 장근호, "노동시장 이중구조, 왜 문제가 되나요", 〈동아일보〉, 2019.09.03.

930 장근호, 「우리나라 고용구조의 특징과 과제」, 『한국은행 경제연구원 『經濟分析』 25(1), 한국은행, 2019, 93–94쪽.

931 국가발전지표, 「사회이동가능성인식」, 2020.

932 이용관, 「청년층의 주관적 계층인식과 계층이동 가능성영향요인 변화분석」, 『한국노동경제학회 보건사회연구』 38(4), 2018, 한국노동경제학회, 456–491쪽.

933 위의 지표.

934 이주빈, "20대 여성의 고통은 사회적이라는 데서 출발해야 한다", 〈한겨레〉, 2020.12.03.

935 통계청, 위의 자료, 20쪽.

936 임재우, "응급실서 확인한 '조용한 학살'… 20대 여성 자살 시도 34% 늘었다", 〈한겨레〉, 2021.05.04.

937 임재우, "'조용한 학살', 20대 여성들은 왜 점점 더 많이 목숨을 끊나", 〈한겨레〉, 2020.11.13.

938 이주빈, 위의 기사.

939 통계청, 「성별 및 연령집단별 비정규직근로자비율」, 『경제활동인구조사 근로형태별 부가조사』, 국가지표체계, 2009–2020.

940 오선정, 『아르바이트 노동의 개념과 특성』, 한국노동연구원, 2018, 56–57쪽.

941 오선정, 『아르바이트 노동의 개념과 특성』, 한국노동연구원, 2018, 49쪽.

942 김난주, 「남녀 임금격차 실태조사 결과 및 정책과제」, 『남녀 임금차별, 어떻게 할 것인가?』 임금격차 실태와 정책토론회 발제문, 국가인권위원회, 2018.05.17., 42쪽.

943 고용노동부 통계청, 「단순노무 종사자」, 『최저임금 100% 적용 단순노무 종사자 한국표준직업분류』, 고용노동부 근로기준정책과, 2018, 4쪽.

944 임재우, "'조용한 학살', 20대 여성들은 왜 점점 더 많이 목숨을 끊나", 〈한겨레〉, 2020.11.13.

945 오선정, 위의 단행본, 28쪽.

946 안용민, 「제1 세부 과제: 자살에 대한 국민태도조사」, 『2018 자살 실태조사(National Survey on Suicide) 보건복지부 연구용역사업 보고서』, 보건복지부, 2019, 181쪽.

947 안의식, "[삶에 사표 던지는 아버지들] 삶의 포기는 '선택' 아닌 '강제된 죽음'", 〈서울경제〉, 2019.03.04.

948 안의식, "[삶에 사표 던지는 아버지들] 삶의 포기는 '선택' 아닌 '강제된 죽음'", 〈서울경제〉, 2019.03.04.

949 박은미 · 정태연, 위의 논문.